28206
23

Z 2284
+G .25

CHEFS-D'ŒUVRE

DE LA

LITTÉRATURE

FRANÇAISE

23

ŒUVRES

COMPLÈTES

DE J. RACINE

TOME QUATRIÈME

ŒUVRES
COMPLÈTES
DE J. RACINE

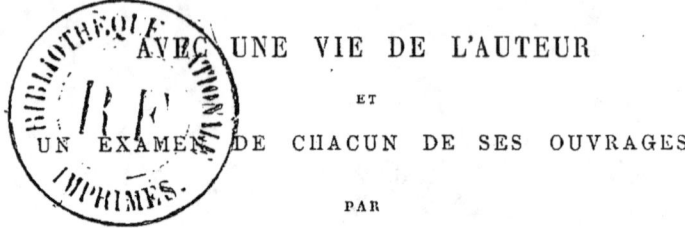

AVEC UNE VIE DE L'AUTEUR

ET

UN EXAMEN DE CHACUN DE SES OUVRAGES

PAR

M. LOUIS MOLAND

TOME QUATRIÈME

PARIS

GARNIER FRÈRES, LIBRAIRES-ÉDITEURS

6, RUE DES SAINTS-PÈRES

—

M DCCC LXXV

AVERTISSEMENT

DU

CONTINUATEUR DE L'ÉDITION.

Nous conserverons, autant qu'il est en nous, à cette édition de Racine le caractère que M. Saint-Marc Girardin lui avait donné. Il l'avait conçue et en partie exécutée comme un monument littéraire élevé au grand tragique. Il avait multiplié autour de chaque œuvre les recherches sur les antécédents et sur les origines, les comparaisons, les rapprochements, les aperçus historiques. Nous tâcherons qu'après tant de richesse et d'abondance la disette ne se fasse pas trop sentir.

Nous continuerons à reproduire un certain nombre de notes critiques tirées des commentaires précédents. Nous en serons sobres toutefois. Nous savons qu'elles ne sont plus aussi goûtées des lecteurs que jadis. Quelques-uns même les supportent avec impatience. « Laissez-nous, disent-ils, juger par nous-mêmes. Qu'avons-nous besoin que vous nous tiriez à chaque instant par la manche pour nous dire : Ceci est beau ; ceci laisse quelque chose à désirer ? Sommes-nous donc incapables de faire ce discernement ? » Nous supprimerons dans les anciennes annotations tout ce qui est propre à éveiller cette juste susceptibilité. Mais nous gardons les remarques intéressantes, les appréciations des littérateurs célèbres. Lors même qu'un lecteur est parfaitement à même de juger un ouvrage, il ne peut être fâché de trouver son jugement confirmé par des hommes dont le goût a fait loi, dont la réputation subsiste, par Voltaire, La Harpe, Geoffroy, etc. Nous maintenons aussi un certain nombre des notes de Louis Racine. Quoiqu'il n'ait pas toujours compris parfaitement le génie paternel, il y a là comme la voix de la famille qu'on peut être curieux d'entendre. Pour remplacer ce que nous avons retranché, nous donnerons des notes philologiques, qui sont plus dans le goût d'à présent.

Nous avons apporté un soin particulier à l'établissement du texte et des variantes. Il est admis sans conteste, depuis la dernière édition de M. Aimé Martin (1844), qu'il faut reproduire le texte de l'édition de 1697, la dernière imprimée du vivant de l'auteur, et constater les variantes des éditions antérieures. Ces éditions sont une ou deux éditions de chaque pièce publiées à part; plus les recueils de 1676 et de 1687. M. Aimé Martin avait appliqué très-soigneusement cette méthode, et M. Saint-Marc Girardin s'en est presque partout rapporté à lui. Nous serons moins confiants, nous le contrôlerons avec plus d'attention. Le travail de collation des textes a été fait récemment avec la plus consciencieuse exactitude dans l'édition de M. Paul Mesnard. Ce serait rester en arrière du progrès qui s'accomplit graduellement dans les éditions de Racine, que de ne pas tenir compte de ce dernier et important travail.

Nous apporterons aussi les recherches d'érudition dont le goût s'est développé en ces derniers temps. Nous compulserons les archives de la Comédie-Française; nous utiliserons surtout le précieux registre de La Grange; nous en tirerons tout le parti possible. Il ne donne pas, malheureusement, tout ce qu'on pourrait souhaiter de renseignements authentiques et précis en ce qui concerne les pièces de Racine. On sait que la plupart de ces pièces furent représentées sur le théâtre de l'hôtel de Bourgogne; et que le comédien La Grange, qui nous a laissé ce registre où les ouvrages représentés et les recettes sont inscrits au jour le jour, faisait partie de la troupe de Molière qui jouait d'abord sur le théâtre du Palais-Royal, puis à partir du 9 juillet 1673 à la salle de Guénégaud. Mais on ne laisse pas d'y trouver des indications fort intéressantes. Les deux premières tragédies de Racine furent représentées sur le théâtre du Palais-Royal (ne pas confondre avec le théâtre qui maintenant porte ce nom). On a donc la suite des représentations des *Frères ennemis* et celles d'*Alexandre*, jusqu'au jour où la troupe de Molière abandonne cette tragédie dont l'hôtel de Bourgogne, du consentement de l'auteur, s'était emparé. De ce moment, le théâtre du Palais-Royal, et bientôt de Guénégaud, devint le lieu où se produisirent toutes les œuvres dramatiques faites en concurrence à celles de Racine ou dirigées contre ce dernier; c'est là que parurent *la Folle Querelle*, de Subligny; *Tite et Bérénice*, de Corneille; *Iphigénie*, de Le Clerc et Coras; *Phèdre et Hippolyte*, de Pradon. Le registre de La Grange nous permet de vérifier le succès de ces ouvrages.

Ce n'est pas tout : lorsque la Champmeslé et son mari entrèrent en 1679 dans la troupe de Guénégaud, y transportant les pièces de Racine; lorsque, au mois d'août 1680, les deux troupes de l'hôtel de Bourgogne et de l'hôtel de Guénégaud furent, par ordre du roi, réunies en une seule, La Grange continua à tenir son registre pendant cinq ans, jusqu'à la fin du mois d'août 1685. En outre, nous possédons dès lors les grands registres de la Comédie-Française. Nous avons noté le nombre des représentations qu'eurent les pièces de Racine pendant cette première période de cinq ans, saisissant, pour ainsi dire, le succès relatif de chacune d'elles, aussi près de l'origine qu'il nous est aujourd'hui permis de le faire, faute de documents plus complets.

Ces recherches n'auraient point présenté d'intérêt si nous ne les avions étendues aux pièces publiées déjà par notre prédécesseur. On les trouvera consignées dans *Additions et Corrections*, qui sont à la fin de ce volume.

AVERTISSEMENT.

Nous profiterons enfin de l'expérience acquise par un exercice déjà long de la critique des théâtres dans le journalisme. Nous avons suivi toutes les dernières représentations de Racine; nous avons pu nous rendre compte de l'effet qu'elles ont produit et du sentiment que le public y apporte. Nous ferons en sorte que cette note actuelle et en quelque sorte vivante, non prise dans les livres, mais saisie au théâtre, résonne dans nos jugements et dans nos remarques. C'est par là seulement que nous pouvons introduire un peu de nouveauté dans les questions que nous avons à traiter, questions fatiguées plutôt qu'épuisées par de longs débats.

On nous excusera d'avoir montré ici par quels soins nous nous efforcerons de justifier la hardiesse que nous avons de nous charger d'une si difficile entreprise. Certes, nul plus que nous ne regrette que M. Saint-Marc Girardin n'ait pu accomplir sa tâche jusqu'au bout; et tout ce que nous espérons, en reprenant ce travail après lui, c'est de mériter l'indulgence du lecteur.

L. M.

MITHRIDATE

TRAGÉDIE

1673

NOTICE PRÉLIMINAIRE.

Le 12 janvier 1673, Racine fut reçu à l'Académie française, en même temps que l'abbé Gallois, l'historien, et l'abbé Fléchier, l'orateur. Pour la première fois, le public fut admis à la cérémonie, et le monde élégant envahit le sanctuaire des lettres. Le *Mercure* rend compte de la triple réception en ces termes : « MM. Gallois, Fléchier et Racine ont été reçus à l'Académie françoise, où M. Colbert s'est rendu pour entendre leurs harangues. Elles lui plurent beaucoup, et toute la compagnie en fut charmée. » Il paraît cependant que Racine n'obtint pas beaucoup de succès. Voici ce que dit Louis Racine : « Le remercîment de mon père fut fort simple et fort court, et il le prononça d'une voix si basse que M. Colbert, qui étoit venu pour l'entendre, n'en entendit rien, et que ses voisins même en entendirent à peine quelques mots. Il n'a jamais paru dans les recueils de l'Académie, et ne s'est point trouvé dans ses papiers après sa mort. L'auteur apparemment n'en fut pas content, quoique suivant quelques personnes éclairées, il fût né autant orateur que poëte. »

L'abbé d'Olivet, dans son *Histoire de l'Académie françoise,* dit en note : « Fléchier, Gallois et Racine furent reçus le même jour. Fléchier parla le premier et fut infiniment applaudi; Racine parla le second et gâta son discours par la trop grande timidité avec laquelle il le prononça, en sorte que son discours n'ayant pas réussi, il ne voulut point le donner à l'imprimeur. »

Racine succédait à La Motte Le Vayer, qui avait lui-même

remplacé Méziriac. C'était un honneur dont il pouvait à bon droit être flatté, car il n'avait qu'un peu plus de trente-trois ans, et c'était être admis de bonne heure dans la célèbre compagnie. Au même moment, il remportait un nouveau triomphe au théâtre. C'est en effet à une date fort rapprochée de la réception de Racine à l'Académie que fut représenté *Mithridate,* puisque le *Mercure galant* rend compte des deux événements dans la même lettre. On ignore le jour précis de la représentation. Le 13 janvier semble le plus probable. Une anecdote relative à la composition de cette pièce, et qui donne une idée de la manière dont l'auteur travaillait, se trouve dans la lettre du successeur de Racine à l'Académie, du Trousset de Valincourt, à l'abbé d'Olivet :

« Il possédoit au suprême degré le talent de la déclamation, dit Valincourt. C'étoit même sa coutume de déclamer ses vers avec feu à mesure qu'il les composoit. Il m'a plusieurs fois conté que, pendant qu'il faisoit sa tragédie de *Mithridate,* il alloit tous les matins aux Tuileries, où travailloient alors toutes sortes d'ouvriers ; et que, récitant ses vers à haute voix, sans s'apercevoir seulement qu'il y eût personne dans le jardin, tout à coup il s'y trouva environné de tous ces ouvriers. Ils avoient quitté leur travail pour le suivre, le prenant pour un homme qui, par désespoir, alloit se jeter dans le bassin. »

Mithridate est, comme *Britannicus,* une tragédie empruntée à l'histoire romaine. Racine, dans sa préface, indique les sources où il a puisé son sujet. Il cite Florus, Plutarque, Dion Cassius, Appien d'Alexandrie.

Bornons-nous à reproduire ici le tableau des dernières actions du roi de Pont tel qu'il est tracé dans Florus :[1]

« Ses défaites, au lieu de l'abattre, ne faisaient qu'enflammer son ardeur. Amorcé en quelque sorte par les richesses de l'Europe et de l'Asie, il réclamait comme son patrimoine, comme un bien qu'on lui avait ravi, les provinces étrangères dont on l'avait dépouillé. Les incendies mal éteints se rallument avec plus de

---

1. « Mithridates tantum repulsus. Itaque non fregit ea res Ponticos, sed incendit. Quippe rex Asia et Europa quodam modo inescatus, non jam quasi alienam, sed, quia amiserat, quasi raptam belli jure repetebat.

« Igitur ut extincta parum fideliter incendia majore flamma reviviscunt, ita ille de

violence : ainsi Mithridate, après tant de pertes, reparaissait à la tête d'armées plus nombreuses, et traînait en Asie tout son royaume de Pont; la mer, la terre et les fleuves étaient couverts de ses vaisseaux et de ses troupes. Après avoir longtemps assiégé Lucullus dans Cyzique, forcé à la retraite par la famine et par la peste, il est atteint dans sa fuite par l'ennemi qui fait un grand carnage de ses soldats, et rougit de leur sang le Granique et l'OEsape. Dans cette extrémité, Mithridate, fertile en expédients, et tournant contre les Romains leur propre avarice, ordonne aux siens de répandre sur la route leur argent et leurs bagages pour arrêter la poursuite du vainqueur. La mer ne fut pas plus fidèle à Mithridate que la terre : la tempête attaqua sa flotte composée de cent voiles, la mit en pièces, détruisit tous ses apprêts, toutes ses munitions de guerre. La perte d'une bataille navale ne lui eût pas été plus funeste. On eût dit que Lucullus, d'intelligence avec les flots et les orages, avait laissé aux vents le soin d'achever la défaite de Mithridate.

« Les plus grandes ressources de son royaume étaient épuisées; mais il lui restait son courage, qui s'augmentait avec ses malheurs. Se tournant vers les nations voisines, il cherchait à envelopper l'Orient et le Nord dans sa ruine. Il armait les Ibères, les habitants des bords de la mer Caspienne, les peuples de l'Albanie; il soulevait les deux Arménies. Mais dans les efforts que faisait Mithridate pour effacer sa honte, la fortune cherchait de la gloire, un nom et des titres pour son favori Pompée. Le général romain, voyant de nouveaux feux sur le point d'embraser l'Asie, de nouveaux rois qui s'avancent pour s'en emparer, avant

integro, auctis majorem in modum copiis, tota denique regni sui mole in Asiam rursus mari, terra, fluminibusque veniebat... Cyzicum toto invaserat bello... Quum ex mora obsidentem regem fames, ex fame pestilentia urgeret, recedentem Lucullus assequitur, adeoque cecidit ut Granicus et Œsapus amnes cruenti redderentur. Rex callidus, romanæque avaritiæ peritus, spargi à fugientibus sarcinas et pecuniam jussit, qua sequentes moraretur. Nec felicior in mari, quam in terra, fuga. Quippe centum amplius navium classem, apparatuque belli gravem, in Pontico mari aggressa tempestas, tam fœda strage laceravit, ut navalis belli instar efficeret, plane quasi Lucullus, quodam cum fructibus procellisque commercio, debellandum tradidisse regem ventis videretur.

« Attritæ jam omnes validissimi regni vires erant; sed animus malis augebatur. Itaque conversus ad proximas gentes, totum pæne Orientem ac Septentrionem ruina sua involvit. Iberi, Caspii, Albani, et utræque sollicitabantur Armeniæ : perque omnia et decus et nomen et titulos Pompeio suo Fortuna quærebat. Qui ubi novis

que les forces de ces nations puissent se réunir, passe aussitôt l'Euphrate sur un pont de bateaux, passage qu'aucun capitaine n'avait encore tenté avant lui. Il surprend Mithridate fuyant au milieu de l'Arménie, et, par le plus rare bonheur, l'écrase dans un seul combat. C'était la nuit, et il avait la lune dans son parti : placée derrière l'ennemi, en face des Romains, elle projetait au loin les ombres des soldats de Mithridate qui, trompés par cette apparence, croyaient frapper l'ennemi en se battant contre leur ombre.

« Cette nuit décida du sort de Mithridate. Il lui fut impossible de se relever. En vain essaya-t-il de se replier comme les serpents dont on a écrasé la tête et qui menacent encore de la queue. En vain s'étant échappé dans la Colchide, tantôt il se flattait, en se montrant tout à coup, de répandre la terreur sur les côtes de la Sicile et de la Campanie; tantôt il voulait tout envahir depuis la Colchide jusqu'au Bosphore; de là, à travers la Thrace, la Macédoine et la Grèce, il devait s'élancer et fondre inopinément sur l'Italie : projets qu'il ne put accomplir, prévenu par la révolte de ses soldats et par la trahison de Pharnace. Après avoir inutilement employé le poison, il eut recours au fer pour s'arracher la vie. »

Cette dernière partie du récit de Florus contient tout le germe de la tragédie de Racine, et l'on peut se rendre compte de ce que le poëte a ajouté à l'histoire. Monime, femme de Mithridate, avait péri dans les circonstances rapportées par Plutarque et que la préface de Racine mentionne.[1] L'auteur tragique la fait sur-

---

motibus ardere Asiam videt, aliosque ex aliis prodire reges, nihil cunctandum ratus, priusquam inter se gentium robora coirent, statim ponte navibus facto, omnium ante se primus transit Euphratem regemque fugientem media nactus Armenia, quanta felicitas viri ! uno prælio confecit. Nocturna ea dimicatio fuit, et luna in partibus. Quippe quasi commilitans, quum, a tergo se hostibus, a facie Romanis præbuisset, Pontici per errorem longius cadentes umbras suas, quasi hostium corpora, petebant.

« Et Mithridates quidem nocte illa debellatus est. Nihil enim postea valuit, quanquam omnia expertus, more anguium qui, obtrito capite, postremum cauda minantur. Quippe quum effugisset hostem, Colchos, Siciliæ quoque littora et Campaniam nostram subito adventu terrere voluit; Colchis tenus jungere Bosporon, inde per Thraciam, Macedoniam et Græciam transilire, sic Italiam nec inopinatus invadere tantum cogitavit. Nam per defectionem civium, Pharnacisque filii scelere præventus, male tentato veneno spiritum, ferro expulit. » (FLORUS, lib. III, c. v.)

1. Voy. page 21.

NOTICE PRÉLIMINAIRE. 7

vivre à son époux. Xipharès, fils de Stratonice, fut, suivant Appien, mis à mort après la trahison de sa mère. Racine a prolongé son existence comme celle de Monime. Ce sont là des libertés permises à la poésie. Le point important et le seul nécessaire, c'est que le caractère de Mithridate soit vigoureusement saisi et énergiquement rendu. Afin de montrer jusqu'à quel point l'auteur tragique a été un peintre fidèle, la plupart de nos prédécesseurs ont reproduit la lettre de Mithridate au roi des Parthes, Arsace, qui se trouve dans les fragments de l'historien Salluste. Il est évident que la lettre en question est l'œuvre de Salluste: mais on sait avec quelle force et quelle vérité cet historien fait parler les personnages fameux qu'il veut peindre, et sait entrer, pour ainsi dire, dans leur esprit. Voici cette lettre :

LE ROI MITHRIDATE AU ROI ARSACE, SALUT.[1]

« Les souverains dont les États sont florissants, et qu'on veut engager dans une guerre, doivent examiner avant tout s'ils sont libres de rester en paix : ils considéreront ensuite si ce qu'on propose est d'accord avec la justice et avec leur sûreté, et s'ils doivent en attendre de la gloire ou de la honte. S'il vous était permis, Arsace, d'espérer une paix durable, si les ennemis les plus perfides n'étaient à vos portes, si la ruine des Romains ne vous promettait une gloire immortelle, je n'oserais point réclamer votre alliance, j'espérerais en vain d'associer mes malheurs à vos prospérités.

« Le ressentiment que la dernière guerre vous a laissé contre Tigrane, la triste situation de mes affaires, sembleraient devoir vous arrêter; mais ces motifs, si vous savez les apprécier, ne serviront qu'à nous unir. Tigrane, pressé par le danger, acceptera toutes les conditions que vous lui imposerez. Quant à moi,

---

1.   REX MITHRIDATES REGI ARSACI, SALUTEM.

« Omnes qui, secundis rebus suis, ad belli societatem orantur, considerare debent liceatne tum pacem agere ; dein quod quæritur, satisne pium, tutum, gloriosum, an indecorum sit. Tibi si perpetua pace frui liceret ; nisi hostes opportuni et scelestissumi ; nisi egregia fama, si Romanos oppresseris, futura est : neque petere audeam societatem, et frustra mala mea cum tuis bonis misceri sperem.

« Atqui ea quæ te morari posse videntur, ira in Tigranem recentis belli et meæ res parum prosperæ, si vero æstumare voles, maxume hortabantur. Ille enim obnoxius, qualem tu voles societatem accipiet : mihi fortuna, multis rebus ereptis, usum dedit

je dois à ma mauvaise fortune l'expérience qui donne de sages conseils; et l'exemple de mon malheur est la leçon la plus utile que je puisse vous offrir dans votre prospérité.

« Sachez que les Romains n'ont jamais eu qu'un seul motif de faire la guerre à tant de peuples et à tant de rois : l'insatiable passion des richesses et du pouvoir; c'est ce qui d'abord les arma contre Philippe, roi de Macédoine : mais, se voyant pressés par les Carthaginois, ils feignirent d'être les amis d'Antiochus, qui marchait au secours de Philippe; et, par une politique insidieuse, ils l'éloignèrent, en lui cédant l'Asie. Philippe une fois défait, Antiochus fut contraint de leur payer dix mille talents; puis ils le dépouillèrent de toute l'Asie en deçà du mont Taurus. Enfin, après plusieurs combats dont les succès furent divers, Persée, fils de Philippe, se confia à leur foi, en présence des dieux de Samothrace. Le traité lui donnait la vie; mais ces hommes, féconds en ruses perfides, imaginèrent, pour éluder leurs serments, de le faire périr en le privant du sommeil.

« Maintenant ils se glorifient de l'amitié d'Eumène, lui qu'autrefois ils ont livré à Antiochus pour en obtenir la paix. Ils réduisirent Attale, qu'ils avaient accablé d'outrages, et dont ils épuisèrent les trésors, à n'être plus que le gardien de son royaume asservi; et de roi qu'il était, ils en firent le plus misérable des esclaves. Enfin, après avoir supposé un testament impie, ils dépouillèrent son fils Aristonicus, qui réclamait l'héritage paternel, et l'enchaînèrent à leur char de triomphe comme un ennemi vaincu. L'Asie devint leur proie; et, à la mort de

---

bene suadendi; et, quod florentibus optabile est, ego non validissumus præbeo exemplum quo rectius tua componas.

« Namque Romanis, cum nationibus, populis, regibus cunctis, una et ea vetus causa bellandi est, cupido profunda imperii et divitiarum : qua primum cum rege Macedonum Philippo bellum sumsere. Dum a Carthaginiensibus premebantur, amicitiam simulantes, ei subvenientem Antiochum concessione Asiæ per dolum avertere ; ac mox a Philippo, Anthiocus omni cis Taurum agro et decem millibus talentorum spoliatus est. Persen deinde, Philippi filium, post multa et varia certamina, apud Samothracas deos acceptum in fidem, callidi et repertores perfidiæ, quia pacto vitam dederant, insomniis occidere.

« Eumenem, cujus amicitiam gloriose ostentant, initio prodidere Antiocho pacis mercedem. Post, Attalum, custodem agri captivi, sumtibus et contumeliis ex rege miserrimum servorum effecere ; simulatoque impio testamento, filium ejus Aristonicum, quia patrium regnum petiverat, hostium more per triumphum duxere. Asia ab

NOTICE PRÉLIMINAIRE. 9

Nicomède, ils ravagèrent la Bithynie, quoique ce prince eût un fils de Nusa, qu'ils avaient eux-mêmes reconnue reine.

« Qu'est-il besoin de parler de moi? de moi, que tant de provinces et que tant de royaumes séparaient des Romains. Mais ils convoitaient mes richesses, ils s'irritaient de ma haine pour la servitude, et ils me firent attaquer par Nicomède. Connaissant toute leur perfidie, je prévis ce qui devait arriver, et j'en pris à témoin le roi Ptolémée et les Crétois, seules puissances restées libres sur la terre : puis, vengeant mes injures, je chassai Nicomède de la Bithynie ; je repris cette Asie, dépouille d'Antiochus, et j'affranchis la Grèce d'un cruel esclavage. La trahison d'un Archélaüs, le plus vil des esclaves, vint arrêter mes entreprises. Ceux qui, par lâcheté ou par une politique honteuse, ne prirent point les armes, comme si moi seul j'eusse dû les défendre, expient cruellement leur faute. Ce n'est qu'à prix d'argent que Ptolémée retarde sa perte; et la guerre, déjà portée une fois chez les Crétois, ne sera terminée que par leur ruine.

« Persuadé que les Romains, arrêtés par leurs discordes civiles, différaient la guerre plutôt qu'ils ne m'accordaient la paix, j'ai repris les armes malgré Tigrane, qui reconnut trop tard la sagesse de mes conseils, malgré votre éloignement et la servilité de tous les autres peuples. Sur terre, j'ai battu, auprès de Chalcédoine, leur général Marcus Cotta; et la mer m'a vu détruire leur flotte la plus magnifique. J'étais sous les murs de Cyzique avec une armée nombreuse : mais le siége traînait en longueur; les vivres manquaient, je ne voyais arriver aucun

---

ipsis obsessa est. Postremo totam Bithyniam, Nicomede mortuo, diripuere; quum filius Nusæ, quam reginam appellaverant, genitus haud dubie esset.

« Nam quid ego me appellem? quem disjunctum undique regnis et tetrarchiis ab imperio eorum, quia fama erat divitem neque serviturum esse, per Nicomedem bello lacessiverunt; sceleris eorum haud ignarum, et ea quæ accidere testatum antea, Cretenses solos omnium liberos ea tempestate, et regem Ptolemæum. Atque ego, ultus injurias, Nicomedem Bithynia expuli, Asiamque spolium regis Antiochi recepi, et Græciæ demsi grave servitium. Incœpta mea postremus servorum Archelaus, exercitu prodito, impedivit; illique quos ignavia aut prava calliditas, uti meis laboribus tuti essent, armis abstinuit, acerbissumas pœnas solvunt. Ptolemæus pretio diem belli prolatat : Cretenses impugnati semel jam, neque finem nisi excidio habituri.

« Equidem quum mihi, ob ipsorum interna mala, dilata prælia magis quam pacem datam intelligerem; abnuente Tigrane, qui mea dicta sero probat, te remoto procul, omnibus aliis obnoxiis, rursus tamen bellum cœpi; Marcumque Cottam, romanum ducem, apud Chalcedona terra fudi, mari exsui classe pulcherruma. Apud Cyzicum, magno cum exercitu, in obsidione moranti frumentum defuit, nullo circum adnitente;

secours, et la saison ne permettait plus de tenir la mer. Déterminé par ces conjonctures, mais non forcé par l'ennemi, je retournais dans mon royaume, lorsque, sur les côtes de Para et d'Héraclée, la tempête ayant dispersé ma flotte, je perdis l'élite de mes soldats.

« Retranché derrière Cabire, je ne tardai point à rétablir mon armée; ensuite, après quelques alternatives de bons et de mauvais succès, la disette vint nous assaillir de nouveau, Lucullus et moi : mais le voisinage du royaume d'Ariobarzane, que la guerre avait épargné, lui offrit des ressources ; et moi, je fus obligé de regagner l'Arménie à travers un pays totalement dévasté. Les Romains m'y suivirent, ou plutôt ils furent fidèles à leur projet de renverser tous les trônes; et parce qu'ils éloignèrent du combat une grande partie de l'armée de Tigrane, en la resserrant dans des lieux difficiles, ils exaltent comme une victoire cette imprudence de leur ennemi.

« Maintenant, je vous le demande, pensez-vous qu'après ma défaite il vous soit plus facile de résister, ou que les Romains mettent un terme à la guerre? Je sais que vous avez de grandes ressources en soldats, en armes, en richesses; et cela même qui me fait rechercher votre alliance, vous désigne à leur cupidité.

« Au reste, tandis que j'ai des soldats vieillis dans les batailles, que le royaume de Tigrane n'est point entamé, et que la guerre, encore loin de vos États, peut, sans embarras pour vous, se terminer par nos armes, il ne vous est pas permis d'hésiter; car nous ne pouvons ni vaincre ni être vaincus sans que vous soyez en danger.

---

simul hyems mari prohibebat : ita, sine vi hostium, regredi coactus in patrium regnum, naufragiis, apud Param et Heracleam, militum optumos cum classibus amisi.
« Restituto deinde apud Cabira exercitu, et variis inter me atque Lucullum præliis, inopia rursus ambos incessit : illi suberat regnum Ariobarzanis, bello intactum : ego, vastatis circum omnibus locis, in Armeniam concessi; secutique Romani, non me, sed morem suum omnia regna subvertundi, quia multitudinem artis locis pugna prohibuere, imprudentiam Tigranis pro victoria ostentant.
« Nunc quæso considera, nobis oppressis, utrum firmiorem te ad resistendum, an finem belli futurum putes. Scio equidem tibi magnas opes virorum, armorum, et auri esse ; et ea re a nobis ad societatem, ab illis ad prædam peteris.
« Cæterum consilium est, Tigranis regno integro, meis militibus belli prudentibus, procul ab domo, parvo labore, per nostra corpora bellum conficere; quando neque vincere neque vinci sine tuo periculo possumus.

NOTICE PRÉLIMINAIRE. 11

« Ignorez-vous que les Romains ont tourné leurs armes contre nous parce que l'Occident ne leur offrait plus que de vastes mers? Depuis leur origine, ils doivent tout à la violence, leur ville, leurs femmes, leur territoire, leur empire. Misérables aventuriers, jadis sans patrie, sans famille, nés pour le malheur du monde, ils bravent les lois divines et humaines, leurs alliés, leurs amis, les peuples voisins ou étrangers; les riches comme les pauvres, ils subjuguent, ils exterminent tout, regardant comme ennemi quiconque n'est pas leur esclave, et surtout haïssant les rois. Cependant la liberté convient à peu de nations; la plupart ne demandent que des maîtres justes. Maintenant nous sommes odieux aux Romains, nous leur disputons l'empire; mais un jour nous pourrons être les vengeurs du monde.

« Pour vous, maître de Séleucie, la plus grande des villes; maître de la Perse, le plus riche des royaumes, qu'attendez-vous des Romains? Des ruses pour le présent, la guerre pour l'avenir. Armés contre tous, ils sont surtout à craindre pour ceux dont la défaite leur promet de plus riches dépouilles. C'est par l'audace, c'est par la trahison, c'est en éternisant la guerre, qu'ils ont créé leur puissance. Ainsi ils extermineront tout, si on ne les extermine eux-mêmes. Mais leur perte sera facile, si nous enveloppons leur armée dépourvue de vivres et de secours, vous du côté de la Mésopotamie, nous du côté de l'Arménie. Jusqu'ici nos fautes ont fait tous leurs succès. Quelle gloire pour vous de secourir deux grands rois, et d'accabler ces brigands, ennemis des nations! Je vous invite, je vous exhorte à suivre mes con-

---

« An ignoras Romanos, postquam ad occidentem pergentibus finem Oceanus fecit arma huc convertisse? neque quicquam a principio nisi raptum habuere, domum, conjuges, agros, imperium? Convenas, olim sine patria, sine parentibus, pestes conditos orbis terrarum; quibus non humana ulla neque divina obstant, quin socios, amicos, procul juxtaque sitos, inopes, potentesque, trahant excidantque; omniaque non serva, et maxume regna, hostilia ducant; namque pauci libertatem, pars magna justos dominos volunt. Nos suspecti sumus, æmuli, et in tempore vindices adfuturi.

« Tu vero, cui Seleucia, maxuma urbium, regnumque Persidis inclutæ divitiis est, quid ab illis, nisi dolum in præsens et postea bellum exspectas? Romani in omnes arma habent, acerruma in eos quibus victis spolia maxuma sunt : audendo et fallendo, et bella ex bellis serendo, magni facti. Per hunc morem extinguent omnia aut occident! quod difficile non est, si tu Mesopotamia, nos Armenia circumgredimur exercitum sine frumento, sine auxiliis : fortuna autem nostris vitiis adhuc incolumis. Teque illa fama sequetur, auxilio profectum magnis regibus, latrones gentium oppressisse.

seils : ne souffrez pas qu'un seul empire envahisse tous les autres et ne consentez point à notre ruine, lorsque notre alliance peut vous assurer la victoire. »

Comparez cette lettre au magnifique discours que Mithridate adresse à ses fils (acte III, scène 1), et vous n'aurez pas de peine à reconnaître où le poëte tragique s'est inspiré. Le lecteur a pu déjà constater, à propos de *Britannicus,* le soin extrême que Racine prenait de s'éclairer, de se pénétrer de tout ce qui était propre à nourrir et à fortifier son génie, fondant ses drames, pour ainsi dire, sur les assises les plus solides. Ici encore, il n'a rien ignoré de ce que l'étude de l'antiquité lui pouvait fournir.

Racine a-t-il eu, pour la partie fictive de sa tragédie, pour la rivalité de Mithridate et de son fils, un modèle dans les *Trachiniennes* de Sophocle? C'est ce que le P. Brumoy cherche à démontrer dans son *Théâtre des Grecs.* On sait le sujet des *Trachiniennes.* Après avoir détruit et ravagé l'OEchalie, Hercule envoie à sa femme Déjanire des captives parmi lesquelles figure Iole, fille d'Eurytus, qui est aimée du héros. Déjanire apprend que cette Iole est sa rivale. Elle interroge Lichas, envoyé par Hercule; elle dissimule sa jalousie, elle feint la résignation : « Au nom de Jupiter, ne me cache pas la vérité, tu ne parles pas à une femme cruelle ou ignorante des choses humaines; elle sait qu'aucun bonheur n'est durable. » Elle lui arrache ainsi le secret qu'il veut lui cacher. Désolée de l'infidélité de son époux, elle se souvient du philtre que lui a révélé le centaure Nessus expirant. Elle teint une tunique avec le sang figé autour de la flèche qui a frappé le centaure, et elle envoie cette tunique à Hercule. Celui-ci l'a à peine revêtue qu'il est dévoré d'un feu inextinguible. Déjanire, au désespoir, se perce le sein et expire. Hercule est rapporté mourant. Il exhale ses plaintes. Il exige que son fils Hyllus le transporte sur le mont OEta et le place sur le bûcher qui doit le consumer. De plus, il lui ordonne d'épouser Iole.

« Je te fais, mon fils, cette dernière prière : quand j'aurai cessé de vivre, si tu as pour moi quelque tendresse, si tu res-

---

Quod uti facias moneo hortorque, neu malis pernicie nostra unum imperium prolatare, quam societate victor fieri. »

(SALLUST., Fragm., lib. IV.)

pectes les serments prêtés à ton père, prends-la pour épouse, ne rejette pas mes vœux. Qu'aucun autre que toi ne reçoive celle qui partagea ma couche! O mon fils, sois toi-même son époux. Cède à mes désirs : le refus de cette dernière faveur te ferait perdre le mérite de tes premiers bienfaits.

HYLLUS.

« Grands dieux! tes souffrances m'interdisent les reproches, mais comment pourrais-je me soumettre à de pareilles injonctions?

HERCULE.

« Ainsi tu refuses de faire ce que je te demande?

HYLLUS.

« Quoi! épouser celle qui a seule causé la mort de ma mère et l'état déplorable où je te vois! Quel homme pourrait s'y résoudre, à moins d'être aveuglé par les dieux vengeurs? J'aime mieux mourir, ô mon père, que de vivre avec mes plus cruels ennemis.

HERCULE.

« Tu parais vouloir manquer à tes devoirs envers un père mourant! mais la colère des dieux te poursuivra si tu me désobéis.

HYLLUS.

« Hélas! ton langage annonce la violence de ton mal.

HERCULE.

« C'est toi qui réveilles mes douleurs assoupies.

HYLLUS.

« Malheureux! en quel embarras je me trouve!

HERCULE.

« Ne veux-tu pas obéir à ton père?

HYLLUS.

« Dois-je donc, mon père, faire une action impie?

HERCULE.

« Il n'y a pas d'impiété à réjouir mon cœur.

HYLLUS.

« Tu m'ordonnes donc absolument de le faire?

HERCULE.

« Oui, j'en atteste les dieux.

HYLLUS.

« Eh bien, je le ferai en prenant les dieux à témoin que tu me le commandes; je ne puis être coupable d'avoir suivi les ordres d'un père. »

Ainsi Hercule en mourant donne Iole à son fils, comme Mithridate donne Monime à Xipharès. Mais toutes les circonstances sont d'ailleurs différentes : Hyllus n'aime pas Iole et n'est pas aimé d'elle. C'est un devoir que son père lui impose et qu'il n'accepte pas sans beaucoup de résistance. Trouver, comme le P. Brumoy, que les *Trachiniennes* contiennent le germe de la tragédie de *Mithridate*, c'est aller trop loin; mais Racine, qui connaissait à fond le théâtre de Sophocle, a pu lui emprunter ce dénoûment.

Les derniers moments du fameux roi de Pont avaient été déjà le sujet d'une tragédie française. En 1635, La Calprenède fit représenter la *Mort de Mithridate,* qui fut imprimée en 1637.[1] C'était le coup d'essai du gentilhomme périgourdin. Dans sa préface, il s'excuse de faire des vers, parce qu'un jeune soldat comme lui, un cadet du régiment des gardes, doit tirer sa gloire non de la plume, mais de l'épée qu'il porte. Il ne daigne pas prendre la défense de ce futile ouvrage; il avoue qu'on doit y trouver beaucoup de fautes contre la langue, et c'est ce qu'on devait attendre, dit-il, « d'un Gascon sorti de son pays depuis quinze jours, et qui ne sait de françois que ce qu'il a lu en Périgord dans les Amadis de Gaule. » Que si l'on s'avise de lui reprocher d'avoir changé l'histoire, il déclare qu'il sait l'histoire, « et qu'il n'a pas entrepris de décrire la mort de Mithridate sur ce qu'il a ouï dire de lui à ceux qui vendent son baume sur le Pont-Neuf. »

La pièce de La Calprenède s'écarte peu, en effet, des faits historiques. La scène est tantôt à Sinope, dans le palais de Mithridate, tantôt hors des murs de la ville. Pompée est un des per-

---

1. Chez Anthoine de Sommaville, in-4º.

sonnages; il a un long entretien avec Pharnace qu'il affermit dans sa révolte. Mithridate n'est point rival de son fils : il aime Hypsicratée et en est aimé. Cet amour n'est point une faiblesse. Hypsicratée est une amazone, une héroïne qui combat toujours à côté de Mithridate. Il n'y a dans la pièce aucun autre fils de Mithridate que Pharnace. Ce prince est marié; sa femme Bérénice ne partage point sa révolte; elle reste attachée à Mithridate, aimant mieux mourir avec son beau-père que de régner avec son mari. Mithridate, vaincu dans une sortie par les troupes de Pharnace réunies à celles des Romains, prend la résolution de terminer ses jours avant qu'il soit forcé par l'ennemi dans son dernier asile. Pharnace essaye en vain de l'engager à traiter avec les Romains; il ne recueille de cette entrevue que des reproches sanglants et la malédiction paternelle. Il y a quelques beautés dans cette scène.

Le dénoûment est plus que tragique : Hypsicratée, femme de Mithridate, les deux filles du roi, Nise et Mithridatie, se font un devoir et un point d'honneur de mourir avec lui; et Bérénice même, femme de Pharnace, veut être de la partie. Le poison est le genre de mort adopté; elles se passent l'une à l'autre la coupe empoisonnée; on les voit tomber mourantes l'une après l'autre; elles se font de tristes adieux. Le malheureux roi de Pont, témoin de ce funeste spectacle, environné de ces femmes expirantes ou déjà mortes, s'irrite de vivre encore. Le poison, dont il a emprunté le secours, trahit son espérance. On vient lui annoncer que les Romains approchent, et qu'il n'a pas un moment à perdre s'il veut mourir roi. Alors il monte sur son trône et se frappe de son épée. Pharnace entre aussitôt dans l'appartement; il voit Mithridate et Hypsicratée sur des trônes; sa femme Bérénice et ses sœurs à leurs pieds. A ce spectacle, il est déchiré de remords; il tombe à genoux devant le cadavre de son père et lui demande pardon. Il y a de l'imagination et du pathétique dans l'idée de ce dénoûment. Mais l'auteur y abuse du tragique; presque toujours on manque ainsi son effet.

C'est ce qui aurait eu lieu précisément, lors de la représentation, si l'on s'en rapporte à une anecdote qui a couru dans tous les *ana* du xviiie siècle et qu'on a répétée à propos de la *Mariamne* de Voltaire. La *Mort de Mithridate* fut jouée, dit-on, le jour de l'Épiphanie. Au moment où le roi de Pont, après avoir quelque temps délibéré, prend la coupe empoisonnée, et dit :

Mais c'est trop différer...

en la portant à ses lèvres, un plaisant du parterre se serait écrié : « Le roi boit! le roi boit! » Tous ceux qui ont l'expérience du théâtre savent que, lorsqu'une interruption de ce genre peut être lancée avec quelque succès et détourner l'attention du public, c'est presque toujours que cette attention est fatiguée et rebutée. Une saillie, même médiocre, suffit alors à mettre le feu aux poudres.

La pièce de La Calprenède ne ressemble que par le choix du sujet à celle de Racine. Son objet exclusif est de flétrir la trahison. Elle ne serait pas sans mérite si le style en était moins faible. On attendrait peut-être du jeune officier qui, dans sa préface, accroche si crânement sa plume à la garde de son épée, un style hardi, coloré, intempérant. On se tromperait : on n'en remarque, au contraire, que la mollesse et la pâleur. Le cardinal de Richelieu fit lui-même cette remarque : « Cette tragédie, dit-il, est écrite en vers lâches. — Comment, lâches! repartit l'auteur retrouvant toute sa verve gasconne; cadédis! apprenez qu'il n'y a rien de lâche dans la maison de La Calprenède! » saillie qui aurait mis le grand ministre en belle humeur, mais qui n'empêcherait pas que cette fois il n'eût raison.

Le rapprochement de la *Mort de Mithridate* et de la tragédie de Racine ne laisse pas d'être intéressant et curieux. *Nicomède*, de Corneille, offre un sujet de comparaison plus connu : on a mis en parallèle Attale et Pharnace, Nicomède et Xipharès, Laodice et Monime. Il n'y a sans doute aucune imitation d'une œuvre à l'autre, mais ce sont de magnifiques tableaux, dont quelques circonstances offrent de l'analogie, et l'on se plaît à les confronter, à saisir entre eux des traits de ressemblance et comme de parenté.

Le rôle de Monime fut le deuxième que créa Mlle Champmeslé dans le théâtre de Racine; le poëte la prépara à ce rôle, avec non moins de soin qu'à celui de Bérénice. L'abbé Dubois, dans ses

Réflexions sur la poésie et sur la peinture,[1] cite un des points sur lesquels portèrent ses instructions. « Racine, dit-il, lui avoit appris à baisser la voix en prononçant les vers suivants, et cela encore plus que le sens ne semble le demander :

> . . . . . Si le sort ne m'eût donnée à vous,
> Mon bonheur dépendoit de l'avoir pour époux.
> Avant que votre amour m'eût envoyé ce gage,
> Nous nous aimions,
> (Acte IV, scène III.)

afin qu'elle pût prendre facilement un ton à l'octave au-dessus de celui sur lequel elle avoit dit ces paroles : « Nous nous aimions, » pour prononcer : « Seigneur, vous changez de visage. » Ce port de voix extraordinaire dans la déclamation étoit excellent pour marquer le désordre d'esprit où Monime doit être dans l'instant qu'elle aperçoit que sa facilité à croire Mithridate, qui ne cherchoit qu'à tirer son secret, vient de jeter elle et son amant dans un péril extrême. »

Brossette rapporte la même tradition. Boileau, un jour que la conversation roulait sur la déclamation, récita ce passage avec une véhémence dont étaient extrêmement émus ceux qui l'écoutaient : « C'était ainsi, leur dit-il, que M. Racine le faisait dire à la Champmeslé. »

Juvenon de La Fleur, qui avait succédé à Montfleury dans les rôles de rois et de paysans, joua le personnage de Mithridate. D'après l'abbé de la Porte,[2] « c'étoit un grand homme, beau de visage, fort bien fait, qui excelloit encore pour les caractères de gascon et de capitan. On dit de lui que c'est le premier acteur qui ait eu ce qu'on appelle des entrailles, c'est-à-dire l'art de se toucher, pour toucher ensuite les autres, ce que Floridor n'avoit pas à ce degré de perfection. » Il se surpassa dans le rôle de Mithridate. Les acteurs, dit Robinet dans sa lettre du 25 février,

> Y charment tous les spectateurs...
> La Fleur y désignant le roi
> Semble être Grec en cet emploi...
> La Champmeslé faisant la reine...

---

1. Tome III, p. 157.
2. *Anecdotes dramatiques,* 1775.

> Son heureux époux et Brécour,
> Faisant les deux fils pleins d'amour,
> Font aussi, sans plus long langage,
> Des mieux chacun leur personnage.

Dans la *Deuxième Lettre sur la vie et les ouvrages de Molière et sur les comédiens de son temps,* qui parut dans le *Mercure de France* de juin 1740 et qui est, comme on sait, attribuée à M[ile] Poisson (Angélique du Croisy), le rôle d'Arbate est assigné à Hauteroche qui remplissait en ce temps-là les rôles de confidents. C'est ainsi que nous connaissons la distribution, à peu près complète, de *Mithridate* à l'origine.

PRÉFACE.

Il n'y a guère de nom plus connu que celui de Mithridate :[1] sa vie et sa mort font une partie considérable de l'histoire romaine; et, sans compter les victoires qu'il a remportées, on peut dire que ses seules défaites ont fait presque toute la gloire de trois des plus grands capitaines de la république, c'est à savoir, de Sylla, de Lucullus et de Pompée.[2] Ainsi je ne pense pas qu'il soit besoin de citer ici mes auteurs : car, excepté quelque événement que j'ai un peu rapproché par le droit que donne la poésie, tout le monde reconnoîtra aisément que j'ai suivi l'histoire avec beaucoup de fidélité. En effet, il n'y a guère d'actions éclatantes dans la vie de Mithridate qui n'aient trouvé place dans ma tragédie. J'y ai inséré tout ce qui pouvoit mettre en jour les mœurs et les sentiments de ce prince, je veux dire sa haine violente contre les Romains, son grand courage, sa finesse, sa dissimulation, et enfin cette jalousie qui lui étoit si naturelle, et qui a tant de fois coûté la vie à ses maîtresses.[3]

1. Plusieurs princes ont porté ce nom. Le héros de la tragédie de Racine est Mithridate, troisième du nom, septième roi de Pont, surnommé Eupator; monarque vraiment extraordinaire, et qui joue le rôle le plus brillant dans l'histoire romaine. Il régna soixante ans, et en vécut environ soixante et douze.

2. *C'est à savoir, de Sylla, de Lucullus et de Pompée.* Cette fin de phrase ne se trouve pas dans la première édition de *Mithridate*, publiée dans le mois de mars 1673.

3. Racine, dans la seconde édition de *Mithridate*, a ajouté les deux dernières phrases de cet alinéa. Les remarques qu'elles renferment sont appuyées par le récit de Plutarque : cet historien rapporte que Mithridate, après sa seconde défaite, envoya à Bérénice, l'une de ses femmes, l'ordre de mourir. Vaincu par Lucullus, il fit porter le même ordre à Monime, qui était alors retirée près de la ville de Phernacie. On voit que Racine a cru pouvoir prolonger la vie de cette princesse, puisqu'elle était morte longtemps avant la défaite de Mithridate par Pompée.

La seule chose qui pourroit n'être pas aussi connue que le reste, c'est le dessein que je lui fais prendre de passer dans l'Italie. Comme ce dessein m'a fourni une des scènes qui ont le plus réussi dans ma tragédie, je crois que le plaisir du lecteur pourra redoubler, quand il verra que presque tous les historiens ont dit ce que je fais dire ici à Mithridate.

Florus, Plutarque, et Dion Cassius,[1] nomment les pays par où il devoit passer. Appien d'Alexandrie entre plus dans le détail;[2] et, après avoir marqué les facilités et les secours que Mithridate espéroit trouver dans sa marche, il ajoute que ce projet fut le prétexte dont Pharnace se servit pour faire révolter toute l'armée, et que les soldats, effrayés de l'entreprise de son père, la regardèrent comme le désespoir d'un prince qui ne cherchoit qu'à périr avec éclat. Ainsi elle fut en partie cause de sa mort, qui est l'action de ma tragédie.

J'ai encore lié ce dessein de plus près à mon sujet ; je m'en suis servi pour faire connoître à Mithridate les secrets sentiments de ses deux fils. On ne peut prendre trop de précaution pour ne rien mettre sur le théâtre qui ne soit très-nécessaire ; et les plus belles scènes sont en danger d'ennuyer, du moment qu'on les peut séparer de l'action, et qu'elles l'interrompent au lieu de la conduire vers sa fin.[3]

Voici la réflexion que fait Dion Cassius sur ce dessein de Mithridate : « Cet homme étoit véritablement né pour entreprendre de grandes choses. Comme il avoit souvent éprouvé la bonne et la mauvaise fortune, il ne croyoit rien au-dessus de ses espérances et de son audace, et mesuroit ses desseins bien plus à la grandeur de son courage qu'au mauvais état de ses affaires ; bien résolu, si son entreprise ne réussissoit point, de faire une fin digne d'un grand roi, et de s'ensevelir lui-même sous les ruines de son empire, plutôt que de vivre dans l'obscurité et dans la bassesse.[4] »

J'ai choisi Monime entre les femmes que Mithridate a aimées.

---

1. Florus, liv. III, chap. v; Plutarque, *Vie de Pompée*, chap. xli; Dion Cassius, liv. XXXVII, chap. xi.
2. *Livre sur la guerre de Mithridate*, chap. cii et cix.
3. Dans la première édition, la préface finissait en cet endroit.
4. *Hist. rom.*, liv. XXXVII, chap. xi.

Il paroît que c'est celle de toutes qui a été la plus vertueuse, et qu'il a aimée le plus tendrement. Plutarque semble avoir pris plaisir à décrire le malheur et les sentiments de cette princesse. C'est lui qui m'a donné l'idée de Monime ; et c'est en partie sur la peinture qu'il en a faite que j'ai fondé un caractère que je puis dire qui n'a point déplu. Le lecteur trouvera bon que je rapporte ses paroles telles qu'Amyot les a traduites ; car elles ont une grâce dans le vieux style de ce traducteur que je ne crois point pouvoir égaler dans notre langage moderne :

« Cette-ci estoit fort renommée entre les Grecs, pour ce que quelques sollicitations que lui sceust faire le roi en estant amoureux, jamais ne voulut entendre à toutes ses poursuites jusqu'à ce qu'il y eust accord de mariage passé entre eux, qu'il lui eust envoyé le diadème ou bandeau royal, et appelée royne. La pauvre dame, depuis que ce roi l'eust espousée, avoit vécu en grande desplaisance, ne faisant continuellement autre chose que de plorer la malheureuse beauté de son corps, laquelle, au lieu d'un mari, lui avoit donné un maistre, et, au lieu de compagnie conjugale, et que doibt avoir une dame d'honneur, lui avoit baillé une garde et garnison d'hommes barbares, qui la tenoient comme prisonnière loin du doulx pays de la Grèce, en lieu où elle n'avoit qu'un songe et une ombre de biens ; et au contraire avoit réellement perdu les véritables, dont elle jouissoit au pays de sa naissance. Et quand l'eunuque fut arrivé devers elle, et lui eut faict commandement de par le roi qu'elle eust à mourir, adonc elle s'arracha d'alentour de la teste son bandeau royal, et, se le nouant alentour du col, s'en pendit. Mais le bandeau ne fut pas assez fort, et se rompit incontinent. Et lors elle se prit à dire : « O maudit et malheureux tissu, ne me serviras-tu point au « moins à ce triste service ? » En disant ces paroles, elle le jeta contre terre, crachant dessus, et tendit la gorge à l'eunuque.[1] »

Xipharès étoit fils de Mithridate et d'une de ses femmes qui se nommoit Stratonice. Elle livra aux Romains une place de grande importance, où étoient les trésors de Mithridate, pour mettre son fils Xipharès dans les bonnes grâces de Pompée. Il y a des histo-

---

1. (PLUTARQUE, *Vie de Lucullus*.) Racine a supprimé plusieurs mots du texte d'Amyot, et y a fait quelques changements, afin de restreindre à Monime ce qui, dans ce récit, s'applique en général aux femmes de Mithridate.

riens qui prétendent que Mithridate fit mourir ce jeune prince pour se venger de la perfidie de sa mère.

Je ne dis rien de Pharnace : car qui ne sait pas que ce fut lui qui souleva contre Mithridate ce qui lui restoit de troupes, et qui força ce prince à se vouloir empoisonner, et à se passer son épée au travers du corps pour ne pas tomber entre les mains de ses ennemis? C'est ce même Pharnace qui fut vaincu depuis par Jules César, et qui fut tué ensuite dans une autre bataille.

MITHRIDATE

PERSONNAGES.

MITHRIDATE, roi de Pont et de quantité d'autres royaumes.
MONIME, accordée avec Mithridate, et déjà déclarée reine.
PHARNACE, ⎫
XIPHARÈS, ⎬ fils de Mithridate, mais de différentes mères.
ARBATE, confident de Mithridate, et gouverneur de la place de Nymphée.
PHŒDIME, confidente de Monime.
ARCAS, domestique de Mithridate.[1]
GARDES.

La scène est à Nymphée, port de mer sur le Bosphore Cimmérien, dans la Taurique Chersonèse.[2]

ACTEURS QUI ONT JOUÉ D'ORIGINAL DANS MITHRIDATE.

MITHRIDATE.   LA FLEUR.
PHARNACE.   CHAMPMESLÉ.
XIPHARÈS.   BRÉCOURT.[3]
MONIME.   Mlle CHAMPMESLÉ.
ARBATE.   HAUTEROCHE.

1. *Domestique*, attaché à la maison.
2. Dans les éditions de 1673 et de 1676, on lit : *La scène est à Nymphée, port de mer dans le Bosphore Cimmérien, autrement dit la Taurique Chersonèse.* On dit mieux aujourd'hui : la Chersonèse Taurique.
3. Ces deux rôles ont bien été remplis par ces deux acteurs, mais on ne sait pas au juste quel était le personnage que faisait chacun d'eux.

MITHRIDATE

ACTE PREMIER.

SCÈNE PREMIÈRE.
XIPHARÈS, ARBATE.

XIPHARÈS.

On nous faisoit, Arbate, un fidèle rapport :
Rome en effet triomphe, et Mithridate est mort.
Les Romains, vers l'Euphrate, ont attaqué mon père, [1]
Et trompé dans la nuit sa prudence ordinaire.
Après un long combat, tout son camp dispersé
Dans la foule des morts, en fuyant, l'a laissé ;
Et j'ai su qu'un soldat dans les mains de Pompée
Avec son diadème a remis son épée.
Ainsi ce roi qui seul a, durant quarante ans, [2]
Lassé tout ce que Rome eut de chefs importants,
Et qui, dans l'Orient, balançant la fortune,

---

1. Ce fut près de la ville de Dastire que Pompée surprit Mithridate et le renferma dans son camp par un rempart de cent cinquante stades de circuit. Mithridate ne le franchit qu'à la faveur des ténèbres, et fut vaincu la nuit suivante.

2. Pline nous a conservé, liv. VII, chap. XXXVI, une inscription qui réduit à trente ans la durée de cette guerre contre Mithridate.

Vengeoit de tous les rois la querelle commune,
Meurt, et laisse après lui, pour venger son trépas,[1]
Deux fils infortunés qui ne s'accordent pas.

ARBATE.

Vous, seigneur! Quoi! l'ardeur de régner en sa place*
Rend déjà Xipharès ennemi de Pharnace?

XIPHARÈS.

Non, je ne prétends point, cher Arbate, à ce prix,
D'un malheureux empire acheter le débris.
Je sais en lui des ans respecter l'avantage;
Et, content des États marqués pour mon partage,
Je verrai sans regret tomber entre ses mains
Tout ce que lui promet l'amitié des Romains.

ARBATE.

L'amitié des Romains? Le fils de Mithridate,
Seigneur? Est-il bien vrai?

XIPHARÈS.

                N'en doute point, Arbate;
Pharnace, dès longtemps tout Romain dans le cœur,
Attend tout maintenant de Rome et du vainqueur.
Et moi, plus que jamais à mon père fidèle,
Je conserve aux Romains une haine immortelle.
Cependant et ma haine et ses prétentions
Sont les moindres sujets de nos divisions.

ARBATE.

Et quel autre intérêt contre lui vous anime?

---

1. Tout lecteur curieux d'étudier la période poétique fera sans doute attention à ce mot *meurt,* qui, après quatre vers imposants, tombe si juste au commencement du cinquième, et le coupe, en formant une césure qui force l'oreille de s'y arrêter. (L.)

* VAR. *Vous, seigneur! Quoi, l'amour de régner en sa place.*

XIPHARÈS.

Je m'en vais t'étonner : cette belle Monime,
Qui du roi notre père attira tous les vœux,
Dont Pharnace, après lui, se déclare amoureux...

ARBATE.

Hé bien, seigneur?

XIPHARÈS.

Je l'aime, et ne veux plus m'en taire,
Puisque enfin pour rival je n'ai plus que mon frère.[1]
Tu ne t'attendois pas, sans doute, à ce discours ;
Mais ce n'est point, Arbate, un secret de deux jours.
Cet amour s'est longtemps accru dans le silence.
Que n'en puis-je à tes yeux marquer la violence,
Et mes premiers soupirs, et mes derniers ennuis !
Mais, en l'état funeste où nous sommes réduits,
Ce n'est guère le temps d'occuper ma mémoire
A rappeler le cours d'une amoureuse histoire.
Qu'il te suffise donc, pour me justifier,
Que je vis, que j'aimai la reine le premier ;[2]
Que mon père ignoroit jusqu'au nom de Monime
Quand je conçus pour elle un amour légitime.
Il la vit. Mais au lieu d'offrir à ses beautés
Un hymen, et des vœux dignes d'être écoutés,
Il crut que, sans prétendre une plus haute gloire,
Elle lui céderoit une indigne victoire.

---

1. Le spectateur reçoit presque à chaque vers une instruction nouvelle : à peine connaît-il les caractères différents des deux frères, qu'il apprend leur rivalité. C'est là le mérite essentiel d'une bonne exposition : jamais le sujet n'y est trop tôt expliqué. (G.)

2. Cette circonstance essentielle excuse l'amour de Xipharès, le rend intéressant, et conserve à ce fils de Mithridate un caractère honnête et vertueux, lors même qu'il est le rival de son père. (G.)

Tu sais par quels efforts il tenta sa vertu ;
Et que, lassé d'avoir vainement combattu,
Absent, mais toujours plein de son amour extrême,
Il lui fit par tes mains porter son diadème.
Juge de mes douleurs quand des bruits trop certains
M'annoncèrent du roi l'amour et les desseins ;
Quand je sus qu'à son lit Monime réservée
Avoit pris avec toi le chemin de Nymphée !
Hélas ! ce fut encor dans ce temps odieux*
Qu'aux offres des Romains ma mère ouvrit les yeux :
Ou pour venger sa foi par cet hymen trompée,
Ou ménageant pour moi la faveur de Pompée,
Elle trahit mon père, et rendit aux Romains
La place et les trésors confiés en ses mains.
Que devins-je au récit du crime de ma mère !
Je ne regardai plus mon rival dans mon père ;
J'oubliai mon amour par le sien traversé :
Je n'eus devant les yeux que mon père offensé.
J'attaquai les Romains ; et ma mère, éperdue,
Me vit, en reprenant cette place rendue,
A mille coups mortels contre eux me dévouer,
Et chercher, en mourant, à la désavouer.
L'Euxin, depuis ce temps, fut libre, et l'est encore ;
Et des rives du Pont aux rives du Bosphore,
Tout reconnut mon père ; et ses heureux vaisseaux
N'eurent plus d'ennemis que les vents et les eaux.
Je voulois faire plus : je prétendois, Arbate,
Moi-même à son secours m'avancer vers l'Euphrate.
Je fus soudain frappé du bruit de son trépas.
Au milieu de mes pleurs, je ne le cèle pas,
Monime, qu'en tes mains mon père avoit laissée,

* Var. *Hélas, j'appris encor dans ce temps odieux, etc.*

ACTE I, SCÈNE I.

Avec tous ses attraits revint en ma pensée.
Que dis-je? en ce malheur je tremblai pour ses jours;
Je redoutai du roi les cruelles amours;
Tu sais combien de fois ses jalouses tendresses
Ont pris soin d'assurer la mort de ses maîtresses.
Je volai vers Nymphée; et mes tristes regards
Rencontrèrent Pharnace au pied de ses remparts.*
J'en conçus, je l'avoue, un présage funeste.
Tu nous reçus tous deux, et tu sais tout le reste.
Pharnace, en ses desseins toujours impétueux,
Ne dissimula point ses vœux présomptueux :
De mon père à la reine il conta la disgrâce,
L'assura de sa mort, et s'offrit en sa place.
Comme il le dit, Arbate, il veut l'exécuter.
Mais enfin à mon tour je prétends éclater :
Autant que mon amour respecta la puissance
D'un père à qui je fus dévoué dès l'enfance,
Autant ce même amour, maintenant révolté,
De ce nouveau rival brave l'autorité.
Ou Monime, à ma flamme elle-même contraire,
Condamnera l'aveu que je prétends lui faire;
Ou bien, quelque malheur qu'il en puisse avenir,[1]
Ce n'est que par ma mort qu'on la peut obtenir.
Voilà tous les secrets que je voulois t'apprendre.
C'est à toi de choisir quel parti tu dois prendre;
Qui des deux te paroît plus digne de ta foi,
L'esclave des Romains, ou le fils de ton roi.
Fier de leur amitié, Pharnace croit peut-être

* VAR. *Virent d'abord Pharnace au pied de ses remparts.*

1. On disait alors *avenir* ou *advenir*. Parmi les lexiques du XVIIᵉ siècle, celui de Richelet (1680) et celui de l'Académie (1694) donnent *avenir ;* ceux de Nicot (1606) et de Furetière (1690), *advenir*.

Commander dans Nymphée, et me parler en maître.
Mais ici mon pouvoir ne connoît point le sien :
Le Pont est son partage, et Colchos est le mien ;[1]
Et l'on sait que toujours la Colchide et ses princes
Ont compté ce Bosphore au rang de leurs provinces.[2]

ARBATE.

Commandez-moi, seigneur. Si j'ai quelque pouvoir,
Mon choix est déjà fait, je ferai mon devoir :
Avec le même zèle, avec la même audace
Que je servois le père et gardois cette place,
Et contre votre frère, et même contre vous,
Après la mort du roi, je vous sers contre tous.
Sans vous, ne sais-je pas que ma mort assurée
De Pharnace en ces lieux alloit suivre l'entrée ?
Sais-je pas que mon sang, par ses mains répandu,
Eût souillé ce rempart contre lui défendu !

1. Quelques savants prétendent qu'il n'y a point dans la Colchide de ville qui s'appelle Colchos. Colchos n'est pas non plus le nom d'une région, d'une province. *Colchos* est un nom de peuple : c'est l'accusatif de *Colchi, Colchorum*. Il est vrai que Racine en parle toujours comme d'une ville :

Je le puis à Colchos, et je le puis ici.

Bossuet, Rollin, l'abbé Gédoyn dans sa traduction de Pausanias, appellent Colchos une ville. Quand ils se seraient tous trompés avec Racine, ce serait dans une tragédie une faute bien légère ; et ce n'est pas ici le lieu de placer une dissertation géographique. (G.)

2. L'usage veut qu'on dise *mettre au rang* et *compter au nombre;* mais cet usage n'est une loi que pour la prose. Cette scène est écrite avec une élégance si naturelle que La Motte-Houdard l'a choisie pour prouver l'inutilité de la versification : il a mis en prose les vers de Racine, et il n'a eu besoin pour cette opération que de rompre la mesure : tant le style de Racine est pur, correct et facile! Mais La Motte, au lieu de faire par là triompher sa cause, s'est avoué vaincu, puisqu'il a prouvé par le fait que les bons vers réunissent à toutes les qualités d'une bonne prose une grâce, une harmonie, une vivacité, auxquelles la prose ne peut atteindre : la scène de La Motte est élégante et bien écrite, mais froide et ennuyeuse en comparaison de celle de Racine. (G.)

Assurez-vous du cœur et du choix de la reine ;
Du reste, ou mon crédit n'est plus qu'une ombre vaine,
Ou Pharnace, laissant le Bosphore en vos mains,
Ira jouir ailleurs des bontés des Romains.

XIPHARÈS.

Que ne devrai-je point à cette ardeur extrême !
Mais on vient. Cours, ami. C'est Monime elle-même. *

SCÈNE II.

MONIME, XIPHARÈS.

MONIME.

Seigneur, je viens à vous : car enfin, aujourd'hui,[1]
Si vous m'abandonnez, quel sera mon appui ?
Sans parents, sans amis, désolée et craintive,
Reine longtemps de nom, mais en effet captive,
Et veuve maintenant sans avoir eu d'époux,
Seigneur, de mes malheurs ce sont là les plus doux.
Je tremble à vous nommer l'ennemi qui m'opprime :

---

* Var. *Mais on vient. Cours, ami. C'est la reine elle-même.*

1. L'arrivée de la reine produit un grand effet, parce que le spectateur aime déjà sa vertu, et qu'il est impatient de savoir quels sont ses sentiments à l'égard des deux princes. On a demandé pourquoi Monime venait elle-même trouver Xipharès; on a trouvé cette démarche peu convenable à son sexe : le péril de Monime et sa situation présente répondent à cette observation. Corneille aurait pu tracer le portrait de Mithridate; mais ce portrait de Monime n'appartenait qu'au pinceau de Racine; il n'a point de rival dans l'art de tracer ces figures angéliques où l'héroïsme de la vertu relève la pudeur, la timidité, la délicatesse. La plupart de ses héroïnes ont la physionomie céleste des vierges de Raphaël; leurs traits, leurs proportions, offrent toute la noblesse et toute la perfection du style grec. (G.)

J'espère toutefois qu'un cœur si magnanime
Ne sacrifiera point les pleurs des malheureux
Aux intérêts du sang qui vous unit tous deux.
Vous devez à ces mots reconnoître Pharnace :
C'est lui, seigneur, c'est lui dont la coupable audace
Veut, la force à la main, m'attacher à son sort
Par un hymen pour moi plus cruel que la mort.
Sous quel astre ennemi faut-il que je sois née !
Au joug d'un autre hymen sans amour destinée,
A peine suis-je libre et goûte quelque paix,
Qu'il faut que je me livre à tout ce que je hais.
Peut-être je devrois, plus humble en ma misère,
Me souvenir du moins que je parle à son frère : [1]
Mais, soit raison, destin, soit que ma haine en lui
Confonde les Romains, dont il cherche l'appui,
Jamais hymen formé sous le plus noir auspice [2]
De l'hymen que je crains n'égala le supplice.
Et si Monime en pleurs ne vous peut émouvoir,
Si je n'ai plus pour moi que mon seul désespoir,
Au pied du même autel où je suis attendue,
Seigneur, vous me verrez, à moi-même rendue,
Percer ce triste cœur qu'on veut tyranniser,
Et dont jamais encor je n'ai pu disposer.

1. Quelle grâce touchante, quel art et quel charme de style dans ce discours de Monime! Avec combien d'adresse elle excuse sa haine contre Pharnace! Comme elle flatte, sans le savoir et sans paraître s'en douter, tous les sentiments les plus chers au cœur de Xipharès! Quelle situation délicate et intéressante! Enfin que de naturel et de simplicité dans sa douleur! Quelle mesure dans le dessein qu'elle annonce de se donner la mort! ce n'est point une menace fastueuse : c'est le désespoir d'un cœur noble et généreux. (G.)

2. Quand ce mot est au figuré, comme *sous vos auspices* pour *sous votre protection*, il n'a point de singulier. Il en a un quand il est, comme ici, au propre, pour *augurium*. (L. R.)

XIPHARÈS.

Madame, assurez-vous de mon obéissance;
Vous avez dans ces lieux une entière puissance :
Pharnace ira, s'il veut, se faire craindre ailleurs,
Mais vous ne savez pas encor tous vos malheurs.

MONIME.

Hé! quel nouveau malheur peut affliger Monime,
Seigneur?

XIPHARÈS.

Si vous aimer c'est faire un si grand crime,
Pharnace n'en est pas seul coupable aujourd'hui;
Et je suis mille fois plus criminel que lui.

MONIME.

Vous!

XIPHARÈS.

Mettez ce malheur au rang des plus funestes;
Attestez, s'il le faut, les puissances célestes
Contre un sang malheureux, né pour vous tourmenter,
Père, enfants, animés à vous persécuter;
Mais, avec quelque ennui que vous puissiez apprendre
Cet amour criminel qui vient de vous surprendre,
Jamais tous vos malheurs ne sauroient approcher
Des maux que j'ai soufferts en le voulant cacher.
Ne croyez point pourtant que, semblable à Pharnace,
Je vous serve aujourd'hui pour me mettre en sa place;
Vous voulez être à vous, j'en ai donné ma foi,
Et vous ne dépendrez ni de lui ni de moi.
Mais, quand je vous aurai pleinement satisfaite,
En quels lieux avez-vous choisi votre retraite?
Sera-ce loin, madame, ou près de mes États?
Me sera-t-il permis d'y conduire vos pas?

Verrez-vous d'un même œil le crime et l'innocence ?
En fuyant mon rival, fuirez-vous ma présence ?
Pour prix d'avoir si bien secondé vos souhaits,
Faudra-t-il me résoudre à ne vous voir jamais ?

MONIME.

Ah ! que m'apprenez-vous !

XIPHARÈS.

Hé quoi ! belle Monime,
Si le temps peut donner quelque droit légitime,
Faut-il vous dire ici que le premier de tous
Je vous vis, je formai le dessein d'être à vous,
Quand vos charmes naissants, inconnus à mon père,
N'avoient encor paru qu'aux yeux de votre mère ?
Ah ! si, par mon devoir forcé de vous quitter,
Tout mon amour alors ne put pas éclater,
Ne vous souvient-il plus, sans compter tout le reste,
Combien je me plaignis de ce devoir funeste ?
Ne vous souvient-il plus, en quittant vos beaux yeux,
Quelle vive douleur attendrit mes adieux ?
Je m'en souviens tout seul : avouez-le, madame,
Je vous rappelle un songe effacé de votre âme.
Tandis que, loin de vous, sans espoir de retour,
Je nourrissois encore un malheureux amour,
Contente, et résolue à l'hymen de mon père,
Tous les malheurs du fils ne vous affligeoient guère.*

MONIME.

Hélas !

XIPHARÈS.

Avez-vous plaint un moment mes ennuis ?

* VAR. *Tous les malheurs du fils ne vous occupoient guère.*

####### MONIME.
Prince,... n'abusez point de l'état où je suis.
####### XIPHARÈS.
En abuser, ô ciel! quand je cours vous défendre,
Sans vous demander rien, sans oser rien prétendre;
Que vous dirai-je enfin? lorsque je vous promets
De vous mettre en état de ne me voir jamais !
####### MONIME.
C'est me promettre plus que vous ne sauriez faire.
####### XIPHARÈS.
Quoi! malgré mes serments, vous croyez le contraire?
Vous croyez qu'abusant de mon autorité,
Je prétends attenter à votre liberté?
On vient, madame, on vient : expliquez-vous, de grâce.
Un mot.
####### MONIME.
Défendez-moi des fureurs de Pharnace;
Pour me faire, seigneur, consentir à vous voir,
Vous n'aurez pas besoin d'un injuste pouvoir.
####### XIPHARÈS.
Ah, madame !
####### MONIME.
Seigneur, vous voyez votre frère.

SCÈNE III.

MONIME, PHARNACE, XIPHARÈS.

####### PHARNACE.
Jusques à quand, madame, attendrez-vous mon père?
Des témoins de sa mort viennent à tous moments

Condamner votre doute et vos retardements.
Venez, fuyez l'aspect de ce climat sauvage,
Qui ne parle à vos yeux que d'un triste esclavage :
Un peuple obéissant vous attend à genoux,
Sous un ciel plus heureux et plus digne de vous.
Le Pont vous reconnoît dès longtemps pour sa reine :
Vous en portez encor la marque souveraine;
Et ce bandeau royal fut mis sur votre front
Comme un gage assuré de l'empire de Pont.
Maître de cet État que mon père me laisse,
Madame, c'est à moi d'accomplir sa promesse.
Mais il faut, croyez-moi, sans attendre plus tard,[1]
Ainsi que notre hymen presser notre départ :
Nos intérêts communs et mon cœur le demandent.
Prêts à vous recevoir, mes vaisseaux vous attendent;
Et du pied de l'autel vous y pouvez monter,
Souveraine des mers qui vous doivent porter.

MONIME.

Seigneur, tant de bontés ont lieu de me confondre.
Mais, puisque le temps presse, et qu'il faut vous répondre,
Puis-je, laissant la feinte et les déguisements,
Vous découvrir ici mes secrets sentiments?*

PHARNACE.

Vous pouvez tout.

MONIME.
Je crois que je vous suis connue.

---

1. C'est le seul vers faible dans cette magnifique tirade de Pharnace, remplie de vers admirables. Pharnace, d'après son caractère fourbe, veut éblouir Monime par le faste des promesses, par un vain étalage de grandeur. Remarquez surtout la beauté et l'harmonie du dernier vers. (G.)

* VAR. *Puis-je, en vous proposant mes plus chers intérêts,*
  Vous découvrir ici mes sentiments secrets?

Éphèse est mon pays ; mais je suis descendue[1]
D'aïeux, ou rois, seigneur, ou héros qu'autrefois
Leur vertu, chez les Grecs, mit au-dessus des rois.
Mithridate me vit ; Éphèse, et l'Ionie,
A son heureux empire étoit alors unie :*
Il daigna m'envoyer ce gage de sa foi.
Ce fut pour ma famille une suprême loi :
Il fallut obéir. Esclave couronnée,
Je partis pour l'hymen où j'étois destinée.
Le roi, qui m'attendoit au sein de ses États,
Vit emporter ailleurs ses desseins et ses pas,
Et, tandis que la guerre occupoit son courage,
M'envoya dans ces lieux éloignés de l'orage ;
J'y vins : j'y suis encor. Mais cependant, seigneur,
Mon père paya cher ce dangereux honneur :
Et les Romains vainqueurs, pour première victime,
Prirent Philopœmen, le père de Monime,[2]
Sous ce titre funeste il se vit immoler ;
Et c'est de quoi, seigneur, j'ai voulu vous parler.
Quelque juste fureur dont je sois animée,
Je ne puis point à Rome opposer une armée ;
Inutile témoin de tous ses attentats,
Je n'ai pour me venger ni sceptre ni soldats ;

1. Tout ce que Monime dit ici étoit sans doute connu de Pharnace ; mais elle ne lui rappelle *ses aïeux* et *sa naissance* que parce que Pharnace paroît l'oublier en lui parlant d'un ton impérieux. L'auteur ne pouvoit avec plus d'adresse faire connoître Monime aux spectateurs. (L. B.) — Selon Plutarque, Monime n'était point d'Éphèse, mais de Milet. (*Vie de Lucullus*, chap. IX.)

* Var.   *A son heureux empire étoit encore unie.*

2. Il ne peut être ici question du célèbre Philopœmen, chef des Achéens, mort longtemps avant la naissance de Mithridate ; mais il y a beaucoup d'adresse à supposer Monime fille d'un des descendants de ce grand homme :

Enfin je n'ai qu'un cœur. Tout ce que je puis faire,*
C'est de garder la foi que je dois à mon père,
De ne point dans son sang aller tremper mes mains
En épousant en vous l'allié des Romains.

PHARNACE.

Que parlez-vous de Rome et de son alliance?
Pourquoi tout ce discours et cette défiance?
Qui vous dit qu'avec eux je prétends m'allier?

MONIME.

Mais vous-même, seigneur, pouvez-vous le nier?
Comment m'offririez-vous l'entrée et la couronne
D'un pays que partout leur armée environne,**
Si le traité secret qui vous lie aux Romains
Ne vous en assuroit l'empire et les chemins?

PHARNACE.

De mes intentions je pourrois vous instruire,
Et je sais les raisons que j'aurois à vous dire,
Si, laissant en effet les vains déguisements,
Vous m'aviez expliqué vos secrets sentiments; ***
Mais enfin je commence, après tant de traverses,
Madame, à rassembler vos excuses diverses;
Je crois voir l'intérêt que vous voulez celer,
Et qu'un autre qu'un père ici vous fait parler.

XIPHARÈS.

Quel que soit l'intérêt qui fait parler la reine,

---

cette origine donne plus d'éclat et de dignité au personnage; la haine de Monime pour les Romains se trouve bien motivée par le désir de venger la mort de son père (G.)

* Var. *Seigneur, je n'ai qu'un cœur. Tout ce que je puis faire,*
** Var. *D'un pays que la guerre et leur camp environne.*
*** Var. *Si vous-même, laissant ces vains déguisements,*
    Vous m'aviez expliqué vos propres sentiments.

La réponse, seigneur, doit-elle être incertaine ?
Et contre les Romains votre ressentiment
Doit-il pour éclater balancer un moment ?
Quoi ! nous aurons d'un père entendu la disgrâce ;
Et lents à le venger, prompts à remplir sa place,
Nous mettons notre honneur et son sang en oubli !
Il est mort : savons-nous s'il est enseveli ?
Qui sait si, dans le temps que votre âme empressée
Forme d'un doux hymen l'agréable pensée,
Ce roi, que l'Orient, tout plein de ses exploits,
Peut nommer justement le dernier de ses rois,
Dans ses propres États, privé de sépulture,
Ou couché sans honneur dans une foule obscure,
N'accuse point le ciel qui le laisse outrager,
Et des indignes fils[1] qui n'osent le venger ?
Ah ! ne languissons plus dans un coin du Bosphore :
Si dans tout l'univers quelque roi libre encore,
Parthe, Scythe ou Sarmate, aime sa liberté,[2]
Voilà nos alliés : marchons de ce côté.
Vivons, ou périssons dignes de Mithridate ;
Et songeons bien plutôt, quelque amour qui nous flatte,
A défendre du joug et nous et nos États
Qu'à contraindre des cœurs qui ne se donnent pas.

---

1. Desfontaines pense que Racine eût mieux fait de mettre *ses indignes fils* au lieu de *des indignes fils :* selon ce critique, la phrase en serait plus claire : *le venger* se rapporterait encore plus immédiatement à Mithridate. L'opinion de l'abbé Desfontaines est raisonnable. Louis Racine prétend qu'il faut nécessairement *d'indignes* ; il ajoute que c'est une faute d'imprimeur, et que l'auteur avait mis, selon toutes les apparences, *et deux indignes fils.* M. Didot a corrigé le vers d'après cette opinion. Pour moi, je suis convaincu que Racine a mis et a voulu mettre *et des indignes fils* : toutes les éditions faites pendant sa vie sont uniformes. (G.)

2. Ce trait est conforme à la lettre que Mithridate écrivit au roi des Parthes, pour lui demander son alliance. (G.) — Voyez la traduction de cette lettre ci-dessus, page 7.

PHARNACE.

Il sait vos sentiments. Me trompois-je, madame?
Voilà cet intérêt si puissant sur votre âme,
Ce père, ces Romains que vous me reprochez.

XIPHARÈS.

J'ignore de son cœur les sentiments cachés ;
Mais je m'y soumettrois sans vouloir rien prétendre,
Si, comme vous, seigneur, je croyois les entendre.

PHARNACE.

Vous feriez bien ; et moi, je fais ce que je doi :
Votre exemple n'est pas une règle pour moi.

XIPHARÈS.

Toutefois en ces lieux je ne connois personne
Qui ne doive imiter l'exemple que je donne.

PHARNACE.

Vous pourriez à Colchos vous expliquer ainsi.

XIPHARÈS.

Je le puis à Colchos, et je le puis ici.

PHARNACE.

Ici! vous y pourriez rencontrer votre perte...

SCÈNE IV.

MONIME, PHARNACE, XIPHARÈS, PHŒDIME.

PHŒDIME.

Princes, toute la mer est de vaisseaux couverte ;[1]

[1] Quel coup de théâtre! Quel changement dans la situation de tous les personnages! Et c'est une confidente, avec un simple message, qui produit ce grand mouvement! C'est ainsi que, dans *Phèdre,* le message de Panope,

ACTE I, SCÈNE IV.

Et bientôt, démentant le faux bruit de sa mort,
Mithridate lui-même arrive dans le port.

MONIME.

Mithridate !

XIPHARÈS.

Mon père !

PHARNACE.

Ah ! que viens-je d'entendre !

PHOEDIME.

Quelques vaisseaux légers sont venus nous l'apprendre.
C'est lui-même : et déjà, pressé de son devoir,
Arbate loin du bord l'est allé recevoir.

XIPHARÈS, à Monime.

Qu'avons-nous fait !

MONIME, à Xipharès.

Adieu, prince. Quelle nouvelle !

qui vient annoncer la mort de Thésée, fait prendre à la scène une face nouvelle. Ici, nous voyons deux frères et deux rivaux sur le point d'en venir aux mains; Monime, prête à devenir la proie de Pharnace ou la conquête de Xipharès, lorsque, tout à coup, l'arrivée de Mithridate remet la reine sous le joug d'un mari, et les deux frères sous l'autorité d'un père soupçonneux et cruel, qui, pour satisfaire sa jalousie et sa vengeance, compte pour rien la vie de ses femmes et de ses enfants. Monime, confuse et troublée, se retire. Pharnace, fidèle à son caractère, voit le danger, combine ses ressources, et propose à son frère une révolte ouverte. Xipharès, non moins éclairé sur le danger, mais plus délicat sur les ressources, prend le parti de la soumission. Tous les traits sous lesquels on peint Mithridate dans cette scène contribuent à augmenter l'intérêt en augmentant les alarmes du spectateur sur le sort de Xipharès et de Monime. Il n'y a point de premier acte qui se termine d'une manière plus théâtrale, et qui laisse une plus vive attente : c'est la perfection de l'art. (G.)

SCÈNE V.

PHARNACE, XIPHARÈS.

PHARNACE, à part.

Mithridate revient! Ah, fortune cruelle !
Ma vie et mon amour tous deux courent hasard[1].
Les Romains que j'attends arriveront trop tard.

(A Xipharès.)

Comment faire? J'entends que votre cœur soupire,
Et j'ai conçu l'adieu qu'elle vient de vous dire,
Prince; mais ce discours demande un autre temps :*
Nous avons aujourd'hui des soins plus importants.
Mithridate revient peut-être inexorable :
Plus il est malheureux, plus il est redoutable.
Le péril est pressant plus que vous ne pensez.
Nous sommes criminels, et vous le connoissez :
Rarement l'amitié désarme sa colère;
Ses propres fils n'ont point de juge plus sévère;
Et nous l'avons vu même à ses cruels soupçons
Sacrifier deux fils pour de moindres raisons.
Craignons pour vous, pour moi, pour la reine elle-même.
Je la plains d'autant plus que Mithridate l'aime.
Amant avec transport, mais jaloux sans retour,

---

1. Le style, dans cette dernière scène, n'est pas moins admirable que la conduite : tout y est sage, précis, élégant; tous les traits sont justes : le caractère des deux frères se peint dans leurs discours. Cependant on peut reprendre cette expression, *courir hasard*, qui ne paraît pas digne du reste. (G.) — On peut reprendre aussi, trois vers plus bas, *j'ai conçu l'adieu; conçu* pour *compris;* ce mot avait ce sens du temps de Racine.

* Var. *Mais nous en parlerons peut-être en d'autres temps.*

Sa haine va toujours plus loin que son amour.
Ne vous assurez point sur l'amour qu'il vous porte :
Sa jalouse fureur n'en sera que plus forte.
Songez-y. Vous avez la faveur des soldats ;
Et j'aurai des secours que je n'explique pas.
M'en croirez-vous ? Courons assurer notre grâce :
Rendons-nous, vous et moi, maîtres de cette place ;
Et faisons qu'à ses fils il ne puisse dicter
Que les conditions qu'ils voudront accepter.

XIPHARÈS.

Je sais quel est mon crime, et je connois mon père ;
Et j'ai par-dessus vous le crime de ma mère ;
Mais quelque amour encor qui me pût éblouir,
Quand mon père paroît, je ne sais qu'obéir.

PHARNACE.

Soyons-nous donc au moins fidèles l'un à l'autre :
Vous savez mon secret ; j'ai pénétré le vôtre.
Le roi, toujours fertile en dangereux détours,
S'armera contre nous de nos moindres discours :
Vous savez sa coutume, et sous quelles tendresses
Sa haine sait cacher ses trompeuses adresses.
Allons : puisqu'il le faut, je marche sur vos pas :
Mais, en obéissant, ne nous trahissons pas.

ACTE DEUXIÈME.

SCÈNE PREMIÈRE.

MONIME, PHŒDIME.

PHŒDIME.

Quoi! vous êtes ici quand Mithridate arrive!
Quand, pour le recevoir, chacun court sur la rive,
Que faites-vous, madame? et quel ressouvenir
Tout à coup vous arrête, et vous fait revenir?
N'offenserez-vous point un roi qui vous adore,
Qui, presque votre époux…

MONIME.

                Il ne l'est pas encore,
Phœdime; et jusque-là je crois que mon devoir
Est de l'attendre ici sans l'aller recevoir.

PHŒDIME.

Mais ce n'est point, madame, un amant ordinaire.
Songez qu'à ce grand roi promise par un père,
Vous avez de ses feux un gage solennel
Qu'il peut, quand il voudra, confirmer à l'autel.
Croyez-moi, montrez-vous; venez à sa rencontre.

MONIME.

Regarde en quel état tu veux que je me montre :

ACTE II, SCÈNE I.

Vois ce visage en pleurs ; et, loin de le chercher,
Dis-moi plutôt, dis-moi que je m'aille cacher.

PHŒDIME.

Que dites-vous ? O dieux !

MONIME.

Ah ! retour qui me tue !
Malheureuse, comment paroîtrai-je à sa vue,
Son diadème au front, et dans le fond du cœur,
Phœdime... Tu m'entends, et tu vois ma rougeur.

PHŒDIME.

Ainsi vous retombez dans les mêmes alarmes
Qui vous ont dans la Grèce arraché tant de larmes ;
Et toujours Xipharès revient vous traverser. [1]

MONIME.

Mon malheur est plus grand que tu ne peux penser :
Xipharès ne s'offroit alors à ma mémoire
Que tout plein de vertus, que tout brillant de gloire ;
Et je ne savois pas que, pour moi plein de feux,
Xipharès des mortels fût le plus amoureux...

PHŒDIME.

Il vous aime, madame, et ce héros aimable...

MONIME.

Est aussi malheureux que je suis misérable.
Il m'adore, Phœdime ; et les mêmes douleurs
Qui m'affligeoient ici, le tourmentoient ailleurs.

PHŒDIME.

Sait-il en sa faveur jusqu'où va votre estime ?
Sait-il que vous l'aimez ?

---

1. *Traverser* signifie susciter des obstacles. L'emploi de ce mot au figuré est fréquent dans Racine.

MONIME.

Il l'ignore, Phœdime.
Les dieux m'ont secourue ; et mon cœur, affermi,
N'a rien dit, ou du moins n'a parlé qu'à demi.
Hélas ! si tu savois, pour garder le silence,
Combien ce triste cœur s'est fait de violence,
Quels assauts, quels combats j'ai tantôt soutenus !
Phœdime, si je puis, je ne le verrai plus :
Malgré tous les efforts que je pourrois me faire,
Je verrois ses douleurs, je ne pourrois me taire.
Il viendra malgré moi m'arracher cet aveu :
Mais n'importe, s'il m'aime, il en jouira peu ;
Je lui vendrai si cher ce bonheur qu'il ignore,
Qu'il vaudroit mieux pour lui qu'il l'ignorât encore.

PHŒDIME.

On vient. Que faites-vous, madame ?

MONIME.

Je ne puis :
Je ne paroîtrai point dans le trouble où je suis.

SCÈNE II.

MITHRIDATE, PHARNACE, XIPHARÈS,
ARBATE, GARDES.

MITHRIDATE.

Princes, quelques raisons que vous me puissiez dire,
Votre devoir ici n'a point dû vous conduire,
Ni vous faire quitter, en de si grands besoins,

ACTE II, SCÈNE II. 47

Vous, le Pont; vous, Colchos, confiés à vos soins.[1]
Mais vous avez pour juge un père qui vous aime.
Vous avez cru des bruits que j'ai semés moi-même ;
Je vous crois innocents, puisque vous le voulez,
Et je rends grâce au ciel qui nous a rassemblés.
Tout vaincu que je suis, et voisin du naufrage,
Je médite un dessein digne de mon courage.
Vous en serez tantôt instruits plus amplement.
Allez, et laissez-moi reposer un moment.

SCÈNE III.

MITHRIDATE, ARBATE.

MITHRIDATE.

Enfin, après un an, tu me revois, Arbate :
Non plus, comme autrefois, cet heureux Mithridate
Qui, de Rome toujours balançant le destin,
Tenoit entre elle et moi l'univers incertain :
Je suis vaincu. Pompée a saisi l'avantage[2]
D'une nuit qui laissoit peu de place au courage :[3]
Mes soldats presque nus, dans l'ombre intimidés,

---

1. Cette entrée de Mithridate est magnifique : elle aurait dû commencer l'acte. On rapporte que Baron, lorsqu'il jouait le rôle de Mithridate, faisait connaître par la différence de ses inflexions la différence qu'il mettait entre ses deux fils : il disait *vous, le Pont,* d'un ton dur et menaçant, qui exprimait sa haine contre Pharnace; mais il disait *vous, Colchos,* avec bonté et d'un ton paternel, qui marquait son affection pour Xipharès. (G.)

2. Avec quel art ces mots, *je suis vaincu,* suspendent le vers! Ce sont là les secrets de la versification, et c'est ainsi qu'on varie les formes de notre alexandrin. (L.)

3. *Laisser peu de place au courage* est ici une expression neuve et hardie, pour dire *empêcher le courage d'agir, le rendre inutile.* (G.)

Les rangs de toutes parts mal pris et mal gardés,
Le désordre partout redoublant les alarmes,
Nous-mêmes contre nous tournant nos propres armes,
Les cris que les rochers renvoyoient plus affreux,
Enfin toute l'horreur d'un combat ténébreux :[1]
Que pouvoit la valeur dans ce trouble funeste ![2]
Les uns sont morts, la fuite a sauvé tout le reste ;
Et je ne dois la vie, en ce commun effroi,
Qu'au bruit de mon trépas que je laisse après moi.
Quelque temps inconnu, j'ai traversé le Phase ;

1. Voici le récit qu'en fait Plutarque : « Les plus vieux capitaines et chefs des bandes lui firent tant de prières (à Pompée) et tant de remontrances, que finalement ils l'esmeurent à faire tout promptement donner l'assaut, pour ce qu'il ne faisoit pas si obscur qu'on ne vist du tout goutte, à cause que la lune, qui estoit basse et prochaine de son coucher, rendoit encore assez de clarté pour voir les corps des hommes : mais, pour ce qu'elle baissoit fort, les ombres, qui s'estendoient bien plus loin que les corps, atteignoient de tout loin les ennemis, de sorte qu'ils ne pouvoient pour cela juger certainement la vraie distance qu'il y avoit jusques à eux ; et, comme s'ils eussent été tout auprès d'eux, ils leur lançoient leurs dards et javelots, dont ils n'assenoient personne, pour ce qu'ils étoient trop loin. Ce que voyans les Romains, leur coururent sus, avec grands cris : mais les Barbares ne les osèrent attendre ; ains s'effroyèrent, et leur tournèrent le dos, fuyant à val de route, là où il en fut fait une grande boucherie : car il y en eut de tuez là plus de dix mille, et fut leur camp mesme pris. Quant à Mithridate, il fendit la presse des Romains dès le commencement de la meslée, avec bien environ huit cents chevaux, et passa outre : mais incontinent ses gens s'écartèrent, les uns de çà, les autres de là, en manière qu'il se trouva seul avec trois autres. » (*Vie de Pompée*, traduction d'Amyot, chap. IX.)

2. *Mes soldats, les rangs, le désordre, les cris, l'horreur,* tous ces nominatifs devraient être suivis d'un verbe, et le sont d'une exclamation :

Que pouvoit la valeur dans ce trouble funeste !

Cette hardiesse produit un grand effet. Nous en avons déjà remarqué un exemple dans la description que fait Bérénice de l'apothéose de Vespasien. Quant à la construction grammaticale, l'esprit supplée facilement ces mots sous-entendus, *figurez-vous, représentez-vous,* et la phrase devient plus vive par cette ellipse, sans être moins correcte. La Harpe remarque que l'ellipse est en général un des moyens les plus féconds pour imiter les divers mouvements de l'âme, qui doivent être ceux du discours.

ACTE II, SCÈNE III.

Et de là, pénétrant jusqu'au pied du Caucase,
Bientôt dans des vaisseaux sur l'Euxin préparés,
J'ai rejoint de mon camp les restes séparés.
Voilà par quels malheurs poussé dans le Bosphore,
J'y trouve des malheurs qui m'attendoient encore.
Toujours du même amour tu me vois enflammé :
Ce cœur nourri de sang, et de guerre affamé, [1]
Malgré le faix des ans et du sort qui m'opprime,
Traîne partout l'amour qui l'attache à Monime ;
Et n'a point d'ennemis qui lui soient odieux
Plus que deux fils ingrats que je trouve en ces lieux.

ARBATE.

Deux fils, seigneur ?

MITHRIDATE.

Écoute. A travers ma colère,
Je veux bien distinguer Xipharès de son frère :
Je sais que de tout temps à mes ordres soumis,
Il hait autant que moi nos communs ennemis ;
Et j'ai vu sa valeur, à me plaire attachée,
Justifier pour lui ma tendresse cachée ; [2]
Je sais même, je sais avec quel désespoir,
A tout autre intérêt préférant son devoir,
Il courut démentir une mère infidèle,

---

1. Mithridate est un vieillard amoureux et jaloux ; mais avec quel art le poëte a su ennoblir cet amour et cette jalousie ! Le roi de Pont se reproche à lui-même cette passion malheureuse, et son amour est tragique et terrible, parce qu'il fait craindre pour la vie de son fils. D'ailleurs la richesse et l'énergie du style suffiraient seules pour ennoblir la passion de Mithridate : *Nourri de sang et de guerre affamé;* quelle poésie ! *Malgré le faix des ans, traîne partout l'amour;* quelles images ! Tout est beau, tout est noble avec cette force d'expression. (G.)

2. *Ma tendresse cachée* est bien remarquable. Il n'y a que Mithridate qui soit assez profondément dissimulé pour *cacher* à ses enfants même la tendresse qu'il a pour eux. (L.)

Et tira de son crime une gloire nouvelle ;
Et je ne puis encor ni n'oserois penser
Que ce fils si fidèle ait voulu m'offenser.
Mais tous deux en ces lieux que pouvoient-ils attendre ?
L'un et l'autre à la reine ont-ils osé prétendre ?
Avec qui semble-t-elle en secret s'accorder ?
Moi-même de quel œil dois-je ici l'aborder ?
Parle. Quelque désir qui m'entraîne auprès d'elle,
Il me faut de leurs cœurs rendre un compte fidèle.
Qu'est-ce qui s'est passé ? Qu'as-tu vu ? Que sais-tu ?
Depuis quel temps, pourquoi, comment t'es-tu rendu

ARBATE.

Seigneur, depuis huit jours l'impatient Pharnace
Aborda le premier au pied de cette place ;[1]
Et de votre trépas autorisant le bruit,
Dans ces murs aussitôt voulut être introduit.
Je ne m'arrêtai point à ce bruit téméraire ;
Et je n'écoutois rien, si le prince son frère,
Bien moins par ses discours, seigneur, que par ses pleurs,
Ne m'eût, en arrivant, confirmé vos malheurs.

MITHRIDATE.

Enfin que firent-ils ?

ARBATE.

          Pharnace entroit à peine,
Qu'il courut de ses feux entretenir la reine,
Et s'offrir d'assurer par un hymen prochain*
Le bandeau qu'elle avoit reçu de votre main.

---

1. L'exactitude grammaticale demanderait *est abordé;* et non pas *aborda.* On dirait bien : *il y a huit jours que Pharnace aborda;* mais il faut dire : *depuis huit jours il est abordé.* (G.)

* VAR. *Et s'offrit d'assurer par un hymen prochain.*

MITHRIDATE.

Traître! sans lui donner le loisir de répandre
Les pleurs que son amour auroit dus à ma cendre!
Et son frère?

ARBATE.

    Son frère, au moins jusqu'à ce jour,
Seigneur, dans ses desseins n'a point marqué d'amour,
Et toujours avec vous son cœur d'intelligence
N'a semblé respirer que guerre et que vengeance.

MITHRIDATE.

Mais encor, quel dessein le conduisoit ici?

ARBATE.

Seigneur, vous en serez tôt ou tard éclairci.

MITHRIDATE.

Parle, je te l'ordonne, et je veux tout apprendre.

ARBATE.

Seigneur, jusqu'à ce jour ce que j'ai pu comprendre,[1]
Ce prince a cru pouvoir, après votre trépas,
Compter cette province au rang de ses États;
Et, sans connoître ici de lois que son courage,
Il venoit par la force appuyer son partage.

MITHRIDATE.

Ah! c'est le moindre prix qu'il se doit proposer,
Si le ciel de mon sort me laisse disposer.
Oui, je respire, Arbate, et ma joie est extrême:
Je tremblois, je l'avoue, et pour un fils que j'aime,
Et pour moi, qui craignois de perdre un tel appui,
Et d'avoir à combattre un rival tel que lui.

---

1. Pour que cette phrase fût régulière, il faudrait : *Ce que j'ai pu comprendre, c'est que ce prince*, etc., ou : *d'après ce que j'ai pu comprendre, ce prince*, etc,

Que Pharnace m'offense, il offre à ma colère
Un rival dès longtemps soigneux de me déplaire,
Qui toujours des Romains admirateur secret,
Ne s'est jamais contre eux déclaré qu'à regret ;
Et s'il faut que pour lui Monime, prévenue,
Ait pu porter ailleurs une amour qui m'est due,
Malheur au criminel qui vient me la ravir,
Et qui m'ose offenser et n'ose me servir !
L'aime-t-elle ?

ARBATE.

Seigneur, je vois venir la reine.

MITHRIDATE.

Dieux, qui voyez ici mon amour et ma haine,
Épargnez mes malheurs et daignez empêcher
Que je ne trouve encor ceux que je vais chercher !
Arbate, c'est assez : qu'on me laisse avec elle.

SCÈNE IV.

MITHRIDATE, MONIME.

MITHRIDATE.

Madame, enfin le ciel près de vous me rappelle,
Et, secondant du moins mes plus tendres souhaits,
Vous rend à mon amour plus belle que jamais.
Je ne m'attendois pas que de notre hyménée
Je dusse voir si tard arriver la journée ;
Ni qu'en vous retrouvant, mon funeste retour
Fît voir mon infortune, et non pas mon amour.*
C'est pourtant cet amour qui, de tant de retraites,

---

* Var. *Ni qu'en vous revoyant, mon funeste retour*
Marquât mon infortune, et non pas mon amour.

ACTE II, SCÈNE IV. 53

Ne me laisse choisir que les lieux où vous êtes ;
Et les plus grands malheurs pourront me sembler doux
Si ma présence ici n'en est point un pour vous.¹
C'est vous en dire assez, si vous voulez m'entendre.
Vous devez à ce jour dès longtemps vous attendre ;
Et vous portez, madame, un gage de ma foi
Qui vous dit tous les jours que vous êtes à moi.
Allons donc assurer cette foi mutuelle.
Ma gloire loin d'ici vous et moi nous appelle ;
Et, sans perdre un moment pour ce noble dessein,
Aujourd'hui votre époux, il faut partir demain.

MONIME.

Seigneur, vous pouvez tout : ceux par qui je respire
Vous ont cédé sur moi leur souverain empire ;
Et quand vous userez de ce droit tout-puissant,
Je ne vous répondrai qu'en vous obéissant.

MITHRIDATE.

Ainsi, prête à subir un joug qui vous opprime,
Vous n'allez à l'autel que comme une victime ;
Et moi, tyran d'un cœur qui se refuse au mien,
Même en vous possédant je ne vous devrai rien.
Ah, madame ! est-ce là de quoi me satisfaire ?
Faut-il que désormais, renonçant à vous plaire,
Je ne prétende plus qu'à vous tyranniser ?
Mes malheurs, en un mot, me font-ils mépriser ?
Ah ! pour tenter encor de nouvelles conquêtes,²

---

1. Ce trait de défiance et de jalousie est adroit et théâtral par l'émotion qu'il doit causer à Monime. Tout ce discours, si l'on excepte les premiers vers, n'est pas d'un amant, mais d'un maître. La fin est pleine d'art et de noblesse : on y voit un roi qui sait allier l'amour et la gloire, et qui est grand jusque dans sa faiblesse. (G.)

2. Ici commence une magnifique période de douze vers enchaînés l'un à

Quand je ne verrois pas de routes toutes prêtes,
Quand le sort ennemi m'auroit jeté plus bas,
Vaincu, persécuté, sans secours, sans États,
Errant de mers en mers, et moins roi que pirate,
Conservant pour tout bien le nom de Mithridate,
Apprenez que, suivi d'un nom si glorieux,[1]
Partout de l'univers j'attacherois les yeux ;
Et qu'il n'est point de rois, s'ils sont dignes de l'être,
Qui, sur le trône assis, n'enviassent peut-être
Au-dessus de leur gloire un naufrage élevé,
Que Rome et quarante ans ont à peine achevé.[2]
Vous-même d'un autre œil me verriez-vous, madame,
Si ces Grecs vos aïeux revivoient dans votre âme?
Et, puisqu'il faut enfin que je sois votre époux,
N'étoit-il pas plus noble, et plus digne de vous,
De joindre à ce devoir votre propre suffrage,
D'opposer votre estime au destin qui m'outrage,[3]

---

l'autre avec un art admirable : période qui montre ce que peut la langue française entre les mains d'un homme de génie. (G.)

1. *Suivi d'un nom :* métaphore hardie, d'autant plus heureuse qu'on la remarque à peine, et que dans son audace elle paraît simple et naturelle.

2. Ce dernier vers est si beau, qu'il suffirait pour excuser ce qu'il pourrait y avoir de hasardé dans le *naufrage élevé au-dessus d'une gloire,* qu'on a tant critiqué; car plus les fautes sont rares, moins on les pardonne. Quant à moi, je trouverais la justification de ce vers précisément dans ce qu'on a dit pour le blâmer. On a cherché où pouvait être l'*image* d'un naufrage élevé au-dessus d'une gloire; et pourquoi y chercher une *image?* pourquoi ne serait-ce pas tout simplement une idée? et en quoi est-elle mal rendue? Ne dirait-on pas bien, même en vers, *mon naufrage m'élève au-dessus de leur gloire?* Qu'a fait le poëte, que de mettre *le naufrage* à la place de la personne? C'est toujours la seule idée de supériorité qu'il a voulu exprimer, sans prétendre faire un tableau : et tout se réduit ici à une métonymie très-permise. (L.)

3. Vers qui relève et embellit encore celui qui le précède. La pensée qu'il renferme est aussi noble, aussi délicate que juste : rien n'est plus théâtral que la situation d'une femme entre l'amour et la vertu, entre le devoir et le sentiment. (G.)

Et de me rassurer, en flattant ma douleur,
Contre la défiance attachée au malheur?
Hé quoi! n'avez-vous rien, madame, à me répondre?
Tout mon empressement ne sert qu'à vous confondre.
Vous demeurez muette; et, loin de me parler,
Je vois, malgré vos soins, vos pleurs prêts à couler.

MONIME.

Moi, seigneur? Je n'ai point de larmes à répandre.
J'obéis : n'est-ce pas assez me faire entendre?
Et ne suffit-il pas...

MITHRIDATE.

Non, ce n'est pas assez.
Je vous entends ici mieux que vous ne pensez;
Je vois qu'on m'a dit vrai. Ma juste jalousie
Par vos propres discours est trop bien éclaircie :
Je vois qu'un fils perfide, épris de vos beautés,
Vous a parlé d'amour, et que vous l'écoutez.
Je vous jette pour lui dans des craintes nouvelles;
Mais il jouira peu de vos pleurs infidèles,
Madame; et désormais tout est sourd à mes lois,
Ou bien vous l'avez vu pour la dernière fois.
Appelez Xipharès.[1]

---

[1] Un vieillard jaloux qui remet sa maîtresse sous la garde de son fils qui en est aimé présente une situation naturellement comique. Pourquoi donc cette scène a-t-elle un effet tragique au théâtre, et même à la lecture? Il y en a de bonnes raisons : d'abord, c'est que la cruauté jalouse et inflexible de Mithridate est déjà connue et caractérisée par les menaces qu'il a faites, et par les vengeances qu'il annonce : on doit donc craindre pour les deux amants, et l'on veut voir comment ils se tireront d'une situation que la confiance momentanée de Mithridate ne rend que plus embarrassante et plus critique. Ensuite, c'est que la scène suivante entre Monime et Xipharès, scène où l'amour est si noblement sacrifié au devoir, est pathétique, et inspire un juste intérêt pour les deux amants. Enfin, c'est que

MONIME.

Ah ! que voulez-vous faire ?
Xipharès...

MITHRIDATE.

Xipharès n'a point trahi son père :
Vous vous pressez en vain de le désavouer ;
Et ma tendre amitié ne peut que s'en louer.
Ma honte en seroit moindre, ainsi que votre crime,
Si ce fils, en effet digne de votre estime,
A quelque amour encore avoit pu vous forcer.
Mais qu'un traître qui n'est hardi qu'à m'offenser,
De qui nulle vertu n'accompagne l'audace,
Que Pharnace, en un mot, ait pu prendre ma place,
Qu'il soit aimé, madame, et que je sois haï...

SCÈNE V.

MITHRIDATE, MONIME, XIPHARÈS.

MITHRIDATE.

Venez, mon fils ; venez, votre père est trahi.
Un fils audacieux insulte à ma ruine,
Traverse mes desseins, m'outrage, m'assassine,
Aime la reine enfin, lui plaît, et me ravit
Un cœur que son devoir à moi seul asservit.
Heureux pourtant, heureux que dans cette disgrâce

---

les sentiments et les vers sont d'une vérité et d'une beauté si touchante, que les spectateurs sont attendris jusqu'aux larmes de ce qui, sous une autre forme, les aurait fait rire ; et c'est là que le poëte est vraiment le magicien d'Horace : *fit magus*. (L.)

Je ne puisse accuser que la main de Pharnace ;
Qu'une mère infidèle, un frère audacieux,
Vous présentent en vain leur exemple odieux !
Oui, mon fils, c'est vous seul sur qui je me repose,
Vous seul qu'aux grands desseins que mon cœur se propose
J'ai choisi dès longtemps pour digne compagnon,
L'héritier de mon sceptre, et surtout de mon nom.
Pharnace, en ce moment, et ma flamme offensée,
Ne peuvent pas tout seuls occuper ma pensée :
D'un voyage important les soins et les apprêts,
Mes vaisseaux qu'à partir il faut tenir tout prêts,
Mes soldats, dont je veux tenter la complaisance,
Dans ce même moment demandent ma présence.
Vous cependant ici veillez pour mon repos,
D'un rival insolent arrêtez les complots :
Ne quittez point la reine ; et, s'il se peut, vous-même
Rendez-la moins contraire aux vœux d'un roi qui l'aime.
Détournez-la, mon fils, d'un choix injurieux :
Juge sans intérêt, vous la convaincrez mieux.
En un mot, c'est assez éprouver ma foiblesse :
Qu'elle ne pousse point cette même tendresse,
Que sais-je ? à des fureurs dont mon cœur outragé
Ne se repentiroit qu'après s'être vengé.[1]

---

1. Cette pensée semble imitée d'Ovide, qui fait dire à Médée :

Quo feret ira, sequar : facti fortasse pigebit.

« Tout ce que la colère m'inspirera, je le ferai, dussé-je m'en repentir. »

SCÈNE VI.

MONIME, XIPHARÈS.

XIPHARÈS.

Que dirai-je, madame? et comment dois-je entendre
Cet ordre, ce discours que je ne puis comprendre?
Seroit-il vrai, grands dieux! que, trop aimé de vous,
Pharnace eût en effet mérité ce courroux?
Pharnace auroit-il part à ce désordre extrême?

MONIME.

Pharnace? O ciel! Pharnace! Ah! qu'entends-je moi-même?
Ce n'est donc pas assez que ce funeste jour
A tout ce que j'aimois m'arrache sans retour,
Et que, de mon devoir esclave infortunée,
A d'éternels ennuis je me voie enchaînée?
Il faut qu'on joigne encor l'outrage à mes douleurs!
A l'amour de Pharnace on impute mes pleurs!
Malgré toute ma haine on veut qu'il m'ait su plaire!
Je le pardonne au roi, qu'aveugle sa colère,
Et qui de mes secrets ne peut être éclairci;
Mais vous, seigneur, mais vous, me traitez-vous ainsi!

XIPHARÈS.

Ah! madame, excusez un amant qui s'égare,
Qui lui-même, lié par un devoir barbare,
Se voit prêt de[1] tout perdre, et n'ose se venger.
Mais des fureurs du roi que puis-je enfin juger?
Il se plaint qu'à ses vœux un autre amour s'oppose :
Quel heureux criminel en peut être la cause?
Qui? parlez.

---

1. *Prêt de* et non *près de*, dans toutes les éditions originales.

MONIME.

Vous cherchez, prince, à vous tourmenter.
Plaignez votre malheur sans vouloir l'augmenter.

XIPHARÈS.

Je sais trop quel tourment je m'apprête moi-même.
C'est peu de voir un père épouser ce que j'aime :
Voir encore un rival honoré de vos pleurs,
Sans doute, c'est pour moi le comble des malheurs ;
Mais dans mon désespoir je cherche à les accroître.
Madame, par pitié, faites-le-moi connoître :[1]
Quel est-il, cet amant? Qui dois-je soupçonner?

MONIME.

Avez-vous tant de peine à vous l'imaginer?
Tantôt, quand je fuyois une injuste contrainte,
A qui contre Pharnace ai-je adressé ma plainte?
Sous quel appui tantôt mon cœur s'est-il jeté?
Quel amour ai-je enfin sans colère écouté?

XIPHARÈS.

O ciel! Quoi! je serois ce bienheureux coupable
Que vous avez pu voir d'un regard favorable?
Vos pleurs pour Xipharès auroient daigné couler?

MONIME.

Oui, prince : il n'est plus temps de le dissimuler ;
Ma douleur pour se taire a trop de violence.
Un rigoureux devoir me condamne au silence ;
Mais il faut bien enfin, malgré ses dures lois,
Parler pour la première et la dernière fois.
Vous m'aimez dès longtemps : une égale tendresse
Pour vous, depuis longtemps, m'afflige et m'intéresse.
Songez depuis quel jour ces funestes appas

---

1. On prononçait autrefois *accraître* pour *accroître*.

Firent naître un amour qu'ils ne méritoient pas;
Rappelez un espoir qui ne vous dura guère,*
Le trouble où vous jeta l'amour de votre père,
Le tourment de me perdre et de le voir heureux,
Les rigueurs d'un devoir contraire à tous vos vœux :
Vous n'en sauriez, seigneur, retracer la mémoire, **
Ni conter vos malheurs, sans conter mon histoire;
Et lorsque ce matin j'en écoutois le cours,
Mon cœur vous répondoit tous vos mêmes discours.
Inutile, ou plutôt funeste sympathie!
Trop parfaite union par le sort démentie!
Ah! par quel soin cruel le ciel avoit-il joint
Deux cœurs que l'un pour l'autre il ne destinoit point?
Car, quel que soit vers vous le penchant qui m'attire,
Je vous le dis, seigneur, pour ne plus vous le dire,
Ma gloire me rappelle et m'entraîne à l'autel,
Où je vais vous jurer un silence éternel.[1]
J'entends, vous gémissez; mais telle est ma misère,
Je ne suis point à vous, je suis à votre père.[2]

* Var. *Les plaisirs d'un espoir qui ne vous dura guère.*
** Var. *Vous n'en sauriez, seigneur, rappeler la mémoire.*

1. Que de sentiment et d'intérêt dans cette expression si neuve : *vous jurer un silence éternel!* Jurer un amour éternel, voilà ce que tout le monde peut dire; mais jurer *un silence*, et *un silence éternel!* mais le jurer à son amant, il n'y a que Racine qui l'ait dit. Et combien d'idées délicates sous-entendues dans cette expression! Dans le fait, ce n'est pas à lui qu'elle le jurera : il ne sera pas à l'autel; elle ne prononcera point ce serment : c'est à son cœur, c'est à son devoir, c'est à son époux qu'elle doit l'adresser. Le seul mérite qui manque à cette scène, c'est qu'elle n'est pas absolument originale ; elle a beaucoup de rapports avec celle de Sévère et de Pauline, et souvent c'est le même fonds d'idées. (A. M.)

2. Louis Racine donne ici une variante qu'on ne trouve pas dans les éditions originales.

. . . . . . Mais telle est ma misère,
Je ne suis point à moi; je suis à votre père.

ACTE II, SCÈNE VI.

Dans ce dessein vous-même il faut me soutenir,
Et de mon foible cœur m'aider à vous bannir.
J'attends du moins, j'attends de votre complaisance
Que désormais partout vous fuirez ma présence.*
J'en viens de dire assez pour vous persuader
Que j'ai trop de raisons de vous le commander.
Mais après ce moment, si ce cœur magnanime
D'un véritable amour a brûlé pour Monime,
Je ne reconnois plus la foi de vos discours,
Qu'au soin que vous prendrez de m'éviter toujours.

XIPHARÈS.

Quelle marque, grands dieux! d'un amour déplorable!
Combien, en un moment, heureux et misérable!
De quel comble de gloire et de félicités,
Dans quel abîme affreux vous me précipitez!
Quoi! j'aurai pu toucher un cœur comme le vôtre,
Vous aurez pu m'aimer; et cependant un autre
Possédera ce cœur dont j'attirois les vœux?
Père injuste, cruel, mais d'ailleurs malheureux!...
Vous voulez que je fuie, et que je vous évite?
Et cependant le roi m'attache à votre suite.
Que dira-t-il?

MONIME.

N'importe, il me faut obéir.
Inventez des raisons qui puissent l'éblouir.
D'un héros tel que vous c'est là l'effort suprême :
Cherchez, prince, cherchez, pour vous trahir vous-même,
Tout ce que, pour jouir de leurs contentements,
L'amour fait inventer aux vulgaires amants.
Enfin je me connois, il y va de ma vie :

---

* VAR.   *Que désormais partout vous fuyiez ma présence.*

De mes foibles efforts ma vertu se défie.
Je sais qu'en vous voyant, un tendre souvenir
Peut m'arracher du cœur quelque indigne soupir;
Que je verrai mon âme, en secret déchirée,
Revoler vers le bien dont elle est séparée ;
Mais je sais bien aussi que, s'il dépend de vous
De me faire chérir un souvenir si doux,
Vous n'empêcherez pas que ma gloire offensée
N'en punisse aussitôt la coupable pensée;
Que ma main dans mon cœur ne vous aille chercher,
Pour y laver ma honte, et vous en arracher.
Que dis-je? En ce moment, le dernier qui nous reste,
Je me sens arrêter par un plaisir funeste :[1]
Plus je vous parle, et plus, trop foible que je suis,
Je cherche à prolonger le péril que je fuis.
Il faut pourtant, il faut se faire violence :
Et, sans perdre en adieux un reste de constance,
Je fuis. Souvenez-vous, prince, de m'éviter;
Et méritez les pleurs que vous m'allez coûter.

XIPHARÈS.

Ah, madame!... Elle fuit, et ne veut plus m'entendre.

---

1. Quelle attendrissante douceur dans ces vers et dans tout ce morceau! Relisez-le depuis ces mots : *Enfin, je me connois*, etc., et lisez ensuite celui-ci de Pauline, qui dit à peu près les mêmes choses :

> Hélas! cette vertu, quoique enfin invincible,
> Ne laisse que trop voir une âme trop sensible.
> Ces pleurs en sont témoins, et ces lâches soupirs
> Qu'arrachent de nos feux les cruels souvenirs :
> Trop rigoureux effets d'une aimable présence,
> Contre qui mon devoir a trop peu de défense!
> Mais, si vous estimez ce vertueux devoir,
> Conservez-m'en la gloire, et cessez de me voir.
> Épargnez-moi des pleurs qui coulent à ma honte,
> Épargnez-moi des feux qu'à regret je surmonte ;
> Enfin épargnez-moi ces tristes entretiens,
> Qui ne font qu'irriter vos tourments et les miens.
>   (*Polyeucte,* acte II, scène II.)

Malheureux Xipharès, quel parti dois-tu prendre?
On t'aime; on te bannit : toi-même tu vois bien
Que ton propre devoir s'accorde avec le sien :
Cours par un prompt trépas abréger ton supplice.
Toutefois attendons que son sort s'éclaircisse;*
Et s'il faut qu'un rival la ravisse à ma foi,
Du moins, en expirant ne la cédons qu'au roi.[1]

* Var.   *Cours par un prompt trépas abréger ta misère.*
         Toutefois observons et Pharnace et mon père.

1. Conf. la scène v de l'acte Ier du *Don Carlos,* de Schiller.

ACTE TROISIÈME.

SCÈNE PREMIÈRE.

MITHRIDATE, PHARNACE, XIPHARÈS.

MITHRIDATE.

Approchez, mes enfants. Enfin l'heure est venue*
Qu'il faut que mon secret éclate à votre vue :
A mes nobles projets je vois tout conspirer ;**
Il ne me reste plus qu'à vous les déclarer.
Je fuis : ainsi le veut la fortune ennemie.

* Var.   *Venez, princes, venez. Enfin l'heure est venue.*

On a trouvé surprenant que Mithridate confie ses projets à Pharnace, comme si cette confidence du projet d'une expédition qui va s'exécuter dans le moment était dangereuse à faire à Pharnace, dont Mithridate est bien résolu de s'assurer ; comme si cette confiance apparente n'était pas, ainsi qu'on le voit dans la suite de la scène, un piége tendu à Pharnace pour pénétrer ses vues, et juger de ses desseins sur Monime par la résistance qu'il opposera au mariage qui va lui être proposé. Le plan de cette scène est un des plus beaux qu'il y ait au théâtre ; il est fait pour développer Mithridate tout entier. La scène réunit l'éclat et la profondeur, l'héroïsme et la dissimulation ; elle étale tout le contraste de la méchanceté de Pharnace et des vertus de son frère ; enfin elle a le mérite propre à un troisième acte ; elle noue l'intrigue et augmente le danger, en dévoilant à Mithridate le secret des amours de Monime et de Xipharès. C'est un tableau complet, sublime par l'ordonnance et par les couleurs, et sans contredit ce qu'il y a de plus beau dans la pièce. (L.)

** Var.   *A mes justes desseins je vois tout conspirer.*

ACTE III, SCÈNE I.

Mais vous savez trop bien l'histoire de ma vie
Pour croire que longtemps, soigneux de me cacher,
J'attende en ces déserts qu'on me vienne chercher.
La guerre a ses faveurs, ainsi que ses disgrâces :
Déjà plus d'une fois, retournant sur mes traces,[1]
Tandis que l'ennemi, par ma fuite trompé,
Tenoit après son char un vain peuple occupé,
Et, gravant en airain ses frêles avantages,
De mes États conquis enchaînoit les images,[2]
Le Bosphore m'a vu, par de nouveaux apprêts,
Ramener la terreur du fond de ses marais,
Et, chassant les Romains de l'Asie étonnée,
Renverser en un jour l'ouvrage d'une année.
D'autres temps, d'autres soins. L'Orient, accablé,
Ne peut plus soutenir leur effort redoublé :
Il voit, plus que jamais, ses campagnes couvertes
De Romains que la guerre enrichit de nos pertes.
Des biens des nations ravisseurs altérés,
Le bruit de nos trésors les a tous attirés :
Ils y courent en foule ; et, jaloux l'un de l'autre,
Désertent leur pays pour inonder le nôtre.
Moi seul je leur résiste. Ou lassés, ou soumis,
Ma funeste amitié pèse à tous mes amis ;
Chacun à ce fardeau veut dérober sa tête.[3]

---

1. Ces vers sont conformes à l'histoire. Voici ce que dit Plutarque : « Mithridates étoit bien mal aisé à chasser et prendre par armes, et plus difficile à vaincre quand il fuyoit que quand il combattoit. (*Vie de Pompée*, trad. d'Amyot, chap. xi.)

2. Ce que dit Cicéron dans le chapitre iii de son discours pour la loi *Manilia* a peut-être fourni à Racine l'idée de ces beaux vers. Nous avons traduit ce passage ; on le trouvera à la fin de la scène.

3. *Une amitié qui pèse à des amis ; dérober sa tête au fardeau de l'amitié ;* tout cela est excellent ; ce morceau offre un si grand nombre de métaphores hardies, de tours poétiques, d'expressions admirables, qu'il faudrait

Le grand nom de Pompée assure sa conquête :*
C'est l'effroi de l'Asie ; et, loin de l'y chercher,
C'est à Rome, mes fils, que je prétends marcher.¹
Ce dessein vous surprend ; et vous croyez peut-être
Que le seul désespoir aujourd'hui le fait naître.
J'excuse votre erreur ; et, pour être approuvés,
De semblables projets veulent être achevés.
Ne vous figurez point que de cette contrée
Par d'éternels remparts Rome soit séparée :
Je sais tous les chemins par où je dois passer ;
Et si la mort bientôt ne me vient traverser,
Sans reculer plus loin l'effet de ma parole,
Je vous rends dans trois mois au pied du Capitole.
Doutez-vous que l'Euxin ne me porte en deux jours
Aux lieux où le Danube y vient finir son cours ?²

s'arrêter à chaque vers. Mais ce qu'il importe le plus de remarquer, c'est que la plupart de ces tours étaient neufs au moment où Racine les employait.

* VAR. *Le seul nom de Pompée assure sa conquête.*

1. Ce vers, qui est la révélation d'un grand dessein, produit sur les interlocuteurs et sur les spectateurs un effet théâtral : cette politique sublime, ce projet héroïque étonne, élève l'âme, excite l'admiration, et répand sur les amours de Mithridate, sur ses chagrins domestiques, cet éclat, cette dignité, qui convient à la tragédie. On a vu dans la préface avec quel soin Racine rassemble toutes les autorités qui peuvent prouver que cette idée de passer en Italie n'est point une chimère romanesque, une supposition brillante du poëte, mais que Mithridate forma réellement cette audacieuse entreprise. (G.)

2. Les passions sont crédules ; on se flatte aisément du succès de ce qu'on désire. Mithridate s'imagine que tous les autres peuples haïssent comme lui les Romains, et le regardent comme leur libérateur. Il s'imagine que, dans l'Italie même, il trouvera encore plus qu'ailleurs l'horreur du nom romain ; enfin il s'imagine que ses soldats, pleins de la même haine, voleront à Rome, et feront cinq ou six cents lieues en trois mois. C'est donc une ridicule critique que celle de l'abbé Dubos, qui a étalé son érudition pour relever ici ce qu'il croit une grande erreur de géographie. Selon lui, ce vers,
    Je vous rends dans trois mois au pied du Capitole.

Que du Scythe avec moi l'alliance jurée
De l'Europe en ces lieux ne me livre l'entrée?
Recueilli dans leur port, accru de leurs soldats,
Nous verrons notre camp grossir à chaque pas.
Daces, Pannoniens, la fière Germanie,
Tous n'attendent qu'un chef contre la tyrannie.
Vous avez vu l'Espagne, et surtout les Gaulois, [1]
Contre ces mêmes murs qu'ils ont pris autrefois
Exciter ma vengeance, et, jusque dans la Grèce,
Par des ambassadeurs accuser ma paresse.

révolte tous ceux qui ont quelque connoissance de la distance des lieux. Le poëte avoit cette connoissance ; il savoit consulter une carte de géographie, et il n'eût plus révolté l'abbé Dubos s'il eût dit :

Je vous rends dans six mois au pied du Capitole ;

mais il a voulu peindre l'aveuglement d'un homme qu'emporte sa passion. Mithridate pouvoit dire encore :

Doutez-vous que l'Euxin ne me porte en dix jours, etc.

Il n'en met que deux ; et par cette interrogation,

Doutez-vous que l'Euxin ne me porte en deux jours, etc.,

il fait entendre qu'on n'en doit pas douter, parce que, dans ce moment, ou il n'en doute pas lui-même, ou il veut persuader ses fils que cette marche qu'il va entreprendre n'est ni longue ni difficile. La confiance avec laquelle il parle dans toute cette scène est la preuve de la violente passion qu'il a montrée lorsqu'il a dit d'abord :

A mes nobles projets je vois tout conspirer.

Loin d'y conspirer, tout s'y oppose, puisqu'il vient d'essuyer une très-grande défaite, qu'il est fugitif et *voisin du naufrage,* et qu'il n'a plus d'amis, comme il l'avoue encore ; mais n'importe, il veut se persuader que tout conspire à son projet, de même qu'il veut se persuader qu'il mènera son armée en trois mois à Rome. Il faut être bien malheureux en critique pour reprendre dans une scène si belle ce qui en fait la principale beauté. (L. R.)

1. On trouve dans le discours que Justin fait tenir à Mithridate, liv. XXXVIII, chap. IV, le germe de tout ce que Racine fait dire à ce roi dans cette belle scène. (L B.)

Ils savent que, sur eux prêt à se déborder,
Ce torrent, s'il m'entraîne, ira tout inonder;
Et vous les verrez tous, prévenant son ravage,
Guider dans l'Italie et suivre mon passage.
  C'est là qu'en arrivant, plus qu'en tout le chemin,[1]
Vous trouverez partout l'horreur du nom romain,
Et la triste Italie encor toute fumante
Des feux qu'a rallumés sa liberté mourante.
Non, princes, ce n'est point au bout de l'univers
Que Rome fait sentir tout le poids de ses fers :
Et de près inspirant les haines les plus fortes,
Tes plus grands ennemis, Rome, sont à tes portes.
Ah! s'ils ont pu choisir pour leur libérateur
Spartacus, un esclave, un vil gladiateur;
S'ils suivent au combat des brigands qui les vengent,
De quelle noble ardeur pensez-vous qu'ils se rangent
Sous les drapeaux d'un roi longtemps victorieux,
Qui voit jusqu'à Cyrus remonter ses aïeux?
Que dis-je? En quel état croyez-vous la surprendre?
Vide de légions qui la puissent défendre,
Tandis que tout s'occupe à me persécuter,
Leurs femmes, leurs enfants, pourront-ils m'arrêter?
Marchons, et dans son sein rejetons cette guerre
Que sa fureur envoie aux deux bouts de la terre.
Attaquons dans leurs murs ces conquérants si fiers ;
Qu'ils tremblent, à leur tour, pour leurs propres foyers.

---

1. *Plus qu'en tout le chemin* : hémistiche faible, qui disparaît, pour ainsi dire, sous l'éclat des beaux vers qui l'environnent. Les vers suivants font allusion à la guerre appelée sociale : guerre terrible, que les alliés de Rome entreprirent pour forcer les conquérants de l'Italie de partager avec eux les provinces de la république romaine, puisqu'ils avaient partagé avec eux les dangers et les travaux qu'il avait fallu essuyer pour l'établir. (G.)

Annibal l'a prédit, croyons-en ce grand homme :
Jamais on ne vaincra les Romains que dans Rome.
Noyons-la dans son sang justement répandu ;
Brûlons ce Capitole, où j'étois attendu ;
Détruisons ses honneurs, et faisons disparaître
La honte de cent rois, et la mienne peut-être ; [1]
Et, la flamme à la main, effaçons tous ces noms
Que Rome y consacroit à d'éternels affronts.
Voilà l'ambition dont mon âme est saisie.
Ne croyez point pourtant qu'éloigné de l'Asie
J'en laisse les Romains tranquilles possesseurs :
Je sais où je lui dois trouver des défenseurs ;
Je veux que d'ennemis partout enveloppée,
Rome rappelle en vain le secours de Pompée.
Le Parthe, des Romains comme moi la terreur,
Consent de succéder à ma juste fureur ;
Prêt d'unir avec moi sa haine et sa famille,
Il me demande un fils pour époux à sa fille.
Cet honneur vous regarde, et j'ai fait choix de vous,
Pharnace : allez, soyez ce bienheureux époux.
Demain, sans différer, je prétends que l'aurore
Découvre mes vaisseaux déjà loin du Bosphore.
Vous, que rien n'y retient, partez dès ce moment,

---

1. *Et la mienne peut-être* : ce dernier trait est profond. Il sort d'un cœur ulcéré, et produit d'autant plus d'effet, qu'il est jeté là comme en passant. Mithridate sent trop vivement sa honte pour s'y arrêter : ce n'est qu'un mot qui lui échappe ; mais ce mot réveille une foule de sentiments et d'idées : il est sublime. Dans tout le reste la magnificence du style, la pompe des images, est égale à l'élévation des pensées. Racine sait se proportionner à tous ses sujets. Nous n'avons point encore vu sa diction s'élever si haut, ni prendre ce caractère. Ce n'est ni le charme de Bérénice, ni la sévérité de Britannicus, ni le style impétueux et passionné d'Hermione et de Roxane. Racine est grand, parce qu'il fait parler un grand homme, méditant de grands desseins : il s'agit de Mithridate et de Rome ; il est au niveau de tous les deux. (L.)

Et méritez mon choix par votre empressement :
Achevez cet hymen; et, repassant l'Euphrate,
Faites voir à l'Asie un autre Mithridate.
Que nos tyrans communs en pâlissent d'effroi;
Et que le bruit à Rome en vienne jusqu'à moi.

PHARNACE.

Seigneur, je ne vous puis déguiser ma surprise.
J'écoute avec transport cette grande entreprise.
Je l'admire; et jamais un plus hardi dessein
Ne mit à des vaincus les armes à la main.
Surtout j'admire en vous ce cœur infatigable
Qui semble s'affermir sous le faix qui l'accable.
Mais, si j'ose parler avec sincérité,
En êtes-vous réduit à cette extrémité?
Pourquoi tenter si loin des courses inutiles,
Quand vos États encor vous offrent tant d'asiles;
Et vouloir affronter des travaux infinis,
Dignes plutôt d'un chef de malheureux bannis,
Que d'un roi qui naguère avec quelque apparence[1]
De l'aurore au couchant portoit son espérance,
Fondoit sur trente États son trône florissant,*
Dont le débris est même un empire puissant?
Vous seul, seigneur, vous seul, après quarante années,
Pouvez encor lutter contre les destinées.
Implacable ennemi de Rome et du repos,
Comptez-vous vos soldats pour autant de héros?
Pensez-vous que ces cœurs, tremblants de leur défaite,

---

1. Il faut sous-entendre *quelque apparence de raison, de succès*. Ces sortes d'ellipses, choisies et mesurées par le goût, donnent au style un air de liberté et de hardiesse, qui est une des grâces de la poésie. (L.)

* Var. *Fondoit sur trente États son règne florissant.*

ACTE III, SCÈNE I.

Fatigués d'une longue et pénible retraite,
Cherchent avidement sous un ciel étranger
La mort, et le travail pire que le danger?
Vaincus plus d'une fois aux yeux de la patrie,
Soutiendront-ils ailleurs un vainqueur en furie?
Sera-t-il moins terrible, et le vaincront-ils mieux
Dans le sein de sa ville, à l'aspect de ses dieux?
Le Parthe vous recherche et vous demande un gendre.
Mais ce Parthe, seigneur, ardent à nous défendre
Lorsque tout l'univers sembloit nous protéger,
D'un gendre sans appui voudra-t-il se charger?
M'en irai-je moi seul, rebut de la fortune,
Essuyer l'inconstance au Parthe si commune;
Et peut-être, pour fruit d'un téméraire amour,
Exposer votre nom au mépris de sa cour?*
Du moins, s'il faut céder, si, contre notre usage,
Il faut d'un suppliant emprunter le visage,
Sans m'envoyer du Parthe embrasser les genoux,
Sans vous-même implorer des rois moindres que vous,
Ne pourrions-nous pas prendre une plus sûre voie?
Jetons-nous dans les bras qu'on nous tend avec joie:**
Rome en votre faveur facile à s'apaiser...[1]

* Var.   *Exposer votre nom aux mépris de sa cour.*
** Var.   *Et courir dans les bras qu'on nous tend avec joie.*

1. Cette proposition de Pharnace montre combien, dans la crise où est Mithridate, il se croit déjà fort contre lui ; c'est un acheminement au refus de lui obéir, qu'il va faire nettement et hardiment. C'est la suite du crédit qu'il a déjà sur les soldats mêmes de son père, et tout cela était contenu d'avance dans ce vers du premier acte :

>   Et j'aurai des secours que je n'explique pas.

Mithridate éclaterait sans doute au seul nom de Rome; mais Xipharès le prévient impétueusement, et le vieux politique, accoutumé à se posséder, n'est pas fâché de voir ce que ses deux fils ont dans l'âme. (L.)

MITHRIDATE.

XIPHARÈS.

Rome, mon frère! O ciel! Qu'osez-vous proposer?
Vous voulez que le roi s'abaisse et s'humilie?
Qu'il démente en un jour tout le cours de sa vie?[1]
Qu'il se fie aux Romains, et subisse des lois
Dont il a quarante ans défendu tous les rois?
Continuez, seigneur : tout vaincu que vous êtes,
La guerre, les périls sont vos seules retraites.
Rome poursuit en vous un ennemi fatal
Plus conjuré contre elle et plus craint qu'Annibal.
Tout couvert de son sang, quoi que vous puissiez faire,
N'en attendez jamais qu'une paix sanguinaire,
Telle qu'en un seul jour un ordre de vos mains
La donna dans l'Asie à cent mille Romains.[2]

1. Cependant Mithridate avait conclu des traités avec Sylla, avec Lucullus, avec Fimbria; ce fut même au sein de la paix qu'il fit égorger cent mille Romains dans l'Asie. (G.)

2. Ce trait affreux de la cruauté et de la politique atroce de Mithridate n'est pas une anecdote douteuse : Appien et Plutarque, qui le rapportent, font monter à cent cinquante mille le nombre des victimes. Cicéron, sans désigner le nombre, confirme le fait dans sa harangue où il excite le peuple romain à charger Pompée de la guerre contre Mithridate (G.) : — « Is qui una die, tota Asia, tot in civitatibus, uno nuntio, atque una litterarum significatione, cives romanos necandos trucidandosque denotavit, non modo adhuc pœnam nullam suo dignam scelere suscepit; sed ab illo tempore annum jam tertium vicesimum regnat, et ita regnat ut se non Ponto, neque Cappadociæ latebris, occultare velit, sed emergere e patrio regno, atque in vestris vectigalibus, id est, in Asiæ luce versari. Etenim adhuc ita vestri cum illo rege contenderunt imperatores, ut ab illo insignia victoriæ, non victoriam reportarent. Triumphavit L. Sylla, triumphavit L. Murena de Mithridate, duo fortissimi viri et summi imperatores; sed ita triumpharunt, ut ille pulsus superatusque regnaret. » — « Celui qui, dans tant de villes, sur toute la surface de l'Asie, par un seul ordre de sa main, et dans un seul jour, fit massacrer un si grand nombre de Romains, n'a point encore reçu le châtiment de son crime. Depuis cette époque fatale, vingt-trois ans se sont écoulés, et cependant il règne encore; il règne, non caché dans les retraites du Pont ou dans les montagnes de la Cappadoce; mais il ose sortir de son royaume, et vient ravager vos terres à la face

Toutefois épargnez votre tête sacrée :
Vous-même n'allez point de contrée en contrée
Montrer aux nations Mithridate détruit,[1]
Et de votre grand nom diminuer le bruit.
Votre vengeance est juste ; il la faut entreprendre :
Brûlez le Capitole, et mettez Rome en cendre.
Mais c'est assez pour vous d'en ouvrir les chemins :
Faites porter ce feu par de plus jeunes mains ;
Et, tandis que l'Asie occupera Pharnace,
De cette autre entreprise honorez mon audace.
Commandez : laissez-nous, de votre nom suivis,
Justifier partout que nous sommes vos fils.
Embrasez par nos mains le couchant et l'aurore ;
Remplissez l'univers sans sortir du Bosphore ;
Que les Romains, pressés de l'un à l'autre bout,
Doutent où vous serez, et vous trouvent partout.[2]
Dès ce même moment ordonnez que je parte.
Ici tout vous retient ; et moi, tout m'en écarte :
Et, si ce grand dessein surpasse ma valeur,
Du moins ce désespoir convient à mon malheur.
Trop heureux d'avancer la fin de ma misère,

même de l'Asie. Les ornements des triomphes attestent que vos généraux ont pu le vaincre, mais non le soumettre. Sylla et Muréna, ces deux hommes pleins de valeur, ces deux illustres capitaines, ont en vain triomphé de ses armes. Toujours défait, toujours chassé, Mithridate règne toujours. » (*Oratio pro lege Manilia,* cap. III.)

1. Quels vers ! *Mithridate vaincu* est à tout le monde : *Mithridate détruit* est au grand poëte. Il y a, dans ce seul homme appelé Mithridate, tout un empire, toute une puissance. C'est ainsi que ce que l'on croit n'être que de l'élégance est une grande idée. Pour écrire supérieurement, il faut penser supérieurement. (L.)

2. On dit très-élégamment, même en poésie, *au bout de l'univers;* mais *de l'un à l'autre bout* n'a pas le même mérite. *Doutent où* est dur. Ces observations n'empêchent pas que ces deux vers ne soient bons, comme un résumé juste et précis de plusieurs grandes idées. (G.)

J'irai... J'effacerai le crime de ma mère.[1]
Seigneur, vous m'en voyez rougir à vos genoux;
J'ai honte de me voir si peu digne de vous;
Tout mon sang doit laver une tache si noire,
Mais je cherche un trépas utile à votre gloire :
Et Rome, unique objet d'un désespoir si beau,
Du fils de Mithridate est le digne tombeau.

MITHRIDATE, se levant.

Mon fils, ne parlons plus d'une mère infidèle.
Votre père est content, il connoît votre zèle,
Et ne vous verra point affronter de danger
Qu'avec vous son amour ne veuille partager :
Vous me suivrez; je veux que rien ne nous sépare.
Et vous, à m'obéir, prince, qu'on se prépare;
Les vaisseaux sont tout prêts : j'ai moi-même ordonné
La suite et l'appareil qui vous est destiné.
Arbate, à cet hymen chargé de vous conduire,
De votre obéissance aura soin de m'instruire.
Allez, et soutenant l'honneur de vos aïeux,
Dans cet embrassement recevez mes adieux.

PHARNACE.

Seigneur...

MITHRIDATE.

Ma volonté, prince, vous doit suffire.
Obéissez. C'est trop vous le faire redire.

PHARNACE.

Seigneur, si, pour vous plaire, il ne faut que périr,

---

1. Xipharès peut craindre que le jaloux et défiant Mithridate n'attribue son désespoir à la passion de Monime : il détourne avec beaucoup d'art les soupçons du roi, en lui persuadant que ce désespoir n'a pour cause que la trahison de sa mère. (G.)

Plus ardent qu'aucun autre on m'y verra courir :
Combattant à vos yeux permettez que je meure.

MITHRIDATE.

Je vous ai commandé de partir tout à l'heure.[1]
Mais après ce moment... Prince, vous m'entendez,
Et vous êtes perdu si vous me répondez.

PHARNACE.

Dussiez-vous présenter mille morts à ma vue,*
Je ne saurois chercher une fille inconnue.
Ma vie est en vos mains.

MITHRIDATE.

          Ah ! c'est où je t'attends.[2]
Tu ne saurois partir, perfide ! et je t'entends.

1. Cette altercation entre le père et le fils répand sur la fin d'une si longue scène une chaleur et un intérêt extraordinaires. *Tout à l'heure* est une expression très-simple, qui n'a rien de bas, et qui donne au style un air plus naturel. Ce dialogue est vif, rapide, attachant; c'est un modèle de bon goût et de vérité : c'est là que Pharnace développe son caractère; tous ses discours sont spécieux, mesurés, et pleins d'artifice.

* VAR. *Seigneur, dût-on offrir mille morts à ma vue.*

2. Cette tirade de Mithridate respire la mâle et saine éloquence des anciens. La haine, la jalousie et la colère du roi, longtemps retenues par sa dissimulation, s'ouvrent enfin un libre passage. Depuis le grand discours de Mithridate, toute la scène, pleine de mouvements dramatiques, est graduée avec un art profond : c'est ce choc des trois caractères qui distingue cet entretien de Mithridate avec ses enfants des autres grandes scènes connues au théâtre, et qui lui assure le premier rang comme conception théâtrale. Dans la délibération d'Auguste, tout est raisonnement; Cinna et Maxime ne sont que les conseillers d'Auguste. Dans *Rodogune*, quelque terrible que soit la proposition de Cléopâtre, elle s'adresse à deux jeunes princes soumis et respectueux, qui osent à peine faire éclater leur opposition aux sentiments de leur mère. Dans *Pompée*, le conseil du jeune roi Ptolémée, qui ouvre la pièce, devient languissant et froid, parce qu'il n'est rempli que de harangues politiques; enfin la scène de Néron avec Agrippine, plus profonde pour la peinture des caractères, plus grave et plus austère pour le style, a cependant moins d'éclat et de mouvement dramatique. Dans la scène de *Mithridate*, Pharnace est arrêté; Xipharès

Je sais pourquoi tu fuis l'hymen où je t'envoie :
Il te fâche en ces lieux d'abandonner ta proie ;
Monime te retient; ton amour criminel
Prétendoit l'arracher à l'hymen paternel.
Ni l'ardeur dont tu sais que je l'ai recherchée,
Ni déjà sur son front ma couronne attachée,
Ni cet asile même où je la fais garder,
Ni mon juste courroux, n'ont pu t'intimider.
Traître! pour les Romains tes lâches complaisances
N'étoient pas à mes yeux d'assez noires offenses :
Il te manquoit encor ces perfides amours
Pour être le supplice et l'horreur de mes jours.
Loin de t'en repentir, je vois sur ton visage
Que ta confusion ne part que de ta rage :
Il te tarde déjà qu'échappé de mes mains
Tu ne coures me perdre et me vendre aux Romains.
Mais, avant que partir, je me ferai justice :
Je te l'ai dit.

SCÈNE II.

MITHRIDATE, PHARNACE, XIPHARÈS,
GARDES.

MITHRIDATE.

Holà, gardes! Qu'on le saisisse.
Oui, lui-même, Pharnace. Allez ; et de ce pas
Qu'enfermé dans la tour on ne le quitte pas.

---

est dénoncé, Mithridate lui-même, plongé dans les plus noirs soupçons, est dans le plus cruel embarras : car je ne sépare point cette grande scène d'avec celle où les gardes viennent saisir Pharnace. (G.)

PHARNACE.

Hé bien! sans me parer d'une innocence vaine,
Il est vrai, mon amour mérite votre haine;
J'aime : l'on vous a fait un fidèle récit.
Mais Xipharès, seigneur, ne vous a pas tout dit;[1]
C'est le moindre secret qu'il pouvoit vous apprendre :
Et ce fils si fidèle a dû vous faire entendre
Que, des mêmes ardeurs dès longtemps enflammé,
Il aime aussi la reine, et même en est aimé.

SCÈNE III.

MITHRIDATE, XIPHARÈS.

XIPHARÈS.

Seigneur, le croiriez-vous, qu'un dessein si coupable...

MITHRIDATE.

Mon fils, je sais de quoi votre frère est capable.
Me préserve le ciel de soupçonner jamais
Que d'un prix si cruel vous payez mes bienfaits;
Qu'un fils qui fut toujours le bonheur de ma vie
Ait pu percer ce cœur qu'un père lui confie!
Je ne le croirai point. Allez : loin d'y songer,
Je ne vais désormais penser qu'à nous venger.*

---

1. *Ne vous a pas tout dit :* façon de parler familière, qui convient très-bien ici, et qui fait ressortir encore davantage l'ironie amère et cruelle de Pharnace. Xipharès n'a rien dit : c'est Arbate qui a révélé à Mithridate l'amour de Pharnace pour Monime; mais Pharnace, jugeant de son frère par lui-même, croit et doit croire que Xipharès l'a trahi. (G.)

* Var. *Je ne vas désormais penser qu'à nous venger.*

SCÈNE IV.

MITHRIDATE.

Je ne le croirai point? Vain espoir qui me flatte !
Tu ne le crois que trop, malheureux Mithridate !
Xipharès mon rival? et, d'accord avec lui,
La reine auroit osé me tromper aujourd'hui ?
Quoi ! de quelque côté que je tourne la vue,
La foi de tous les cœurs est pour moi disparue !
Tout m'abandonne ailleurs ! tout me trahit ici !
Pharnace, amis, maîtresse; et toi, mon fils, aussi !
Toi de qui la vertu consolant ma disgrâce...
Mais ne connois-je pas le perfide Pharnace?
Quelle foiblesse à moi d'en croire un furieux
Qu'arme contre son frère un courroux envieux,*
Ou dont le désespoir, me troublant par des fables,
Grossit, pour se sauver, le nombre des coupables !
Non, ne l'en croyons point ! et sans trop nous presser,
Voyons, examinons. Mais par où commencer?
Qui m'en éclaircira? quels témoins? quel indice?...
Le ciel en ce moment m'inspire un artifice.
Qu'on appelle la reine. Oui, sans aller plus loin,
Je veux l'ouïr : mon choix s'arrête à ce témoin.
L'amour évidemment croit tout ce qui le flatte.
Qui peut de son vainqueur mieux parler que l'ingrate?
Voyons qui son amour accusera des deux.
S'il n'est digne de moi, le piége est digne d'eux.
Trompons qui nous trahit : et, pour connoître un traître,

* Var. *Qu'arme contre son frère un dessein envieux.*

Il n'est point de moyens... Mais je la vois paraître :[1]
Feignons; et de son cœur, d'un vain espoir flatté,
Par un mensonge adroit tirons la vérité.

SCÈNE V.

MONIME, MITHRIDATE.

MITHRIDATE.

Enfin j'ouvre les yeux, et je me fais justice :
C'est faire à vos beautés un triste sacrifice,
Que de vous présenter, madame, avec ma foi,
Tout l'âge et le malheur que je traîne avec moi.
Jusqu'ici la fortune et la victoire mêmes[2]
Cachoient mes cheveux blancs sous trente diadèmes.
Mais ce temps-là n'est plus : je régnois; et je fuis.
Mes ans se sont accrus; mes honneurs sont détruits;
Et mon front, dépouillé d'un si noble avantage,
Du temps qui l'a flétri laisse voir tout l'outrage.
D'ailleurs mille desseins partagent mes esprits :
D'un camp prêt à partir vous entendez les cris;
Sortant de mes vaisseaux, il faut que j'y remonte.

---

1. Racine écrit fréquemment *paraître, connaître (paraistre, connaistre)*, pour rimer aux yeux des lecteurs.

2. *Mêmes* est ici adverbe, et non adjectif; il ne peut donc prendre le pluriel, ce qui n'était pas une faute du temps de Racine; car on retrouve le même mot, employé comme adverbe, avec le pluriel, dans les épîtres VII et X de Boileau et dans tous les contemporains. Mais quelle magnifique image! quel nombre! quelle harmonie! Remarquons que le rôle de Mithridate est écrit avec une pompe et une majesté qui relèvent encore la grandeur d'un roi qui portait trente diadèmes. Le style de ce rôle a un caractère si imposant, qu'il serait facile, en prenant des vers au hasard dans la pièce, de reconnaître si le poëte fait parler Mithridate ou quelque autre personnage. (A. M.)

Voyez, sur cette orthographe de *même* adverbe, notre édition de Molière, tome I, p. 158, note 2.

Quel temps pour un hymen qu'une fuite si prompte,
Madame! Et de quel front vous unir à mon sort,
Quand je ne cherche plus que la guerre et la mort!
Cessez pourtant, cessez de prétendre à Pharnace :
Quand je me fais justice, il faut qu'on se la fasse.
Je ne souffrirai point que ce fils odieux,
Que je viens pour jamais de bannir de mes yeux,
Possédant une amour qui me fut déniée,[1]
Vous fasse des Romains devenir l'alliée.
Mon trône vous est dû : loin de m'en repentir,
Je vous y place même avant que de partir,
Pourvu que vous vouliez qu'une main qui m'est chère,
Un fils, le digne objet de l'amour de son père,
Xipharès, en un mot, devenant votre époux,
Me venge de Pharnace et m'acquitte envers vous.

MONIME.

Xipharès! lui, seigneur?

MITHRIDATE.

Oui, lui-même, madame.
D'où peut naître à ce nom le trouble de votre âme?
Contre un si juste choix qui peut vous révolter?
Est-ce quelque mépris qu'on ne puisse dompter?
Je le répète encor : c'est un autre moi-même,
Un fils victorieux, qui me chérit, que j'aime,
L'ennemi des Romains, l'héritier et l'appui
D'un empire et d'un nom qui va renaître en lui;
Et, quoi que votre amour ait osé se promettre,
Ce n'est qu'entre ses mains que je puis vous remettre.

---

1. Dans *Iphigénie*, Racine dit :
Pour obtenir les vents que le ciel vous dénie.
(Acte I, scène I.)

ACTE III, SCÈNE V.

MONIME.

Que dites-vous? O ciel! Pourriez-vous approuver...
Pourquoi, seigneur, pourquoi voulez-vous m'éprouver?
Cessez de tourmenter une âme infortunée :
Je sais que c'est à vous que je fus destinée ;
Je sais qu'en ce moment, pour ce nœud solennel,
La victime, seigneur, nous attend à l'autel.
Venez.

MITHRIDATE.

Je le vois bien : quelque effort que je fasse,
Madame, vous voulez vous garder à Pharnace.
Je reconnois toujours vos injustes mépris ;
Ils ont même passé sur mon malheureux fils.

MONIME.

Je le méprise !

MITHRIDATE.

Eh bien, n'en parlons plus, madame.
Continuez : brûlez d'une honteuse flamme.
Tandis qu'avec mon fils je vais, loin de vos yeux,
Chercher au bout du monde un trépas glorieux,
Vous cependant ici servez avec son frère,
Et vendez aux Romains le sang de votre père.
Venez : je ne saurois mieux punir vos dédains,
Qu'en vous mettant moi-même en ses serviles mains ;
Et, sans plus me charger du soin de votre gloire,
Je veux laisser de vous jusqu'à votre mémoire.
Allons, madame, allons. Je m'en vais vous unir.

MONIME.

Plutôt de mille morts dussiez-vous me punir !

MITHRIDATE.

Vous résistez en vain, et j'entends votre fuite.

MONIME.

En quelle extrémité, seigneur, suis-je réduite?
Mais enfin je vous crois, et je ne puis penser
Qu'à feindre si longtemps vous puissiez vous forcer.
Les dieux me sont témoins qu'à vous plaire bornée,
Mon âme à tout son sort s'étoit abandonnée.
Mais si quelque foiblesse avoit pu m'alarmer,
Si de tous ses efforts mon cœur a dû s'armer,
Ne croyez point, seigneur, qu'auteur de mes alarmes,
Pharnace m'ait jamais coûté les moindres larmes.
Ce fils victorieux que vous favorisez,
Cette vivante image en qui vous vous plaisez,
Cet ennemi de Rome, et cet autre vous-même,
Enfin ce Xipharès que vous voulez que j'aime...

MITHRIDATE.

Vous l'aimez?

MONIME.

   Si le sort ne m'eût donnée à vous,
Mon bonheur dépendoit de l'avoir pour époux.
Avant que votre amour m'eût envoyé ce gage,[1]
Nous nous aimions... Seigneur, vous changez de visage![2]

MITHRIDATE.

Non, madame. Il suffit. Je vais vous l'envoyer.
Allez : le temps est cher, il le faut employer.
Je vois qu'à m'obéir vous êtes disposée :
Je suis content.

MONIME, en s'en allant.

O ciel! me serois-je abusée?

---

1. Elle montre le diadème qui orne son front.
2. Voyez ci-dessus, page 16.

SCÈNE VI.

MITHRIDATE.

Ils s'aiment! c'est ainsi qu'on se jouoit de nous!
Ah! fils ingrat, tu vas me répondre pour tous :
Tu périras. Je sais combien ta renommée
Et tes fausses vertus ont séduit mon armée ;
Perfide, je te veux porter des coups certains :
Il faut pour te mieux perdre écarter les mutins,
Et, faisant à mes yeux partir les plus rebelles,
Ne garder près de moi que des troupes fidèles.
Allons. Mais sans montrer un visage offensé,
Dissimulons encor, comme j'ai commencé.

ACTE QUATRIÈME.

SCENE PREMIÈRE.

MONIME, PHŒDIME.

MONIME.

Phœdime, au nom des dieux, fais ce que je désire :
Va voir ce qui se passe, et reviens me le dire.
Je ne sais ; mais mon cœur ne se peut rassurer :
Mille soupçons affreux viennent me déchirer.
Que tarde Xipharès ? et d'où vient qu'il diffère
A seconder des vœux qu'autorise son père ?
Son père, en me quittant, me l'alloit envoyer...
Mais il feignoit peut-être. Il falloit tout nier.
Le roi feignoit ! Et moi, découvrant ma pensée...
O dieux ! en ce péril m'auriez-vous délaissée ?
Et se pourroit-il bien qu'à son ressentiment
Mon amour indiscret eût livré mon amant ?
Quoi, prince ! quand tout plein de ton amour extrême
Pour savoir mon secret tu me pressois toi-même,
Mes refus trop cruels vingt fois te l'ont caché ;
Je t'ai même puni de l'avoir arraché :
Et quand de toi peut-être un père se défie,

Que dis-je? quand peut-être il y va de ta vie,
Je parle; et, trop facile à me laisser tromper,
Je lui marque le cœur où sa main doit frapper!

PHŒDIME.

Ah! traitez-le, madame, avec plus de justice;
Un grand roi descend-il jusqu'à cet artifice?[1]
A prendre ce détour qui l'auroit pu forcer?
Sans murmure à l'autel vous l'alliez devancer.
Vouloit-il perdre un fils qu'il aime avec tendresse?
Jusqu'ici les effets secondent sa promesse:
Madame, il vous disoit qu'un important dessein,
Malgré lui, le forçoit à vous quitter demain:
Ce seul dessein l'occupe; et, hâtant son voyage,
Lui-même ordonne tout, présent sur le rivage;
Ses vaisseaux en tous lieux se chargent de soldats,
Et partout Xipharès accompagne ses pas.
D'un rival en fureur est-ce là la conduite?
Et voit-on ses discours démentis par la suite?

MONIME.

Pharnace, cependant, par son ordre arrêté,
Trouve en lui d'un rival toute la dureté.
Phœdime, à Xipharès fera-t-il plus de grâce?

---

1. Il fallait que Racine méprisât beaucoup l'objection à laquelle de grands littérateurs ont attaché tant d'importance, pour mettre lui-même dans la bouche d'une confidente la critique de cette ruse. Cette critique est fort affaiblie par le vers suivant :

A prendre ce détour qui l'auroit pu forcer?

car bien des motifs forçaient Mithridate à prendre ce détour : c'était même le seul moyen qu'il eût en son pouvoir pour pénétrer dans le cœur de Monime. (G.)

PHŒDIME.

C'est l'ami des Romains qu'il punit en Pharnace :
L'amour a peu de part à ses justes soupçons.

MONIME.

Autant que je le puis, je cède à tes raisons ;
Elles calment un peu l'ennui qui me dévore.
Mais pourtant Xipharès ne paroît point encore.

PHŒDIME.

Vaine erreur des amants, qui, pleins de leurs désirs,
Voudroient que tout cédât au soin de leurs plaisirs !
Qui, prêts à s'irriter contre le moindre obstacle...

MONIME.

Ma Phœdime, eh ! qui peut concevoir ce miracle ?
Après deux ans d'ennuis, dont tu sais tout le poids,
Quoi ! je puis respirer pour la première fois !
Quoi ! cher prince, avec toi je me verrois unie !
Et loin que ma tendresse eût exposé ta vie,
Tu verrois ton devoir, je verrois ma vertu,
Approuver un amour si longtemps combattu !
Je pourrois tous les jours t'assurer que je t'aime !
Que ne viens-tu ?...

SCÈNE II.

MONIME, XIPHARÈS, PHŒDIME.

MONIME.

          Seigneur, je parlois de vous-même.
Mon âme souhaitoit de vous voir en ce lieu,
Pour vous...

XIPHARÈS.

C'est maintenant qu'il faut vous dire adieu.

MONIME.

Adieu ! vous ?

XIPHARÈS.

Oui, madame, et pour toute ma vie.

MONIME.

Qu'entends-je? On me disoit... Hélas! ils m'ont trahie![1]

XIPHARÈS.

Madame, je ne sais quel ennemi couvert,
Révélant nos secrets, vous trahit, et me perd.
Mais le roi, qui tantôt n'en croyoit point Pharnace,
Maintenant dans nos cœurs sait tout ce qui se passe.
Il feint, il me caresse, et cache son dessein;
Mais moi, qui dès l'enfance élevé dans son sein,
De tous ses mouvements ai trop d'intelligence,
J'ai lu dans ses regards sa prochaine vengeance.[2]
Il presse, il fait partir tous ceux dont mon malheur
Pourroit à la révolte exciter la douleur.
De ses fausses bontés j'ai connu la contrainte.
Un mot même d'Arbate a confirmé ma crainte :
Il a su m'aborder; et, les larmes aux yeux,
« On sait tout, m'a-t-il dit, sauvez-vous de ces lieux. »
Ce mot m'a fait frémir du péril de ma reine ;
Et ce cher intérêt est le seul qui m'amène.

---

1. Quelle peinture de la passion! Tous mots entrecoupés; et, par un reste de respect, elle ne nomme point encore le traître. Elle dit au pluriel, *ils m'ont trahie!* (L. R.)

2. Toute cette scène redouble le péril et la crainte, et fait succéder la terreur au moment d'espérance qu'avait eu Monime. La cruauté dissimulée et caressante de Mithridate est très-bien peinte, et la pièce marche. (L.)

Je vous crains pour vous-même ; et je viens à genoux
Vous prier, ma princesse, et vous fléchir pour vous.
Vous dépendez ici d'une main violente,
Que le sang le plus cher rarement épouvante ;
Et je n'ose vous dire à quelle cruauté
Mithridate jaloux s'est souvent emporté.
Peut-être c'est moi seul que sa fureur menace ;
Peut-être, en me perdant, il veut vous faire grâce :
Daignez, au nom des dieux, daignez en profiter ;
Par de nouveaux refus n'allez point l'irriter.
Moins vous l'aimez, et plus tâchez de lui complaire ;
Feignez, efforcez-vous : songez qu'il est mon père.
Vivez ; et permettez que dans tous mes malheurs
Je puisse à votre amour ne coûter que des pleurs.

MONIME.

Ah! je vous ai perdu!

XIPHARÈS.

Généreuse Monime,
Ne vous imputez point le malheur qui m'opprime.
Votre seule bonté n'est point ce qui me nuit ;
Je suis un malheureux que le destin poursuit ;
C'est lui qui m'a ravi l'amitié de mon père,
Qui le fit mon rival, qui révolta ma mère,
Et vient de susciter, dans ce moment affreux,
Un secret ennemi pour nous trahir tous deux.

MONIME.

Hé quoi! cet ennemi vous l'ignorez encore?

XIPHARÈS.

Pour surcroît de douleur, madame, je l'ignore.
Heureux! si je pouvois, avant que m'immoler,
Percer le traître cœur qui m'a pu déceler!

ACTE IV, SCÈNE II.

MONIME.

Hé bien, seigneur, il faut vous le faire connaître.
Ne cherchez point ailleurs cet ennemi, ce traître;
Frappez : aucun respect ne vous doit retenir.[1]
J'ai tout fait : et c'est moi que vous devez punir.

XIPHARÈS.

Vous!

MONIME.

Ah! si vous saviez, prince, avec quelle adresse
Le cruel est venu surprendre ma tendresse!
Quelle amitié sincère il affectoit pour vous!
Content, s'il vous voyoit devenir mon époux!
Qui n'auroit cru?... Mais non, mon amour, plus timide,
Devoit moins vous livrer à sa bonté perfide.
Les dieux, qui m'inspiroient, et que j'ai mal suivis,
M'ont fait taire trois fois par de secrets avis.[2]

1. L'artifice théâtral paraît peut-être un peu trop : c'était encore l'usage de présenter des amants qui veulent être tués par leurs maîtresses, et des maîtresses qui excitent leurs amants à les tuer. On sait très-bien que ces exhortations sont en pure perte. (G.)

2. Mlle Clairon avait observé que, dans l'acte précédent, où Mithridate fait avouer à Monime son secret, il n'y a pas plus de deux réticences : « J'ai consulté, dit-elle, toutes les éditions de Racine : toutes disent *trois;* toutes les actrices auxquelles j'ai vu jouer ce rôle disoient *trois;* toutes les recherches que j'ai faites m'ont assurée que Mlle Le Couvreur disoit *trois.* Quoique *deux* soit un peu plus sourd que *trois,* il fait également la mesure du vers, et n'en détruit point l'harmonie. Il étoit à présumer que Racine avoit eu des raisons pour préférer l'un à l'autre; mais nulle tradition ne m'éclairoit; il ne m'appartenoit pas de corriger un si grand homme; je ne pouvois pas non plus me soumettre à dire ce que je regardois comme une faute. J'imaginai de suppléer à la troisième réticence par un jeu de visage. Dans le couplet où Mithridate dit (acte III, scène v) :

> Servez avec son frère,
> Et vendez aux Romains le sang de votre père,

je m'avançai avec la physionomie d'une personne qui va tout dire, et je fis à l'instant succéder un mouvement de crainte qui me défendoit de parler.

J'ai dû continuer; j'ai dû dans tout le reste...
Que sais-je enfin? j'ai dû vous être moins funeste;
J'ai dû craindre du roi les dons empoisonnés,
Et je m'en punirai, si vous me pardonnez.

XIPHARÈS.

Quoi, madame! c'est vous, c'est l'amour qui m'expose?
Mon malheur est parti d'une si belle cause?
Trop d'amour a trahi nos secrets amoureux?
Et vous vous excusez de m'avoir fait heureux?
Que voudrois-je de plus? glorieux et fidèle,
Je meurs. Un autre sort au trône vous appelle :
Consentez-y, madame; et, sans plus résister,
Achevez un hymen qui vous y fait monter.

MONIME.

Quoi! vous me demandez que j'épouse un barbare
Dont l'odieux amour pour jamais nous sépare?

XIPHARÈS.

Songez que ce matin, soumise à ses souhaits,
Vous deviez l'épouser et ne me voir jamais.

MONIME.

Eh! connoissois-je alors toute sa barbarie?
Ne voudriez-vous point qu'approuvant sa furie,
Après vous avoir vu tout percé de ses coups,
Je suivisse à l'autel un tyrannique époux;
Et que, dans une main de votre sang fumante,
J'allasse mettre, hélas! la main de votre amante!

Le public, qui n'avoit jamais vu ce jeu de théâtre, daigna me donner, en l'approuvant, le prix de toutes mes recherches... Sans le jeu de la physionomie, ajoute-t-elle, j'aurois perdu la douceur d'être applaudie, et la gloire d'avoir deviné Racine. » (*Mémoires de Mlle Clairon.*)

ACTE IV, SCÈNE II.

Allez : de ses fureurs songez à vous garder,
Sans perdre ici le temps à me persuader :
Le ciel m'inspirera quel parti je dois prendre.
Que seroit-ce, grands dieux ! s'il venoit vous surprendre !
Que dis-je ? on vient. Allez : courez. Vivez enfin ;
Et du moins attendez quel sera mon destin.

SCÈNE III.

MONIME, PHŒDIME.

PHŒDIME.

Madame, à quels périls il exposoit sa vie !
C'est le roi.

MONIME.

   Cours l'aider à cacher sa sortie.
Va, ne le quitte point ; et qu'il se garde bien
D'ordonner de son sort, sans être instruit du mien.

SCÈNE IV.

MITHRIDATE, MONIME.

MITHRIDATE.

Allons, madame, allons. Une raison secrète
Me fait quitter ces lieux et hâter ma retraite.
Tandis que mes soldats, prêts à suivre leur roi,
Rentrent dans mes vaisseaux pour partir avec moi,
Venez, et qu'à l'autel ma promesse accomplie
Par des nœuds éternels l'un à l'autre nous lie.

MONIME.

Nous, seigneur?

MITHRIDATE.

Quoi, madame! osez-vous balancer?

MONIME.

Et ne m'avez-vous pas défendu d'y penser?

MITHRIDATE.

J'eus mes raisons alors : oublions-les, madame.
Ne songez maintenant qu'à répondre à ma flamme.
Songez que votre cœur est un bien qui m'est dû.

MONIME.

Hé! pourquoi donc, seigneur, me l'avez-vous rendu?

MITHRIDATE.

Quoi! pour un fils ingrat toujours préoccupée,
Vous croiriez...

MONIME.

Quoi, seigneur! vous m'auriez donc trompée?

MITHRIDATE.

Perfide! il vous sied bien de tenir ce discours,
Vous qui, gardant au cœur d'infidèles amours,
Quand je vous élevois au comble de la gloire,
M'avez des trahisons préparé la plus noire!
Ne vous souvient-il plus, cœur ingrat et sans foi,
Plus que tous les Romains conjuré contre moi,
De quel rang glorieux j'ai bien voulu descendre
Pour vous porter au trône où vous n'osiez prétendre?
Ne me regardez point vaincu, persécuté :
Revoyez-moi vainqueur, et partout redouté.
Songez de quelle ardeur dans Éphèse adorée,

ACTE IV, SCÈNE IV.

Aux filles de cent rois je vous ai préférée ;
Et, négligeant pour vous tant d'heureux alliés,
Quelle foule d'États je mettois à vos pieds.
Ah ! si d'un autre amour le penchant invincible
Dès lors à mes bontés vous rendoit insensible,
Pourquoi chercher si loin un odieux époux ?*
Avant que de partir, pourquoi vous taisiez-vous ?
Attendiez-vous, pour faire un aveu si funeste,
Que le sort ennemi m'eût ravi tout le reste,
Et que, de toutes parts me voyant accabler,
J'eusse en vous le seul bien qui me pût consoler?
Cependant, quand je veux oublier cet outrage,
Et cacher à mon cœur cette funeste image,
Vous osez à mes yeux rappeler le passé !
Vous m'accusez encor, quand je suis offensé !
Je vois que pour un traître un fol espoir vous flatte.
A quelle épreuve, ô ciel, réduis-tu Mithridate?
Par quel charme secret laissé-je retenir
Ce courroux si sévère et si prompt à punir?
Profitez du moment que mon amour vous donne ;
Pour la dernière fois, venez, je vous l'ordonne.
N'attirez point sur vous des périls superflus,
Pour un fils insolent que vous ne verrez plus.
Sans vous parer pour lui d'une foi qui m'est due,
Perdez-en la mémoire aussi bien que la vue ;
Et, désormais, sensible à ma seule bonté,
Méritez le pardon qui vous est présenté.

MONIME.

Je n'ai point oublié quelle reconnoissance,
Seigneur, m'a dû ranger sous votre obéissance

* VAR. *Sans chercher de si loin un odieux époux.*

Quelque rang où jadis soient montés mes aïeux,
Leur gloire de si loin n'éblouit point mes yeux. [1]
Je songe avec respect de combien je suis née
Au-dessous des grandeurs d'un si noble hyménée ;
Et, malgré mon penchant et mes premiers desseins
Pour un fils, après vous, le plus grand des humains,
Du jour que sur mon front on mit ce diadème,*
Je renonçai, seigneur, à ce prince, à moi-même.
Tous deux d'intelligence à nous sacrifier,
Loin de moi, par mon ordre, il couroit m'oublier.
Dans l'ombre du secret ce feu s'alloit éteindre, [2]
Et même de mon sort je ne pouvois me plaindre,
Puisque enfin, aux dépens de mes vœux les plus doux,
Je faisois le bonheur d'un héros tel que vous.
Vous seul, seigneur, vous seul, vous m'avez arrachée [3]

1. Elle lui fait entendre qu'elle n'étoit point, par sa naissance, si indigne de lui. Mais avec quelle humilité elle s'exprime ! Elle ne parle que de reconnoissance, d'obéissance, et s'avoue bien au-dessous des *grandeurs d'un si noble hyménée,* parce qu'elle ne mérite pas l'honneur d'appartenir *au plus grand des humains;* et elle s'humilie à ce point avant que de lui déclarer que son lit est plus triste pour elle que le tombeau. (L. R.)

* VAR. *Du jour qu'on m'imposa pour vous ce diadème.*

2. *L'ombre du secret,* et *un feu qui s'éteint dans cette ombre :* quel charme, nous dirons même quelle pudeur dans cette expression ! *Il couroit m'oublier :* quelle énergie de style ! Monime passe avec rapidité sur ce sacrifice douloureux; elle aime trop pour s'arrêter à cette idée : un mot lui suffit pour exprimer combien l'effort a été pénible. Voyez ensuite avec quel art elle revient à Mithridate. (A. M.)

3. Ici Monime prend un ton plus ferme : après s'être justifiée, elle accuse; mais quelle mesure, quelle dignité, quelle sensibilité noble et fière dans ses reproches ! Remarquez la période poétique qui commence à ce vers et finit à

Vos détours l'ont surpris, et m'en ont convaincue.

La poésie a sa période et ses phrases comme la musique. J'ai déjà fait observer que *Mithridate* est une des pièces où Racine a répandu avec le plus de profusion ces phrases si nombreuses, si cadencées, si riches d'élocution (G.)

A cette obéissance où j'étois attachée;
Et ce fatal amour dont j'avois triomphé,
Ce feu que dans l'oubli je croyois étouffé,
Dont la cause à jamais s'éloignoit de ma vue,
Vos détours l'ont surpris, et m'en ont convaincue.
Je vous l'ai confessé, je le dois soutenir.
En vain vous en pourriez perdre le souvenir;
Et cet aveu honteux, où vous m'avez forcée,
Demeurera toujours présent à ma pensée.
Toujours je vous croirois incertain de ma foi :
Et le tombeau, seigneur, est moins triste pour moi
Que le lit d'un époux qui m'a fait cet outrage,
Qui s'est acquis sur moi ce cruel avantage,
Et qui, me préparant un éternel ennui,
M'a fait rougir d'un feu qui n'étoit pas pour lui. [1]

[1]. Cette scène me paraît un chef-d'œuvre. Le rôle de Monime, qui était également difficile à soutenir et à mesurer, y est parfait; c'est la réunion de toutes les bienséances les mieux ménagées. Que l'on songe qu'elle parle à Mithridate, à Mithridate jaloux, et sûr qu'il a un rival, et un rival aimé: et dans quel moment lui parle-t-elle ainsi! Combien l'auteur avait à faire! et il n'a rien laissé à désirer. C'est que Monime a l'espèce de fermeté qui lui convient, et qui n'est qu'un sentiment vrai et profond de tous ses devoirs. Elle les a tous remplis, et ne craint point la mort; elle ne craint point Mithridate, mais elle ne le brave point; elle lui rend tout ce qu'elle lui doit; mais elle lui fait sentir tout ce qu'une femme délicate se doit à elle-même, et tous les avantages qu'il lui a donnés sur lui en la trompant si indignement. En même temps elle n'oublie pas l'intérêt de Xipharès, qui lui devient d'autant plus cher que c'est elle qui l'a exposé. Les connaisseurs préféreront toujours cette espèce de courage, qui est celui de son sexe et de sa situation, à la violence plus que virile de la plupart des héroïnes de Corneille. Leur jactance a quelques traits de force qui attirent l'applaudissement; mais elle n'est le plus souvent qu'une déclamation facile et une disconvenance choquante; au lieu qu'il faut un jugement sûr et un goût exquis pour observer toutes les nuances qui distinguent la fierté d'un sexe de celle de l'autre. Ces nuances sont toutes parfaitement saisies dans le rôle de Monime. Sa fierté ne dément en rien la réserve, la modestie, la résignation qu'elle a fait voir jusque-là. Elle n'a avec son amant que le degré de faiblesse qu'elle devait avoir pour être tendre, et que le degré de force

MITHRIDATE.

C'est donc votre réponse? et, sans plus me complaire,
Vous refusez l'honneur que je voulois vous faire?
Pensez-y bien. J'attends pour me déterminer...

MONIME.

Non, seigneur, vainement vous croyez m'étonner.
Je vous connois : je sais tout ce que je m'apprête,
Et je vois quels malheurs j'assemble sur ma tête :
Mais le dessein est pris; rien ne peut m'ébranler.
Jugez-en, puisque ainsi je vous ose parler,
Et m'emporte au delà de cette modestie
Dont jusqu'à ce moment je n'étois point sortie.[1]
Vous vous êtes servi de ma funeste main
Pour mettre à votre fils un poignard dans le sein :
De ses feux innocents j'ai trahi le mystère;
Et, quand il n'en perdroit que l'amour de son père,
Il en mourra, seigneur. Ma foi ni mon amour[2]

qu'il lui fallait pour suivre son devoir, et tracer celui de Xipharès. Avec Mithridate, elle n'est fière et décidée qu'autant qu'il le faut pour préférer la mort au plus grand malheur qui puisse arriver à une femme honnête et sensible, celui d'appartenir à un homme qui sait qu'elle en aime un autre. (L.)

Mlle Clairon dit dans ses Mémoires : « Mon grand plaisir étoit de me proposer à moi-même les plus grandes difficultés. Je les trouvai dans ces vers :

> Non, seigneur, *vainement* vous voulez m'étonner.
> *Je vous connois :* je sais tout ce que je m'apprête,
> Et je vois *quels malheurs* j'assemble sur ma tête;
> Mais le dessein est pris : *rien* ne peut m'ébranler, etc.

La douceur de mes sons et l'ensemble le plus modeste faisoient le contraste le plus frappant avec la valeur que je mettois aux mots que j'ai soulignés, et la fermeté qui se peignoit sur mon visage. »

1. *Je m'emporte au delà de cette modestie*, dit-elle; et ce dernier trait prouve qu'elle n'en est pas sortie un moment. (L.)

2. *Il en mourra.* Ce mot si simple, dit La Harpe, est ici admirable; il contient tout; c'est à la fois ce que l'amour peut dire de plus tendre et de plus adroit; c'est la perfection. On voit par ce mot qu'elle espère encore

Ne seront point le prix d'un si cruel détour.
Après cela, jugez. Perdez une rebelle;
Armez-vous du pouvoir qu'on vous donna sur elle :
J'attendrai mon arrêt; vous pouvez commander.
Tout ce qu'en vous quittant j'ose vous demander,
Croyez (à la vertu je dois cette justice)
Que je vous trahis seule, et n'ai point de complice;
Et que d'un plein succès vos vœux seroient suivis*
Si j'en croyois, seigneur, les vœux de votre fils.

SCÈNE V.

MITHRIDATE.

Elle me quitte! Et moi, dans un lâche silence,
Je semble de sa fuite approuver l'insolence !
Peu s'en faut que mon cœur, penchant de son côté,
Ne me condamne encor de trop de cruauté ![1]
Qui suis-je ? Est-ce Monime ? Et suis-je Mithridate ?
Non, non, plus de pardon, plus d'amour pour l'ingrate.
Ma colère revient, et je me reconnois :
Immolons, en partant, trois ingrats à la fois.
Je vais à Rome; et c'est par de tels sacrifices

---

trouver dans Mithridate le cœur d'un père. S'il résiste à cette idée, rien ne pourra le toucher; car ce n'est pas la douleur d'avoir perdu sa maîtresse qui fera mourir Xipharès, mais la douleur d'avoir déplu à son père.

* Var.   Et que d'un plein effet vos vœux seroient suivis.

1. On dit *accuser de*, et *condamner pour;* mais le mot *accuser* n'aurait point rendu toute la pensée de Racine. En faisant suivre le verbe *condamner* de la proposition *de*, il n'a fait que se conformer à un usage reçu à l'époque où il écrivait, ainsi que Molière en offre des exemples :

Ne me condamnez point d'un deuil hors de saison.
(*Sganarelle*, scène x.)

Qu'il faut à ma fureur rendre les dieux propices.[1]
Je le dois, je le puis ; ils n'ont plus de support :
Les plus séditieux sont déjà loin du bord.
Sans distinguer entre eux qui je hais ou qui j'aime,
Allons, et commençons par Xipharès lui-même.
Mais quelle est ma fureur? et qu'est-ce que je dis?
Tu vas sacrifier... qui, malheureux? Ton fils!
Un fils que Rome craint ! qui peut venger son père?[2]
Pourquoi répandre un sang qui m'est si nécessaire?
Ah! dans l'état funeste où ma chute m'a mis,

> Je veux que vous puissiez un peu l'examiner
> Et voir si de mon choix l'on me peut condamner.
> (*École des Femmes*, acte I, scène I.)
>
> L'erreur trop longtemps dure
> Et c'est trop condamner ma bouche d'imposture.
> (*Tartuffe*, acte II, scène III.)
>
> C'est trop me pousser là-dessus,
> Et d'infidélité me voir trop condamnée.
> (*Amphitryon*, acte II, scène II.)
>
> Loin de te condamner d'un si perfide trait,
> Tu m'en fais éclater la joie en ton visage.
> (*Ibid.*, acte II, scène III.)

Corneille écrit de même : « Quelque longue que soit cette narration sans interruption aucune, elle n'ennuie point ; les ornements de rhétorique dont j'ai tâché de l'enrichir ne la font point condamner de trop d'artifice. »
(*Examen de Cinna.*)

Et Mme de Sévigné : « Votre chanson est trop plaisante ; je condamne votre plume d'aller à Rome. »
(*Lettre du 28 mars 1676.*)

Au reste, c'est un latinisme qui paraît logique ; puisqu'on dit *accuser de, absoudre de, convaincre de,* pourquoi ne dirait-on pas *condamner de?* Pascal a dit de même : « Ne blâmez donc pas de fausseté ceux qui ont pris un choix, car vous n'en savez rien. » (*Pensées.*)

1. Il faut être Mithridate pour s'imaginer que de pareils sacrifices lui rendront les dieux favorables ; et, un peu plus loin, il faut encore être Mithridate pour faire un crime à Monime de son amour pour elle :

> Ah! c'est un crime encor dont je la veux punir. (L. R.)

2. Être craint des Romains, pouvoir venger son père, sont des qualités qui rendent Xipharès plus précieux aux yeux de Mithridate que son titre de fils. (G.)

ACTE IV, SCÈNE V.

Est-ce que mon malheur m'a laissé trop d'amis ?
Songeons plutôt, songeons à gagner sa tendresse :
J'ai besoin d'un vengeur, et non d'une maîtresse.
Quoi ! ne vaut-il pas mieux, puisqu'il faut m'en priver,
La céder à ce fils que je veux conserver ?
Cédons-la. Vains efforts, qui ne font que m'instruire
Des foiblesses d'un cœur qui cherche à se séduire !
Je brûle, je l'adore ; et, loin de la bannir...
Ah ! c'est un crime encor dont je la veux punir.[1]
Quelle pitié retient mes sentiments timides ?
N'en ai-je pas déjà puni de moins perfides ?
O Monime ! ô mon fils ! Inutile courroux !
Et vous, heureux Romains, quel triomphe pour vous[2]
Si vous saviez ma honte, et qu'un avis fidèle
De mes lâches combats vous portât la nouvelle !
Quoi ! des plus chères mains craignant les trahisons,[3]
J'ai pris soin de m'armer contre tous les poisons ;
J'ai su, par une longue et pénible industrie,

---

1. Après ce vers, on lisait dans les premières éditions les quatre vers suivants, que Racine a depuis supprimés :

> Mon amour trop longtemps tient ma gloire captive ;
> Qu'elle périsse seule, et que mon fils me suive.
> Un peu de fermeté, punissant ses refus,
> Me va mettre en état de ne la craindre plus.
> Quelle pitié, etc.

2. Imitation d'Homère. Nestor, dans le discours qu'il adresse aux chefs de l'armée grecque, au sujet de la querelle d'Agamemnon et d'Achille, s'écrie de même : « Quelle joie pour Priam, pour ses enfants, et pour tous les Troyens, si la renommée leur porte la nouvelle des fatales discordes qui s'élèvent entre deux héros, les premiers de la Grèce en prudence ! » (*Iliade*, liv. I, v. 255 seqq.)

3. Voltaire citait souvent ces vers comme un modèle d'élégance, d'harmonie et de goût. Mithridate, dans Appien, s'exprime ainsi : « C'est en vain que j'ai recours au poison. Je n'ai que trop bien réussi à me prémunir contre ses effets. Insensé ! je ne me suis pas mis en garde contre un poison plus dangereux, et qui attaque la vie de tous les rois : la perfidie de mes enfants, de mes amis, de mes soldats. » (*Guerre de Mithridate*, chap. CXI.)

Des plus mortels venins prévenir la furie ;
Ah! qu'il eût mieux valu, plus sage et plus heureux,
Et repoussant les traits d'un amour dangereux,
Ne pas laisser remplir d'ardeurs empoisonnées
Un cœur déjà glacé par le froid des années!
De ce trouble fatal par où dois-je sortir?[1]

SCÈNE VI.

MITHRIDATE, ARBATE.

ARBATE.

Seigneur, tous vos soldats refusent de partir ;*
Pharnace les retient, Pharnace leur révèle
Que vous cherchez à Rome une guerre nouvelle.

MITHRIDATE.

Pharnace?

ARBATE.

Il a séduit ses gardes les premiers :
Et le seul nom de Rome étonne les plus fiers.
De mille affreux périls ils se forment l'image.
Les uns avec transport embrassent le rivage ;
Les autres, qui partoient, s'élancent dans les flots,

---

1. Ce monologue est admirable. Les sentiments, qui naissent les uns après les autres, se détruisent les uns les autres; ce qui doit être. Si Mithridate s'est trouvé dans une pareille situation, il a dit tout ce que le poëte lui fait dire. Il a dû d'abord vouloir sacrifier son fils; il a dû se rappeler que ce fils lui étoit nécessaire pour se venger des Romains; il a dû croire les Romains témoins de ses foiblesses; il a dû condamner la précaution qu'il a eue de s'armer contre tous les poisons, lorsqu'il ne s'est point armé contre le poison le plus dangereux de tous. (L. R.)

* Var. *Seigneur, tous vos soldats ne veulent plus partir.*

Ou présentent leurs dards aux yeux des matelots.
Le désordre est partout; et, loin de nous entendre,
Ils demandent la paix, et parlent de se rendre.
Pharnace est à leur tête, et, flattant leurs souhaits,
De la part des Romains, il leur promet la paix.

MITHRIDATE.

Ah, le traître ! Courez : qu'on appelle son frère;
Qu'il me suive, qu'il vienne au secours de son père.

ARBATE.

J'ignore son dessein; mais un soudain transport
L'a déjà fait descendre et courir vers le port;
Et l'on dit que, suivi d'un gros d'amis fidèles,
On l'a vu se mêler au milieu des rebelles.[1]
C'est tout ce que j'en sais.

MITHRIDATE.

Ah ! qu'est-ce que j'entends !
Perfides, ma vengeance a tardé trop longtemps !
Mais je ne vous crains point : malgré leur insolence,
Les mutins n'oseroient soutenir ma présence.
Je ne veux que les voir; je ne veux qu'à leurs yeux
Immoler de ma main deux fils audacieux.

SCÈNE VII.

MITHRIDATE, ARBATE, ARCAS.

ARCAS.

Seigneur, tout est perdu. Les rebelles, Pharnace,
Les Romains sont en foule autour de cette place.

---

1. Cette méprise, très-naturelle dans ces conjonctures, est un de ces moyens aussi simples en eux-mêmes qu'ingénieusement choisis, dont

MITHRIDATE.

MITHRIDATE.

Les Romains![1]

ARCAS.

De Romains le rivage est chargé,
Et bientôt dans ces murs vous êtes assiégé.

MITHRIDATE.

(A Arcas.)

Ciel! Courons. Écoutez... Du malheur qui me presse
Tu ne jouiras pas, infidèle princesse.

Racine se sert volontiers pour brouiller et resserrer les nœuds de son intrigue. Le trouble croît de scène en scène. L'arrivée des Romains y va mettre le comble, et le dernier vers du quatrième acte laissera le spectateur dans une effrayante incertitude de tout ce qui peut arriver. (L.)

1. Ce cri de Mithridate est sublime. Au moment où il vient d'apprendre la trahison de ses deux fils et la révolte de son armée, on lui annonce l'arrivée des Romains; et, à cette nouvelle, sa colère et sa haine s'exhalent dans la répétition de ces mots : *Les Romains!* Brizard, dans cet endroit, était admirable : l'impétuosité avec laquelle il se jetait sur son casque, l'accent terrible qui sortait de ses entrailles quand il s'écriait : *Les Romains!* produisaient la plus vive sensation. C'est le seul des acteurs de la fin du dernier siècle qui ait laissé une réputation dans ce rôle. (G.)

ACTE CINQUIÈME.

SCÈNE PREMIÈRE.

MONIME, PHŒDIME.

PHŒDIME.

Madame, où courez-vous? Quels aveugles transports
Vous font tenter sur vous de criminels efforts?
Hé quoi! vous avez pu, trop cruelle à vous-même,
Faire un affreux lien d'un sacré diadème!
Ah! ne voyez-vous pas que les dieux, plus humains,
Ont eux-mêmes rompu ce bandeau dans vos mains?[1]

MONIME.

Hé! par quelle fureur, obstinée à me suivre,
Toi-même malgré moi veux-tu me faire vivre?
Xipharès ne vit plus; le roi, désespéré,
Lui-même n'attend plus qu'un trépas assuré :
Quel fruit te promets-tu de ta coupable audace?
Perfide, prétends-tu me livrer à Pharnace?

PHŒDIME.

Ah! du moins attendez qu'un fidèle rapport
De son malheureux frère ait confirmé la mort.

1. Voy. ci-dessus, page 21.

Dans la confusion que nous venons d'entendre,
Les yeux peuvent-ils pas aisément se méprendre?
D'abord, vous le savez, un bruit injurieux
Le rangeoit du parti d'un camp séditieux;
Maintenant on vous dit que ces mêmes rebelles
Ont tourné contre lui leurs armes criminelles.
Jugez de l'un par l'autre, et daignez écouter...

MONIME.

Xipharès ne vit plus, il n'en faut point douter : *
L'événement n'a point démenti mon attente.
Quand je n'en aurois pas la nouvelle sanglante,
Il est mort; et j'en ai pour garants trop certains
Son courage et son nom trop suspects aux Romains.
Ah! que d'un si beau sang dès longtemps altérée,
Rome tient maintenant sa victoire assurée! **
Quel ennemi son bras leur alloit opposer!
Mais sur qui, malheureuse, oses-tu t'excuser?
Quoi! tu ne veux pas voir que c'est toi qui l'opprimes,
Et dans tous ses malheurs reconnoître tes crimes?
De combien d'assassins l'avois-je enveloppé! [1]
Comment à tant de coups seroit-il échappé?
Il évitoit en vain les Romains et son frère :
Ne le livrois-je pas aux fureurs de son père?
C'est moi qui, les rendant l'un de l'autre jaloux,
Vins allumer le feu qui les embrase tous :
Tison de la discorde, et fatale furie,

* VAR. *Xipharès est sans vie, il n'en faut point douter.*

** VAR. *Rome tient maintenant la victoire assurée!*

1. Les reproches que Monime se fait à elle-même sont fort exagérés aux yeux de la raison ; mais la passion les inspire : et, quoique Monime dise des choses peu raisonnables, elle dit ce qu'elle doit dire dans la situation où elle se trouve; et surtout elle le dit en très-beaux vers. (G.)

ACTE V, SCÈNE I.

Que le démon de Rome a formée et nourrie.
Et je vis! Et j'attends que, de leur sang baigné,
Pharnace des Romains revienne accompagné,
Qu'il étale à mes yeux sa parricide joie!
La mort au désespoir ouvre plus d'une voie : [1]
Oui, cruelles, en vain vos injustes secours
Me ferment du tombeau les chemins les plus courts,
Je trouverai la mort jusque dans vos bras même.

   Et toi, fatal tissu, malheureux diadème, [2]
Instrument et témoin de toutes mes douleurs,
Bandeau, que mille fois j'ai trempé de mes pleurs,
Au moins, en terminant ma vie et mon supplice,
Ne pouvois-tu me rendre un funeste service?
A mes tristes regards, va, cesse de t'offrir;
D'autres armes sans toi sauront me secourir :
Et périsse le jour et la main meurtrière
Qui jadis sur mon front t'attacha la première! [3]

PHŒDIME.

On vient, madame, on vient; et j'espère qu'Arcas
Pour bannir vos frayeurs porte vers vous ses pas.

---

   1. *La mort au désespoir ouvre plus d'une voie*, c'est-à-dire *ouvre plus d'une voie pour arriver jusqu'à elle*. C'est une ellipse qui donne beaucoup de noblesse à la pensée. Racine le fils s'est donc trompé, en disant que Monime paraissait vouloir dire, au contraire, *le désespoir ouvre plus d'une voie à la mort;* ce qui ne serait qu'une pensée commune. (A. M.)

   2. Combien n'y a-t-il pas d'art et de goût dans la manière dont Racine a su embellir et rendre digne du théâtre ce trait historique si naïvement rapporté par Plutarque, et cité dans la préface! Toute cette apostrophe est extrêmement touchante : elle est particulièrement recommandable par l'élégance, la douceur et le charme du style. (G.)

   3. *Qui* ne se rapporte qu'à *la main* : il y a une ellipse. *Périsse le jour où ce bandeau fut attaché sur mon front, et la main qui me l'attacha la première.* (G.)

SCÈNE II.

MONIME, PHŒDIME, ARCAS.

MONIME.

En est-ce fait, Arcas? et le cruel Pharnace...

ARCAS.

Ne me demandez rien de tout ce qui se passe,
Madame : on m'a chargé d'un plus funeste emploi ;
Et ce poison vous dit la volonté du roi.*

PHŒDIME.

Malheureuse princesse !

MONIME.

Ah ! quel comble de joie !
Donnez. Dites, Arcas, au roi qui me l'envoie
Que de tous les présents que m'a faits sa bonté,
Je reçois le plus cher et le plus souhaité.
A la fin je respire ; et le ciel me délivre
Des secours importuns qui me forçoient de vivre.
Maîtresse de moi-même, il veut bien qu'une fois
Je puisse de mon sort disposer à mon choix.[1]

PHŒDIME.

Hélas !

---

* Var.   *Et ce poison vous dit les volontés du roi.*

1. C'est une espèce d'imitation de la réponse de Sophonisbe à l'esclave qui lui apporta le poison de la part de Massinissa : « Accipio, inquit, nuptiale munus ; nec ingratum, si nihil majus vir uxori præstare potuit. » (Tite-Live, liv. XL, chap. x.) Plutarque écrit que Statira, sœur de Mithridate, « fit remercier ce prince, dans une circonstance pareille, de l'attention qu'il avoit eue de se souvenir d'elle, et d'empêcher qu'elle ne tombât au pouvoir du vainqueur. » (L. B.)

MITHRIDATE

MONIME Dites-lui qu'en ce jour
 que de tous les presents que m'a faits sa bonté
 le coupe le plus cher et le plus souhaité

 Acte V

MONIME.

Retiens tes cris; et, par d'indignes larmes,
De cet heureux moment ne trouble point les charmes.
Si tu m'aimois, Phœdime, il falloit me pleurer[1]
Quand d'un titre funeste on me vint honorer,
Et lorsque, m'arrachant du doux sein de la Grèce,
Dans ce climat barbare on traîna ta maîtresse.
Retourne maintenant chez ces peuples heureux;
Et, si mon nom encor s'est conservé chez eux,
Dis-leur ce que tu vois, et de toute ma gloire,
Phœdime, conte-leur la malheureuse histoire.
Et toi, qui de ce cœur, dont tu fus adoré,
Par un jaloux destin fus toujours séparé,
Héros, avec qui, même en terminant ma vie,
Je n'ose en un tombeau demander d'être unie,
Reçois ce sacrifice; et puisse, en ce moment,
Ce poison expier le sang de mon amant!

---

1. Ici la douleur devient plus douce et plus calme, sans être moins touchante, et ce contraste avec le morceau précédent est encore un autre genre de mérite. Monime est plus tranquille, parce qu'elle se croit sûre de mourir. Ses paroles sont pleines de ce pathétique profond que les anciens savaient donner à ce qu'on appelait en latin *novissima verba, les dernières paroles, les paroles de mort* : c'est chez eux que Racine l'avait appris.

Et lorsque, m'arrachant du doux sein de la Grèce, etc.

Ce retour vers son heureuse patrie, si naturel dans un pareil moment, rappelle le

Dulces moriens reminiscitur Argos.

SCÈNE III.

MONIME, ARBATE, PHŒDIME, ARCAS.

ARBATE.

Arrêtez! arrêtez![1]

ARCAS.

Que faites-vous, Arbate?

ARBATE.

Arrêtez! j'accomplis l'ordre de Mithridate.

MONIME.

Ah! laissez-moi...

ARBATE, jetant le poison.

Cessez, vous dis-je, et laissez-moi,
Madame, exécuter les volontés du roi :
Vivez. Et vous, Arcas, du succès de mon zèle
Courez à Mithridate apprendre la nouvelle.

SCÈNE IV.

MONIME, ARBATE, PHŒDIME.

MONIME.

Ah! trop cruel Arbate, à quoi m'exposez-vous!

---

1. Voilà une vraie péripétie. D'après tout ce qui précède, la mort de Monime doit paraître infaillible ; elle est sauvée cependant, et par l'ordre de ce même Mithridate, si avide de vengeance et si peu fait à pardonner. Comment? C'est ce qu'il est impossible au spectateur de deviner; et, quoique tout soit imprévu, l'explication rendra tout vraisemblable, et le spectateur sera satisfait sous tous les rapports. C'est, depuis *Andromaque*, le plus beau dénoûment de Racine. (A. M.)

ACTE V, SCÈNE IV.

Est-ce qu'on croit encor mon supplice trop doux?
Et le roi, m'enviant une mort si soudaine,
Veut-il plus d'un trépas pour contenter sa haine?

ARBATE.

Vous l'allez voir paroître ; et j'ose m'assurer*
Que vous-même avec moi vous allez le pleurer.

MONIME.

Quoi! le roi...

ARBATE.

        Le roi touche à son heure dernière,
Madame, et ne voit plus qu'un reste de lumière.
Je l'ai laissé sanglant, porté par des soldats ;
Et Xipharès en pleurs accompagne leurs pas.

MONIME.

Xipharès! Ah, grands dieux! Je doute si je veille,
Et n'ose qu'en tremblant en croire mon oreille.
Xipharès vit encor! Xipharès que mes pleurs...

ARBATE.

Il vit chargé de gloire, accablé de douleurs.
De sa mort en ces lieux la nouvelle semée
Ne vous a pas vous seule et sans cause alarmée :
Les Romains, qui partout l'appuyoient par des cris,
Ont par ce bruit fatal glacé tous les esprits.
Le roi, trompé lui-même, en a versé des larmes,
Et, désormais certain du malheur de ses armes,
Par un rebelle fils de toutes parts pressé,
Sans espoir de secours, tout prêt d'être forcé, [1]

---

* VAR. *Vous l'allez voir, madame; et j'ose m'assurer.*
1. Conf. ci-dessus, page 58.

Et voyant pour surcroît de douleur et de haine,
Parmi ses étendards porter l'aigle romaine,
Il n'a plus aspiré qu'à s'ouvrir des chemins
Pour éviter l'affront de tomber dans leurs mains.
D'abord il a tenté les atteintes mortelles
Des poisons que lui-même a crus les plus fidèles;[1]
Il les a trouvés tous sans force et sans vertu.
« Vain secours, a-t-il dit, que j'ai trop combattu !
« Contre tous les poisons soigneux de me défendre,
« J'ai perdu tout le fruit que j'en pouvois attendre.
« Essayons maintenant des secours plus certains,
« Et cherchons un trépas plus funeste aux Romains. »
Il parle; et défiant leurs nombreuses cohortes,
Du palais, à ces mots, il fait ouvrir les portes.[*]
A l'aspect de ce front dont la noble fureur
Tant de fois dans leurs rangs répandit la terreur,
Vous les eussiez vus tous, retournant en arrière,[2]
Laisser entre eux et nous une large carrière ;

1. *Des poisons fidèles!* il n'y a point d'épithète plus neuve et plus hardie : elle est si bien placée qu'elle ne le paraît pas, tant l'auteur et le sujet ont contribué à la rendre claire! Au reste, on est d'accord depuis longtemps sur la belle versification qui fait de ce récit un de ceux qu'on admire le plus au théâtre et à la lecture. Nous observerons seulement que ce récit et la mort de Mithridate sont les derniers traits qui achèvent la peinture de ce grand caractère, et qu'ils ajoutent au dénoûment le mérite de la dignité. (L.)

[*] VAR. *Du palais, à ces mots, il leur ouvre les portes.*

2. Les commentateurs ont cru trouver le modèle de cette description dans ces vers de Virgile :

> Diffugiunt alii ad naves, et littora cursu
> Fida petunt : pars ingentem formidine turpi,
> Scandunt rursus equum, et nota conduntur in alvo.

« Les uns se précipitent vers leurs vaisseaux, et cherchent une plage à l'abri du danger; d'autres, saisis d'une honteuse épouvante, se hâtent de remonter dans les flancs de cet énorme cheval qui les avait apportés. » (*Énéid.*, liv. II, v. 399.)

Et déjà quelques-uns couroient épouvantés
Jusque dans les vaisseaux qui les ont apportés.
Mais le dirai-je? ô ciel! rassurés par Pharnace,
Et la honte en leurs cœurs réveillant leur audace,
Ils reprennent courage, ils attaquent le roi,
Qu'un reste de soldats défendoit avec moi.
Qui pourroit exprimer par quels faits incroyables,
Quels coups accompagnés de regards effroyables,
Son bras, se signalant pour la dernière fois,
A de ce grand héros terminé les exploits?
Enfin, las et couvert de sang et de poussière,
Il s'étoit fait de morts une noble barrière :
Un autre bataillon s'est avancé vers nous :
Les Romains pour le joindre ont suspendu leurs coups.
Ils vouloient tous ensemble accabler Mithridate.
Mais lui : « C'en est assez, m'a-t-il dit, cher Arbate;
« Le sang et la fureur m'emportent trop avant.
« Ne livrons pas surtout Mithridate vivant. »
Aussitôt dans son sein il plonge son épée.
Mais la mort fuit encor sa grande âme trompée.
Ce héros dans mes bras est tombé tout sanglant,
Foible, et qui s'irritoit contre un trépas si lent;
Et, se plaignant à moi de ce reste de vie,
Il soulevoit encor sa main appesantie;
Et, marquant à mon bras la place de son cœur,
Sembloit d'un coup plus sûr implorer la faveur.
Tandis que, possédé de ma douleur extrême,
Je songe bien plutôt à me percer moi-même,
De grands cris ont soudain attiré mes regards :
J'ai vu, qui l'auroit cru? j'ai vu de toutes parts
Vaincus et renversés les Romains et Pharnace,
Fuyant vers leurs vaisseaux, abandonner la place;

Et le vainqueur, vers nous s'avançant de plus près,
A mes yeux éperdus a montré Xipharès.

MONIME.

Juste ciel!

ARBATE.

    Xipharès, toujours resté fidèle,
Et qu'au fort du combat une troupe rebelle,
Par ordre de son frère, avoit enveloppé,*
Mais qui, d'entre leurs bras à la fin échappé,
Forçant les plus mutins, et regagnant le reste,
Heureux et plein de joie en ce moment funeste,
A travers mille morts, ardent, victorieux,
S'étoit fait vers son père un chemin glorieux.
Jugez de quelle horreur cette joie est suivie.
Son bras aux pieds du roi l'alloit jeter sans vie;
Mais on court, on s'oppose à son emportement.
Le roi m'a regardé dans ce triste moment,
Et m'a dit, d'une voix qu'il poussoit avec peine :
« S'il en est temps encor, cours et sauve la reine.[1] »
Ces mots m'ont fait trembler pour vous, pour Xipharès,
J'ai craint, j'ai soupçonné quelques ordres secrets.
Tout lassé que j'étois, ma frayeur et mon zèle
M'ont donné pour courir une force nouvelle;

---

 * VAR. .... *Xipharès qu'une troupe rebelle,*
    Qui craignoit son courage et connoissoit son zèle,
    Malgré tous ses efforts, avoit enveloppé.

1. Ce trait de la sensibilité et de la reconnaissance de Mithridate pour un fils aussi vertueux que brave efface l'odieux de sa cruauté et de sa jalousie, et le fait aimer et plaindre du spectateur, malgré ses vices. Ce retour vers Xipharès qu'il aime, et qui lui rend dans ce moment le service le plus cher à son cœur, est absolument dans la nature : le don qu'il fait en mourant de la main de Monime à ce fils victorieux n'a rien qui démente son caractère. (G.)

ACTE V, SCÈNE IV.

Et, malgré nos malheurs, je me tiens trop heureux
D'avoir paré le coup qui vous perdoit tous deux.

MONIME.

Ah! que, de tant d'horreurs justement étonnée,
Je plains de ce grand roi la triste destinée!
Hélas! et plût aux dieux qu'à son sort inhumain
Moi-même j'eusse pu ne point prêter la main,
Et que, simple témoin du malheur qui l'accable,
Je le pusse pleurer sans en être coupable![1]
Il vient. Quel nouveau trouble excite en mes esprits
Le sang du père, ô ciel! et les larmes du fils!

SCÈNE V.

MITHRIDATE, MONIME, XIPHARÈS, ARBATE, ARCAS, GARDES qui soutiennent Mithridate.

MONIME.

Ah! que vois-je, seigneur, et quel sort est le vôtre!

MITHRIDATE.

Cessez et retenez vos larmes l'un et l'autre :
(Montrant Xipharès.)
Mon sort de sa tendresse et de votre amitié
Veut d'autres sentiments que ceux de la pitié;
Et ma gloire, plutôt digne d'être admirée,
Ne doit point par des pleurs être déshonorée.

---

1. C'est la trahison de Pharnace qui est *cause* de la mort de Mithridate, et non pas Monime ; mais on lui pardonne volontiers cette erreur, et sa douleur est d'autant plus généreuse, qu'elle plaint celui qui l'opprimait, et qu'elle aime mieux s'accuser elle-même que d'accuser son ennemi. (L.)

J'ai vengé l'univers autant que je l'ai pu :
La mort dans ce projet m'a seule interrompu.
Ennemi des Romains et de la tyrannie,
Je n'ai point de leur joug subi l'ignominie;[1]
Et j'ose me flatter qu'entre les noms fameux
Qu'une pareille haine a signalés contre eux,
Nul ne leur a plus fait acheter la victoire,
Ni de jours malheureux plus rempli leur histoire.*
Le ciel n'a pas voulu qu'achevant mon dessein,
Rome en cendre me vît expirer dans son sein;
Mais au moins quelque joie en mourant me console :
J'expire environné d'ennemis que j'immole;
Dans leur sang odieux j'ai pu tremper mes mains;
Et mes derniers regards ont vu fuir les Romains.
A mon fils Xipharès je dois cette fortune;
Il épargne à ma mort leur présence importune.
Que ne puis-je payer ce service important
De tout ce que mon trône eut de plus éclatant!
Mais vous me tenez lieu d'empire, de couronne;
Vous seule me restez : souffrez que je vous donne,
Madame; et tous ces vœux que j'exigeois de vous,
Mon cœur pour Xipharès vous les demande tous.

MONIME.

Vivez, seigneur, vivez, pour le bonheur du monde,
Et pour sa liberté, qui sur vous seul se fonde;**

---

1. La Calprenède fait dire à Mithridate, au moment où il va se donner la mort :

> Rome, à qui je ravis un superbe ornement,
> Ne me verra vaincu que par moi seulement.
> Elle en aura le fruit et j'en aurai la gloire.
> (*La Mort de Mithridate*, acte V, scène v.)

* VAR.   *Et de jours malheureux plus rempli leur histoire.*
** VAR.   *Vivez, seigneur, vivez, pour nous voir l'un et l'autre*
          Sacrifier toujours notre bonheur au vôtre.

ACTE V, SCÈNE V.

Vivez pour triompher d'un ennemi vaincu,
Pour venger...

MITHRIDATE.

C'en est fait, madame, et j'ai vécu.
Mon fils, songez à vous, gardez-vous de prétendre
Que de tant d'ennemis vous puissiez vous défendre.
Bientôt tous les Romains, de leur honte irrités,
Viendront ici sur vous fondre de tous côtés.
Ne perdez point le temps que vous laisse leur fuite
A rendre à mon tombeau des soins dont je vous quitte.
Tant de Romains sans vie, en cent lieux dispersés,
Suffisent à ma cendre et l'honorent assez.
Cachez-leur pour un temps vos noms et votre vie,
Allez, réservez-vous...

XIPHARÈS.

Moi, seigneur ! que je fuie !
Que Pharnace impuni, les Romains triomphants,
N'éprouvent pas bientôt...

MITHRIDATE.

Non, je vous le défends.
Tôt ou tard il faudra que Pharnace périsse :
Fiez-vous aux Romains du soin de son supplice.[1]

---

[1]. Ce vers plein d'amertume a le double mérite d'annoncer le sort de Pharnace et de peindre d'un trait la politique extérieure du peuple-roi. Les Romains se sont servis du fils pour accabler le père; ils briseront l'instrument dès qu'il sera inutile. A la suite de ce beau vers, on lit, dans la première édition, une tirade que Racine supprima dans les éditions suivantes :

> Le Parthe, qu'ils gardoient pour triomphe dernier,
> Seul encor sous le joug refuse de plier ;
> Allez le joindre. Allez chez ce peuple indomptable
> Porter de mon débris le reste redoutable.
> J'espère, et je m'en forme un présage certain,
> Que leurs champs bienheureux boiront le sang romain ;
> Et, si quelque vengeance à ma mort est promise,

Mais je sens affoiblir ma force et mes esprits ;
Je sens que je me meurs. Approchez-vous, mon fils ;
Dans cet embrassement dont la douceur me flatte,
Venez, et recevez l'âme de Mithridate.[1]

MONIME.

Il expire.

XIPHARÈS.

Ah! madame, unissons nos douleurs,
Et par tout l'univers cherchons-lui des vengeurs.

> Que c'est à leur valeur que le ciel l'a remise.
> Mais je sens, etc.

La Calprenède fait aussi prédire au roi de Pont la punition de Pharnace. C'est à la fin d'une assez belle scène entre le père et le fils que Mithridate indigné annonce à ce rebelle les malheurs que sa trahison lui prépare :

> Écoute cependant un esprit prophétique :
> Tu seras ruiné par cette République ;
> Et ces mêmes Romains à qui tu fais la cour
> Te mettront à néant par la guerre d'un jour.
> Un plus puissant guerrier que Luculle et Pompée
> Te vaincra sans effort, presque d'un coup d'épée ;
> Et, prenant l'intérêt des Romains et de moi,
> Sa main me vengera de Pompée et de toi.
> (*La Mort de Mithridate,* acte IV, scène III.)

Cette prophétie a le défaut d'être trop précise ; l'artifice est trop visible. C'est la crainte de tomber dans le même défaut qui détermina sans doute Racine à supprimer les vers où il fait allusion à la défaite prochaine de Crassus par les Parthes

1. Mithridate s'exprime de la manière la plus conforme aux idées des anciens, qui donnaient le nom d'*anima* ou de *spiritus* au dernier souffle de la vie. — Livre IV de l'*Énéide,* Didon s'écrie sur son bûcher :

> Accipite hanc animam.

« Recevez cette âme. » Sa sœur lui dit en l'embrassant :

> Extremus si quis super halitus errat,
> Ore legam.

« Ma bouche veut recueillir le dernier souffle qui s'échappe de ton sein. »

FIN DE MITHRIDATE.

EXAMEN CRITIQUE
DE MITHRIDATE

DE LA FIDÉLITÉ HISTORIQUE
DANS LA TRAGÉDIE ET DANS LES PIÈCES DE THÉATRE
EN GÉNÉRAL.

Au lendemain de la représentation de *Mithridate,* Devisé disait dans le *Mercure galant :* « J'aurois longtemps à vous entretenir, s'il falloit que je vous rendisse un compte exact des jugements qu'on a faits du *Mithridate* de M. Racine. Il a plu comme font tous les ouvrages de cet auteur. Et, quoiqu'il ne se soit quasi servi que des noms de Mithridate, de ceux des princes ses fils et de celui de Monime, il ne lui est pas moins permis de changer la vérité des histoires anciennes pour faire un ouvrage agréable, qu'il lui a été d'habiller à la turque nos amants et nos amantes. Il a adouci la grande férocité de Mithridate qui avoit fait égorger sa femme, dont les anciens nous vantent et la grande beauté et la grande vertu. Et, quoique ce prince fût barbare, il l'a rendu en mourant un des meilleurs princes du monde : il se dépouille, en faveur d'un de ses enfants, de l'amour et de la vengeance, qui sont les deux plus violentes passions où les hommes soient sujets ;

et ce grand roi meurt avec tant de respect pour les dieux qu'on pourroit le donner pour exemple à nos princes les plus chrétiens. Ainsi M. Racine a atteint le but que doivent se proposer tous ceux qui font de ces sortes d'ouvrages; et les principales règles étant de plaire, d'instruire et de toucher, on ne sauroit donner trop de louanges à cet illustre auteur, puisque sa tragédie a plu, qu'elle est de bon exemple, et qu'elle a touché les cœurs. »

L'objection est toujours la même : les passions ne pouvaient avoir ce langage au temps de Mithridate ; ni ce roi, ni ses fils, ni ses femmes ne sauraient avoir senti, pensé, parlé, comme Racine les fait sentir, penser, parler. Sans doute, et avec cette rigueur, l'on en viendrait à s'étonner que le roi de Pont et de Cappadoce s'exprimât en français et surtout en vers alexandrins. Il faudrait une évocation complète : deux temps, deux contrées éloignées se retrouveraient en présence l'une de l'autre, sans se pouvoir comprendre. Ce n'est pas là du tout l'objet des tableaux historiques que trace un peintre ou un poëte : il y a toujours interprétation d'une époque lointaine, d'une contrée éloignée, au temps et au pays où vit le poëte ou le peintre. Par conséquent il y a toujours deux choses dans le tableau ou le poëme dramatique : la représentation aussi fidèle que possible de l'époque et de la contrée qu'on veut ressusciter; la pensée, le sentiment, le langage de l'âge et de la nation où l'œuvre s'est produite.

Cette œuvre vaut par l'exactitude de l'interprétation historique ou par l'expression d'une société qui se peint elle-même dans le passé. Longtemps ce dernier élément entra seul en ligne de compte. C'est une idée dont on ne s'est avisé que récemment, que les âges anciens avaient un caractère différent des âges nouveaux, et qu'il fallait reproduire ce caractère. Cela n'empêchait nullement de faire des chefs-d'œuvre. Les grands peintres de l'école italienne transportaient dans leurs tableaux de l'Ancien et du Nouveau Testament les costumes, les mœurs, les types de l'Italie de Léon X. De nos jours, au contraire, nous voyons des peintres qui, s'attachant à la fidélité la plus scrupuleuse, n'introduiraient pas dans leurs toiles un seul accessoire qui ne fût tiré d'un musée archéologique. Dans quelle mesure la fidélité ou l'inexactitude du peintre ou du dramaturge doit-elle être un sujet de louange ou de blâme ?

Lessing, dans sa *Dramaturgie,* revient fréquemment sur cette question. Voici quelques-uns de ses jugements :

« Il y a longtemps qu'Aristote a marqué dans quelles limites le poëte tragique est obligé de se soucier de la vérité historique : savoir, autant que l'histoire ressemble à une fable heureusement imaginée, et qui convient à ses vues. S'il a besoin de faits historiques, ce n'est pas seulement parce qu'ils sont arrivés, mais parce qu'il inventera difficilement d'autres faits qui convinssent mieux à son dessein du moment. Si le hasard lui offre cet avantage dans une aventure vraie, cette aventure vraie est pour lui la bienvenue ; mais s'il lui fallait, au préalable, feuilleter longtemps les livres d'histoire, cela n'en vaudrait pas la peine. Et d'ailleurs combien y a-t-il de gens qui sachent les faits historiques ? Si nous ne voulons croire à la possibilité d'un fait qu'autant qu'il est arrivé, qu'est-ce qui nous empêche de prendre une fable de pure invention pour un événement historique, dont nous n'avons jamais entendu parler ? Quelle est la première qualité qui nous fait paraître un récit historique digne de foi ? N'est-ce pas sa vraisemblance intrinsèque ? Or, que cette vraisemblance ne se trouve confirmée par aucun témoignage ni par aucune tradition, ou qu'elle ait pour elle des témoignages et des traditions qui ne sont pas encore parvenus à notre connaissance, n'est-ce pas tout un ? On admet un peu légèrement que le théâtre a pour objet, entre autres choses, de conserver la mémoire des grands hommes ; mais c'est là l'objet de l'histoire et non du théâtre. Au théâtre, nous devons apprendre, non pas ce que tel ou tel individu a fait, mais ce que toute personne d'un certain caractère fera dans certaines circonstances données. Le dessein de la tragédie est beaucoup plus philosophique que celui de l'histoire ; et c'est la dégrader de sa dignité, que d'en faire simplement le panégyrique d'hommes célèbres, ou d'en abuser pour entretenir l'orgueil national. »

Ailleurs : « Admettons que telle tragédie ne soit qu'un roman : s'il est émouvant, cessera-t-il de l'être, parce que le poëte s'est servi de noms historiques? Pourquoi le poëte tragique choisit-il des noms dans l'histoire ? Tire-t-il ses caractères de ces noms? ou adopte-t-il ces noms parce que les caractères que l'histoire leur attribue ont plus ou moins de ressemblance avec ceux qu'il s'est proposé de montrer en action ? Je ne parle pas de la manière dont la plupart peut-être des tragédies ont pris naissance, mais de la manière dont elles devraient véritablement être conçues. Ou bien, pour me servir d'expressions plus en harmonie avec la pratique ordinaire des poëtes, sont-ce les faits seuls, c'est-à-dire les circonstances de temps et de lieux, ou sont-ce les caractères des personnes par qui les faits se sont accomplis, qui font choisir au poëte tel ou tel événement de préférence à tout autre ? Si ce sont les caractères, la question de savoir jusqu'où le poëte peut s'écarter de la vérité historique est immédiatement résolue. Dans tout ce qui ne touche pas aux caractères, il peut s'en écarter autant qu'il voudra. Les caractères seuls sont sacrés pour lui : leur donner plus de vigueur, les mettre mieux en lumière, c'est tout ce qu'il y peut ajouter du sien ; le moindre changement essentiel détruirait la raison pour laquelle ils portent tels noms plutôt que d'autres ; et rien n'est plus choquant que ce dont on ne peut rendre raison. Si le caractère de Mithridate, par exemple, est l'idéal poétique du caractère réel que l'histoire attribue au roi de ce nom, le poëte a fait tout ce qu'on devait attendre de lui... La tragédie n'est pas une histoire en dialogue ; l'histoire n'est pour la tragédie qu'un répertoire de noms, auxquels nous avons coutume d'attacher certains caractères. Le poëte trouve-t-il dans l'histoire beaucoup de circonstances avantageuses pour orner et *individualiser* son sujet ? Bien, qu'il en profite. Mais qu'on ne lui en fasse pas un mérite, ni au contraire un reproche. »

Il nous semble que les théories de Lessing manquent de précision, et ne tiennent pas compte de certaines exigences qui se développent chez la critique en raison justement de l'intention manifestée par l'auteur. Remarquez, du reste, que le second fragment que nous venons de transcrire va moins loin que le premier, puisqu'il constate que les caractères sont sacrés pour le poëte tragique comme pour l'historien. La règle en ces matières ne saurait être simple et unique, et des distinctions sont nécessaires.

Les œuvres tragiques et dramatiques, si nous les prenons dans la suite des âges littéraires que nous connaissons, ne sont pas toujours nées d'une inspiration semblable; si nous les prenons dans le temps présent, elles n'ont pas toutes le même objet. Nous pouvons, je crois, en discerner trois espèces auxquelles il nous paraît impossible d'appliquer les mêmes principes.

Une première division contiendrait, selon nous, les drames (et nous pourrions en dire autant d'autres productions artistiques) où, malgré l'emploi des noms et des événements de l'histoire, tout dessein historique est absent ou écarté. Dans cette catégorie se rangent d'abord les œuvres nées avant les temps relativement modernes, où la notion de l'histoire s'est développée. La littérature du moyen âge est, par exemple, tout entière en ce cas. Ni les poëtes, ni leurs auditeurs ne paraissent avoir jamais songé alors que le passé ne fût pas semblable au présent. Ils transportent naïvement dans l'antiquité les institutions, les mœurs, les costumes de l'époque où ils ont vécu. Ils ne mettent point de différence entre les chevaliers qui font la guerre de Troie et ceux qui combattent à Bouvines ou à Taillebourg. La critique, en s'attachant à ces compositions, n'a donc point à s'occuper d'une exactitude dont l'idée n'était venue encore à personne. Ces compositions peuvent être des chefs-d'œuvre au point de vue du sentiment, de la passion, de la vérité humaine. Il n'y a rien de plus à leur demander.

Si des écrivains, aux époques où cette naïveté première avait disparu, ont créé des œuvres dans une disposition d'esprit analogue, ne cherchant nullement à faire naître une impression historique, et ne laissant pas de doute à ce sujet aux spectateurs ou aux lecteurs, ils bénéficient de la même liberté. C'est d'eux que nous dirions avec Aristote, interprété par Lessing, que le poëte dramatique n'est obligé de se soucier de l'histoire qu'autant que l'histoire ressemble à une fable heureusement imaginée et qui convient à ses vues. Que les paladins de l'Arioste ne soient que des gentilshommes de la cour de Ferrare et de Mantoue, que le *Démocrite* de Régnard n'ait aucune parenté avec le philosophe grec, que les Napolitains du temps de François Ier des *Caprices de Marianne* de Musset, que les Hongrois de *Barberine* et les Bavarois de *Fantasio* n'aient aucune réalité historique ni nationale, il importe peu. Nul Aristarque ne s'avisera jamais de chercher chicane au poëte sur ce point, ni de lui reprocher de n'avoir pas atteint le but qu'il ne visait pas.

Lorsque la notion d'érudition et d'histoire existe, et chez l'auteur tragique et chez les spectateurs qui l'écoutent, cette notion même fait perdre au premier quelques-unes de ses franchises et fait naître chez les seconds de légitimes exigences. Poëte tragique, vous entreprenez de mettre sous les yeux de vos contemporains tel personnage fameux de l'histoire ancienne, tel trait connu des annales de la Grèce ou de Rome, et vous l'entreprenez avec l'intention d'approcher le plus près qu'il vous sera possible d'une imitation exacte, d'une résurrection fidèle. Dès ce moment, le mérite de la fidélité historique devra entrer pour une part dans l'appréciation que la critique fera de votre œuvre. Il ne sera plus indifférent que vous ayez saisi avec plus ou moins de perspicacité le véritable caractère de l'époque que vous avez voulu peindre. Mais, dira-t-on, « il suffit que vous ayez transporté au théâtre, non pas l'histoire vraie, mais celle que le public, que vos contemporains tiennent pour vraie. » Cela peut suffire sans doute, mais il n'est pas égal que vous n'ayez atteint que cette vérité relative que les générations suivantes contesteront, ou que vous ayez, par votre pénétration, approché si près de la vérité absolue, que votre œuvre demeure inattaquable, malgré les progrès des études, comme l'*Horace* de Corneille, comme l'*Athalie* de Racine, que rien n'a diminués, même au point de vue historique. Du moment où le poëte tragique a prétendu faire une œuvre historique, il y a donc à tenir compte de la mesure où il y a réussi. Et notez, du reste, que les autres mérites de l'œuvre se proportionneront presque toujours à celui-là qui n'est pourtant ni le seul, ni même le principal, comme nous l'allons dire tout à l'heure. L'idéal a la vérité pour fondement. Si votre imagination, à la recherche d'un type historique, trop imparfaitement éclairée ou troublée par les préoccupations de votre temps, a fait fausse route, votre création demeurera infailliblement inférieure à ce qu'elle aurait pu être. Plus vous aurez eu le don d'approcher, parfois moins par la science que par une sorte d'intuition, comme Shakspeare dans *Jules César*, du type véritable, tel que le découvrent en le contrôlant les investigations séculaires, plus votre œuvre sera forte et grande et harmonieuse dans toutes ses parties.

Mais tout n'est point là, et, comme le dit très-bien Lessing, la tragédie n'est pas l'histoire en dialogue. La tragédie est une représentation agrandie, idéalisée de la vie humaine. Elle est obligée de faire voir tout ce qui se dérobe à l'histoire, les mouvements secrets de l'âme, les mobiles des actes. Il faut qu'elle constitue un tout organique, vivant, que l'histoire ne peut donner. En un mot, l'art y intervient, un art spécial, l'art dramatique ; et l'artiste, le poëte est toujours de son temps. D'où il suit qu'il y a toujours dans toute tragédie le temps présent, le temps où elle est née, en regard du temps passé, et que celui-ci se reflète dans l'autre, comme dans un miroir. Tout portrait, dit-on, est le portrait de deux personnes : du modèle et du peintre ; et le portrait du peintre est presque toujours le plus véridique. De même dans la tragédie l'œuvre artistique et l'œuvre historique s'enlacent et se confondent. La première est la plus importante, puisqu'elle peut exister seule, comme dans les drames de la première catégorie, ou dans les tragédies qui ne sont pas tirées de l'histoire. On peut même dire qu'elle finit toujours par demeurer seule. A longue distance, la valeur historique des tableaux finit par disparaître. Nous ne voyons plus guère, dans les tragédies grecques, ce qu'elles peuvent offrir d'exactitude à ce point de vue. Dans un tel éloignement, il devient difficile de distinguer ce qui appartient à un siècle ou à l'autre. Mais l'œuvre d'art demeure tout entière.

La pénétration de l'histoire n'en est pas moins une condition de la création artistique, comme l'observation de la nature humaine. En règle générale, les poëtes, en évoquant les figures évanouies, en remettant sous nos yeux les actions émouvantes, ne cherchent qu'à reproduire des types mémorables, des passions extraordinaires, des vertus et des exemples remarquables, qui se rencontrent dans les annales des nations. Ils y ont trouvé un sujet qui leur a paru intéressant, et ils le traduisent à leur époque, c'est-à-dire que le type mémorable fourni par l'histoire, ils le développent, ils le montrent tel qu'il serait au moment où ils écrivent. Si leur héros n'avait, au temps où il a vécu, que des pensées plus étroites, que des passions plus brutales, que des sentiments moins délicats, ils ne se croient pas obligés de s'enfermer dans ces limites. Ils prennent ces âmes, et les déploient comme elles se seraient déployées dans le présent. Si le passé ne donne qu'un germe, ce germe fleurit et s'épanouit. Il leur suffit que ce germe ne change pas d'essence, et que cet épanouissement ait lieu conformément à la nature et à la logique. C'est ainsi qu'ont fait tous les maîtres de l'art dramatique : Shakspeare, Calderon, Schiller, aussi bien que Voltaire, Racine et Corneille. C'est à eux qu'il convient d'appliquer ces paroles de Lessing :

« Si ce sont les caractères des personnages qui lui ont fait choisir tel événement de préférence à tout autre, les caractères seuls sont sacrés pour le poëte... Contrôler son œuvre la chronologie à la main, le traîner devant le tribunal de l'histoire, pour l'obliger à rectifier, d'après le dire des témoins, chaque date, chaque mention qu'il a pu faire, en passant, même de personnes sur lesquelles l'histoire ne se prononce pas avec certitude, c'est méconnaître le poëte et sa mission. »

Ils ne visent point, en effet, à une restitution matérielle et minutieuse de la Grèce ou de Rome antique. Il n'y a pas à le contester même, ils ramènent vigoureusement le personnage historique dans leur propre milieu. Ils ne prétendent pas, en lui rendant la vie, lui rendre jusqu'à l'air qui l'entourait sur le rivage du Bosphore cimmérien ou sur les bords du Tibre. Ce sont des qualités générales, non locales, qu'ils réveillent en lui. Lorsque Saint-Évremond exige « qu'on nous fasse regarder Alexandre ou Porus sur les bords de l'Hydaspe, tels qu'ils étoient, au lieu de les faire venir sur les bords de la Seine,[1] » il demande bien plus qu'il ne croit, et ce qu'il n'était donné à personne de faire. Il suppose que Corneille eût été plus capable que Racine d'accomplir ce prodige. Corneille ne l'eût ni tenté ni voulu. La méthode de Corneille est la même que celle de Racine ; il existe des différences dans leur génie, non dans la manière dont ils conçoivent leur art. Les poëtes dramatiques qui ont le plus vif coloris ne feraient pas autrement qu'eux. Ils ne nous transporteraient pas sur les bords de l'Hydaspe trois cents ans avant notre ère, pour nous y montrer Alexandre et Porus. Ils interviendraient avec leur propre imagination, avec leur façon de voir, de sentir et de parler, c'est-à-dire qu'ils les feraient venir sur les bords de la Seine. La question est de savoir si c'est bien Alexandre et Porus qu'ils y font venir ; il faut, puisqu'ils ont pris ces personnages, qu'ils retracent la physionomie de leurs modèles, qu'ils

---

1. Voy. t. III, p. 369.

expliquent leur caractère et qu'ils conservent leur situation historique. Que chacun, d'après ce qu'il sait, dise : « Ce sont eux ; ils ont dû être ainsi. » L'auteur qui donne cette impression, et qui la donne non-seulement à son temps, mais encore aux générations qui viennent après lui, qui la donne persistante et définitive, ne mérite pas une faible louange.

Les œuvres où l'art est doublé ainsi d'une science plus ou moins étendue, où l'érudition et l'imagination se font une part souvent inégale, mais ne s'excluent jamais, comprennent toutes celles qui appartiennent aux littératures éclairées et pour ainsi dire réfléchies. Elles ne peuvent, comme l'on voit, par cela même, être jugées suivant les mêmes principes que celles qui forment la première catégorie.

Maintenant il faudra peut-être aller plus loin. A mesure que les connaissances et le goût archéologique se propagent et se développent, il y aurait, il nous semble, une nouvelle catégorie à établir. Nous avons vu et nous verrons indubitablement des auteurs dramatiques qui visent, comme certains peintres dans leurs tableaux, à une exactitude absolue. Ils vous diront : « Notre but est de vous transporter à telle époque ancienne, au milieu de tels hommes. Nous voulons leur donner les idées, les sentiments qu'ils avaient, n'y rien mettre du nôtre. Regardez tous les détails ; ils nous sont tous fournis par l'archéologie. C'est dans cette restitution complète qu'est l'intérêt de notre œuvre. » Quelques auteurs dramatiques ont, sinon tenu ce langage, du moins indiqué clairement ces intentions. Nous avons eu des pastiches de l'antiquité, du moyen âge, de la Renaissance, qui ont obtenu quelque succès. Il est bien naturel qu'à une époque comme la nôtre, où l'on recherche curieusement tous les éléments constitutifs de l'existence du passé, on ait l'idée de les mettre en mouvement, de les vivifier par une action dramatique; sans doute il reste toujours l'artiste qui est bien de son temps, et la preuve, c'est qu'une telle idée a pu s'emparer de son esprit. Mais cette fois, l'artiste, le poëte abdique sa personnalité autant qu'il est en lui, il se fait volontairement écho et reflet. Il est évident qu'il donne en ce cas à la critique historique des droits plus étendus sur lui, et qu'ici Lessing ne serait plus autorisé à dire que les menues inexactitudes ne peuvent être relevées que par un esprit de chicane.

En résumé, quand on veut apprécier une œuvre d'art et de littérature au point de vue historique, il faut tenir compte de ce que l'auteur a prétendu faire : *Patere legem quam ipse tibi fecisti.* « Souffrez qu'on vous applique la loi que vous vous êtes faite à vous-même. »

S'il n'a pas exprimé son intention, on la devine par l'examen de son œuvre et par les idées qui régnaient de son temps.

Il était nécessaire de bien établir ces principes pour déterminer nettement ce qu'il faut penser du reproche d'infidélité historique qui, de son vivant, fut adressé à Racine, et qui depuis lors a été étendu à la tragédie des derniers siècles.

Les tragédies de Racine appartiennent à cette classe d'œuvres où ce que certains philosophes pourraient nommer l'objectif et le subjectif se combinent dans une mesure variable, sans que l'un tende à supprimer l'autre. Ainsi Racine n'altère pas le type ancien qu'il a choisi ; il s'efforce, par beaucoup de recherches et d'études, de le bien et fidèlement exprimer ; mais il le fait moralement son contemporain, de sorte qu'on a dit justement que Racine, tout en peignant la Grèce et Rome, a peint la société française du siècle de Louis XIV. Quand il introduit un élément positif de l'histoire dans son œuvre, il ne le falsifie point, il lui donne toute sa valeur. Il a évoqué dans la réalité de leur type traditionnel Néron, Agrippine, Mithridate, Athalie. Mais la part qu'il a faite à cet élément dans son théâtre est moins grande que celle que Corneille y fit dans le sien. La raison en est simple. Le développement des passions est ce qui préoccupe Racine plus encore que le développement des caractères. Or l'archéologie ne pourra jamais s'imposer aux transports de l'âme, aux mouvements de la sensibilité. Pour toucher et pour attendrir les cœurs, il importe surtout d'être vrai humainement et présentement. Par cela même, sa peinture, dans ce qu'elle a de plus vif et de plus profond, est de tous les temps ; elle est de son temps dans tout ce qui est superficiel et de mode.

Il y avait là une différence qui n'échappa point aux censeurs contemporains. Ils en firent un sujet de blâme, sans considérer que l'objet que se proposaient les deux grands poëtes n'était pas le même ; que la part qu'ils faisaient à l'histoire n'était pas égale, et que, du moment où cette part relative n'était pas altérée, la critique n'avait rien à dire. Elle s'est longtemps égarée dans cette voie ; puis elle s'est aperçue que l'opinion l'avait abandonnée, et s'était placée à un point de vue tout différent. Loin de demander à Racine plus de recherches de couleur historique et de couleur locale, nous ne saurions même souhaiter qu'il s'y fût attaché davantage. L'équilibre et l'harmonie de son œuvre nous apparaissent parfaitement. Sans suivre les traces de Corneille, il a pleinement réalisé une belle et noble conception dramatique; et leurs muses se tiennent debout, aux regards de la postérité, à la fois semblables et diverses comme doivent être des sœurs.

L'objection tirée de l'histoire n'est pas la seule qu'on ait faite à *Mithridate*. Ne relevons que celles que l'on a répétées récemment. « L'amour que Racine prête à Mithridate l'avilit, dit M. Nisard.[1] S'il est un soin à prendre dans la peinture des grands hommes, c'est de ne montrer que les côtés par où ils sont grands... Mithridate doit personnifier la lutte de l'univers contre Rome, et le génie de la barbarie aux prises avec le génie de la civilisation. » Allez donc faire une tragédie avec cela ! On ne voit point pourquoi Mithridate ne serait ni amoureux, ni jaloux. C'est dans son caractère : il a précisément uni jusqu'à la fin de sa vie aux luttes infatigables contre les Romains les cruelles ardeurs et les féroces jalousies des princes

---

1. *Histoire de la littérature française*, t. III, p. 58.

asiatiques. Il mêlait les meurtres des femmes à ses derniers projets de conquête.

On lui a reproché aussi sa duplicité. On a prétendu que le piége qu'il tend à Monime est tout au plus digne de la comédie, à preuve que c'est le même où Harpagon fait tomber son fils. C'est encore un trait de caractère. Et puis quelle portée a l'objection ? Aucune. « En partant du même point, dit avec raison Théophile Gautier, deux poëtes peuvent arriver l'un à la gaieté la plus folle, l'autre à la plus haute terreur, selon qu'ils suivent le chemin de la comédie ou de la tragédie. Le sujet des *Précieuses ridicules* est le même que celui de *Ruy Blas,* un laquais recouvert de l'habit de son maître, qui fait la cour à une femme dans une position supérieure, et qu'on démasque au dénoûment. Et pourtant quelle immense différence dans le résultat ! »

Avec ces mots : « Ceci est indigne de la tragédie, » on a tué la tragédie, sous prétexte de la défendre. On l'a condamnée à une solennité froide et à la stérilité.

Les censures des esprits difficiles ou malveillants n'empêchèrent point *Mithridate* d'obtenir un brillant succès. Mme de Coulanges, exprimant l'opinion de la cour, écrivait le 24 février 1673 à Mme de Sévigné : « *Mithridate* est une pièce charmante. On y pleure; on y est dans une continuelle admiration. On la voit trente fois, on la trouve plus belle la trentième que la première. »

Louis XIV avait un goût particulier pour cette pièce : le marquis de Dangeau, à la date du 5 novembre 1684, la cour étant à Fontainebleau, écrit dans son journal : « Le soir, il y eut comédie françoise ; le roi y vint, et l'on choisit *Mithridate,* parce que c'est la comédie *qui lui plaît le plus.* »

Mithridate fut en faveur à la cour. Il est représenté :

Le 11 février 1673, à Saint-Germain, devant Leurs Majestés, Monseigneur le Dauphin et Madame ;

Le 4 mai suivant, à Saint-Cloud, dans une fête donnée par Monsieur, et à laquelle assistaient Mme de Guise, la princesse de Monaco, l'ambassadeur et l'ambassadrice d'Angleterre et le duc de Monmouth ; [1]

Le 2 août, à Saint-Ouen, dans une fête donnée par M. de Boisfranc, surintendant des finances de Monsieur, à Monsieur et Madame, accompagnés de Mademoiselle, de Mme de Guise, de la princesse de Monaco. [2]

Dans la suite du règne, nous voyons de même cette tragédie jouée avec une prédilection marquée dans les fêtes royales. Elle le fut notamment le 11 mai 1680, à Saint-Cloud, quand la Dauphine, nouvellement mariée, y fut reçue pour la première fois par Monsieur et Madame.

« Après le souper, dit le *Mercure galant,* toute la cour passa chez Madame, où l'hôtel de Bourgogne joua le *Mithridate* de M. Racine avec la petite comédie du *Deuil*.[3] Le lieu qui devoit servir de théâtre étoit préparé dans l'ancien salon. Des paravents d'une très-grande beauté, entre lesquels étoient des guéridons d'argent, portant des girandoles garnies de bougies, faisoient la décoration de ce théâtre. Entre chaque guéridon on voyoit des pots remplis de toutes sortes de fleurs avec des vases et des cuvettes d'argent. Au fond du théâtre, il y avoit une manière d'amphithéâtre dressée dans la grande croisée qui regarde Paris. Cet amphithéâtre étoit plein de girandoles garnies de bougies, de vases et d'autres ouvrages d'argent remplis de fleurs. »

M. Paul Mesnard remarque très-bien que « jouées au milieu de ce luxe royal, en présence du roi et de tous ces grands seigneurs et de ces grandes dames de la cour, dont on peut lire la longue liste dans le *Mercure,* les tragédies de Racine paraissent dans leur véritable cadre, et l'on reconnaît combien les tableaux du peintre étaient en harmonie avec tout ce qui les entourait. »

1. *Gazette* du 6 mai 1673.
2. *Gazette* du 5 août 1673.
3. De Hauteroche. Elle est de 1662.

Citons encore quelques dates de représentations à la cour :

12 septembre 1679, à Sceaux, pour Colbert ;

4 décembre 1680, à Saint-Germain ;

A Fontainebleau, pendant les représentations qui y furent données du 28 juillet au 3 septembre 1681, *Mithridate* est la première pièce jouée ;

13 janvier 1682, à Saint-Germain ;

19 juin 1682, à Versailles ;

A Chambord, dans les représentations qui furent données du 24 septembre au 11 octobre 1684 ;

5 novembre 1684, à Fontainebleau ;

15 mars 1685, à Versailles.

Représentations à la ville. Avant la jonction des troupes, *Mithridate* fut représenté à l'hôtel Guénégaud, le 9 juin et le 11 septembre 1679, et le 23 mai 1680 ; après la jonction, 2 fois dans le restant de cette année ; 4 fois en 1681 ; 3 fois en 1682 ; 3 fois en 1683 ; 4 fois en 1684 ; 1 fois en 1685 (jusqu'à la fin d'août où s'arrête le registre de La Grange). M. Despois en a compté 91 représentations à la ville, de 1680 à 1700 ; seules *Andromaque* et *Phèdre* en eurent davantage, l'une 111 et l'autre 114.

Baron remplaça Lafleur dans le rôle de Mithridate. Il était fait pour ce personnage. « Il parloit, c'étoit Mithridate, » dit Marmontel. Nous avons cité déjà[1] une des traditions que le célèbre acteur a laissées dans ce rôle. Ajoutons le trait suivant : faisant son entrée avec ses fils, acte II, scène II, il semblait peser les raisons que ceux-ci venaient de lui donner, et ne prenait la parole qu'après un moment de réflexion. En rentrant dans la coulisse, il rencontre un de ses camarades et lui demande s'il est content : « Votre jeu porte à faux, lui répondit l'autre. Il n'y a point à réfléchir sur les excuses des deux jeunes princes ; il faut leur répondre en paraissant avec eux, parce qu'un homme comme Mithridate,

---

1. Voy. p. 47, note 1.

doit concevoir, du premier coup d'œil, les plus grandes affaires. » Baron sentit la force de ce raisonnement et s'y conforma désormais.

Adrienne Lecouvreur débuta, le 14 mai 1717, dans le rôle de Monime, où elle excita l'enthousiasme du public. A côté d'elle, Beaubourg, un acteur énergique, mais très-laid, jouait Mithridate. Lorsque, acte III, scène v, Monime, voyant le roi se troubler à son aveu, s'écrie : « Seigneur, vous changez de visage! » un plaisant du parterre cria: « Laissez-le faire! »

Mlle Gaussin fut une touchante Monime. Mlle Clairon étudia ce rôle avec le plus grand soin. Elle dit dans ses *Mémoires :* « L'actrice qui, d'après les vers que Monime dit au IVe acte, croiroit pouvoir se permettre le moindre emportement dans ses sons, sa physionomie, sa démarche, ses gestes, feroit la plus énorme faute... Ce rôle est un des plus nobles et des plus touchants qui soient au théâtre ; mais je l'ai vivement éprouvé, c'en est un des plus difficiles. Sans cris, sans emportement, sans moyens d'arpenter le théâtre, d'avoir des gestes décidés, une physionomie variée, imposante, il paroît impossible de sauver ce rôle de la monotonie qu'il offre au premier aspect ; ces secours aideroient l'actrice, mais ils seroient autant de contre-sens pour le personnage. Ce n'est qu'après quinze ans d'étude sur les moyens de contenir ma voix, mes gestes, ma physionomie, que je me suis permis d'apprendre ce rôle, et j'avoue que, pour graduer de scène en scène et sa douleur et sa noble simplicité, il m'a fallu tout le travail dont dont j'étois capable... Je ne me flatte pourtant pas d'être parvenue à le rendre autant bien qu'il peut être ; je l'ai trop peu joué pour avoir eu le moyen d'y corriger mes fautes... Monime est absolument hors des routes ordinaires. »

Après Mlle Clairon, on peut citer Mlle des Garcins, Mlle Raucourt et Mlle Rachel, qui laissèrent des souvenirs dans ce rôle. Les principaux acteurs qui remplirent le personnage de Mithridate après Lafleur, Baron et Beaubourg, sont Brizart, Saint-Prix, Talma, Joanny, Beauvallet.

« Le plus illustre imitateur du *Mithridate* de Racine, c'est Crébillon dans son *Rhadamiste*. Pharasmane est un autre Mithridate : c'est la même haine contre les Romains, la même jalousie, la même férocité ; comme Mithridate, il est le rival de ses fils. Arsame est tracé sur le modèle de Xipharès. Rhadamiste, beaucoup plus énergique que Pharnace, a cependant quelques-uns de ses traits. Zénobie, avec bien moins de grâce et de charmes que Monime, a plusieurs de ses vertus ; et pour que rien ne manque à la ressemblance des deux sujets, la scène est dans le pays soumis autrefois à Mithridate. Le roi d'Ibérie est assis sur le même trône que le roi de Pont ; il règne sur les mêmes contrées. Mais le Mithridate de Racine a bien plus d'éclat dans l'histoire ; son nom est bien autrement fameux que celui de Pharasmane qui n'est guère connu que des savants ; ses exploits ont une bien plus grande célébrité, et l'époque où il a paru sur la scène du monde est infiniment plus glorieuse et plus brillante. Le dernier siècle de la république romaine, illustré par tant de grands hommes, frappe bien plus vivement l'imagination que les jours souillés par la tyrannie de Néron. Mithridate avait en tête les Sylla, les Lucullus, les Pompée ; Pharasmane n'a eu affaire qu'à Corbulon. Ce roi d'Ibérie est donc un personnage obscur, en comparaison du grand roi de Pont : sa haine implacable contre les Romains ne jouit d'aucune renommée. Aucun historien célèbre n'en a parlé ; et ce qui achève de donner au Mithridate de Racine une supériorité marquée, c'est l'exacte vraisemblance des situations, c'est l'élégance et le sublime de l'élocution. Il y a de grandes beautés dans le *Rhadamiste* de Crébillon ; le ton en est fier et terrible ; c'est une conception forte, c'est un plan habilement combiné, auquel cependant on peut reprocher une exposition pénible et embarrassée, des reconnaissances et des aventures romanesques. A tout prendre, cette tragédie me semble pouvoir soutenir la comparaison avec les meilleures qu'on ait faites, après les chefs-d'œuvre des deux maîtres de notre scène ; mais la poésie du style mettra toujours une distance prodigieuse entre Crébillon et Racine.[1] »

Est-ce à cause de cette ressemblance entre les deux tragédies que l'on a répété, au sujet de Crébillon, l'anecdote que d'Olivet rapporte de Racine et que nous avons citée ci-dessus?[2] On raconte que Duvernet, célèbre anatomiste qui logeait au Jardin du Roi, jardin dont Crébillon aimait beaucoup la solitude, avait donné à ce poëte une clef de tous les petits clos qu'on y voyait autrefois. Il travaillait alors à son *Rhadamiste*, et il faisait fort chaud. Comme il croyait n'être vu de personne, et qu'il s'était enfermé dans un de ces enclos, il avait quitté son habit, et, possédé de sa verve, marchait à pas inégaux et précipités, poussant de temps en temps des cris effroyables. Un jardinier, de qui il ne croyait pas être vu, et qui l'observait, persuadé, aux cris qu'il entendait, et à la violence des mouvements qu'il lui voyait faire, que Crébillon, qu'il ne connaissait pas, était un insensé, ou un homme qui avait fait quelque mauvais coup, alla sur-le-champ avertir Duvernet, qui accourut dans l'enclos où était le prétendu forcené. Il reconnut, non sans rire de la méprise du jardinier, l'auteur d'*Atrée* et d'*Électre*.

1. Geoffroy, édition de Racine, t. III, p. 566.
2. Voy. p. 4.

FIN DE L'EXAMEN CRITIQUE DE MITHRIDATE.

IPHIGÉNIE

TRAGÉDIE

1674

NOTICE PRÉLIMINAIRE.

L'IPHIGÉNIE D'EURIPIDE. — L'IPHIGÉNIE DE ROTROU.

Les deux dernières tragédies profanes composées par Racine ont un autre caractère que les œuvres que l'auteur a produites depuis quelques années. Elles sont empruntées, non plus à l'histoire, comme *Britannicus, Bérénice, Bajazet, Mithridate,* mais aux âges fabuleux de la Grèce. Racine revient aux sources où il a puisé la *Thébaïde*. Nous sommes dans le monde des demi-dieux. L'intervention de l'Olympe dans les affaires humaines se traduit en oracles, en prodiges. De là vient que ces tableaux ont une couleur plus poétique que ceux qui précèdent et que le ton s'élève parfois jusqu'à rappeler Homère, le père de toutes ces fictions. Clytemnestre, fille de Léda, invite le soleil à reculer dans sa course pour ne pas voir le sacrifice d'Iphigénie, comme il a reculé à la vue du festin servi par Atrée à son frère Thyeste :

> Toi qui n'osas du père éclairer le festin,
> Recule; ils t'ont appris ce funeste chemin.

Phèdre, fille de Minos, tremble de paraître devant son père, qui « juge aux enfers tous les pâles humains. » Les deux tragédies se terminent également par un grand récit, celui d'Ulysse et celui de Théramène, qui, par l'éclat et la richesse, touche à l'épopée. Il ne faut pas, en les écoutant, perdre de vue l'origine de ces drames sans oublier, d'autre part, qu'ils étaient traduits par le poëte à un nouvel Olympe, à la cour élégante et raffinée de Louis XIV.

Iphigénie fut représentée pour la première fois dans les fêtes célébrées à Versailles au mois d'août 1674 en l'honneur de la conquête de la Franche-Comté. Félibien a publié une relation de ces fêtes comme il avait publié une relation des fêtes de juillet 1668.[1] Son livret est intitulé : *Les Divertissements de Versailles donnés par le roi à toute sa cour au retour de la conquête de la Franche-Comté en l'année 1674.*[2] C'est dans la cinquième journée de ces fêtes, le 18 août, que la représentation d'*Iphigénie* eut lieu. Voici ce que dit Félibien : « Le théâtre avoit été dressé au bout de l'allée qui va dans l'Orangerie. La décoration représentoit une longue allée de verdure, où, de part et d'autre, il y avoit des bassins de fontaines, et d'espace en espace des grottes d'un ouvrage rustique, mais travaillé très-délicatement. Sur leur entablement régnoit une balustrade où étoient arrangés des vases de porcelaine pleins de fleurs; les bassins des fontaines étoient de marbre blanc, soutenus par des tritons dorés, et dans ces bassins on en voyoit d'autres plus élevés qui portoient de grandes statues d'or. Cette allée se terminoit dans le fond du théâtre par deux tentes qui avoient rapport à celles qui couvroient l'orchestre; et au delà paroissoit une longue allée, qui étoit l'allée même de l'Orangerie, bordée des deux côtés de grands orangers et grenadiers, entremêlés de plusieurs vases de porcelaine remplis de diverses fleurs. Entre chaque arbre il y avoit de grands candélabres et des guéridons d'or et d'azur qui portoient des girandoles de cristal, allumées de plusieurs bougies. Cette allée finissoit par un portique de marbre; les pilastres qui en soutenoient la corniche étoient de lapis, et la porte paroissoit toute d'orfévrerie. Sur ce théâtre, orné de la manière que je viens de dire, la troupe des comédiens du roi représenta la tragédie d'*Iphigénie*, dernier ouvrage du sieur Racine, qui reçut de toute la cour l'estime qu'ont toujours eue les pièces de cet auteur. »

On lit dans *la Gazette*, sous la date de Versailles, le 24 août 1674 : « Le 18 de ce mois... le sieur de Gourville, envoyé par le prince de Condé, présenta à Sa Majesté cent sept drapeaux ou étendards qui ont été gagnés sur les Impériaux, les Espagnols et les Hollandois, en la défaite de l'arrière-garde de leur armée

---

1. Voyez *OEuvres de Molière*, t. V, p. 139.
2. A Paris, chez J. B. Coignard, 1674.

par ce prince, en la bataille de Senef... Le soir, Leurs Majestés, avec lesquelles étoient Monseigneur le Dauphin, Monsieur, et grand nombre de seigneurs et de dames, prirent ici, dans l'Orangerie, le divertissement d'une pièce nouvelle de théâtre intitulée *Iphigénie*, composée par le sieur Racine, laquelle fut admirablement bien représentée par la troupe royale et très-applaudie de toute la cour. »

Enfin Robinet, dans sa lettre en vers du 1er septembre 1674, s'exprime ainsi :

> La très-touchante *Iphigénie*,
> Ce chef-d'œuvre du beau génie
> De Racine, ravit la cour,
> Quand elle la vit l'autre jour
> Si fidèlement récitée
> Et dignement représentée
> Par les grands acteurs de l'Hôtel.
> . . . .
> Alors mortelle ni mortel,
> Alors et ni dieu ni déesse,
> De tous ceux qui se trouvoient là
> A ce rare spectacle-là
> Ne put onc retenir ses larmes.
> . . . .
> Et pour lors la cour, toute pleine
> De pleureurs, fit une autre scène,
> Où l'on vit maints des plus beaux yeux,
> Voire des plus impérieux,
> Pleurer sans aucun artifice
> Sur ce fabuleux sacrifice.
> L'auteur fut beaucoup applaudi,
> Aussi vrai que je vous le di ;
> Et même notre auguste sire
> L'en louangea fort, c'est tout dire.
> Ce divertissement du roi
> Sera donné, comme je croi,
> Aux chers habitants de Lutèce,
> Qui le verront avec liesse
> Pendant le quartier hivernal ;
> Et moi, d'un si charmant régal
> D'avoir ma part j'ai grande envie,
> Si jusqu'alors je suis en vie.

La tragédie de Racine fut, en effet, représentée à Paris l'hiver suivant, et selon un ensemble de présomptions assez concluantes, dans les premiers jours de l'année 1675. L'abbé d'Olivet, dans son *Histoire de l'Académie,* parlant de Michel Le Clerc, dit : « Par malheur pour lui, l'*Iphigénie* de Racine fut jouée cinq ou six mois avant la sienne. » Or nous savons par le registre de La Grange que l'*Iphigénie* de Le Clerc et Coras fut jouée au théâtre Guénégaud le 24 mai 1675. Si la pièce de Racine fut représentée à Paris dans les premiers jours de 1675, cela fait à peu près cinq mois avant la seconde *Iphigénie*. Bayle confirme ces dates en écrivant le 28 mai 1675 à M. Minutol : « L'*Iphigénie* de M. Coras se joue enfin par la troupe de Molière, après que celle de M. Racine s'est assez fait admirer à l'hôtel de Bourgogne. » Ces mots indiquent que les deux tragédies se succédèrent à peu d'intervalle.

D'autre part, il n'est pas vraisemblable que la pièce de Racine parut plus tôt à la ville. La tragédie de *Suréna,* de Pierre Corneille, fut représentée à l'hôtel de Bourgogne dans la première quinzaine de décembre 1674 ; tout fait présumer que *Suréna* passa avant *Iphigénie*. On a remarqué aussi que la tragédie de Racine fut imprimée en 1675 avec un privilége du roi daté du 28 janvier 1675. Les auteurs réclamaient ordinairement un privilége pour l'impression de leurs pièces après la représentation publique de celles-ci. Vous voyez qu'on peut s'en tenir, pour de bonnes raisons, à la date approximative que nous indiquons.

Racine, dans cette tragédie, luttait avec un des grands tragiques d'Athènes. Eschyle, Sophocle avaient traité le même sujet. Leurs œuvres sont perdues. Il reste l'*Iphigénie en Aulide* d'Euripide, Ἰφιγένεια ἡ ἐν Αὐλίδι, qui lui servit de modèle.

La tragédie d'Euripide s'ouvre comme celle de Racine :

AGAMEMNON.

« Vieillard, viens hors de ce palais.

LE VIEILLARD.

« Je viens ; mais, ô roi Agamemnon, que médites-tu ?

AGAMEMNON.

« Tu le sauras.

LE VIEILLARD.

J'accours ; ma vieillesse est vigilante, et mon œil est encore vif et perçant.

NOTICE PRÉLIMINAIRE. 141

AGAMEMNON.

« Quel est donc l'astre qui en ce moment s'avance dans le ciel?

LE VIEILLARD.

« Sirius, voisin des sept Pléiades, qui n'est encore qu'au milieu de sa course.

AGAMEMNON.

« On n'entend ni le chant des oiseaux, ni le bruit de la mer; les vents se taisent sur l'Euripe.

LE VIEILLARD.

« Pourquoi sors-tu si tôt de ta tente, ô roi Agamemnon? Le calme règne ici dans Aulis, et les sentinelles sont immobiles sur les remparts. Rentrons.

AGAMEMNON.

« Je te porte envie, ô vieillard! Je porte envie au mortel qui traverse, exempt de péril, une vie ignorée et sans gloire; ceux qui sont dans les honneurs, je ne puis les envier.

LE VIEILLARD.

« Et pourtant là réside l'éclat de la vie.

AGAMEMNON.

« Éclat trompeur! Les honneurs sont doux à poursuivre, mais ils sont le tourment de ceux qui les possèdent. Tantôt une infraction légère au culte des dieux bouleverse notre vie; tantôt l'opinion des hommes, si difficile à satisfaire, la rend misérable.

LE VIEILLARD.

« Je n'approuve point ce langage dans un prince, ô Agamemnon! Atrée ne t'a pas mis au monde pour jouir de tous les biens sans mélange. Tu es sujet à la joie et à la douleur, car tu es mortel; tu aurais beau t'y refuser, telle est la volonté des dieux. Cette nuit, à la lueur d'une lampe, tu traçais cette lettre que tu tiens encore entre tes mains, puis tu effaçais ce que tu venais d'écrire; tu imprimais le cachet, et tu le rompais aussitôt; puis tu jetais tes tablettes à terre, en versant des larmes abondantes; enfin, il ne te manquait rien des perplexités d'un homme en peine en proie au délire. Quel malheur, dis-moi, quel malheur t'accable? Que t'arrive-t-il de funeste, ô roi? Allons, confie-moi tes secrets; c'est à un bon, à un fidèle serviteur que tu les diras. Car Tyndare m'a donné à ton épouse comme une partie de sa dot et m'a attaché comme un homme sûr à son service. »

Agamemnon raconte alors l'histoire d'Hélène, de Ménélas et de Pâris, et comment l'armée des Grecs, enchaînée par les vents contraires, demeurant dans le port d'Aulide, Calchas avait prononcé qu'Iphigénie devait être immolée à Diane, déesse tutélaire de ces lieux. Après bien des hésitations, vaincu par les instances de son frère Ménélas, il consentit à l'horrible sacrifice. Il écrivit à Clytemnestre d'envoyer au plus tôt Iphigénie pour la donner en mariage à Achille. Mais il regrette d'avoir cédé, et il confie au vieillard la lettre qu'il écrit à Clytemnestre pour l'empêcher d'envoyer sa fille. Le vieillard objecte qu'Achille pourrait être irrité. Agamemnon ajoute qu'Achille ignore tout et ne fait que prêter son nom; il recommande à son serviteur de se hâter, de surveiller les chemins et de faire retourner Iphigénie sur Argos. Agamemnon et le vieillard se retirent. Un chœur de jeunes Eubéennes venues pour visiter le camp des Grecs raconte ce qu'elles ont vues. La différence à noter dans ce que le tragique grec nous apprend et ce que nous apprend le tragique français au début de son œuvre, c'est que, chez le premier, Achille ne connaît pas Iphigénie et ignore l'abus qu'on a fait de son nom; chez le second, Achille recherche Iphigénie et

> d'un hymen si beau
> Veut dans Troie embrasée allumer le flambeau.

Le chœur se tait. Ménélas survient et arrache au messager d'Agamemnon la lettre que celui-ci lui a remise. Le vieillard se plaint à son maître de la violence qu'on lui fait. Agamemnon et Ménélas se querellent. A la fin de leur querelle, un messager vient annoncer l'arrivée d'Iphigénie, de Clytemnestre et du petit Oreste. A cette nouvelle, Agamemnon est saisi de douleur, Ménélas lui-même l'engage à se refuser au sacrifice de sa fille, mais Agamemnon lui fait observer combien il lui sera difficile de dérober Iphi-

NOTICE PRÉLIMINAIRE. 143

génie aux impérieuses réclamations de Calchas, d'Ulysse et de toute l'armée. « Figure-toi donc Ulysse, debout au milieu des Grecs, leur révélant l'oracle de Calchas, la promesse que j'ai faite de sacrifier ma fille à Diane, et mon refus actuel. Il entraînera l'armée; les Grecs me tueront ainsi que toi et égorgeront ma fille. Si je fuis à Argos, ils m'y suivront, ils ravageront mes États et détruiront jusqu'aux murs bâtis par les Cyclopes. » Il sort. Le chœur élève de nouveau la voix. Au moment où il termine ses réflexions philosophiques, arrivent Clytemnestre, Iphigénie, le jeune Oreste endormi. Elles descendent de leur char et sont accueillies par le roi qui sort de sa tente.

IPHIGÉNIE.

« O ma mère, ne t'irrite point si je cours presser le cœur de mon père contre le mien.

CLYTEMNESTRE.

« O toi que je révère entre tous, ô roi Agamemnon! nous voici rendues à tes ordres.

IPHIGÉNIE.

« Et moi j'accours, ô mon père! Je veux te presser contre mon cœur après une si longue absence; car je brûle du désir de te voir. Ne t'en fâche pas.

AGAMEMNON.

« Eh bien, ma fille, satisfais ton désir, tu as toujours aimé ton père plus que tous les autres enfants auxquels j'ai donné le jour.

IPHIGÉNIE.

« O mon père, quelle est ma joie de te revoir après un si long temps!

AGAMEMNON.

« Il en est de même de ton père; les sentiments que tu exprimes sont aussi les miens.

IPHIGÉNIE.

« Que tu as bien fait, mon père, de m'appeler auprès de toi!

AGAMEMNON.

« Je ne sais, ma fille, si je dois m'en féliciter ou non.

IPHIGÉNIE.

« Hélas! quels regards inquiets tu jettes sur moi après avoir paru si joyeux de me voir!

AGAMEMNON.

« Un roi, un général a bien des soucis.

IPHIGÉNIE.

« Sois à moi en ce moment et laisse là tes soucis.

AGAMEMNON.

« Mais je suis à toi tout entier, je ne songe pas à autre chose.

IPHIGÉNIE.

« Éclaircis donc ce front sourcilleux et prends un air riant.

AGAMEMNON.

« Eh bien, je me réjouis, ma fille, je me livre au plaisir de te voir.

IPHIGÉNIE.

« Et cependant des larmes s'échappent de tes yeux.

AGAMEMNON.

« Longue sera l'absence qui va nous séparer!

IPHIGÉNIE.

« Je ne comprends pas tes paroles, ô père chéri!

AGAMEMNON.

« Tu ne dois pas m'entendre, tu as raison; plus tes paroles sont sensées, plus tu m'attendris.

IPHIGÉNIE.

« J'en dirai d'insensées, si je puis mieux t'égayer ainsi.

AGAMEMNON.

« Ah! dieux! je ne puis me taire... C'est bien, ma fille.

IPHIGÉNIE.

« Reste dans ta patrie, mon père, avec tes enfants.

AGAMEMNON.

« Je le voudrais; mais je ne puis ce que je veux, et j'en gémis.

IPHIGÉNIE.

« Périssent les combats et les maux dont Ménélas est l'auteur !

AGAMEMNON.

« Ils en feront périr d'autres en me faisant périr moi-même.

IPHIGÉNIE.

« Voilà bien longtemps que vous êtes arrêté à Aulis.

AGAMEMNON.

« Encore à présent un obstacle m'empêche de faire partir l'armée.

IPHIGÉNIE.

« Où dit-on, mon père, qu'habitent les Phrygiens ?

AGAMEMNON.

« Aux lieux où plût au ciel que Pâris n'eût jamais paru.

IPHIGÉNIE.

« Tu vas donc traverser les mers et m'abandonner ?

AGAMEMNON.

« Tu viendras aussi, ma fille.

IPHIGÉNIE.

« Ah ! plût au ciel que la bienséance me permît de faire avec toi le trajet !

AGAMEMNON.

« Que demandes-tu ? Toi aussi tu auras un trajet à faire, et tu te souviendras alors de ton père.

IPHIGÉNIE.

« M'embarquerai-je avec ma mère ou partirai-je seule ?

AGAMEMNON.

« Seule, sans ton père ni ta mère.

IPHIGÉNIE.

« Est-ce que tu m'envoies dans une autre famille ?

AGAMEMNON.

« Laissons cela ; ce sont des choses que les jeunes filles ne doivent pas savoir.

IPHIGÉNIE.

« Hâte-toi, mon père, de revenir victorieux de la Phrygie.

AGAMEMNON.

« Il est un sacrifice que je dois d'abord accomplir ici.

IPHIGÉNIE.

« C'est avec les prêtres que tu dois régler cette cérémonie sacrée.

AGAMEMNON.

« Elle te regarde aussi, car tu y assisteras tout près du vase qui contient l'eau lustrale.

IPHIGÉNIE.

« Formerons-nous des chœurs de danse autour de l'autel ?

AGAMEMNON.

« Heureuse ignorance, que je te porte envie! Rentre dans le palais, ma fille, montre-toi à tes compagnes. Donne-moi ta main, donne-moi un baiser, bien amer, puisque tu dois rester si longtemps éloignée de ton père. Quoi! ce sein, ces joues, ces cheveux blonds... Ah! ville des Phrygiens, ah! Hélène, combien vous nous êtes funestes! Mais cessons ces discours; je sens couler mes larmes en t'embrassant. Rentre dans le palais. »

Restée seule avec Agamemnon, Clytemnestre le questionne sur l'époux destiné à sa fille et refuse énergiquement de partir avant d'avoir rempli à la noce les fonctions qui lui appartiennent. Elle définit très-nettement les attributions de chacun dans le ménage. « Mêle-toi des affaires du dehors; mais moi, les soins intérieurs, surtout quand il s'agit du mariage de ma fille, me regardent. »

Nouvel et court intermède du chœur.

Achille paraît pour la première fois dans la tragédie grecque. Il se plaint des lenteurs d'Agamemnon. Clytemnestre survient. Achille s'étonne d'apercevoir une femme d'une si rare beauté au milieu de l'armée; elle se fait reconnaître de lui et lui demande de mettre sa main dans la sienne, puisqu'il va être son gendre. Achille nie d'avoir jamais recherché la main d'Iphigénie. Tous deux expriment leur indignation du mensonge dont ils sont victimes. Le vieillard que nous avons vu dans la première scène vient leur dénoncer le sacrifice qui se prépare. Clytemnestre engage dans sa cause Achille, dont le nom a servi de leurre pour attirer la victime. Achille lui promet son aide. Ce qui l'indigne surtout, c'est qu'on l'ait traité avec si peu d'égards. Racine a suivi Euripide dans cette scène, sauf que l'intervention d'Achille est bien plus facile à déterminer chez l'auteur français, puisque le héros aime Iphigénie. Dans le tragique grec, Achille, moins bouillant, conseille à Clytemnestre de tenter encore les moyens de persuasion.

Nouvel intermède du chœur.

La scène est entre Clytemnestre et Agamemnon, puis Iphigénie, qui a été instruite du sort que son père lui destine. Dans Euripide, c'est Clytemnestre qui la première fait entendre à son époux des supplications mêlées à des menaces. Puis Iphigénie à son tour : « Mon père, dit-elle, si j'avais la parole d'Orphée, si j'avais la persuasion qui attire les rochers, si je pouvais par mes discours enchanter qui je voudrais, je m'en servirais en ce moment ; mais je n'ai pour art que mes larmes, que je laisse couler devant vous. C'est par là seulement que je peux quelque chose. Laissez-moi, comme une suppliante, prosterner à vos genoux ce corps destiné à un si prompt trépas, et que ma mère a enfanté avec douleur. Ne veuillez pas que je meure avant le temps : la lumière est si douce à voir ! Ne me faites pas descendre aux ténèbres souterraines. C'est moi qui la première vous ai appelé père ; c'est moi qui, placée sur vos genoux, recevais et vous rendais vos caresses. Vous me disiez alors : « Quand te verrai-je, ma fille, heureuse et fière dans la maison d'un époux ? » Et moi je vous disais, en attachant mes mains à votre menton, comme je le fais encore en ce moment, pauvre suppliante : « Mon père, quand vous serez vieux, je vous recevrai sous l'abri de ma maison, et je vous rendrai les soins que j'ai reçus de vous. » Je me souviens encore de ces discours ; mais vous, vous les avez oubliés, puisque vous voulez que je meure. Non, mon père, au nom de Pélops et d'Atrée ! au nom de ma mère qui a tant souffert à ma naissance et qui souffre plus cruellement aujourd'hui, non ! Et qu'ai-je à faire avec les fautes de Pâris ou d'Hélène ? Pourquoi Hélène m'est-elle fatale ? Regardez-moi, mon père, donnez-moi un regard et un baiser, afin que j'aie au moins, avant de mourir, le souvenir de vous, si vous ne vous laissez pas toucher par mes paroles. — Mon frère, tu es bien faible encore pour me secourir ; mais pleure avec moi, prie mon père que ta sœur ne meure pas ! Voyez ! les enfants sentent aussi la douleur ; voyez, il vous supplie, mon père ! Épargnez-moi, ayez pitié de ma vie. Vos deux enfants, l'un faible encore, et l'autre, hélas ! qui a grandi pour mourir, touchent en suppliants votre menton. Mon père, je veux vous convaincre par une dernière parole : Rien n'est plus doux pour les mortels que de voir le jour. Personne ne souhaite la nuit des enfers ; c'est folie que de vouloir mourir. Mieux vaut une malheureuse vie qu'une belle mort. »

Agamemnon répète encore : « Les Grecs viendront dans Argos égorger mes filles, et vous et moi-même, si je désobéis aux oracles de la déesse. »

Plaintes d'Iphigénie mêlées aux plaintes du chœur des Eubéennes. Achille paraît, suivi d'une troupe de soldats. Iphigénie veut se retirer par pudeur. Clytemnestre la fait demeurer. Achille raconte que des cris s'élèvent dans toute l'armée pour réclamer l'immolation d'Iphigénie. Il a lui-même failli être accablé de pierres. Il ne renonce pas toutefois à la défendre. Iphigénie, par une inspiration soudaine, accepte la destinée qui lui est faite. « Écoutez mes paroles : je vois, ma mère, que tu t'irrites en vain contre ton époux. Ne tentons pas l'impossible. Il est juste de louer la générosité d'Achille ; mais il faut penser aussi à ne pas soulever l'animation de l'armée et à ne pas jeter notre défenseur dans la peine. Écoute donc, ma mère, ce que j'ai résolu après une réflexion sérieuse. J'ai résolu de mourir ; mais je veux rendre ma mort glorieuse, en la subissant sans regret. Considère avec moi, ma mère, combien ce parti est convenable : la Grèce tout entière a maintenant les yeux sur moi ; de moi seule dépend le départ de la flotte et la ruine de Troie ; de moi il dépend d'empêcher à l'avenir les barbares de ravir les nobles femmes de la Grèce, en vengeant sur eux le déshonneur d'Hélène enlevée par Pâris. Je les sauverai toutes en mourant ; libératrice de la Grèce, ma gloire sera digne d'envie. Dois-je, après tout, tenir tant à l'existence ? Tu me l'as donnée dans l'intérêt des Grecs et non pour toi seule. Une foule de guerriers armés, une foule de rameurs, pour venger les injures de la patrie, oseront combattre et mourir pour elle, et ma vie seule serait un obstacle à tant de biens? Y a-t-il justice? Aurions-nous un mot à répondre? Enfin, pour dernière raison, faut-il que ce héros en vienne aux mains avec tous les Grecs et affronte la mort pour une femme? La vie d'un seul homme est plus précieuse que celle de mille femmes. Et si Diane veut prendre mon sang, moi, faible mortelle, pourrai-je résister à la déesse? Ce serait impossible. Je me dévoue donc à la Grèce. Immolez-moi, et allez renverser Ilion. Ses ruines seront les monuments éternels de mon sacrifice; ce seront mes enfants, mon hymen et ma gloire. Il est dans l'ordre que les Grecs commandent aux barbares, et non les barbares aux Grecs : ceux-là sont nés pour l'esclavage, ceux-ci pour la liberté. »

Achille est touché de ce noble dévouement. Il exprime l'admiration qu'il lui inspire. « Fille d'Agamemnon, dit-il, les dieux auraient fait mon bonheur s'ils t'avaient unie à moi. » Il respectera sa résolution. Cependant il se tiendra près de l'autel avec ses soldats, et si, au moment fatal, Iphigénie se repent, il volera à son secours. Iphigénie reste avec Clytemnestre qu'elle s'efforce de consoler. Puis on emmène Clytemnestre, et Iphigénie, après avoir exhorté le chœur à chanter des hymnes en l'honneur de Diane, quitte la scène à son tour. Le chœur célèbre son vertueux sacrifice.

Un messager accourt, appelle Clytemnestre et lui fait le récit du prodige qui s'est accompli. Calchas a frappé, mais la victime a disparu, et l'on a vu à sa place une biche magnifique gisant sur la terre arrosée de son sang. Agamemnon survient, confirme ce récit, et, renvoyant Clytemnestre à Argos, annonce son départ pour Troie.

Telle est cette célèbre tragédie grecque, un des chefs-d'œuvre d'Euripide. Les réflexions que la comparaison avec la tragédie de Racine peut suggérer se trouveront dans l'*Examen critique* qui suivra cette dernière.

Lorsque le goût de l'antiquité se réveilla parmi les nations modernes, *Iphigénie en Aulide* fut un des thèmes tragiques qui se présentèrent les premiers aux poètes de la Renaissance. Le savant Érasme la traduisit en vers latins en 1524. Un Français,

Thomas Sibilet, la transporta dans notre idiome malheureusement encore imparfait; il publia *l'Iphigénie d'Euripide, poëte tragique, tournée du grec en françois par l'auteur de* l'Art poétique, à Paris, 1549. En 1551, Lodovico Dolce l'imita en italien. Parmi les prédécesseurs immédiats de Racine, il faut citer Rotrou, qui, en 1640, fit représenter une *Iphigénie*.[1] Il innova dans les caractères, dans les situations, dans les développements poétiques. Ainsi Rotrou a rendu Achille amoureux d'Iphigénie. Le héros, il est vrai, ne connaissait pas la fille d'Agamemnon avant que celle-ci vînt à Aulis; mais dès qu'il la voit, il s'enflamme :

> Beaux yeux, contre vos coups je ne suis plus Achille.

Rotrou, dans la contexture de sa tragi-comédie (car c'est ainsi qu'elle s'appelle), a suivi fidèlement le poëte athénien. Au lever du rideau, Agamemnon est seul, écrivant, déchirant sa lettre, agité de mille sentiments contraires, appelant son vieux serviteur Amyntas, et balançant à lui donner ses ordres. Le vieillard, après avoir déploré tout bas le calme où sont plongés

> ... Les mille vaisseaux qui couvrent cette plaine,

s'approche d'Agamemnon :

> Tout votre camp repose, et, de tant d'yeux divers,
> Le sommeil n'a laissé que les vôtres ouverts.

Le roi des rois, au lieu de lui répondre, s'écrie en soupirant :

> Heureuse ta fortune, heureuse ta vieillesse,
> Qu'aucun danger ne suit et qu'aucun soin ne presse!
> Heureuse la bassesse où l'homme vit content,
> Et malheureux l'honneur qui le travaille tant!

Cependant Agamemnon ouvre et ferme à plusieurs reprises le papier fatal, et le vieux serviteur lui dit :

> Quel secret à ma foi voulez-vous donc commettre?
> Sur quoi rêvez-vous tant? et quelle est cette lettre
> Qui par tant de sanglots vous étouffe la voix,
> Et que vous relisez et fermez tant de fois?

Comptez, ajoute-t-il, sur ma discrétion, sur ma fidélité;

> Je fus un des présents de Tyndare à sa fille.

---

1. Imprimée en 1641, in-4º.

Agamemnon lui révèle la sentence portée contre Iphigénie. Il lui apprend que

> Calchas enfin, pressé de l'esprit furieux
> Qui prononce aux mortels les réponses des dieux,
> De la part de Diane a rendu cet oracle :
> . . . .
> Du sang d'Iphigénie arrosez mon autel.

Il ajoute :

> Hélas ! peu s'en fallut que ma douleur extrême
> A cet arrêt fatal ne m'immolàt moi-même.

« Mais, poursuit-il, Ménélas m'importunait de ses clameurs :

> Je me laisse gagner, je dépêche en Argos,
> Et, pour tromper ma femme, écris qu'Iphigénie
> Doit au fils de Thétis par l'hymen être unie,
> Et qu'il a refusé de partir avec nous
> Qu'emportant de ce lieu le nom de son époux.
> Sous ce prétexte faux, bourreau de ma famille,
> Je disposois la mère à m'envoyer sa fille.

« A la fin, la nature se révolte en moi; porte donc en toute hâte à Clytemnestre ce nouveau message, qui lui annonce qu'Achille diffère son hymen jusqu'à notre retour de Troie, etc. »

A peine Amyntas est-il parti, que l'orgueil reprend tous ses droits sur le cœur faible et superbe d'Agamemnon.

> Chef de tant de soldats et roi de tant de rois,
> Loin de les exciter, j'arrête leurs exploits;
> Et, laissant sur ces bords engourdir leur vaillance,
> Des princes d'Ilion fais enfler l'insolence.

Échauffé par ces idées, il va jusqu'à rappeler son émissaire; mais définitivement la tendresse est la plus forte, il laisse Amyntas continuer sa route : c'est là tout le premier acte.

Le deuxième nous montre, comme dans Euripide, le débat du messager surpris par Ménélas qui veut lui arracher ses dépêches. Agamemnon survient, et la querelle s'allume entre les deux frères. Ménélas n'épargne pas les reproches au roi d'Argos :

> Ne vous souvient-il pas avec combien d'adresse
> Vous vous êtes fait chef des troupes de la Grèce?
> Ah ! comme ce grand cœur se savoit abaisser !

Le front ne portoit pas l'image du penser ;
Et votre modestie, alors incomparable,
Fut un adroit chemin à ce rang honorable.
Jamais pour s'élever on ne se mit si bas.
Vous offriez à l'un, à l'autre ouvriez les bras,
Serriez à l'un la main, jetiez les yeux sur l'autre,
Portiez votre intérêt beaucoup moins que le nôtre ;
De qui vous demandoit vous préveniez les pas,
Parliez à qui vouloit et qui ne vouloit pas ;
Et lors votre maison, à tout le monde ouverte,
Jusques aux basses-cours n'étoit jamais déserte.
Mais quand cette affectée et fausse humilité
Vous eut de notre chef acquis la qualité,
Un soudain changement de mœurs et de visage
Fut de cet artifice un trop clair témoignage.
Vous devîntes plus grave, et, comme auparavant,
Ne nous parûtes plus cet ami si servant.
Vous fermâtes au peuple et l'oreille et la porte ;
Vous marchâtes suivi d'une pompeuse escorte ;
Et jamais on ne vit avec telle splendeur
Du rang que vous tenez soutenir la grandeur.
Sachez qu'à des esprits commis aux grandes choses,
Rien n'est plus messéant que ces métamorphoses,
Et qu'il n'est d'un grand roi ni d'un homme de bien
De promettre beaucoup et n'exécuter rien.[1]

Ulysse vient à propos s'interposer entre les deux frères, et bientôt arrive le messager porteur des premières dépêches qui mandaient au camp Iphigénie et Clytemnestre ; il annonce que toutes deux s'avancent sur ses pas. Agamemnon se désole ; Ménélas, sûr de son fait, montre un chagrin hypocrite ; et Ulysse, dans une longue harangue, les gourmande tous les deux.

---

1. Le même personnage s'exprimait ainsi dans Euripide : « Rappelle-toi le temps où tu voulais être chef des Grecs pour la guerre de Troie, sans le désirer en apparence, mais au fond du cœur en brûlant d'envie. Combien tu étais humble alors ! Prenant la main à chacun, ta porte était ouverte à tous les citoyens ; tu donnais un libre accès à quiconque le voulait ou non, cherchant par cette modestie à acheter du peuple l'objet de ton ambition. Puis une fois maître du pouvoir, tu changes tout à coup de conduite, tu n'es plus le même pour tes amis, tu deviens d'un abord difficile et rare dans ton palais. » Passage auquel on a comparé ce que dit Cicéron, *de Petitione consulatus* : « Ratio popularis desiderat nomenclationem, blanditiam, assiduitatem, benignitatem, rumorem... Prius et vultus et sermo ad eorum quoscumque convenerit sensum et voluntatem commutandus est... Cura ut aditus diurni et nocturni pateant, neque foribus solum ædium tuarum, sed etiam vultu et fronte, quæ est animi janua. »

Agamemnon lui répond fort bien :

> J'avois, sans ces discours, assez de connoissance
> De l'adresse d'Ulysse et de son éloquence ;
> Mais il éprouveroit, en un pareil ennui,
> Que le sang est encor plus éloquent que lui.

Il ajoute :

> Puisqu'il faut de Diane accomplir la requête,
> Préparez le bûcher, votre victime est prête ;
> Mais faites, s'il se peut, et priez-en Calchas,
> Que ce funeste bruit ne se répande pas, etc.

Cette deuxième péripétie termine le deuxième acte. L'arrivée de Clytemnestre et d'Iphigénie ouvre le troisième. Il s'établit entre la jeune princesse et son père un dialogue coupé dont le modèle est dans Euripide. Iphigénie, après de vains efforts pour découvrir la cause de la tristesse d'Agamemnon, lui parle de la guerre de Troie.

> Quand délibérez-vous de partir de ces lieux ?
> — Il faut auparavant sacrifier aux dieux.
> — Pourrai-je être présente à la cérémonie ?
> — Oui, n'appréhende point que l'on te le dénie.

Il y a loin, sans doute, de cette réponse au fameux *Vous y serez, ma fille,* mais les deux vers qui suivent sont fortement frappés :

> Plaise au pouvoir des dieux que tout succède bien !
> — Les dieux sont irrités, ne leur demande rien.

Agamemnon, resté avec Clytemnestre, veut lui persuader de retourner seule dans Argos, et de ne point s'obstiner à être présente au mariage de sa fille, au milieu du tumulte des camps ; il va même jusqu'à lui ordonner positivement de partir. Mais Clytemnestre déclare, en termes non moins formels, qu'elle n'obéira pas :

> Vous conduisez les Grecs ; moi, je conduis ma fille.
> Une mère est aussi le chef de sa famille :
> Partout où vous serez, je puis lever le front ;
> Et ma présence ici ne vous fait point d'affront.

AGAMEMNON.

> O refus! ô mépris qui me couvre de blâme!
> Ce chef de tous les Grecs ne peut vaincre sa femme.

Et il sort pour demander à Calchas ce qu'il doit faire.

Cependant l'intrigue se noue de plus en plus. Achille s'irrite d'apprendre que son nom ait servi de prétexte à quelque mystère qu'il ne peut pénétrer; et lorsque la nature de ce mystère lui est révélée ainsi qu'à Clytemnestre par la fidèle indiscrétion d'Amyntas, il s'irrite bien plus encore; Clytemnestre se jette à ses genoux en implorant son secours :

> Par ces foudres vivants, ces bras toujours vainqueurs,
> Et par ce port si beau, l'objet de tant de cœurs,
> Conservez-moi ma fille et détournez sa perte.
> On vous l'imputeroit si vous l'aviez soufferte;
> Ce coup qui la tueroit viendroit de votre nom,
> Bien plus que de Calchas ou que d'Agamemnon.
> . . . .
> Seul vous êtes l'espoir de toute ma famille;
> Plus qu'à mes propres flancs je vous devrai ma fille...

Achille l'engage à essayer de fléchir Agamemnon en faveur d'Iphigénie :

> Et si vous ne pouvez divertir son trépas,
> Croyez que mon secours ne vous manquera pas.

Telles sont les alternatives de terreur et d'espérance par lesquelles le troisième acte est terminé.

Le quatrième nous fait entendre les nobles accents de la victime. Iphigénie accepte son sort avec résignation :

> Mourir est un tribut qu'on doit aux destinées;
> . . . . Il faut, sans s'effrayer,
> Quand la mort nous assigne, être prête à payer.

Sa confidente Ardélie admire ce courage héroïque :

> Hélas! ainsi du cygne, aux rives du Méandre,
> A l'heure de la mort le chant se fait entendre;
> Et le flambeau, mourant comme votre beauté,
> Au moment qu'il s'éteint jette plus de clarté.

NOTICE PRÉLIMINAIRE.

Mais Agamemnon paraît, sans savoir encore sa fille instruite de sa destinée. Après quelques mots obscurs le fatal secret est dévoilé par l'arrivée de Clytemnestre, qui accable son époux des plus sanglants reproches. Iphigénie prend la parole avec plus de douceur :

> S'il vous souvient... que je suis la première
> Qui vous ait appelé de ce doux nom de père,
> Qui vous ait fait caresse, et qui, sur vos genoux,
> Vous ait servi longtemps d'un passe-temps si doux;
> Ne vous étonnez pas que cette mort m'étonne;
> Je ne l'attendois pas du bras qui me la donne,
> Et je me plains bien moins, en mon mauvais destin,
> D'un tel assassinat que d'un tel assassin.
> . . . .
> Ai-je quelque intérêt aux affaires d'Hélène?
> Est-ce à moi d'épouser son amour ni sa haine,
> De défendre son cœur des vœux de ses amants,
> Et de répondre aux dieux de ses déportements?
> Si quelqu'un doit périr, si Diane l'ordonne,
> Ménélas, son époux, n'a-t-il pas Hermione?
> . . . .

AGAMEMNON.

> Eh! ma fille, croyez que ce sanglant dessein
> Me mettra plus qu'à vous le couteau dans le sein.
> . . . .
> Ce n'est point Ménélas dont l'intérêt me presse;
> C'est le ciel, c'est l'armée, et c'est toute la Grèce.
> . . . .
> Quelle que soit la perte, il faut s'y préparer.

Il sort à ces mots, et Clytemnestre, après de nouvelles imprécations contre lui, s'écrie, comme frappée tout à coup d'une lumière sinistre :

> Hélas! je me souviens, sacrilége et profane,
> De vous avoir vouée aux autels de Diane :
> La mort qu'on vous prépare et la peine où je suis
> De ce vœu négligé sont les funestes fruits.

En ce moment survient Achille, l'épée à la main, frappant à droite et à gauche; moi seul, dit-il à Clytemnestre, je vais défendre Iphigénie, la défendre

> Contre tous,
> Contre son propre père et votre propre époux;

> Et si je ne craignois de commettre un blasphème,
> Je vous dirois encor contre Diane même.
> Sur tout autre respect[1] l'honneur m'est précieux.
> C'est mon chef, c'est mon roi, mon oracle et mes dieux.

Puis, s'adressant à la jeune princesse :

> Quiconque entreprendra de vous ôter la vie,
> Quiconque seulement en concevra l'envie,
> Ou de son ombre seule espère vous toucher,
> Ne fit jamais dessein qui lui coûta si cher.
> Je suivrois sans respect la fureur qui m'anime ;
> J'immolerois le prêtre aux yeux de la victime,
> Et j'achèterois l'heur de servir ces beaux yeux
> Au mépris des enfers, des hommes et des dieux.

Cependant il finit, comme l'Achille grec, par déclarer qu'il respecte le dévouement patriotique et religieux d'Iphigénie, supposé toutefois qu'elle y persiste ; car, pour peu que la nature fléchisse en présence de la mort, il sera là, devant l'autel, tout prêt à détourner le couteau du sacrificateur. Ce rayon d'espoir, par lequel le quatrième acte se termine, est bien faible pour nous conduire au dénoûment.

Le cinquième acte représente la cérémonie du sacrifice. Rotrou amène d'abord sur la scène la jeune victime et sa mère désespérée.

IPHIGÉNIE, à Clytemnestre.

> Madame, contenez la douleur qui vous presse ;
> Permettez que j'arrive où m'attend la déesse.
> Vous lui volez le temps que je reste en ces lieux ;
> Je n'ai plus rien au monde et j'appartiens aux cieux.

CLYTEMNESTRE.

> Délaisser votre mère ! êtes-vous pas ma fille ?

IPHIGÉNIE.

> Me comptez-vous encor dedans votre famille ?

CLYTEMNESTRE.

> C'est à tort en effet que nous vous y tenons,
> Puisque dans le besoin nous vous abandonnons.
> Mais avec quel mépris vous quittez votre mère !

---

1. Au delà de toute autre considération.

NOTICE PRÉLIMINAIRE.

IPHIGÉNIE.
Mais avec quelle ardeur j'obéis à mon père !

CLYTEMNESTRE.
Eh ! ma fille !

IPHIGÉNIE.
Il est vain de retarder mes pas.

CLYTEMNESTRE.
Je vous suivrai partout.

IPHIGÉNIE.
On ne vous attend pas.

CLYTEMNESTRE.
Le coup qui vous tuera fera double homicide.

IPHIGÉNIE.
Il ne me tuera pas.

Tout ce dialogue est sublime. Sans doute ce sont de pareils traits qui valaient à Rotrou l'insigne honneur que lui faisait Corneille de s'appeler son fils.

Le dénoûment est celui d'Euripide. Après de longs pourparlers entre Iphigénie, Achille et Agamemnon, le sacrifice est irrévocablement décidé.

Calchas à genoux auprès d'Iphigénie :

Chaste fille du dieu qui lance le tonnerre,
. . . .
O Diane ! reçois l'offrande que tu veux,
Et, pour prix de son sang, fais succéder nos vœux.
A l'art de nos nochers rends l'onde favorable ;
Donne à notre voyage un succès mémorable,
Et fais-nous, triomphants, marcher sur le débris
Des orgueilleuses tours d'Hector et de Pâris.

Il prend le couteau, et au moment où il va frapper, un grand coup de tonnerre se fait entendre. Iphigénie est enlevée au ciel ; Diane apparaît dans un nuage, tous les assistants tombent à genoux. La déesse alors :

Je sais le respect de la Grèce ;
Son dessein me tient lieu d'effet,
Et j'ai vu d'un œil satisfait
La piété de sa princesse.

> Son sang, de ma fureur est un trop digne prix ;
> Et, pour faire paroître à quel point je l'estime,
> Je la veux pour prêtresse et non pas pour victime,
> Et l'ai déjà rendue aux rives de Tauris.

A ces mots elle disparaît, le ciel se referme, et le rideau tombe.

Tels sont les principaux devanciers de Racine, qui ne leur doit rien ou bien peu de chose. Il remonta directement à la source antique ; il donna au vieux thème tragique une nouvelle expression qui probablement ne sera plus égalée, quels que soient les imitateurs qui se hasardent encore sur ses pas.

PRÉFACE.

Il n'y a rien de plus célèbre dans les poëtes que le sacrifice d'Iphigénie; mais ils ne s'accordent pas tous ensemble sur les plus importantes particularités de ce sacrifice. Les uns, comme Eschyle dans *Agamemnon,* Sophocle dans *Électre,* et, après eux, Lucrèce, Horace et beaucoup d'autres, veulent qu'on ait en effet répandu le sang d'Iphigénie, fille d'Agamemnon, et qu'elle soit morte en Aulide. Il ne faut que lire Lucrèce, au commencement de son premier livre :

> Aulide quo pacto Triviaï virginis aram
> Iphianassaï turparunt sanguine fœde
> Ductores Danaum, etc.[1]

Et Clytemnestre dit, dans Eschyle, qu'Agamemnon, son mari, qui vient d'expirer, rencontrera dans les enfers Iphigénie, sa fille, qu'il a autrefois immolée.

D'autres ont feint que Diane, ayant eu pitié de cette jeune princesse, l'avoit enlevée et portée dans la Tauride, au moment qu'on l'alloit sacrifier, et que la déesse avoit fait trouver en sa place ou une biche, ou une autre victime de cette nature. Euripide a suivi cette fable, et Ovide l'a mise au nombre des métamorphoses.

---

1. « Comment les chefs des Grecs, rassemblés dans l'Aulide, souillèrent honteusement l'autel de Diane du sang d'Iphianasse. »

Lucrèce, comme Homère, nomme la fille d'Agamemnon Iphianasse, au lieu d'Iphigénie.

PRÉFACE.

Il y a une troisième opinion, qui n'est pas moins ancienne que les deux autres sur Iphigénie. Plusieurs auteurs, et entre autres Stésichorus, l'un des plus fameux et des plus anciens poëtes lyriques, ont écrit qu'il étoit bien vrai qu'une princesse de ce nom avoit été sacrifiée, mais que cette Iphigénie étoit une fille qu'Hélène avoit eue de Thésée. Hélène, disent ces auteurs, ne l'avoit osé avouer pour sa fille, parce qu'elle n'osoit déclarer à Ménélas qu'elle eût été mariée en secret avec Thésée. Pausanias (*Corinth.*, p. 125)[1] rapporte et le témoignage et les noms des poëtes qui ont été de ce sentiment, et il ajoute que c'étoit la créance commune de tout le pays d'Argos.

Homère enfin, le père des poëtes, a si peu prétendu qu'Iphigénie, fille d'Agamemnon, eût été ou sacrifiée en Aulide, ou transportée dans la Scythie, que, dans le neuvième livre de l'*Iliade*, c'est-à-dire près de dix ans depuis l'arrivée des Grecs devant Troie, Agamemnon fait offrir en mariage à Achille sa fille Iphigénie, qu'il a, dit-il, laissée à Mycène, dans sa maison.

J'ai rapporté tous ces avis si différents,[2] et surtout le passage de Pausanias, parce que c'est à cet auteur que je dois l'heureux personnage d'Ériphile, sans lequel je n'aurois jamais osé entreprendre cette tragédie. Quelle apparence que j'eusse souillé la scène par le meurtre horrible d'une personne aussi vertueuse et aussi aimable qu'il falloit représenter Iphigénie? Et quelle apparence encore de dénouer ma tragédie par le secours d'une déesse

---

1. Voici le passage du chapitre XXII des *Corinthiaques* tel qu'il a été traduit par Clavier : « Les Dioscures prirent Aphidne et ramenèrent Hélène à Lacédémone. Elle était enceinte, à ce que disent les Argiens; et ayant fait ses couches à Argos... elle confia la fille qu'elle avait mise au jour à Clytemnestre, qui était déjà mariée à Agamemnon, et elle épousa dans la suite Ménélas. Les poëtes Euphorion de Chalcis et Alexandre de Pleuron, d'accord en ce point avec les Argiens, disent, comme Stésichore d'Homire l'avait écrit avant eux, qu'Iphigénie était fille de Thésée. »

2. Les préfaces de Racine attestent son exactitude, sa sagesse, l'attention avec laquelle il méditait ses sujets, et son respect pour les autorités de l'histoire et de la mythologie. Il ne prenait point son imagination pour guide ; il ne sacrifiait point à des situations, à des coups de théâtre, les traditions connues et les témoignages des auteurs : il cherchait au contraire à s'y conformer, et ne marchait jamais qu'appuyé sur des monuments historiques. C'est ainsi que dans *Iphigénie* même, Racine s'est fait un scrupule de mêler ses propres inventions; et son épisode d'Ériphile, qui a l'air romanesque, est fondé sur une tradition rapportée par un écrivain très-grave, dans un ouvrage estimé des savants. On ne se douterait pas qu'une fiction qui semble n'être qu'un jeu de l'imagination de Racine fût le résultat de profondes recherches et d'une grande érudition. (G.)

et d'une machine, et par une métamorphose, qui pouvoit bien trouver quelque créance du temps d'Euripide, mais qui seroit trop absurde et trop incroyable parmi nous?

Je puis dire donc que j'ai été très-heureux de trouver dans les anciens cette autre Iphigénie que j'ai pu représenter telle qu'il m'a plu, et qui, tombant dans le malheur où cette amante jalouse vouloit précipiter sa rivale, mérite en quelque façon d'être punie, sans être pourtant tout à fait indigne de compassion. Ainsi le dénoûment de la pièce est tiré du fond même de la pièce; et il ne faut que l'avoir vu représenter pour comprendre quel plaisir j'ai fait au spectateur, et en sauvant à la fin une princesse vertueuse pour qui il s'est si fort intéressé dans le cours de la tragédie, et en la sauvant par une autre voie que par un miracle qu'il n'auroit pu souffrir, parce qu'il ne le sauroit jamais croire.

Le voyage d'Achille à Lesbos, dont ce héros se rend maître, et d'où il enlève Ériphile avant que de venir en Aulide, n'est pas non plus sans fondement. Euphorion de Chalcide, poëte très-connu parmi les anciens, et dont Virgile (*Eclog.* x) et Quintilien (*Instit.*, lib. X) font une mention honorable, parloit de ce voyage de Lesbos. Il disoit dans un de ces poëmes, au rapport de Parthénius, qu'Achille avoit fait la conquête de cette île avant que de joindre l'armée des Grecs, et qu'il y avoit même trouvé une princesse qui s'étoit éprise d'amour pour lui.[1]

Voilà les principales choses en quoi je me suis un peu éloigné de l'économie et de la fable d'Euripide. Pour ce qui regarde les passions, je me suis attaché à le suivre plus exactement.

---

1. Euphorion de Chalcide n'a pas beaucoup d'autorité dans la mythologie, puisqu'il vivait plus de deux siècles après Euripide. Virgile a parlé de ce poëte uniquement parce que son ami Gallus l'avait pris pour modèle. La mention qu'il en fait dans sa dixième églogue ne dit rien, ni pour ni contre Euphorion. Pour ce qui regarde Parthénius, c'est, relativement à Euphorion, un moderne qui vivait du temps d'Auguste, et qui a recueilli un assez grand nombre d'anecdotes, d'historiettes et d'aventures, qui roulent sur les malheurs de l'amour. (G.) — Dans la suite de sa note, Geoffroy met en doute la conquête de Lesbos par Achille, qui, dit-il, ne pouvait avoir alors que seize à dix-sept ans. Non-seulement la jeunesse d'un héros tel qu'Achille ne peut être regardée comme un obstacle à cette conquête, mais encore il faut bien se rendre au témoignage d'Homère, qui dit expressément, livre IX de l'*Iliade* : « Agamemnon te donnera sept filles de Lesbos, aux doigts industrieux ; il les choisit quand tu subjuguas cette île fortunée où les femmes excellent en beauté. » Vers 271. Voir aussi vers 680.

PRÉFACE.

J'avoue que je lui dois un bon nombre des endroits qui ont été le plus approuvés dans ma tragédie; et je l'avoue d'autant plus volontiers, que ces approbations m'ont confirmé dans l'estime et dans la vénération que j'ai toujours eues pour les ouvrages qui nous restent de l'antiquité. J'ai reconnu avec plaisir, par l'effet qu'a produit sur notre théâtre tout ce que j'ai imité ou d'Homère ou d'Euripide, que le bon sens et la raison étoient les mêmes dans tous les siècles. Le goût de Paris s'est trouvé conforme à celui d'Athènes; mes spectateurs ont été émus des mêmes choses qui ont mis autrefois en larmes le plus savant peuple de la Grèce, et qui ont fait dire qu'entre les poëtes Euripide étoit extrêmement tragique, τραγικώτατος, c'est-à-dire qu'il savoit merveilleusement exciter la compassion et la terreur, qui sont les véritables effets de la tragédie.

Je m'étonne, après cela, que des modernes aient témoigné depuis peu tant de dégoût pour ce grand poëte, dans le jugement qu'ils ont fait de son *Alceste*.[1] Il ne s'agit point ici de l'*Alceste*; mais en vérité j'ai trop d'obligation à Euripide pour ne pas prendre quelque soin de sa mémoire, et pour laisser échapper l'occasion de le réconcilier avec ces messieurs : je m'assure qu'il n'est si mal dans leur esprit que parce qu'ils n'ont pas bien lu l'ouvrage sur lequel ils l'ont condamné. J'ai choisi la plus importante de leurs objections, pour leur montrer que j'ai raison de parler ainsi. Je dis *la plus importante de leurs objections,* car ils la répètent à chaque page, et ils ne soupçonnent pas seulement que l'on puisse répliquer.

Il y a, dans l'*Alceste* d'Euripide, une scène merveilleuse, où Alceste, qui se meurt et qui ne peut plus se soutenir, dit à son mari les derniers adieux. Admète, tout en larmes, la prie de reprendre ses forces, et de ne se point abandonner elle-même. Alceste, qui a l'image de la mort devant les yeux, lui parle ainsi :

> Je vois déjà la rame et la barque fatale;
> J'entends le vieux nocher sur la rive infernale.

---

1. Pierre Perrault dans un dialogue dont le titre est : *Critique de l'Opéra, ou examen de la tragédie intitulée Alceste ou le triomphe d'Alcide*, et qui fut inséré dans le *Recueil de divers ouvrages en prose et en vers*, dédié (par le Laboureur) *à S. A. Mgr le prince de Conti*. 1675. L'achevé d'imprimer est du 2 janvier 1675.

PRÉFACE.

Impatient, il crie : « On t'attend ici-bas ;
« Tout est prêt, descends, viens, ne me retarde pas. »

J'aurois souhaité de pouvoir exprimer dans ces vers les grâces qu'ils ont dans l'original ; mais au moins en voilà le sens. Voici comme ces messieurs les ont entendus : il leur est tombé entre les mains une malheureuse édition d'Euripide où l'imprimeur a oublié de mettre dans le latin, à côté de ces vers, un *Al.*, qui signifie que c'est Alceste qui parle ; et à côté des vers suivants, un *Ad.*, qui signifie que c'est Admète qui répond. Là-dessus il leur est venu dans l'esprit la plus étrange pensée du monde : ils ont mis dans la bouche d'Admète les paroles qu'Alceste dit à Admète, et celles qu'elle se fait dire par Caron. Ainsi ils supposent qu'Admète, quoiqu'il soit en parfaite santé, *pense voir déjà Caron qui le vient prendre;* et au lieu que, dans ce passage d'Euripide, Caron, impatient, presse Alceste de le venir trouver, selon ces messieurs, c'est Admète effrayé qui est l'impatient, et qui presse Alceste d'expirer, de peur que Caron ne le prenne. *Il l'exhorte,* ce sont leurs termes, *à avoir courage, à ne pas faire une lâcheté, et à mourir de bonne grâce; il interrompt les adieux d'Alceste pour lui dire de se dépêcher de mourir.* Peu s'en faut, à les entendre, qu'il ne la fasse mourir lui-même. Ce sentiment leur a paru *fort vilain,* et ils ont raison : il n'y a personne qui n'en fût très-scandalisé. Mais comment l'ont-ils pu attribuer à Euripide ? En vérité, quand toutes les autres éditions où cet *Al.* n'a point été oublié ne donneroient pas un démenti au malheureux imprimeur qui les a trompés, la suite de ces quatre vers, et tous les discours qu'Admète tient dans la même scène, étoient plus que suffisants pour les empêcher de tomber dans une erreur si déraisonnable : car Admète, bien éloigné de presser Alceste de mourir, s'écrie : « Que toutes les morts ensemble lui seroient moins cruelles que de la voir dans l'état où il la voit. Il la conjure de l'entraîner avec elle ; il ne peut plus vivre si elle meurt ; il vit en elle, il ne respire que pour elle. »

Ils ne sont pas plus heureux dans les autres objections. Ils disent, par exemple, qu'Euripide a fait deux *époux surannés* d'Admète et d'Alceste ; que l'un est un *vieux mari,* et l'autre *une princesse déjà sur l'âge.* Euripide a pris soin de leur répondre en un seul vers, où il fait dire par le chœur « qu'Alceste, toute jeune, et dans la première fleur de son âge, expire pour son jeune époux. »

Ils reprochent encore à Alceste qu'elle a deux grands enfants à marier. Comment n'ont-ils point lu le contraire en cent endroits, et surtout dans ce beau récit où l'on peint Alceste mourante au milieu de ses deux petits enfants, qui la tirent, en pleurant, par la robe, et qu'elle prend sur ses bras l'un après l'autre pour les baiser?

Tout le reste de leurs critiques est à peu près de la force de celles-ci. Mais je crois qu'en voilà assez pour la défense de mon auteur. Je conseille à ces messieurs de ne plus décider si légèrement sur les ouvrages des anciens. Un homme tel qu'Euripide méritoit au moins qu'ils l'examinassent, puisqu'ils avoient envie de le condamner; ils devoient se souvenir de ces sages paroles de Quintilien : « Il faut être extrêmement circonspect et très-retenu à prononcer sur les ouvrages de ces grands hommes, de peur qu'il ne nous arrive, comme à plusieurs, de condamner ce que nous n'entendons pas; et s'il faut tomber dans quelque excès, encore vaut-il mieux pécher en admirant tout dans leurs écrits, qu'en y blâmant beaucoup de choses. » — « Modeste tamen et circumspecto judicio de tantis viris pronuntiandum est, ne quod plerisque accidit, damnent quæ non intelligunt. Ac si necesse est in alteram errare partem, omnia eorum legentibus placere quam multa displicere maluerim.[1] »

---

1. *Inst. Orator.*, lib. X, cap. I.

IPHIGÉNIE

PERSONNAGES.

AGAMEMNON.
ACHILLE.
ULYSSE.
CLYTEMNESTRE, femme d'Agamemnon.
IPHIGÉNIE, fille d'Agamemnon.
ÉRIPHILE, fille d'Hélène et de Thésée.
ARCAS, } domestiques d'Agamemnon.
EURYBATE,
ÆGINE, femme de la suite de Clytemnestre.
DORIS, confidente d'Ériphile.
GARDES.

La scène est en Aulide, dans la tente d'Agamemnon.

ACTEURS QUI ONT JOUÉ D'ORIGINAL DANS IPHIGÉNIE.

AGAMEMNON.   LA FLEUR.
ACHILLE.   BARON.
IPHIGÉNIE.   Mlle CHAMPMESLÉ.
CLYTEMNESTRE.   Mme BEAUCHATEAU.
ÉRIPHILE.   Mme D'ENNEBAUT.
ULYSSE.   HAUTEROCHE.[1]

---

1. La composition de la troupe royale à ce moment fait présumer que les personnages de la tragédie de Racine ont été distribués de la sorte, mais, sauf pour Mlle de Champmeslé, il n'y a pas de témoignage contemporain.

IPHIGÉNIE[1]

ACTE PREMIER.

SCÈNE PREMIÈRE.

AGAMEMNON, ARCAS.

AGAMEMNON.

Oui, c'est Agamemnon, c'est ton roi qui t'éveille.
Viens, reconnois la voix qui frappe ton oreille.[2]

ARCAS.

C'est vous-même, seigneur! Quel important besoin
Vous a fait devancer l'aurore de si loin?
A peine un foible jour vous éclaire et me guide,

---

1. Dans aucune édition parue du vivant de Racine, cette tragédie n'est intitulée *Iphigénie en Aulide*.
2. D'après l'abbé de Villiers, ancien ami de l'auteur, Racine avait mis d'abord :

Viens, Arcas; prête-moi ton cœur et ton oreille.

L'anecdote de l'abbé de Villiers, quoique rapportée par le fils de Racine, n'en est pas moins peu croyable.
Le Mazurier (*Galerie historique des acteurs*, t. I, p. 96) dit que Baron, lorsqu'il prit le rôle d'Agamemnon en rentrant au théâtre, prononçait ces vers d'un ton fort bas. On lui cria du parterre : « Plus haut! — Si je le disais plus haut, répondit-il, je le dirais mal. »

Vos yeux seuls et les miens sont ouverts dans l'Aulide.[1]
Avez-vous dans les airs entendu quelque bruit?
Les vents nous auroient-ils exaucés cette nuit?
Mais tout dort, et l'armée, et les vents, et Neptune.

AGAMEMNON.

Heureux qui, satisfait de son humble fortune,
Libre du joug superbe où je suis attaché,
Vit dans l'état obscur où les dieux l'ont caché!

ARCAS.

Et depuis quand, seigneur, tenez-vous ce langage?
Comblé de tant d'honneurs, par quel secret outrage
Les dieux, à vos désirs toujours si complaisants,
Vous font-ils méconnoître et haïr leurs présents?
Roi, père, époux heureux, fils du puissant Atrée,
Vous possédez des Grecs la plus riche contrée :
Du sang de Jupiter issu de tous côtés,
L'hymen vous lie encore aux dieux dont vous sortez;
Le jeune Achille enfin, vanté par tant d'oracles,
Achille, à qui le ciel promet tant de miracles,
Recherche votre fille, et d'un hymen si beau
Veut dans Troie embrasée allumer le flambeau.
Quelle gloire, seigneur, quels triomphes égalent
Le spectacle pompeux que ces bords vous étalent;
Tous ces mille vaisseaux,[2] qui, chargés de vingt rois,

---

1. *Aulide*, dont Racine a fait une province, n'était, suivant Strabon, qu'une bourgade dépendante de Tanagre; son véritable nom était Aulis: elle s'élevait sur la partie la plus resserrée du détroit d'Euripe, aujourd'hui de Négrepont. Son port était très-vaste.

2. C'est, je crois, la seule fois qu'on a mis le mot *tous* avec un nombre déterminé. Je ne connais point de construction plus originale et plus hardiment créée; et cette nouveauté dans le langage se dérobe sous l'extrême vérité du sentiment qui a suggéré l'expression. Quelle place tiennent dans

ACTE I, SCÈNE I.

N'attendent que les vents pour partir sous vos lois?
Ce long calme, il est vrai, retarde vos conquêtes;[1]
Ces vents depuis trois mois enchaînés sur nos têtes
D'Ilion trop longtemps vous ferment le chemin :
Mais, parmi tant d'honneurs, vous êtes homme enfin;[2]
Tandis que vous vivrez, le sort, qui toujours change,
Ne vous a point promis un bonheur sans mélange.
Bientôt... mais quels malheurs dans ce billet tracés
Vous arrachent, seigneur, les pleurs que vous versez?
Votre Oreste au berceau va-t-il finir sa vie?
Pleurez-vous Clytemnestre, ou bien Iphigénie?
Qu'est-ce qu'on vous écrit? Daignez m'en avertir.[3]

AGAMEMNON.

Non, tu ne mourras point; je n'y puis consentir.

---

ce vers, comme dans l'imagination, ces *mille vaisseaux!* Grâce au mot *tous*, il y en a bien plus de *mille*. (L.)

1. Homère ne fait aucune mention de ce calme, ni même du sacrifice d'Iphigénie. Ovide parle de cet obstacle qui retient la flotte des Grecs; il l'attribue à Neptune, protecteur d'une ville dont il avait bâti les remparts :

    Permanet Aoniis Nereus violentus in undis,
    Bellaque non transfert : et sunt qui parcere Trojæ
    Neptunum credant, quia mœnia fecerat urbis.
              (*Metam.*, lib. XII, v. 24.)

« Soudain les flots de la mer d'Aonie restent immobiles et refusent de transporter l'armée. Quelques-uns s'imaginent que Neptune veut sauver Troie, dont il éleva les murs. »

2. Luneau de Boisjermain, dans une note de son édition de 1768, s'étonne que Racine n'ait pas mis à profit tout ce qu'en cet endroit il pouvait emprunter à Euripide. « Les comédiens, dit-il, y ont suppléé par un jeu muet. » La Harpe, à propos de cette note, nous apprend où ce jeu muet trouvait place : « Je pense, dit-il, que les comédiens ont très-bien fait de le placer avant les deux premiers vers de la pièce. » Voyez ci-après p. 286.

3. *Daignez me l'apprendre, m'en instruire, m'en informer*, était la phrase absolument nécessaire. Mais ce mot *avertir* est la seule tache de cette scène, si riche en beautés de toute espèce. (L.)

ARCAS.

Seigneur...

AGAMEMNON.

Tu vois mon trouble; apprends ce qui le cause,
Et juge s'il est temps, ami, que je repose.
Tu te souviens du jour qu'en Aulide assemblés
Nos vaisseaux par les vents sembloient être appelés :
Nous partions; et déjà, par mille cris de joie,
Nous menacions de loin les rivages de Troie.
Un prodige étonnant fit taire ce transport;
Le vent qui nous flattoit nous laissa dans le port.
Il fallut s'arrêter, et la rame inutile
Fatigua vainement une mer immobile.[1]
Ce miracle inouï me fit tourner les yeux
Vers la divinité qu'on adore en ces lieux :
Suivi de Ménélas, de Nestor et d'Ulysse,
J'offris sur ses autels un secret sacrifice.

---

1. Vers remarquable par l'harmonie et la richesse poétique. L'expression *fatiguer* est de Virgile :

> Olli remigio noctemque, diemque fatigant.
> (*Æneid.*, lib. VIII, v. 94.)

C'est-à-dire : « En ramant sans relâche, ils fatiguent le jour et la nuit. » La Harpe en convient; « mais, dit-il, *une mer immobile* n'est qu'à Racine. » La Harpe se trompe : la mer immobile est aussi à Virgile :

> Et in lento luctantur marmore tonsæ.
> (*Æneid.*, lib. VII, v. 28.)

« Les rames luttent contre une mer immobile. » (G.) — *Marmore* est pris ici dans le sens figuré, pour exprimer l'immobilité de la mer, et ce mot est plus poétique que le mot *immobile*, dont il ne fallait pas louer Racine, car il appartient à tout le monde.

M. Victor Hugo critique cette expression en disant que c'est justement lorsque la mer est immobile que la rame est utile. Mais il est évident que les rames ne suffisaient pas à mettre en mouvement les vaisseaux des Grecs, qu'il fallait encore l'aide du vent et des voiles. Sans cela, le sacrifice d'Iphigénie eût été inutile.

ACTE I, SCÈNE I.

Quelle fut sa réponse! et quel devins-je, Arcas,[1]
Quand j'entendis ces mots prononcés par Calchas :
« Vous armez contre Troie une puissance vaine,
Si dans un sacrifice auguste et solennel,
  Une fille du sang d'Hélène,
De Diane, en ces lieux, n'ensanglante l'autel.
Pour obtenir les vents que le ciel vous dénie,
  Sacrifiez Iphigénie! »

ARCAS.

Votre fille!

AGAMEMNON.

   Surpris, comme tu peux penser,
Je sentis dans mon cœur tout mon sang se glacer.
Je demeurai sans voix, et n'en repris l'usage
Que par mille sanglots qui se firent passage.
Je condamnai les dieux, et, sans plus rien ouïr,
Fis vœu, sur leurs autels, de leur désobéir.
Que n'en croyois-je alors ma tendresse alarmée!
Je voulois sur-le-champ congédier l'armée.[2]
Ulysse, en apparence, approuvant mes discours,
De ce premier torrent laissa tomber le cours.
Mais bientôt, rappelant sa cruelle industrie,
Il me représenta l'honneur et la patrie,
Tout ce peuple, ces rois, à mes ordres soumis,
Et l'empire d'Asie à la Grèce promis :
De quel front, immolant tout l'État à ma fille,[3]

---

1. *Quel devins-je,* pour *quel homme devins-je,* expression usitée du temps de Racine. On dirait aujourd'hui *que devins-je.* Nous avons déjà vu un exemple de cette locution dans *Mithridate,* acte I.

2. Euripide fait dire à Agamemnon : « A peine ai-je entendu cet oracle cruel, que j'ordonne à Thaltibius de proclamer hautement que je congédie l'armée, ne pouvant consentir à égorger ma fille. »

3. *Il me représenta l'honneur et la patrie,* et trois vers après : *De quel*

Roi sans gloire, j'irois vieillir dans ma famille.
Moi-même, je l'avoue avec quelque pudeur,
Charmé de mon pouvoir, et plein de ma grandeur,
Ces noms de roi des rois, et de chef de la Grèce,
Chatouilloient de mon cœur l'orgueilleuse foiblesse.[1]
Pour comble de malheur, les dieux, toutes les nuits,
Dès qu'un léger sommeil suspendoit mes ennuis,
Vengeant de leurs autels le sanglant privilége,
Me venoient reprocher ma pitié sacrilége ;
Et présentant la foudre à mon esprit confus,
Le bras déjà levé, menaçoient mes refus.
Je me rendis, Arcas ; et, vaincu par Ulysse,
De ma fille, en pleurant, j'ordonnai le supplice.
Mais des bras d'une mère il falloit l'arracher.[2]

front... j'irois, etc. Ces phrases différentes, gouvernées par le même verbe, et qui changent la construction sans la blesser, servent à varier la marche d'une période, et ont de la grâce dans le style, surtout dans la versification, mais ne sont qu'à l'usage des écrivains qui manient supérieurement leur langue et la poésie. (L.) — Voilà le caractère d'Ulysse établi. Tout ce morceau prépare la belle scène d'Agamemnon et d'Ulysse, dans laquelle le roi d'Ithaque développe toutes les idées qu'Agamemnon lui prête ici. (G.)

1. *Chatouiller* est du style familier ; mais, dit La Harpe, *chatouiller l'orgueilleuse foiblesse* forme une suite d'expressions neuves et embellies par leur assemblage. Corneille avait dit, avant Racine, qu'à la vue de la tête de Pompée, présentée à César, un plaisir secret

    Chatouilloit malgré lui son âme avec surprise.

Les deux poëtes ont emprunté cette expression à Virgile, que Corneille a, pour ainsi dire, traduit mot à mot. On trouve dans le poëte latin :

    Latonæ tacitum pertentant gaudia pectus.
              (*Æneid.*, lib. I, v. 506.)

2. Ce vers est une inadvertance de Racine ; partout ailleurs il suppose que l'intention d'Agamemnon était que Clytemnestre accompagnât sa fille en Aulide. Dans la même scène on lit :

    . . . . Cours au-devant de la reine :

ACTE I, SCÈNE I.

Quel funeste artifice il me fallut chercher !
D'Achille, qui l'aimoit, j'empruntai le langage :
J'écrivis en Argos, pour hâter ce voyage,[1]
Que ce guerrier, pressé de partir avec nous,
Vouloit revoir ma fille et partir son époux.

ARCAS.

Et ne craignez-vous point l'impatient Achille?[2]
Avez-vous prétendu que, muet et tranquille,
Ce héros, qu'armera l'amour et la raison,
Vous laisse pour ce meurtre abuser de son nom?
Verra-t-il à ses yeux son amante immolée?

AGAMEMNON.

Achille étoit absent; et son père Pelée,
D'un voisin ennemi redoutant les efforts,
L'avoit, tu t'en souviens, rappelé de ces bords;
Et cette guerre, Arcas, selon toute apparence,
Auroit dû plus longtemps prolonger son absence.
Mais qui peut dans sa course arrêter ce torrent?
Achille va combattre, et triomphe en courant;
Et ce vainqueur, suivant de près sa renommée,
Hier avec la nuit arriva dans l'armée.

Dès que tu la verras, défends-lui d'avancer, etc.
Pour renvoyer la fille, et la mère offensée, etc.

Chez Euripide, Agamemnon ne mande point Clytemnestre, mais lui ordonne seulement d'envoyer sa fille en Aulide. (G.)

1. Ménage, dans ses *Observations sur la langue françoise* (p. 176), nous dit qu'on employait autrefois *en*, non-seulement devant les noms de royaumes, de contrées, mais aussi devant les noms de villes commençant par une voyelle et devant quelques autres : en Arles, en Avignon, en Jérusalem, etc. Peu à peu on s'est habitué à remplacer *en* par *à* devant les noms des villes, mais il en est quelques-uns devant lesquels l'usage de *en* a persisté assez longtemps.

2. *L'impatient Achille* veut dire le *bouillant*, l'*impétueux Achille;* Racine a pris ce mot dans le sens des Latins. (G.)

Mais des nœuds plus puissants me retiennent le bras :
Ma fille, qui s'approche, et court à son trépas ;
Qui, loin de soupçonner un arrêt si sévère,[1]
Peut-être s'applaudit des bontés de son père ;
Ma fille... Ce nom seul, dont les droits sont si saints,
Sa jeunesse, mon sang, n'est pas ce que je plains :
Je plains mille vertus, une amour mutuelle,
Sa piété pour moi, ma tendresse pour elle,
Un respect qu'en son cœur rien ne peut balancer,
Et que j'avois promis de mieux récompenser.
Non, je ne croirai point, ô ciel, que ta justice
Approuve la fureur de ce noir sacrifice :
Tes oracles sans doute ont voulu m'éprouver ;
Et tu me punirois si j'osois l'achever.
Arcas, je t'ai choisi pour cette confidence ;
Il faut montrer ici ton zèle et ta prudence.
La reine, qui dans Sparte avoit connu ta foi,
T'a placé dans le rang que tu tiens près de moi.
Prends cette lettre, cours au-devant de la reine,
Et suis sans t'arrêter le chemin de Mycène.
Dès que tu la verras, défends-lui d'avancer,
Et rends-lui ce billet que je viens de tracer.
Mais ne t'écarte point ; prends un fidèle guide :
Si ma fille une fois met le pied dans l'Aulide,
Elle est morte : Calchas, qui l'attend en ces lieux,
Fera taire nos pleurs, fera parler les dieux ;
Et la religion, contre nous irritée,
Par les timides Grecs sera seule écoutée ;

1. *Sévère,* le mot est faible, lorsqu'il s'agit d'un acte si barbare. Quant au mot *arrêt,* il n'est pas plus convenable : ces deux mots supposent l'action de la justice, et il n'y a rien de juste dans le meurtre de cette jeune fille. Agamemnon en parlera mieux tout à l'heure, en se plaignant aux dieux *des fureurs de ce noir sacrifice.* (A. M.)

ACTE I, SCÈNE I.

Ceux même dont ma gloire aigrit l'ambition
Réveilleront leur brigue et leur prétention,
M'arracheront peut-être un pouvoir qui les blesse...
Va, dis-je, sauve-la de ma propre foiblesse.
Mais surtout ne va point, par un zèle indiscret,
Découvrir à ses yeux mon funeste secret.
Que, s'il se peut, ma fille, à jamais abusée,
Ignore à quel péril je l'avois exposée;[1]
D'une mère en fureur épargne-moi les cris;
Et que ta voix s'accorde avec ce que j'écris.
Pour renvoyer la fille et la mère offensée,
Je leur écris qu'Achille a changé de pensée;
Et qu'il veut désormais jusques à son retour
Différer cet hymen que pressoit son amour.
Ajoute, tu le peux, que des froideurs d'Achille[2]
On accuse en secret cette jeune Ériphile
Que lui-même captive amena de Lesbos,
Et qu'auprès de ma fille on garde dans Argos.
C'est leur en dire assez : le reste, il le faut taire.
Déjà le jour plus grand nous frappe et nous éclaire;
Déjà même l'on entre, et j'entends quelque bruit.
C'est Achille. Va, pars. Dieux! Ulysse le suit!

---

1. Dans la pièce grecque, Agamemnon dit aussi : « La seule grâce que je vous demande, ô Ménélas, c'est d'aller au camp, d'empêcher que ce funeste secret ne parvienne aux oreilles de Clytemnestre avant que le fatal sacrifice soit consommé. Dans un si grand malheur, vous m'aurez du moins épargné quelques larmes. (*Au chœur.*) Et vous, ô étrangères, gardez le plus profond silence sur ce que vous venez d'entendre. »

2. Voltaire, d'ailleurs enthousiaste des beautés de cette première scène, trouve cette petite précaution au-dessous de la dignité du roi des rois, et trop éloignée des mœurs des temps héroïques; mais ce détail un peu froid était nécessaire pour fonder l'épisode d'Ériphile, sans lequel Racine convient lui-même qu'il n'aurait pu faire sa tragédie. (G.)

SCÈNE II.

AGAMEMNON, ACHILLE, ULYSSE.

AGAMEMNON.

Quoi! seigneur, se peut-il que d'un cours si rapide
La victoire vous ait ramené dans l'Aulide?
D'un courage naissant sont-ce là les essais?
Quels triomphes suivront de si nobles succès!
La Thessalie entière, ou vaincue ou calmée,
Lesbos même conquise en attendant l'armée,
De toute autre valeur éternels monuments,
Ne sont d'Achille oisif que les amusements.[1]

ACHILLE.

Seigneur, honorez moins une foible conquête :
Et que puisse bientôt le ciel, qui nous arrête,
Ouvrir un champ plus noble à ce cœur excité
Par le prix glorieux dont vous l'avez flatté!
Mais cependant, seigneur, que faut-il que je croie
D'un bruit qui me surprend et me comble de joie?
Daignez-vous avancer le succès de mes vœux?
Et bientôt des mortels suis-je le plus heureux?
On dit qu'Iphigénie, en ces lieux amenée,
Doit bientôt à son sort unir ma destinée.

AGAMEMNON.

Ma fille! Qui vous dit qu'on la doit amener?

---

1. Conf. les vers de Sénèque dans les *Troyennes* :

> Hæc tanta clades gentium ac tantus pavor,
> Sparsæ tot urbes, turbinis vasti modo,
> Alterius esset gloria ac summum decus:
> Iter est Achillis...
> (Vers 230-233.)

ACTE I, SCÈNE II.

ACHILLE.

Seigneur, qu'a donc ce bruit qui vous doive étonner?

AGAMEMNON, à Ulysse.

Juste ciel! sauroit-il mon funeste artifice?

ULYSSE.

Seigneur, Agamemnon s'étonne avec justice.
Songez-vous aux malheurs qui nous menacent tous?
O ciel! pour un hymen quel temps choisissez-vous?
Tandis qu'à nos vaisseaux la mer toujours fermée
Trouble toute la Grèce et consume l'armée;
Tandis que, pour fléchir l'inclémence des dieux,
Il faut du sang peut-être, et du plus précieux,
Achille seul, Achille à son amour s'applique?
Voudroit-il insulter à la crainte publique,
Et que le chef des Grecs, irritant les destins,
Préparât d'un hymen la pompe et les festins?
Ah! seigneur, est-ce ainsi que votre âme attendrie
Plaint le malheur des Grecs et chérit la patrie?

ACHILLE.

Dans les champs phrygiens les effets feront foi[1]

---

[1]. Les Troyens sont nommés Phrygiens dans Euripide, et cependant la Troade n'étoit point la Phrygie; car, dans le troisième livre de l'*Iliade*, Hélène, qui est à Troie, dit à Vénus : « Ne voulez-vous pas me mener dans quelque ville de la Phrygie? » Mais, suivant la remarque du Scoliaste, les écrivains postérieurs à Homère confondirent la Troade et la Phrygie; et cela suffit sans doute pour excuser Racine. D'autres passages de cette pièce pourroient donner lieu à de semblables observations; nous en rassemblerons ici quelques-unes, en remarquant que Racine étoit trop rempli de la lecture d'Homère pour ignorer les coutumes des Grecs, mais qu'il a eu de bonnes raisons toutes les fois qu'il ne s'y est pas asservi : ainsi il parle d'étendards, quoiqu'il n'y en eût point dans le camp d'Agamemnon; il fait mention de vaisseaux dont les poupes sont couronnées, quoique ce ne fût pas encore l'usage de mettre des couronnes aux poupes des vais-

Qui la chérit le plus ou d'Ulysse ou de moi :
Jusque-là je vous laisse étaler votre zèle ;
Vous pouvez à loisir faire des vœux pour elle.
Remplissez les autels d'offrandes et de sang,
Des victimes vous-même interrogez le flanc.
Du silence des vents demandez-leur la cause ;
Mais moi, qui de ce soin sur Calchas me repose,
Souffrez, seigneur, souffrez que je coure hâter
Un hymen dont les dieux ne sauroient s'irriter.
Transporté d'une ardeur qui ne peut être oisive,
Je rejoindrai bientôt les Grecs sur cette rive :
J'aurois trop de regret si quelque autre guerrier
Au rivage troyen descendoit le premier.

AGAMEMNON.

O ciel ! pourquoi faut-il que ta secrète envie
Ferme à de tels héros le chemin de l'Asie !
N'aurai-je vu briller cette noble chaleur
Que pour m'en retourner avec plus de douleur !

ULYSSE.

Dieux ! qu'est-ce que j'entends ?

ACHILLE.

Seigneur, qu'osez-vous dire ?

AGAMEMNON.

Qu'il faut, prince, qu'il faut que chacun se retire ;

seaux. Ici il pouvoit s'appuyer des anciens, qui offrent souvent de pareils anachronismes ; de Sophocle, par exemple, qui, dans son *Ajax,* parle des trompettes de l'armée, quoiqu'elles ne fussent point connues à l'époque du siége de Troie. Racine met encore le mot *prêtre* dans la bouche de Clytemnestre ; et Homère, cependant, qui met des prêtres à Troie, n'en met point dans l'armée des Grecs : les rois alors faisoient eux-mêmes les sacrifices, et Calchas n'étoit qu'un devin. Mais l'exemple des tragiques grecs étoit suffisant pour autoriser le poëte françois, puisque c'est un prêtre qui, dans Euripide, prend le glaive pour immoler Iphigénie. (L. R.)

Que, d'un crédule espoir trop longtemps abusés,
Nous attendons les vents qui nous sont refusés.
Le ciel protége Troie; et par trop de présages
Son courroux nous défend d'en chercher les passages.

ACHILLE.

Quels présages affreux nous marquent son courroux?

AGAMEMNON.

Vous-même consultez ce qu'il prédit de vous.
Que sert de se flatter? On sait qu'à votre tête
Les dieux ont d'Ilion attaché la conquête;
Mais on sait que, pour prix d'un triomphe si beau,
Ils ont aux champs troyens marqué votre tombeau;
Que votre vie, ailleurs et longue et fortunée,
Devant Troie en sa fleur doit être moissonnée.

ACHILLE.

Ainsi, pour vous venger, tant de rois assemblés
D'un opprobre éternel retourneront comblés;
Et Pâris, couronnant son insolente flamme,
Retiendra sans péril la sœur de votre femme![1]

AGAMEMNON.

Hé quoi! votre valeur, qui nous a devancés,
N'a-t-elle pas pris soin de nous venger assez?
Les malheurs de Lesbos, par vos mains ravagée,
Épouvantent encor toute la mer Égée:
Troie en a vu la flamme; et jusque dans ses ports,
Les flots en ont poussé le débris et les morts.

---

1. C'est ici qu'Achille devrait répondre à l'objection tirée du danger qui le menace dans les champs troyens; mais Racine avait encore besoin de parler de Lesbos, d'Ériphile, de l'obscurité qui enveloppait la naissance de cette jeune captive : le poëte songe à bien établir son épisode. (G.)

180   IPHIGÉNIE.

Que dis-je? les Troyens pleurent une autre Hélène
Que vous avez captive envoyée à Mycène :
Car, je n'en doute point, cette jeune beauté
Garde en vain un secret que trahit sa fierté;
Et son silence même, accusant sa noblesse,
Nous dit qu'elle nous cache une illustre princesse.

ACHILLE.

Non, non, tous ces détours sont trop ingénieux :
Vous lisez de trop loin dans les secrets des dieux.
Moi, je m'arrêterois à de vaines menaces?
Et je fuirois l'honneur qui m'attend sur vos traces?
Les Parques à ma mère, il est vrai, l'ont prédit,[1]

1. Ce morceau est d'un véritable héros, et d'une éloquence antique. Racine n'a pris dans Homère que l'idée de la prédiction des Parques et du choix qu'Achille peut faire d'une grande gloire ou d'une longue vie; mais il doit à Quinte-Curce l'héroïsme des sentiments qui respire dans cette tirade. (G.) — Cet historien fait ainsi parler Alexandre : « Ego me metior, non ætatis spatio, sed gloriæ. Licuit paternis opibus contento intra Macedoniæ terminos per otium corporis expectare obscuram et ignobilem senectutem. Quanquam ne pigri quidem sibi fata disponunt, sed unicum bonum diuturnam vitam æstimantes sæpe acerba mors occupat. Verum ego, qui non annos meos, sed victorias numero, si munera fortunæ bene computo, diu vixi... Videorne vobis in excolenda gloria, cui me uni devovi, posse cessare? Ego vero non deero, et ubicumque pugnabo, in theatro terrarum orbis esse me credam. Dabo nobilitatem ignobilibus locis, aperiam cunctis gentibus terras quas natura longe submoverat. In his operibus extingui me, si fors ita feret, pulchrum est : ea stirpe sum genitus, ut multam prius quam longam vitam debeam optare. » — « Que m'importe la longueur de ma vie? c'est par la gloire que j'en mesure l'étendue. Fallait-il, satisfait du royaume de mes pères, languir au sein de la Macédoine, et attendre dans le repos une vieillesse honteuse et obscure? Les lâches même ne règlent pas leur destin, et quoiqu'une longue vie soit pour eux le plus grand des biens, souvent une mort prématurée vient les surprendre. Pour moi, je compte mes victoires et non mes années; si j'apprécie les faveurs de la fortune, j'ai longtemps vécu... Croyez-vous que je puisse m'arrêter dans la carrière de la gloire à laquelle je me suis consacré? Ah! je ne lui manquerai pas; et dans quelque lieu que je combatte, je me croirai toujours en spectacle à l'univers. Je donnerai de la célébrité aux pays les plus inconnus, et je découvrirai à toutes les nations des contrées que la nature a

ACTE I, SCÈNE II.

Lorsqu'un époux mortel fut reçu dans son lit :
Je puis choisir, dit-on, ou beaucoup d'ans sans gloire,
Ou peu de jours suivis d'une longue mémoire.
Mais, puisqu'il faut enfin que j'arrive au tombeau,
Voudrois-je, de la terre inutile fardeau,
Trop avare d'un sang reçu d'une déesse,
Attendre chez mon père une obscure vieillesse;
Et, toujours de la gloire évitant le sentier,
Ne laisser aucun nom et mourir tout entier?[1]
Ah! ne nous formons point ces indignes obstacles;
L'honneur parle, il suffit : ce sont là nos oracles.[2]
Les dieux sont de nos jours les maîtres souverains;
Mais, seigneur, notre gloire est dans nos propres mains.
Pourquoi nous tourmenter de leurs ordres suprêmes?
Ne songeons qu'à nous rendre immortels comme eux-mêmes;
Et, laissant faire[3] au sort, courons où la valeur
Nous promet un destin aussi grand que le leur.
C'est à Troie, et j'y cours; et, quoi qu'on me prédise,

---

cachées aux extrémités du monde. Si j'y trouve le terme de mes destinées, il est beau de mourir au milieu de pareils travaux. Je dois au sang dont je sors, non de vivre longtemps, mais de vivre avec gloire. » (Q. CURTII lib. IX, cap. VI.)

1. Cette belle expression appartient à Horace : *Non omnis moriar*, « Je ne mourrai pas tout entier. » Corneille s'en est d'abord emparé :

> Sont-ils morts tout entiers avec leurs grands desseins?
> (*Cinna*, acte I, scène I.)

La coutume de Racine étant d'embellir et de perfectionner tout ce qu'il imite, cette expression, placée à la fin du vers, a bien plus d'énergie, et produit bien plus d'effet que dans Corneille, qui la place au premier hémistiche, et l'affoiblit par le second, *avec leurs grands desseins*. (G.)

2. Ce vers est imité d'Homère. Polydamas vient d'annoncer à Hector que les auspices ne sont pas favorables à la bataille qu'il veut livrer. Hector lui répond : « Combattre pour la patrie, voilà le meilleur et le plus sûr des oracles. » (*Iliade*, liv. XII, vers 243.)

3. Cette expression, *laisser faire*, est ici d'une simplicité très-noble, et

Je ne demande aux dieux qu'un vent qui m'y conduise;
Et quand moi seul enfin il faudroit l'assiéger,
Patrocle et moi, seigneur, nous irons vous venger.[1]
Mais non, c'est en vos mains que le destin la livre;
Je n'aspire en effet qu'à l'honneur de vous suivre.
Je ne vous presse plus d'approuver les transports
D'un amour qui m'alloit éloigner de ces bords;
Ce même amour, soigneux de votre renommée,
Veut qu'ici mon exemple encourage l'armée,
Et me défend surtout de vous abandonner
Aux timides conseils qu'on ose vous donner.

SCÈNE III.

AGAMEMNON, ULYSSE.

ULYSSE.

Seigneur, vous entendez : quelque prix qu'il en coûte,
Il veut voler à Troie et poursuivre sa route.
Nous craignions son amour : et lui-même aujourd'hui
Par une heureuse erreur nous arme contre lui.

semble empruntée, ainsi que la pensée elle-même, de cet admirable vers de Corneille :

Faites votre devoir, et laissez aire aux dieux.
Horace, acte II, scène VIII.)

Dans le vers suivant, *le leur* est sec et peu harmonieux, et ce pronom est d'autant moins agréable qu'il est précédé des pronoms *eux* et *leur,* qui se rapportent au même nom, *les dieux.* (G.)

1. Ce mouvement est égal aux plus beaux mouvements de Corneille. Homère l'a peut-être inspiré, lorsque, dans l'*Iliade,* Achille dit à Patrocle : « Puissent les Grecs et les Troyens s'entre-tuer, afin que nous deux, restés seuls, nous ayons la gloire de renverser les murs de Troie! » A. M.

ACTE I, SCÈNE III.

AGAMEMNON.

Hélas!

ULYSSE.

De ce soupir que faut-il que j'augure?
Du sang qui se révolte est-ce quelque murmure?
Croirai-je qu'une nuit a pu vous ébranler?
Est-ce donc votre cœur qui vient de nous parler?
Songez-y : vous devez votre fille à la Grèce :
Vous nous l'avez promise; et, sur cette promesse,
Calchas, par tous les Grecs consulté chaque jour,
Leur a prédit des vents l'infaillible retour.
A ses prédictions si l'effet est contraire,
Pensez-vous que Calchas continue à se taire;
Que ses plaintes, qu'en vain vous voudrez apaiser,
Laissent mentir les dieux sans vous en accuser?
Et qui sait ce qu'aux Grecs, frustrés de leur victime,
Peut permettre un courroux qu'ils croiront légitime?
Gardez-vous de réduire un peuple furieux,
Seigneur, à prononcer entre vous et les dieux.
N'est-ce pas vous enfin de qui la voix pressante
Nous a tous appelés aux campagnes du Xante?
Et qui de ville en ville attestiez les serments
Que d'Hélène autrefois firent tous les amants,
Quand presque tous les Grecs, rivaux de votre frère,
La demandoient en foule à Tyndare, son père?
De quelque heureux époux que l'on dût faire choix,
Nous jurâmes dès lors de défendre ses droits;
Et, si quelque insolent lui voloit sa conquête,
Nos mains du ravisseur lui promirent la tête.
Mais sans vous, ce serment que l'amour a dicté,
Libres de cet amour, l'aurions-nous respecté?[1]

1. Tout ce morceau est emprunté de la première scène d'Euripide

Vous seul, nous arrachant à de nouvelles flammes,
Nous avez fait laisser nos enfants et nos femmes.
Et quand, de toutes parts assemblés en ces lieux,
L'honneur de vous venger brille seul à nos yeux :
Quand la Grèce, déjà vous donnant son suffrage,
Vous reconnoît l'auteur de ce fameux ouvrage ;
Que ses rois, qui pouvoient vous disputer ce rang,
Sont prêts pour vous servir de verser tout leur sang,
Le seul Agamemnon, refusant la victoire,
N'ose d'un peu de sang acheter tant de gloire ?
Et, dès le premier pas se laissant effrayer,
Ne commande les Grecs que pour les renvoyer ! [1]

AGAMEMNON.

Ah ! seigneur, qu'éloigné du malheur qui m'opprime,
Votre cœur aisément se montre magnanime !
Mais que si vous voyiez [2] ceint du bandeau mortel
Votre fils Télémaque approcher de l'autel,
Nous vous verrions, troublé de cette affreuse image,
Changer bientôt en pleurs ce superbe langage,
Éprouver la douleur que j'éprouve aujourd'hui,
Et courir vous jeter entre Calchas et lui !
Seigneur, vous le savez, j'ai donné ma parole ;
Et, si ma fille vient, je consens qu'on l'immole.
Mais, malgré tous mes soins, si son heureux destin
La retient dans Argos ou l'arrête en chemin,
Souffrez que, sans presser ce barbare spectacle,

---

mais il fait bien plus d'effet ici, parce qu'Euripide ne l'a mis qu'en récit, et que Racine en fait une raison puissante dans la bouche d'Ulysse. (L. B.)

1. Vers heureux, qui devait piquer vivement l'ambition d'Agamemnon. Ulysse, aussi grand orateur que politique habile, profite de la faiblesse du roi d'Argos, et oppose son ambition à sa tendresse paternelle.

2. *Voyez*, dans les éditions originales.

En faveur de mon sang j'explique cet obstacle,
Que j'ose pour ma fille accepter le secours
De quelque dieu plus doux qui veille sur ses jours.
Vos conseils sur mon cœur n'ont eu que trop d'empire;
Et je rougis...

SCÈNE IV.

AGAMEMNON, ULYSSE, EURYBATE.

EURYBATE.
Seigneur....

AGAMEMNON.
Ah! que vient-on me dire?

EURYBATE.
La reine, dont la course a devancé mes pas,[1]
Va remettre bientôt sa fille entre vos bras;
Elle approche. Elle s'est quelque temps égarée
Dans ces bois qui du camp semblent cacher l'entrée;
A peine nous avons, dans leur obscurité,
Retrouvé le chemin que nous avions quitté.*

AGAMEMNON.
Ciel!

EURYBATE.
Elle amène aussi cette jeune Ériphile,

---

1. Ce message est un coup de théâtre bien préparé; mais il est plus intéressant dans Euripide, parce qu'il vient au plus fort de la querelle des deux frères, dont il amène la réconciliation. (G.)

* Var. *Retrouvé le chemin que nous avons quitté.*

C'est la leçon des éditions de 1687 et de 1697; mais elle peut être considérée comme une faute d'impression. Les éditions plus anciennes portent : *nous avions quitté.*

Que Lesbos a livrée entre les mains d'Achille,
Et qui, de son destin, qu'elle ne connoît pas,
Vient, dit-elle, en Aulide, interroger Calchas.
Déjà de leur abord[1] la nouvelle est semée;
Et déjà de soldats une foule charmée,
Surtout d'Iphigénie admirant la beauté,
Pousse au ciel mille vœux pour sa félicité.
Les uns avec respect environnoient la reine;
D'autres me demandoient le sujet qui l'amène.
Mais tous ils confessoient que si jamais les dieux
Ne mirent sur le trône un roi plus glorieux,
Également comblé de leurs faveurs secrètes,
Jamais père ne fut plus heureux que vous l'êtes.[2]

AGAMEMNON.

Eurybate, il suffit; vous pouvez nous laisser :
Le reste me regarde, et je vais y penser.[3]

1. *Abord* était employé alors pour *arrivée*. Corneille en fait un fréquent usage dans ce sens.
2. Vers plein d'art, parce qu'il augmente le trouble et la douleur d'Agamemnon. On peut remarquer le même genre de beautés dans ce vers de la première scène :

> Roi, père, époux heureux, fils du puissant Atrée.

— Le messager, dans Euripide, acte II, scène III, peint avec détail le mouvement que cause dans l'armée l'arrivée d'Iphigénie. « Déjà la nouvelle s'en est répandue : les soldats, impatients de voir Iphigénie, volent à sa rencontre; tous les regards se portent sur les grands de la terre; tout ce qui les intéresse excite l'attention et la curiosité. De toutes parts on se demande quel hymen, quelle fête se prépare. Est-ce Agamemnon qui n'a pu résister au désir de voir sa fille? voudrait-il la consacrer à Diane, reine d'Aulide? qui doit la conduire à l'autel? Mais allons, hâtez-vous, heureux père, de cueillir les premières fleurs dans les corbeilles sacrées; couronnez tous vos têtes ! Ménélas, faites les apprêts de l'hymen; que le son de la flûte retentisse dans votre tente; formez des danses joyeuses : le jour du bonheur vient d'éclore pour la jeune Iphigénie ! »

3. Racine, en faisant arriver Clytemnestre et Iphigénie par suite d'une erreur de chemin, rend plus frappante la fatalité qui semble condamner la fille d'Agamemnon.

SCÈNE V.

AGAMEMNON, ULYSSE.

AGAMEMNON.

Juste ciel! c'est ainsi qu'assurant ta vengeance
Tu romps tous les ressorts de ma vaine prudence!
Encor si je pouvois, libre dans mon malheur,
Par des larmes au moins soulager ma douleur!
Triste destin des rois! Esclaves que nous sommes
Et des rigueurs du sort et des discours des hommes,
Nous nous voyons sans cesse assiégés de témoins;
Et les plus malheureux osent pleurer le moins![1]

[1]. Euripide est peut-être ici plus touchant que Racine; mais les traits les plus pathétiques de ce morceau se retrouvent dans la suite de la pièce. Racine n'a rien perdu de ce qu'il pouvait emprunter, mais il a pris garde à la progression et à la convenance. Ce n'est pas devant Ulysse qu'Agamemnon doit se livrer à toute sa sensibilité, et le poëte en ménage les expressions, parce qu'il n'est qu'au premier acte. (L.) — « Hélas! qui dois-je plaindre? par qui commencer? Malheureux, c'est par toi-même! Je suis tombé dans les filets de la nécessité : un dieu plus fort et plus habile que moi a déconcerté tous mes projets. Le dernier des hommes est plus heureux que moi : il peut répandre des larmes, s'abandonner librement à sa douleur. Les grands n'ont pas cet avantage : le peuple est notre maître; nous sommes esclaves de tout ce qui nous environne. Tu rougis de pleurer, malheureux! rougis encore plus de ne pas pleurer dans un si grand malheur! Eh bien! que vais-je dire à Clytemnestre? comment faut-il la recevoir? de quel œil pourrai-je la regarder? sa présence ici met le comble à mes maux. Elle arrive sans être mandée. Mais ne devait-elle pas naturellement accompagner sa fille, pour la remettre à son époux, pour remplir auprès d'elle l'office d'une tendre mère? Hélas! elle vient pour être témoin de ma perfidie! Et ma fille, ma malheureuse fille, c'est donc au dieu des enfers que je vais la donner pour épouse! Que je la plains! je crois entendre ses reproches : « Ah! père barbare, la mort est donc l'hymen que vous me « destinez! Puissiez-vous en célébrer un pareil, vous et vos amis! » Mon fils au berceau va déchirer mon âme par ses cris. Je verrai cet enfant pleurer un malheur qu'il ne peut ni connaître ni sentir encore. Maudit soit Pâris!

IPHIGÉNIE.

ULYSSE.

Je suis père, seigneur. Et foible comme un autre,[1]
Mon cœur se met sans peine en la place du vôtre ;
Et frémissant du coup qui vous fait soupirer,
Loin de blâmer vos pleurs, je suis près de pleurer.
Mais votre amour n'a plus d'excuse légitime ;
Les dieux ont à Calchas amené leur victime :
Il le sait, il l'attend ; et, s'il la voit tarder,
Lui-même à haute voix viendra la demander.
Nous sommes seuls encor : hâtez-vous de répandre
Des pleurs que vous arrache un intérêt si tendre ;
Pleurez ce sang, pleurez ; ou plutôt, sans pâlir,
Considérez l'honneur qui doit en rejaillir :
Voyez tout l'Hellespont blanchissant sous nos rames,
Et la perfide Troie abandonnée aux flammes,
Ses peuples dans vos fers, Priam à vos genoux,
Hélène par vos mains rendue à son époux ;
Voyez de vos vaisseaux les poupes couronnées
Dans cette même Aulide avec vous retournées,
Et ce triomphe heureux qui s'en va devenir
L'éternel entretien des siècles à venir.

maudit soit ce fils de Priam, ce ravisseur d'Hélène, auteur de tous mes maux ! »

1. Telle est la ponctuation de ce vers dans les éditions originales.

Rien n'égale l'éloquence de ce discours d'Ulysse ; c'est un des plus beaux morceaux d'une tragédie où les beautés fourmillent. Le caractère d'Ulysse s'ennoblit ici, et devient presque intéressant. Ce rôle, quoique fort court, est un de ceux qui font le plus admirer l'art et le goût de Racine. Il n'était pas possible au poëte d'introduire Ménélas, quoique bien plus intéressé à l'action. Le mari d'Hélène ne pouvait être que ridicule dans nos mœurs. D'ailleurs, un autre inconvénient pour nous, c'est qu'un homme qui, pour recouvrer sa femme, veut forcer son frère à faire périr sa fille, est odieux et méprisable. Euripide lui-même l'a senti : car Ménélas, touché de la douleur de son frère, dépouille tout l'intérêt qu'il pouvait prendre à ce sacrifice, et ne reparaît plus ; ce qui est contraire aux règles

ACTE I, SCÈNE V.

AGAMEMNON.

Seigneur, de mes efforts je connois l'impuissance :
Je cède, et laisse aux dieux opprimer l'innocence.
La victime bientôt marchera sur vos pas,
Allez. Mais cependant faites taire Calchas ;
Et, m'aidant à cacher ce funeste mystère,
Laissez-moi de l'autel écarter une mère.

de l'art, qui ne permettent pas qu'on montre au commencement d'une pièce un personnage qu'on ne revoit plus dans la suite. Ulysse est mieux lié à l'action que Ménélas, quoiqu'il n'y prenne pas autant d'intérêt ; après avoir paru dans les premières scènes, il est censé agir dans tout le cours de la pièce, et revient au dernier acte faire le récit du sacrifice. (G.)

ACTE DEUXIÈME.

SCÈNE PREMIÈRE.

ÉRIPHILE, DORIS.

ÉRIPHILE.

Ne les contraignons point, Doris, retirons-nous,
Laissons-les dans les bras d'un père et d'un époux;
Et tandis qu'à l'envi leur amour se déploie,
Mettons en liberté ma tristesse et leur joie.[1]

DORIS.

Quoi! madame! toujours irritant vos douleurs,
Croirez-vous ne plus voir que des sujets de pleurs?
Je sais que tout déplaît aux yeux d'une captive;
Qu'il n'est point dans les fers de plaisir qui la suive;
Mais dans le temps fatal que, repassant les flots,

---

1. C'est avec une adresse bien digne de lui que Racine fait paraître Ériphile avant qu'on ait vu Iphigénie. Si l'amante aimée d'Achille s'était montrée la première, on ne pourrait souffrir Ériphile sa rivale. Ce personnage est absolument nécessaire à la pièce, puisqu'il en fait le dénoûment; il en fait même le nœud; c'est elle qui, sans le savoir, inspire des soupçons cruels à Clytemnestre, et une juste jalousie à Iphigénie; et, par un art encore plus admirable, l'auteur sait intéresser pour cette Ériphile elle-même. Elle a toujours été malheureuse, elle ignore ses parents; elle a été prise dans sa patrie mise en cendres : un oracle funeste la trouble; et, pour comble de maux, elle a une passion involontaire pour ce même Achille, dont elle est captive. (VOLTAIRE.)

ACTE II, SCÈNE I.

Nous suivions malgré nous le vainqueur de Lesbos,
Lorsque dans son vaisseau, prisonnière timide,
Vous voyiez devant[1] vous ce vainqueur homicide,
Le dirai-je? vos yeux de larmes moins trempés,
A pleurer vos malheurs étoient moins occupés.
Maintenant tout vous rit : l'aimable Iphigénie
D'une amitié sincère avec vous est unie;
Elle vous plaint, vous voit avec des yeux de sœur;
Et vous seriez dans Troie avec moins de douceur.
Vous vouliez voir l'Aulide, où son père l'appelle,
Et l'Aulide vous voit arriver avec elle :
Cependant, par un sort que je ne conçois pas,
Votre douleur redouble et croît à chaque pas.

ÉRIPHILE.

Hé quoi! te semble-t-il que la triste Ériphile
Doive être de leur joie un témoin si tranquille?
Crois-tu que mes chagrins doivent s'évanouir
A l'aspect d'un bonheur dont je ne puis jouir?
Je vois Iphigénie entre les bras d'un père;
Elle fait tout l'orgueil d'une superbe mère;
Et moi, toujours en butte à de nouveaux dangers,
Remise dès l'enfance en des bras étrangers,
Je reçus et je vois le jour que je respire,
Sans que père ni mère ait daigné me sourire.[2]

---

1. Les imprimeurs du temps ont encore (V. p. 184, note 2) mis ici *voyez*, comme ils le mettaient quelquefois à l'imparfait; il n'y a pas lieu, il nous semble, de conserver cette orthographe.

2. Quelques commentateurs ont vu ici une imitation de cette pensée de Virgile, Égl. IV, v. 61 :

> Cui non risere parentes,
> Nec deus hunc mensa, dea nec dignata cubili est.

« Aucun dieu ne reçoit à sa table, aucune déesse ne trouve digne de son lit celui qui n'a pas vu ses parents lui sourire. »

J'ignore qui je suis; et, pour comble d'horreur,
Un oracle effrayant m'attache à mon erreur,
Et, quand je veux chercher le sang qui m'a fait naître,
Me dit que, sans périr, je ne me puis connaître.[1]

DORIS.

Non, non, jusques au bout vous devez le chercher.
Un oracle toujours se plaît à se cacher;
Toujours avec un sens il en présente un autre :
En perdant un faux nom, vous reprendrez le vôtre.
C'est là tout le danger que vous pouvez courir;
Et c'est peut-être ainsi que vous devez périr.
Songez que votre nom fut changé dès l'enfance.

ÉRIPHILE.

Je n'ai de tout mon sort que cette connoissance;
Et ton père, du reste infortuné témoin,
Ne me permit jamais de pénétrer plus loin.
Hélas! dans cette Troie où j'étois attendue,
Ma gloire, disoit-il, m'alloit être rendue;
J'allois, en reprenant et mon nom et mon rang,
Des plus grands rois en moi reconnoître le sang.
Déjà je découvrois cette fameuse ville.
Le ciel mène à Lesbos l'impitoyable Achille :
Tout cède, tout ressent ses funestes efforts;
Ton père, enseveli dans la foule des morts,
Me laisse dans les fers à moi-même inconnue;
Et, de tant de grandeurs, dont j'étois prévenue
Vile esclave des Grecs, je n'ai pu conserver
Que la fierté d'un sang que je ne puis prouver.

DORIS.

Ah! que perdant, madame, un témoin si fidèle,

1. *Connaître* par un *a,* dans toutes les anciennes éditions.

La main qui vous l'ôta vous doit sembler cruelle !
Mais Calchas est ici, Calchas si renommé,
Qui des secrets des dieux fut toujours informé.
Le ciel souvent lui parle : instruit par un tel maître,
Il sait tout ce qui fut et tout ce qui doit être.[1]
Pourroit-il de vos jours ignorer les auteurs ?
Ce camp même est pour vous tout plein de protecteurs.
Bientôt Iphigénie, en épousant Achille,
Vous va sous son appui présenter un asile.
Elle vous l'a promis et juré devant moi.
Ce gage est le premier qu'elle attend de sa foi.

ÉRIPHILE.

Que dirois-tu, Doris, si, passant tout le reste,
Cet hymen de mes maux étoit le plus funeste ?[2]

DORIS.

Quoi ! madame !

ÉRIPHILE.

Tu vois avec étonnement
Que ma douleur ne souffre aucun soulagement.

---

1. C'est la traduction aussi élégante que fidèle de deux vers d'Homère où Calchas est peint sous les mêmes traits : « Calchas se lève ; Calchas, fils de Thestor, et le plus habile des augures ; le présent, le passé, l'avenir, lui sont également connus. » (*Iliade*, liv. I, vers 69 et 70.)

2. Dans le *Pausanias* de Quinault, 1666, Cléonice, qui était l'ennemie acharnée de Pausanias, raconte aussi comment sa haine a cédé et a été remplacée par l'amour aussitôt qu'elle l'a vu :

> Apprends ce que j'ai peine à comprendre moi-même :
> Tout mon ressentiment dans sa chaleur extrême,
> Tout l'effort, tout l'excès de la mortelle horreur
> Qui pour Pausanias avoit saisi mon cœur ;
> L'ardeur de l'immoler au sang qui me fit naître,
> Tout mon soin pour le perdre avant que le connoître,
> Par je ne sais quel charme en mon cœur répandu,
> Tout cela s'est éteint depuis que je l'ai vu,
> Et d'un trouble secret mon âme tout émue
> Ne sait ce que pour lui ma haine est devenue.
> (Acte II, scène I.)

Écoute, et tu te vas étonner que je vive :
C'est peu d'être étrangère, inconnue et captive ;
Ce destructeur fatal des tristes Lesbiens,
Cet Achille, l'auteur de tes maux et des miens,
Dont la sanglante main m'enleva prisonnière,
Qui m'arracha d'un coup ma naissance et ton père,[1]
De qui jusques au nom tout doit m'être odieux,
Est de tous les mortels le plus cher à mes yeux.

DORIS.

Ah! que me dites-vous!

ÉRIPHILE.

     Je me flattois sans cesse
Qu'un silence éternel cacheroit ma foiblesse ;
Mais mon cœur trop pressé m'arrache ce discours.
Et te parle une fois pour se taire toujours.
Ne me demande point sur quel espoir fondée
De ce fatal amour je me vis possédée.
Je n'en accuse point quelques feintes douleurs
Dont je crus voir Achille honorer mes malheurs :
Le ciel s'est fait, sans doute, une joie inhumaine
A rassembler sur moi tous les traits de sa haine.
Rappellerai-je encor le souvenir affreux
Du jour qui dans les fers nous jeta toutes deux?
Dans les cruelles mains par qui je fus ravie
Je demeurai longtemps sans lumière et sans vie :
Enfin mes tristes yeux cherchèrent la clarté ;*
Et, me voyant presser d'un bras ensanglanté,

---

* Var. *Enfin mes foibles yeux cherchèrent la clarté.*

1. *Arracher la naissance* est là pour *ôter les moyens de faire connaître le secret de la naissance.* Cela est si clair après tout ce qui précède, qu'il ne reste à remarquer dans ce vers que la force et la précision.

ACTE II, SCÈNE I.

Je frémissois, Doris, et d'un vainqueur sauvage
Craignois de rencontrer l'effroyable visage.
J'entrai dans son vaisseau, détestant sa fureur,
Et toujours détournant ma vue avec horreur.
Je le vis : son aspect n'avoit rien de farouche ; [1]
Je sentis le reproche expirer dans ma bouche ;
Je sentis contre moi mon cœur se déclarer ;
J'oubliai ma colère et ne sus que pleurer.
Je me laissai conduire à cet aimable guide. [2]
Je l'aimois à Lesbos et je l'aime en Aulide.
Iphigénie en vain s'offre à me protéger,
Et me tend une main prompte à me soulager :
Triste effet des fureurs dont je suis tourmentée !
Je n'accepte la main qu'elle m'a présentée
Que pour m'armer contre elle, et, sans me découvrir,
Traverser son bonheur, que je ne puis souffrir.

DORIS.

Et que pourroit contre elle une impuissante haine?
Ne valoit-il pas mieux, renfermée à Mycène,
Éviter les tourments que vous venez chercher,
Et combattre des feux contraints de se cacher?

ÉRIPHILE.

Je le voulois, Doris. Mais quelque triste image
Que sa gloire à mes yeux montrât sur ce rivage,

---

1. Il le faut avouer, on ne faisait point de tels vers avant Racine ; non-seulement personne ne savait la route du cœur, mais presque personne ne savait les finesses de la versification, cet art de rompre la mesure :

    Je le vis : son aspect n'avoit rien de farouche.

Personne ne connaissait cet heureux mélange de syllabes longues et brèves, et de consonnes suivies de voyelles, qui font couler un vers avec tant de mollesse, et qui le font entrer dans une oreille sensible et juste avec tant de plaisir. (VOLTAIRE.)

2. On dirait à présent *par cet aimable guide.*

Au sort qui me traînoit il fallut consentir :[1]
Une secrète voix m'ordonna de partir,
Me dit qu'offrant ici ma présence importune,
Peut-être j'y pourrois porter mon infortune ;
Que peut-être, approchant ces amants trop heureux,
Quelqu'un de mes malheurs se répandroit sur eux.
Voilà ce qui m'amène, et non l'impatience
D'apprendre à qui je dois une triste naissance ;
Ou plutôt leur hymen me servira de loi :
S'il s'achève, il suffit, tout est fini pour moi :
Je périrai, Doris ; et, par une mort prompte,
Dans la nuit du tombeau j'enfermerai ma honte,
Sans chercher des parents si longtemps ignorés,
Et que ma folle amour a trop déshonorés.

DORIS.

Que je vous plains, madame ! et que la tyrannie...*

ÉRIPHILE.

Tu vois Agamemnon avec Iphigénie.

---

1. *Au sort qui me traînoit :* cet emploi du verbe *traîner* au lieu du verbe *entraîner* mérite d'être remarqué. Racine, en préférant le premier au second, qui eût également rempli la mesure du vers, voulait sans doute, par la dureté de cette expression, faire sentir qu'Ériphile parle d'un amour malheureux et qui l'humilie. Pour se convaincre de cette intention du poëte, il suffit de substituer le mot *entraîner* au mot *traîner* ; alors ce vers change de signification, et il n'exprime plus que l'espèce d'abandon qu'on éprouve en parlant d'un amour heureux. Ces nuances délicates se laissent souvent apercevoir dans les vers de Racine. Voilà pourquoi on l'admire d'autant plus qu'on l'étudie davantage. (A. M.)

* VAR.   *Que je vous plains, madame ! et que pour votre vie...*

SCÈNE II.

AGAMEMNON, IPHIGÉNIE, ÉRIPHILE, DORIS.

IPHIGÉNIE.

Seigneur, où courez-vous? et quels empressements[1]
Vous dérobent sitôt à nos embrassements?
A qui dois-je imputer cette fuite soudaine?
Mon respect a fait place aux transports de la reine;
Un moment à mon tour ne vous puis-je arrêter?

---

1. Le char qui amène Clytemnestre et sa fille arrive, dans Euripide, devant la tente d'Agamemnon, au milieu des femmes qui composent le chœur. Quand nous entendons Clytemnestre dire à ses femmes de descendre les premières pour lui donner la main, quand elle recommande qu'on se tienne devant les chevaux pour qu'ils ne s'effrayent pas, et quand elle réveille le petit Oreste qui dort, nous trouvons des mœurs simples; mais cette simplicité devient ici une grande beauté. Plus cette mère paroît empressée de descendre, plus elle paroît contente, plus elle attendrit. Elle a pris pour un augure favorable les premières paroles que lui ont dites les femmes du chœur; elle ne doute point qu'elle ne vienne célébrer un heureux hymen; elle dit au petit Oreste : « Tu dors, mon fils, le mouvement du char t'a assoupi; réveille-toi pour être témoin du mariage de ta sœur, qui va se faire sous de si heureux auspices. Tu es déjà illustre par ta naissance, tu vas l'être encore par l'alliance avec le fils d'une déesse. » Elle dit à Iphigénie : « Approchez-vous de moi, afin que ces femmes étrangères voient combien je suis heureuse d'être mère d'une telle fille. » Alors Iphigénie lui demande la permission de se jeter dans les bras de son père :

> Pectus paterno pectori adprimam meum.

Cette arrivée triomphante n'a pu être imitée sur notre théâtre, où l'action ne se passe pas en public. Agamemnon, qui a reçu dans son appartement Clytemnestre, en sort brusquement, parce qu'il ne peut soutenir la vue de sa fille; elle le suit, et, étonnée de sa froideur, lui en demande la raison : plus elle lui témoigne de tendresse, plus elle augmente son trouble. Quel spectateur peut retenir ses larmes pendant cette scène si touchante? (L. R.)

Et ma joie à vos yeux n'ose-t-elle éclater ?[1]
Ne puis-je...

AGAMEMNON.

Hé bien, ma fille, embrassez votre père ;
Il vous aime toujours.

IPHIGÉNIE.

Que cette amour m'est chère !
Quel plaisir de vous voir et de vous contempler
Dans ce nouvel éclat dont je vous vois briller !
Quels honneurs ! quel pouvoir ! Déjà la renommée
Par d'étonnants récits m'en avoit informée ;
Mais que, voyant de près ce spectacle charmant,
Je sens croître ma joie et mon étonnement !
Dieux ! avec quel amour la Grèce vous révère !
Quel bonheur de me voir la fille d'un tel père !

AGAMEMNON.

Vous méritiez, ma fille, un père plus heureux.

IPHIGÉNIE.

Quelle félicité peut manquer à vos vœux ?
A de plus grands honneurs un roi peut-il prétendre ?
J'ai cru n'avoir au ciel que des grâces à rendre.

AGAMEMNON, à part.

Grands dieux ! à son malheur dois-je la préparer ?

IPHIGÉNIE.

Vous vous cachez, seigneur, et semblez soupirer ;
Tous vos regards sur moi ne tombent qu'avec peine :
Avons-nous sans votre ordre abandonné Mycène ?

AGAMEMNON.

Ma fille, je vous vois toujours des mêmes yeux ;

---

1. Voyez la *Notice préliminaire*, pages 143-146.

ACTE II, SCÈNE II.

Mais les temps sont changés aussi bien que les lieux.
D'un soin cruel ma joie est ici combattue.

IPHIGÉNIE.

Hé! mon père, oubliez votre rang à ma vue.
Je prévois la rigueur d'un long éloignement.
N'osez-vous sans rougir être père un moment?
Vous n'avez devant vous qu'une jeune princesse
A qui j'avois pour moi vanté votre tendresse;
Cent fois lui promettant mes soins, votre bonté,
J'ai fait gloire à ses yeux de ma félicité :
Que va-t-elle penser de votre indifférence?
Ai-je flatté ses vœux d'une fausse espérance?
N'éclaircirez-vous point ce front chargé d'ennuis?

AGAMEMNON.

Ah! ma fille!

IPHIGÉNIE.

Seigneur, poursuivez.

AGAMEMNON.

Je ne puis.

IPHIGÉNIE.

Périsse le Troyen auteur de nos alarmes!

AGAMEMNON.

Sa perte à ses vainqueurs coûtera bien des larmes.

IPHIGÉNIE.

Les dieux daignent surtout prendre soin de vos jours!

AGAMEMNON.

Les dieux depuis un temps me sont cruels et sourds.

IPHIGÉNIE.

Calchas, dit-on, prépare un pompeux sacrifice?

AGAMEMNON.

Puissé-je auparavant fléchir leur injustice!

IPHIGÉNIE.

L'offrira-t-on bientôt?

AGAMEMNON.

Plus tôt que je ne veux.

IPHIGÉNIE.

Me sera-t-il permis de me joindre à vos vœux?
Verra-t-on à l'autel votre heureuse famille?

AGAMEMNON.

Hélas!

IPHIGÉNIE.

Vous vous taisez?

AGAMEMNON.

Vous y serez, ma fille.
Adieu.

SCÈNE III.

IPHIGÉNIE, ÉRIPHILE, DORIS.

IPHIGÉNIE.

De cet accueil que dois-je soupçonner?
D'une secrète horreur je me sens frissonner :
Je crains, malgré moi-même, un malheur que j'ignore.
Justes dieux! vous savez pour qui je vous implore!

ÉRIPHILE.

Quoi! parmi tous les soins qui doivent l'accabler,
Quelque froideur suffit pour vous faire trembler!

Hélas! à quels soupirs suis-je donc condamnée,
Moi qui, de mes parents toujours abandonnée,
Étrangère partout, n'ai pas, même en naissant,
Peut-être reçu d'eux un regard caressant!
Du moins, si vos respects sont rejetés d'un père,
Vous en pouvez gémir dans le sein d'une mère;
Et, de quelque disgrâce enfin que vous pleuriez,
Quels pleurs par un amant ne sont point essuyés?

IPHIGÉNIE.

Je ne m'en défends point : mes pleurs, belle Ériphile,
Ne tiendroient pas longtemps contre les soins d'Achille;
Sa gloire, son amour, mon père, mon devoir,
Lui donnent sur mon âme un trop juste pouvoir.
Mais de lui-même ici que faut-il que je pense?
Cet amant, pour me voir brûlant d'impatience,
Que les Grecs de ces bords ne pouvoient arracher,
Qu'un père de si loin m'ordonne de chercher,
S'empresse-t-il assez pour jouir d'une vue
Qu'avec tant de transports je croyois attendue?
Pour moi, depuis deux jours qu'approchant de ces lieux,
Leur aspect souhaité se découvre à nos yeux,
Je l'attendois partout; et, d'un regard timide,
Sans cesse parcourant les chemins de l'Aulide,
Mon cœur pour le chercher voloit loin devant moi,
Et je demande Achille à tout ce que je voi.
Je viens, j'arrive enfin sans qu'il m'ait prévenue.
Je n'ai percé qu'à peine une foule inconnue;
Lui seul ne paroît point : le triste Agamemnon
Semble craindre à mes yeux de prononcer son nom.
Que fait-il? Qui pourra m'expliquer ce mystère?
Trouverai-je l'amant glacé comme le père?
Et les soins de la guerre auroient-ils en un jour

Éteint dans tous les cœurs la tendresse et l'amour?
Mais non, c'est l'offenser par d'injustes alarmes :
C'est à moi que l'on doit le secours de ses armes.
Il n'étoit point à Sparte entre tous ces amants
Dont le père d'Hélène a reçu les serments :
Lui seul de tous les Grecs, maître de sa parole,
S'il part contre Ilion, c'est pour moi qu'il y vole ;
Et, satisfait d'un prix qui lui semble si doux,
Il veut même y porter le nom de mon époux.[1]

SCÈNE IV.

CLYTEMNESTRE, IPHIGÉNIE, ÉRIPHILE, DORIS.

CLYTEMNESTRE.

Ma fille, il faut partir sans que rien nous retienne,
Et sauver, en fuyant, votre gloire et la mienne.
Je ne m'étonne plus qu'interdit et distrait,
Votre père ait paru nous revoir à regret :
Aux affronts d'un refus craignant de vous commettre,
Il m'avoit par Arcas envoyé cette lettre.[2]

---

1. Tous les détails de cette scène sont précieux ; tous ont un dessein et un effet. Quel parti le poëte a tiré de son épisode d'Ériphile, pour fortifier les autres rôles ! Combien il est naturel que le sombre accueil d'Agamemnon et l'absence d'Achille alarment Iphigénie, et troublent les premiers instants du bonheur qu'elle croit trouver ! Comme cela prépare ce qu'on va lui dire, et dispose d'avance tout ce qui peut justifier ses soupçons sur Ériphile ! Et ces vers, que la situation rend si heureux :

> Et je demande Achille à tout ce que je voi...
> S'il part pour Ilion, c'est pour moi qu'il y vole...
> Trouverai-je l'amant glacé comme le père? (L.)

2. Des critiques ont dit qu'Arcas commet une faute considérable en remettant la lettre sans avoir pris de nouveaux ordres. L'observation serait

Arcas s'est vu trompé par notre égarement,[1]
Et vient de me la rendre en ce même moment.
Sauvons, encore un coup, notre gloire offensée :
Pour votre hymen Achille a changé de pensée,
Et, refusant l'honneur qu'on lui veut accorder,
Jusques à son retour il veut le retarder.

ÉRIPHILE.

Qu'entends-je ?

CLYTEMNESTRE.

Je vous vois rougir de cet outrage.
Il faut d'un noble orgueil armer votre courage.
Moi-même, de l'ingrat approuvant le dessein,
Je vous l'ai dans Argos présenté de ma main ;
Et mon choix, que flattoit le bruit de sa noblesse,[2]
Vous donnoit avec joie au fils d'une déesse.
Mais, puisque désormais son lâche repentir
Dément le sang des dieux dont on le fait sortir,
Ma fille, c'est à nous de montrer qui nous sommes,
Et de ne voir en lui que le dernier des hommes.
Lui ferons-nous penser, par un plus long séjour,

---

juste, si cet Arcas n'était pas beaucoup plus dévoué à Clytemnestre qu'à son mari ; il l'est au point que tout à l'heure il va révéler à l'une le secret de l'autre. On peut donc supposer qu'il lui a remis la lettre afin qu'elle s'en explique avec Agamemnon et que, d'accord avec lui, elle prenne tous les moyens possibles pour sauver sa fille ; et ce qu'il sait des dispositions du roi doit lui donner cette espérance. Il faut y regarder à deux fois avant de noter une invraisemblance dans un plan de Racine. (L.)

1. Le *Dictionnaire de l'Académie* autorise l'emploi du mot *égarement* dans le sens propre ; mais les lexicographes modernes disent avec raison qu'il a vieilli.

2. Ces vers n'ont point, comme le croient Louis Racine et Geoffroy, un sens ironique. Le cœur d'une mère s'y laisse voir tout entier dans les nuances délicates du regret, de la fierté et du dépit. Clytemnestre s'associe d'abord à la douleur de sa fille, pour l'associer à son tour aux sentiments d'orgueil qui peuvent la consoler. Ce sont les secrets de l'amour maternel. (A. M.)

Que vos vœux de son cœur attendent le retour?
Rompons avec plaisir un hymen qu'il diffère.
J'ai fait de mon dessein avertir votre père;
Je ne l'attends ici que pour m'en séparer;
Et pour ce prompt départ je vais tout préparer.

(A Ériphile.)

Je ne vous presse point, madame, de nous suivre;
En de plus chères mains ma retraite vous livre.
De vos desseins secrets on est trop éclairci;
Et ce n'est pas Calchas que vous cherchez ici.[1]

SCÈNE V.

IPHIGÉNIE, ÉRIPHILE, DORIS.

IPHIGÉNIE.

En quel funeste état ces mots m'ont-ils laissée!
Pour mon hymen Achille a changé de pensée!
Il me faut sans honneur retourner sur mes pas,
Et vous cherchez ici quelque autre que Calchas?

ÉRIPHILE.

Madame, à ce discours je ne puis rien comprendre.

IPHIGÉNIE.

Vous m'entendez assez, si vous voulez m'entendre.
Le sort injurieux me ravit un époux;
Madame, à mon malheur m'abandonnerez-vous?
Vous ne pouviez sans moi demeurer à Mycène;

---

1. Ce mot est terrible pour Iphigénie, qui vient de confier à Ériphile ses inquiétudes sur le peu d'empressement d'Achille. Cette scène n'est point dans la pièce grecque.

Me verra-t-on sans vous partir avec la reine?
ÉRIPHILE.
Je voulois voir Calchas avant que de partir.
IPHIGÉNIE.
Que tardez-vous, madame, à le faire avertir?
ÉRIPHILE.
D'Argos, dans un moment, vous reprenez la route.
IPHIGÉNIE.
Un moment quelquefois éclaircit plus d'un doute.
Mais, madame, je vois que c'est trop vous presser;
Je vois ce que jamais je n'ai voulu penser :
Achille... Vous brûlez que je ne sois partie.
ÉRIPHILE.
Moi? vous me soupçonnez de cette perfidie?
Moi, j'aimerois, madame, un vainqueur furieux,
Qui toujours tout sanglant se présente à mes yeux,
Qui, la flamme à la main, et de meurtres avide,
Mit en cendres Lesbos...
IPHIGÉNIE.
    Oui, vous l'aimez, perfide;
Et ces mêmes fureurs que vous me dépeignez,
Ces bras que dans le sang vous avez vus baignés,
Ces morts, cette Lesbos, ces cendres, cette flamme,
Sont les traits dont l'amour l'a gravé dans votre âme,
Et loin d'en détester le cruel souvenir,
Vous vous plaisez encore à m'en entretenir.
Déjà plus d'une fois dans vos plaintes forcées,
J'ai dû voir et j'ai vu le fond de vos pensées;
Mais toujours sur mes yeux ma facile bonté

A remis le bandeau que j'avois écarté.
Vous l'aimez. Que faisois-je? Et quelle erreur fatale
M'a fait entre mes bras recevoir ma rivale?
Crédule, je l'aimois : mon cœur même aujourd'hui
De son parjure amant lui promettoit l'appui.
Voilà donc le triomphe où j'étois amenée !
Moi-même à votre char je me suis enchaînée.
Je vous pardonne, hélas ! des vœux intéressés,
Et la perte d'un cœur que vous me ravissez ;
Mais que, sans m'avertir du piége qu'on me dresse,
Vous me laissiez chercher jusqu'au fond de la Grèce
L'ingrat qui ne m'attend que pour m'abandonner,
Perfide, cet affront se peut-il pardonner?

ÉRIPHILE.

Vous me donnez des noms qui doivent me surprendre.
Madame : on ne m'a pas instruite à les entendre ;
Et les dieux, contre moi dès longtemps indignés,
A mon oreille encor les avoient épargnés.
Mais il faut des amants excuser l'injustice.
Et de quoi vouliez-vous que je vous avertisse?
Avez-vous pu penser qu'au sang d'Agamemnon
Achille préférât une fille sans nom,
Qui de tout son destin ce qu'elle a pu comprendre,
C'est qu'elle sort d'un sang qu'il brûle de répandre?[1]

IPHIGÉNIE.

Vous triomphez, cruelle, et bravez ma douleur.
Je n'avois pas encor senti tout mon malheur :

---

1. Cette phrase est très-extraordinaire et je ne sais si l'on trouverait ailleurs une pareille construction. « Qui n'a rien pu comprendre de son destin, si ce n'est que, etc. » Voilà la phrase régulière. Essayez de construire celle de Racine, vous verrez que le *qui* ne se rapporte à rien, et n'amène aucun verbe à sa suite. (A. M.)

Et vous ne comparez votre exil et ma gloire
Que pour mieux relever votre injuste victoire.
Toutefois vos transports sont trop précipités :
Ce même Agamemnon à qui vous insultez,
Il commande à la Grèce, il est mon père, il m'aime,
Il ressent mes douleurs beaucoup plus que moi-même.
Mes larmes par avance avoient su le toucher;
J'ai surpris ses soupirs qu'il me vouloit cacher.
Hélas! de son accueil condamnant la tristesse,[1]
J'osois me plaindre à lui de son peu de tendresse!

SCÈNE VI.

ACHILLE, IPHIGÉNIE, ÉRIPHILE, DORIS.

ACHILLE.

Il est donc vrai, madame, et c'est vous que je vois!
Je soupçonnois d'erreur tout le camp à la fois.
Vous en Aulide! vous! Hé! qu'y venez-vous faire?
D'où vient qu'Agamemnon m'assuroit le contraire?

IPHIGÉNIE.

Seigneur, rassurez-vous : vos vœux seront contents.
Iphigénie encor n'y sera pas longtemps.

---

1. Tout sert à justifier l'erreur d'Iphigénie, le triste accueil que lui fait Agamemnon, et le triomphe insultant d'Ériphile, qu'elle doit regarder comme sa rivale, et le bruit répandu et confirmé par Clytemnestre même, qu'Achille ne songe plus à l'épouser. Ainsi les fausses alarmes précèdent naturellement le véritable danger dont elle va tout à l'heure être instruite, et empêchent que, même à la veille d'un mariage qui semble promettre le bonheur, les amours d'Iphigénie et d'Achille aient rien qui ressemble à l'épithalame ou à l'élégie. Il n'y a pas un moment de langueur dans cette marche : le trouble et le péril y sont toujours, et de plus, tout ce qui s'est passé motive la brusque sortie d'Iphigénie, qui ne répond que par deux

SCÈNE VII.

ACHILLE, ÉRIPHILE, DORIS.

ACHILLE.

Elle me fuit! Veillé-je? ou n'est-ce point un songe?
Dans quel trouble nouveau cette fuite me plonge?
Madame, je ne sais si sans vous irriter
Achille devant vous pourra se présenter;
Mais, si d'un ennemi vous souffrez la prière,
Si lui-même souvent a plaint sa prisonnière,
Vous savez quel sujet conduit ici leurs pas;
Vous savez...

ÉRIPHILE.

Quoi! seigneur, ne le savez-vous pas,
Vous qui, depuis un mois, brûlant sur ce rivage,
Avez conclu vous-même et hâté leur voyage?

ACHILLE.

De ce même rivage absent depuis un mois,
Je le revis hier pour la première fois.[1]

mots aux empressements d'Achille. Le rôle d'Ériphile, qu'on a blâmé fort mal à propos, ce me semble, sert encore à tout ce trouble intéressant. Il n'y a jamais eu d'épisode mieux entendu. (L.)

1. Voici sur ce passage une remarque inédite de Racine recueillie par M. P. Mesnard. Dans le manuscrit de la *Critique des deux Iphigénies* par Pierre Perrault, il y a un dernier feuillet blanc sur lequel il a été collé un plus petit feuillet dont le recto est rempli par une écriture qui est certainement celle de Racine. Fragment de lettre ou simple note, quelque ami de Racine avait-il remis cette page à Perrault, ou a-t-elle été jointe à la *Critique des deux Iphigénies* par le possesseur du manuscrit, comme se rapportant à la pièce critiquée par Perrault? Quoi qu'il en soit, il était bon de la recueillir. La voici : « Il y avoit plus de six mois qu'Achille avoit ravagé Lesbos, et il avoit fait cette conquête avant que les Grecs se fussent

ACTE II, SCÈNE VII.

ÉRIPHILE.

Quoi! lorsque Agamemnon écrivoit à Mycène,
Votre amour, votre main n'a pas conduit la sienne?
Quoi! vous, qui de sa fille adoriez les attraits...

ACHILLE.

Vous m'en voyez encore épris plus que jamais,
Madame; et si l'effet eût suivi ma pensée,
Moi-même dans Argos je l'aurois devancée.
Cependant on me fuit. Quel crime ai-je commis?
Mais je ne vois partout que des yeux ennemis.
Que dis-je? en ce moment Calchas, Nestor, Ulysse,
De leur vaine éloquence employant l'artifice,
Combattoient mon amour et sembloient m'annoncer
Que, si j'en crois ma gloire, il y faut renoncer.
Quelle entreprise ici pourroit être formée?
Suis-je, sans le savoir, la fable de l'armée?[1]
Entrons : c'est un secret qu'il leur faut arracher.

assemblés en Aulide. Ériphile, trompée par les lettres d'Agamemnon, qui avoit mandé à Clytemnestre d'amener sa fille en Aulide pour y être mariée, croyoit en effet qu'Achille étoit celui qui pressoit ce mariage depuis un mois. Et Achille lui répond que, bien éloigné d'avoir pressé ce mariage durant ce temps-là, il y a un mois entier qu'il est absent de l'armée. Il est dit dans le premier acte (scène 1) qu'Achille avoit été rappelé en Thessalie par son père Pélée pour le délivrer de quelques fâcheux voisins qui l'incommodoient. Ainsi Ériphile a raison de dire à Achille qu'il y a un mois entier qu'il presse Iphigénie de venir en Aulide. Et Achille a raison de répondre qu'il y a un mois entier qu'il n'est point en Aulide. »

1. « Baron ne récitait les trois derniers vers qu'avec le ton d'un homme extrêmement supérieur à toutes les entreprises formées contre lui, et qui les voit avec le plus grand dédain... Le rire perçait au travers de sa surprise et de son indignation. Tous les autres acteurs avant lui y mettaient du feu et de la colère. » (*Galerie historique des acteurs*, par Lemazurier, t. I, p. 94.)

SCÈNE VIII.

ÉRIPHILE, DORIS.

ÉRIPHILE.

Dieux, qui voyez ma honte, où me dois-je cacher?
Orgueilleuse rivale, on t'aime, et tu murmures!
Souffrirai-je à la fois ta gloire et tes injures?
Ah! plutôt... Mais, Doris, ou j'aime à me flatter,
Ou sur eux quelque orage est tout prêt d'éclater.
J'ai des yeux. Leur bonheur n'est pas encor tranquille.
On trompe Iphigénie; on se cache d'Achille;
Agamemnon gémit. Ne désespérons point;
Et, si le sort contre elle à ma haine se joint,
Je saurai profiter de cette intelligence
Pour ne pas pleurer seule et mourir sans vengeance.[1]

---

[1]. Le sens et la construction exigeraient en prose que l'on répétât la négation. On ne peut pardonner cette licence à la poésie que parce que le sens est si clair qu'il n'y a pas lieu à se méprendre. Mais la licence est forte, et il ne faudrait pas l'imiter. Je ne sais même si Racine l'a risquée deux fois. (L.)

ACTE TROISIÈME.

SCENE PREMIÈRE.
AGAMEMNON, CLYTEMNESTRE.

CLYTEMNESTRE.
Oui, seigneur, nous partions ; et mon juste courroux
Laissoit bientôt Achille et le camp loin de nous :
Ma fille dans Argos couroit pleurer sa honte.
Mais lui-même, étonné d'une fuite si prompte,
Par combien de serments dont je n'ai pu douter,
Vient-il de me convaincre et de nous arrêter !
Il presse cet hymen qu'on prétend qu'il diffère,
Et vous cherche, brûlant d'amour et de colère :
Prêt d'imposer silence à ce bruit imposteur,
Achille en veut connoître et confondre l'auteur.
Bannissez ces soupçons qui troubloient notre joie.

AGAMEMNON.
Madame, c'est assez : je consens qu'on le croie.
Je reconnois l'erreur qui nous avoit séduits,
Et ressens votre joie autant que je le puis.
Vous voulez que Calchas l'unisse à ma famille :
Vous pouvez à l'autel envoyer votre fille ;
Je l'attends. Mais, avant que de passer plus loin,

J'ai voulu vous parler un moment sans témoin.
Vous voyez en quels lieux vous l'avez amenée :
Tout y ressent la guerre et non point l'hyménée,
Le tumulte d'un camp, soldats et matelots,
Un autel hérissé de dards, de javelots,
Tout ce spectacle enfin, pompe digne d'Achille,
Pour attirer vos yeux n'est point assez tranquille;
Et les Grecs y verroient l'épouse de leur roi
Dans un état indigne et de vous et de moi.
M'en croirez-vous? Laissez, de vos femmes suivie,
A cet hymen, sans vous, marcher Iphigénie.

CLYTEMNESTRE.

Qui? moi! que, remettant ma fille en d'autres bras,
Ce que j'ai commencé je ne l'achève pas!
Qu'après l'avoir d'Argos amenée en Aulide,
Je refuse à l'autel de lui servir de guide?
Dois-je donc de Calchas être moins près que vous?
Et qui présentera ma fille à son époux?
Quelle autre ordonnera cette pompe sacrée?

AGAMEMNON.

Vous n'êtes point ici dans le palais d'Atrée :
Vous êtes dans un camp...

CLYTEMNESTRE.

            Où tout vous est soumis;
Où le sort de l'Asie en vos mains est remis;
Où je vois sous vos lois marcher la Grèce entière;
Où le fils de Thétis va m'appeler sa mère.[1]

---

1. Clytemnestre, qui parle ainsi, est la même femme qui dit au deuxième acte qu'il ne faut voir dans Achille que le dernier des hommes. C'est là connaître le cœur humain, et peindre les passions avec vérité. (G.)

ACTE III, SCÈNE I.

Dans quel palais superbe et plein de ma grandeur
Puis-je jamais paroître avec plus de splendeur?

AGAMEMNON.

Madame, au nom des dieux auteurs de notre race,
Daignez à mon amour accorder cette grâce.
J'ai mes raisons.

CLYTEMNESTRE.

Seigneur, au nom des mêmes dieux,
D'un spectacle si doux ne privez point mes yeux.
Daignez ne point ici rougir de ma présence.

AGAMEMNON.

J'avois plus espéré de votre complaisance.
Mais, puisque la raison ne vous peut émouvoir,
Puisque enfin ma prière a si peu de pouvoir,
Vous avez entendu ce que je vous demande,
Madame : je le veux, et je vous le commande.
Obéissez.[1]

---

1. Dans le poëte grec, Clytemnestre résiste aux ordres d'Agamemnon. Quelques critiques ont dit que cette résistance produisait plus d'effet que la soumission très-bien motivée que lui donne Racine. Comment n'ont-ils pas vu que c'est un inconvénient très-grave que de compromettre à ce point l'autorité d'Agamemnon comme époux et comme roi, et que cela vise de très-près au comique dans la plus tragique des situations? Combien, au contraire, toutes les bienséances sont ménagées quand Agamemnon, après avoir compté sur la *complaisance* de Clytemnestre pour son mari, s'explique enfin en maître, et, après avoir dit :

Je le veux, et je vous le commande.
Obéissez,

se retire sans attendre de réplique, et comme ne doutant pas d'être obéi; quand Clytemnestre elle-même, ne sachant à quoi attribuer cet ordre imprévu, se console par cette pensée si touchante et si maternelle :

Ma fille, ton bonheur me console de tout! (L.)

SCÈNE II.

CLYTEMNESTRE.

D'où vient que d'un soin si cruel
L'injuste Agamemnon m'écarte de l'autel?
Fier de son nouveau rang, m'ose-t-il méconnoître?
Me croit-il à sa suite indigne de paroître?
Ou, de l'empire encor timide possesseur,
N'oseroit-il d'Hélène ici montrer la sœur?
Et pourquoi me cacher? et par quelle injustice
Faut-il que sur mon front sa honte rejaillisse?
Mais n'importe; il le veut, et mon cœur s'y résout.
Ma fille, ton bonheur me console de tout![1]
Le ciel te donne Achille; et ma joie est extrême
De t'entendre nommer... Mais le voici lui-même.

SCÈNE III.

ACHILLE, CLYTEMNESTRE.

ACHILLE.

Tout succède, madame, à mon empressement :
Le roi n'a point voulu d'autre éclaircissement;
Il en croit mes transports; et, sans presque m'entendre,[2]

---

1. Il y a de l'adresse à couvrir cette petite mortification, qui se perd, pour ainsi dire, dans les jouissances de l'amour maternel. L'observation de toutes ces bienséances est un des avantages du théâtre français sur celui de toutes les autres nations. (L.)

2. Ces vers vont au-devant du reproche qu'on pouvait faire à Racine

Il vient, en m'embrassant, de m'accepter pour gendre. [1]
Il ne m'a dit qu'un mot. Mais vous a-t-il conté
Quel bonheur dans le camp vous avez apporté?
Les dieux vont s'apaiser : du moins Calchas publie
Qu'avec eux, dans une heure, il nous réconcilie;
Que Neptune et les vents, prêts à nous exaucer,
N'attendent que le sang que sa main va verser.
Déjà dans les vaisseaux la voile se déploie,
Déjà sur sa parole ils se tournent vers Troie.
Pour moi, quoique le ciel, au gré de mon amour,
Dût encore des vents retarder le retour,
Que je quitte à regret la rive fortunée
Où je vais allumer les flambeaux d'hyménée;
Puis-je ne point chérir l'heureuse occasion
D'aller du sang troyen sceller notre union,
Et de laisser bientôt, sous Troie ensevelie,
Le déshonneur d'un nom à qui le mien s'allie?

SCÈNE IV.

ACHILLE, CLYTEMNESTRE, IPHIGÉNIE, ÉRIPHILE, ÆGINE, DORIS.

ACHILLE.

Princesse, mon bonheur ne dépend que de vous;

---

d'avoir laissé trop peu de temps à l'entrevue d'Agamemnon et d'Achille : Clytemnestre n'a eu que le temps de dire douze vers, et l'explication est finie, tout est arrangé et conclu. Mais on conçoit aisément qu'Agamemnon devait être trop confus et trop embarrassé pour soutenir un long entretien avec Achille. (G.)

1. Cette fausseté d'Agamemnon, qui partout ailleurs serait odieuse, n'est ici que la preuve du malheur de sa situation, qui le réduit à cet excès de faiblesse. (G.)

Votre père à l'autel vous destine un époux :
Venez y recevoir un cœur qui vous adore.

IPHIGÉNIE.

Seigneur, il n'est pas temps que nous partions encore ;
La reine permettra que j'ose demander
Un gage à votre amour, qu'il me doit accorder.
Je viens vous présenter une jeune princesse :
Le ciel a sur son front imprimé sa noblesse.
De larmes tous les jours ses yeux sont arrosés ;
Vous savez ses malheurs, vous les avez causés.
Moi-même (où m'emportoit une aveugle colère!)
J'ai tantôt, sans respect, affligé sa misère.
Que ne puis-je aussi bien par d'utiles secours,[1]
Réparer promptement mes injustes discours !
Je lui prête ma voix, je ne puis davantage.
Vous seul pouvez, seigneur, détruire votre ouvrage :
Elle est votre captive; et ses fers, que je plains,
Quand vous l'ordonnerez, tomberont de ses mains.
Commencez donc par là cette heureuse journée,
Qu'elle puisse à nous voir n'être plus condamnée.
Montrez que je vais suivre au pied de nos autels
Un roi qui, non content d'effrayer les mortels,
A des embrasements ne borne point sa gloire,
Laisse aux pleurs d'une épouse attendrir sa victoire,[2]
Et, par les malheureux quelquefois désarmé,

---

1. Le poëte n'a pas manqué un seul trait pour rendre Iphigénie intéressante. Lorsqu'on présume qu'Iphigénie n'est occupée que de son bonheur, son premier soin est de réparer l'injure qu'elle croit avoir faite à Ériphile. (L. B.)

2. *Attendrir sa victoire*, expression neuve et poétique, pour dire *se laisser attendrir dans sa victoire.* Tout le monde, dit La Harpe, entend ce que c'est qu'*attendrir la victoire,* qui est par elle-même, comme dit Cicéron, insolente et cruelle.

ACTE III, SCÈNE IV.

Sait imiter en tout les dieux qui l'ont formé.

ÉRIPHILE.

Oui, seigneur, des douleurs soulagez la plus vive.
La guerre dans Lesbos me fit votre captive;
Mais c'est pousser trop loin ses droits injurieux,
Qu'y joindre le tourment que je souffre en ces lieux.

ACHILLE.

Vous, madame?

ÉRIPHILE.

Oui, seigneur, et sans compter le reste,
Pouvez-vous m'imposer une loi plus funeste
Que de rendre mes yeux les tristes spectateurs
De la félicité de mes persécuteurs?
J'entends de toutes parts menacer ma patrie;
Je vois marcher contre elle une armée en furie;
Je vois déjà l'hymen, pour mieux me déchirer,
Mettre en vos mains le feu qui la doit dévorer.
Souffrez que, loin du camp et loin de votre vue,
Toujours infortunée et toujours inconnue,
J'aille cacher un sort si digne de pitié,
Et dont mes pleurs encor vous taisent la moitié.

ACHILLE.

C'est trop, belle princesse : il ne faut que nous suivre.
Venez, qu'aux yeux des Grecs Achille vous délivre;
Et que le doux moment de ma félicité
Soit le moment heureux de votre liberté.

SCÈNE V.

ACHILLE, CLYTEMNESTRE, IPHIGÉNIE, ÉRIPHILE, ARCAS, ÆGINE, DORIS.

ARCAS.

Madame, tout est prêt pour la cérémonie.
Le roi près de l'autel attend Iphigénie ;
Je viens la demander : ou plutôt contre lui,
Seigneur, je viens pour elle implorer votre appui.

ACHILLE.

Arcas, que dites-vous !

CLYTEMNESTRE.

Dieux ! que vient-il m'apprendre ?

ARCAS, à Achille.

Je ne vois plus que vous qui la puisse défendre.[1]

ACHILLE.

Contre qui ?

ARCAS.

Je le nomme et l'accuse à regret :
Autant que je l'ai pu j'ai gardé son secret.
Mais le fer, le bandeau, la flamme est toute prête ;
Dût tout cet appareil retomber sur ma tête,
Il faut parler.

CLYTEMNESTRE.

Je tremble. Expliquez-vous, Arcas.

---

1. Quelques éditeurs ont ainsi corrigé ce vers,

> Je ne vois plus que vous qui la puissiez défendre ;

mais toutes les éditions faites pendant la vie de l'auteur donnent le vers tel qu'il est ici.

ACTE III, SCÈNE V.

ACHILLE.

Qui que ce soit, parlez, et ne le craignez pas.

ARCAS.

Vous êtes son amant, et vous êtes sa mère :
Gardez-vous d'envoyer la princesse à son père.

CLYTEMNESTRE.

Pourquoi le craindrons-nous?

ACHILLE.

Pourquoi m'en défier?

ARCAS.

Il l'attend à l'autel pour la sacrifier.[1]

ACHILLE.

Lui!

CLYTEMNESTRE.

Sa fille!

IPHIGÉNIE.

Mon père!

ÉRIPHILE.

O ciel! quelle nouvelle!

ACHILLE.

Quelle aveugle fureur pourroit l'armer contre elle?
Ce discours sans horreur se peut-il écouter?

---

1. Quel changement dans la situation des personnages! Quel tableau présentent au spectateur la douleur et l'indignation de Clytemnestre, la douleur et la consternation d'Iphigénie, la surprise et la fureur d'Achille, la joie cruelle et les espérances d'Ériphile! et c'est un vers très-ordinaire qui produit toutes ces beautés! Voilà le grand art de la tragédie, le grand secret de plaire et de toucher. (A. M.)

ARCAS.

Ah! seigneur! plût au ciel que je pusse en douter!
Par la voix de Calchas l'oracle la demande;
De toute autre victime il refuse l'offrande;
Et les dieux, jusque-là protecteurs de Pâris,
Ne nous promettent Troie et les vents qu'à ce prix.

CLYTEMNESTRE.

Les dieux ordonneroient un meurtre abominable?

IPHIGÉNIE.

Ciel! pour tant de rigueur, de quoi suis-je coupable?

CLYTEMNESTRE.

Je ne m'étonne plus de cet ordre cruel
Qui m'avoit interdit l'approche de l'autel.

IPHIGÉNIE, à Achille.

Et voilà donc l'hymen où j'étois destinée!

ARCAS.

Le roi, pour vous tromper, feignoit cet hyménée :
Tout le camp même encore est trompé comme vous.

CLYTEMNESTRE.

Seigneur, c'est donc à moi d'embrasser vos genoux.

ACHILLE, la relevant.

Ah! madame!

CLYTEMNESTRE.

Oubliez une gloire importune;[1]
Ce triste abaissement convient à ma fortune :

---

1. La fière Clytemnestre tombant aux pieds d'Achille, pour lui demander la vie de sa fille, offre une situation bien touchante, que Racine doit à Euripide.

Heureuse si mes pleurs vous peuvent attendrir !
Une mère à vos pieds peut tomber sans rougir.
C'est votre épouse, hélas ! qui vous est enlevée ;
Dans cet heureux espoir je l'avois élevée.
C'est vous que nous cherchions sur ce funeste bord ;
Et votre nom, seigneur, l'a conduite à la mort.*
Ira-t-elle, des dieux implorant la justice,
Embrasser leurs autels parés pour son supplice ?
Elle n'a que vous seul : vous êtes en ces lieux
Son père, son époux, son asile, ses dieux.
Je lis dans vos regards la douleur qui vous presse.
Auprès de votre époux, ma fille, je vous laisse.
Seigneur, daignez m'attendre, et ne la point quitter.
A mon perfide époux je cours me présenter :
Il ne soutiendra point la fureur qui m'anime,
Il faudra que Calchas cherche une autre victime :
Ou, si je ne vous puis dérober à leurs coups,
Ma fille, ils pourront bien m'immoler avant vous.

SCÈNE VI.

ACHILLE, IPHIGÉNIE.

ACHILLE.

Madame, je me tais, et demeure immobile.
Est-ce à moi que l'on parle, et connoît-on Achille ?
Une mère pour vous croit devoir me prier !
Une reine à mes pieds se vient humilier !
Et, me déshonorant par d'injustes alarmes,

---

* Var. *Et votre nom, seigneur, la conduit à la mort.*

Pour attendrir mon cœur on a recours aux larmes!
Qui doit prendre à vos jours plus d'intérêt que moi?
Ah! sans doute on s'en peut reposer sur ma foi.
L'outrage me regarde; et, quoi qu'on entreprenne,
Je réponds d'une vie où j'attache la mienne.
Mais ma juste douleur va plus loin m'engager :
C'est peu de vous défendre, et je cours vous venger,
Et punir à la fois le cruel stratagème
Qui s'ose de mon nom armer contre vous-même.

IPHIGÉNIE.

Ah! demeurez, seigneur, et daignez m'écouter.

ACHILLE.

Quoi! madame! un barbare osera m'insulter?
Il voit que de sa sœur je cours venger l'outrage ;
Il sait que, le premier lui donnant mon suffrage,
Je le fis nommer chef de vingt rois ses rivaux;
Et, pour fruit de mes soins, pour fruit de mes travaux,
Pour tout le prix enfin d'une illustre victoire
Qui le doit enrichir, venger, combler de gloire,
Content et glorieux du nom de votre époux,
Je ne lui demandois que l'honneur d'être à vous :
Cependant aujourd'hui, sanguinaire, parjure,[1]
C'est peu de violer l'amitié, la nature ;
C'est peu que de vouloir, sous un couteau mortel,
Me montrer votre cœur fumant sur un autel :
D'un appareil d'hymen couvrant ce sacrifice,
Il veut que ce soit moi qui vous mène au supplice,
Que ma crédule main conduise le couteau,
Qu'au lieu de votre époux je sois votre bourreau!

---

1. Dans les deux premières éditions (1675 et 1676), il n'y a point de virgule après *sanguinaire*.

Et quel étoit pour vous ce sanglant hyménée,
Si je fusse arrivé plus tard d'une journée?
Quoi donc! à leur fureur livrée en ce moment,
Vous iriez à l'autel me chercher vainement;
Et d'un fer imprévu vous tomberiez frappée,
En accusant mon nom qui vous auroit trompée?
 l faut de ce péril, de cette trahison,
Aux yeux de tous les Grecs lui demander raison.
A l'honneur d'un époux vous-même intéressée,
Madame, vous devez approuver ma pensée,
Il faut que le cruel qui m'a pu mépriser
Apprenne de quel nom il osoit abuser.

IPHIGÉNIE.

Hélas! si vous m'aimez, si, pour grâce dernière,
Vous daignez d'une amante écouter la prière,
C'est maintenant, seigneur, qu'il faut me le prouver :
Car enfin, ce cruel que vous allez braver,
Cet ennemi barbare, injuste, sanguinaire,
Songez, quoi qu'il ait fait, songez qu'il est mon père.

ACHILLE.

Lui, votre père? Après son horrible dessein,
Je ne le connois plus que pour votre assassin.

IPHIGÉNIE.

C'est mon père, seigneur, je vous le dis encore,
Mais un père que j'aime, un père que j'adore,
Qui me chérit lui-même, et dont, jusqu'à ce jour,
Je n'ai jamais reçu que des marques d'amour.
Mon cœur, dans ce respect élevé dès l'enfance,
Ne peut que s'affliger de tout ce qui l'offense,
Et, loin d'oser ici, par un prompt changement,

Approuver la fureur de votre emportement,
Loin que par mes discours je l'attise moi-même,
Croyez qu'il faut aimer autant que je vous aime
Pour avoir pu souffrir tous les noms odieux
Dont votre amour le vient d'outrager à mes yeux.
Et pourquoi voulez-vous qu'inhumain et barbare,
Il ne gémisse pas du coup qu'on me prépare?
Quel père de son sang se plaît à se priver?
Pourquoi me perdroit-il s'il pouvoit me sauver?
J'ai vu, n'en doutez point, ses larmes se répandre.
Faut-il le condamner avant que de l'entendre?
Hélas! de tant d'horreurs son cœur déjà troublé
Doit-il de votre haine être encore accablé?

ACHILLE.

Quoi! madame! parmi tant de sujets de crainte,
Ce sont là les frayeurs dont vous êtes atteinte!
Un cruel (comment puis-je autrement l'appeler?)
Par la main de Calchas s'en va vous immoler;
Et, lorsqu'à sa fureur j'oppose ma tendresse,
Le soin de son repos est le seul qui vous presse?
On me ferme la bouche? on l'excuse? on le plaint?
C'est pour lui que l'on tremble, et c'est moi que l'on craint?
Triste effet de mes soins! est-ce donc là, madame,
Tout le progrès qu'Achille avoit fait dans votre âme?

IPHIGÉNIE.

Ah! cruel! cet amour, dont vous voulez douter,
Ai-je attendu si tard pour le faire éclater?
Vous voyez de quel œil, et comme indifférente,
J'ai reçu de ma mort la nouvelle sanglante;
Je n'en ai point pâli. Que n'avez-vous pu voir
A quel excès tantôt alloit mon désespoir,

Quand, presque en arrivant, un récit peu fidèle
M'a de votre inconstance annoncé la nouvelle ![1]
Qui sait même, qui sait si le ciel, irrité,
A pu souffrir l'excès de ma félicité?
Hélas! il me sembloit qu'une flamme si belle
M'élevoit au-dessus du sort d'une mortelle!

ACHILLE.

Ah! si je vous suis cher, ma princesse, vivez!

SCÈNE VII.

ACHILLE, CLYTEMNESTRE, IPHIGÉNIE, ÆGINE.

CLYTEMNESTRE.

Tout est perdu, seigneur, si vous ne nous sauvez.[2]
Agamemnon m'évite, et, craignant mon visage,
Il me fait de l'autel refuser le passage :
Des gardes, que lui-même a pris soin de placer,
Nous ont de toutes parts défendu de passer.
Il me fuit. Ma douleur étonne son audace.

ACHILLE.

Hé bien! c'est donc à moi de prendre votre place.
Il me verra, madame, et je vais lui parler.

---

1. Après ce vers, les quatre vers suivants ont été supprimés dans l'édition de 1697 :

> Quel trouble! quel torrent de mots injurieux
> Accusoit à la fois les hommes et les dieux!
> Ah! que vous auriez vu, sans que je vous le die,
> De combien votre amour m'est plus cher que ma vie!

2. Voyez comme le poëte fait avancer le péril à chaque scène. Clytemnestre espérait fléchir ou intimider Agamemnon, il a refusé de la voir : des gardes l'ont repoussée. Et comme toute cette scène qui termine l'acte est animée et menaçante! (L.)

IPHIGÉNIE.

Ah! madame!... Ah! seigneur! où voulez-vous aller?

ACHILLE.

Et que prétend de moi votre injuste prière?
Vous faudra-t-il toujours combattre la première?

CLYTEMNESTRE.

Quel est votre dessein, ma fille?

IPHIGÉNIE.

                    Au nom des dieux,
Madame, retenez un amant furieux :
De ce triste entretien détournons les approches.
Seigneur, trop d'amertume aigriroit vos reproches.
Je sais jusqu'où s'emporte un amant irrité;
Et mon père est jaloux de son autorité.
On ne connoît que trop la fierté des Atrides.
Laissez parler, seigneur, des bouches plus timides.
Surpris, n'en doutez point, de mon retardement,
Lui-même il me viendra chercher dans un moment :
Il entendra gémir une mère oppressée;
Et que ne pourra point m'inspirer la pensée
De prévenir les pleurs que vous verseriez tous,
D'arrêter vos transports, et de vivre pour vous?

ACHILLE.

Enfin vous le voulez : il faut donc vous complaire,
Donnez-lui l'une et l'autre un conseil salutaire :
Rappelez sa raison, persuadez-le bien,
Pour vous, pour mon repos, et surtout pour le sien.
Je perds trop de moments en des discours frivoles;
Il faut des actions, et non pas des paroles.

ACTE III, SCÈNE VII.

(A Clytemnestre.)

Madame, à vous servir je vais tout disposer :
Dans votre appartement allez vous reposer.
Votre fille vivra, je puis vous le prédire.
Croyez du moins, croyez que, tant que je respire,
Les dieux auront en vain ordonné son trépas :
Cet oracle est plus sûr que celui de Calchas.

ACTE QUATRIÈME.

SCÈNE PREMIÈRE.

ÉRIPHILE, DORIS.

DORIS.

Ah! que me dites-vous? Quelle étrange manie
Vous peut faire envier le sort d'Iphigénie?
Dans une heure elle expire. Et jamais, dites-vous,
Vos yeux de son bonheur ne furent plus jaloux.
Qui le croira, madame? Et quel cœur si farouche...

ÉRIPHILE.

Jamais rien de plus vrai n'est sorti de ma bouche;
Jamais de tant de soins mon esprit agité
Ne porta plus d'envie à sa félicité.
Favorables périls! Espérance inutile!
N'as-tu pas vu sa gloire, et le trouble d'Achille?
J'en ai vu, j'en ai fui les signes trop certains.
Ce héros, si terrible au reste des humains,
Qui ne connoît de pleurs que ceux qu'il fait répandre,
Qui s'endurcit contre eux dès l'âge le plus tendre,
Et qui, si l'on nous fait un fidèle discours,

ACTE IV, SCÈNE I.

Suça même le sang des lions et des ours[1],
Pour elle de la crainte a fait l'apprentissage :
Elle l'a vu pleurer, et changer de visage.
Et tu la plains, Doris! Par combien de malheurs
Ne lui voudrois-je point disputer de tels pleurs!
Quand je devrois comme elle expirer dans une heure...
Mais que dis-je, expirer? ne crois pas qu'elle meure.
Dans un lâche sommeil crois-tu qu'enseveli,
Achille aura pour elle impunément pâli?[2]
Achille à son malheur saura bien mettre obstacle.
Tu verras que les dieux n'ont dicté cet oracle
Que pour croître à la fois sa gloire et mon tourment.[3]

---

1. Le poëte, selon la remarque de Louis Racine, a su ennoblir des détails qu'il a empruntés à Stace :

> Non ullas ex more dapes habuisse, nec ullis
> Uberibus satiasse famem, sed scissa leonum
> Viscera, semi-animesque libens traxisse medullas.
> (*Achil.*, lib. II.)

« On le vit dédaigner les aliments ordinaires, et les mamelles d'une nourrice n'allaitèrent point son enfance; mais il dévorait les entrailles déchirées des lions, et leur moelle encore toute fumante. »

2. *Impunément pâli!* Quelle énergie et quelle originalité d'expression! Et tout ce rôle d'Ériphile est rempli de traits semblables. Racine n'a rien écrit de plus parfait dans l'expression des sentiments amers et violents. (L.)

3. Nous avons déjà vu, dans *Bajazet*, le mot *croître* employé activement :

> Je ne prends point plaisir à croître ma misère.

Nous en trouverons un autre exemple dans *Esther* :

> Que ce nouvel honneur va croître son audace!

Voltaire, dans ses remarques sur Corneille, s'exprime ainsi : « *Croître*, aujourd'hui, n'est plus actif : on dit *accroître* ; mais il me semble qu'il est permis en vers de dire *croître mes tourments, mes ennuis, mes douleurs, mes peines.* » On peut ajouter à cette observation que *croître*, selon l'Académie, peut s'employer dans le sens actif en poésie; alors il signifie, comme ici, *augmenter*. Nous pensons que l'exemple de Racine et l'autorité de l'Académie doivent faire loi. (A. M.)

Et la rendre plus belle aux yeux de son amant.
Hé quoi! ne vois-tu pas tout ce qu'on fait pour elle?
On supprime des dieux la sentence mortelle ;
Et, quoique le bûcher soit déjà préparé,
Le nom de la victime est encore ignoré :
Tout le camp n'en sait rien. Doris, à ce silence,
Ne reconnois-tu pas un père qui balance?
Et que fera-t-il donc? Quel courage endurci
Soutiendroit les assauts qu'on lui prépare ici :
Une mère en fureur, les larmes d'une fille,
Les cris, le désespoir de toute une famille,
Le sang à ces objets facile à s'ébranler,
Achille menaçant, tout prêt à l'accabler?[1]
Non, te dis-je, les dieux l'ont en vain condamnée :
Je suis et je serai la seule infortunée.
Ah! si je m'en croyois...

DORIS.

Quoi! que méditez-vous?

ÉRIPHILE.

Je ne sais qui m'arrête et retient mon courroux,
Que, par un prompt avis de tout ce qui se passe,
Je ne coure des dieux divulguer la menace,
Et publier partout les complots criminels
Qu'on fait ici contre eux et contre leurs autels.

DORIS.

Ah! quel dessein, madame!

---

1. *L'accabler* se rapporte à Agamemnon : la grammaire veut qu'il se rapporte à sang. Le pronom est trop éloigné du nom. (G.)

ACTE IV, SCÈNE I.

ÉRIPHILE.

Ah! Doris! quelle joie![1]
Que d'encens brûleroit dans les temples de Troie,
Si, troublant tous les Grecs et vengeant ma prison,
Je pouvois contre Achille armer Agamemnon ;
Si leur haine, de Troie oubliant la querelle,
Tournoit contre eux le fer qu'ils aiguisent contre elle,
Et si de tout le camp mes avis dangereux
Faisoient à ma patrie un sacrifice heureux!

DORIS.

J'entends du bruit. On vient : Clytemnestre s'avance.
Remettez-vous, madame, ou fuyez sa présence.

ÉRIPHILE.

Rentrons. Et pour troubler un hymen odieux,
Consultons des fureurs qu'autorisent les dieux.[2]

---

1. Dans cette scène entre Ériphile et sa confidente, ce qui lie au sujet le personnage épisodique, c'est la crainte que cette rivale jalouse ne révèle à l'armée l'oracle de Calchas : elle devient utile à l'action, en augmentant le danger d'Iphigénie. Tout le rôle d'Ériphile est en général véhément, passionné, théâtral ; il fait mieux ressortir la douceur, la tendresse délicate d'Iphigénie. (G.)

2. Ici la scène reste vide : Ériphile et sa confidente s'en vont d'un côté, Clytemnestre avec la sienne entrent de l'autre : défaut bien remarquable dans une tragédie dont la conduite est si justement admirée ; mais Racine a mieux aimé laisser la scène vide que de ne pas préparer l'atroce perfidie d'Ériphile. Il a jugé que ce défaut de liaison entre deux scènes était moins essentiel que le défaut de préparation d'un coup de théâtre si important. L'art est donc bien difficile, puisqu'il arrive quelquefois que le poëte n'a que le choix des défauts! (G.)

SCÈNE II.

CLYTEMNESTRE, ÆGINE.

CLYTEMNESTRE.

Ægine, tu le vois, il faut que je la fuie : [1]
Loin que ma fille pleure et tremble pour sa vie,
Elle excuse son père et veut que ma douleur
Respecte encor la main qui lui perce le cœur.
O constance ! ô respect ! Pour prix de sa tendresse,
Le barbare à l'autel se plaint de sa paresse ! [2]
Je l'attends. Il viendra m'en demander raison,
Et croit pouvoir encor cacher sa trahison.
Il vient. Sans éclater contre son injustice,
Voyons s'il soutiendra son indigne artifice.

SCÈNE III.

AGAMEMNON, CLYTEMNESTRE, ÆGINE.

AGAMEMNON.

Que faites-vous, madame? et d'où vient que ces lieux
N'offrent point avec vous votre fille à mes yeux? [3]

---

1. Il y a : *je le fuie,* dans l'édition de 1697. *Le* se rapporterait à Agamemnon, ce qui n'est pas facile à croire. Il est préférable de supposer une faute d'impression, et d'admettre la leçon des premières éditions : *je la fuie,* se rapportant à Iphigénie.

2. Observez ce que c'est que d'adapter l'expression à la situation et au personnage. Si ce mot *paresse* n'était pas ici en dénigrement, ou si c'était Agamemnon qui s'en servît, il ne serait pas supportable. Il est ici pour *lenteur,* et vaut beaucoup mieux. (L.)

3. C'est une idée très-heureuse dans le plan de Racine, et une idée qui

ACTE IV, SCÈNE III.

Mes ordres par Arcas vous l'avoient demandée :
Qu'attend-elle? Est-ce vous qui l'avez retardée?
A mes justes désirs ne vous rendez-vous pas?
Parlez.

CLYTEMNESTRE.

S'il faut partir, ma fille est toute prête.
Mais vous, n'avez-vous rien, seigneur, qui vous arrête?

AGAMEMNON.

Moi, madame?

CLYTEMNESTRE.

Vos soins ont-ils tout préparé?

AGAMEMNON.

Calchas est prêt, madame, et l'autel est paré.
J'ai fait ce que m'ordonne un devoir légitime.

CLYTEMNESTRE.

Vous ne me parlez point, seigneur, de la victime.[1]

lui appartient, d'avoir tout arrangé de manière qu'Agamemnon soit obligé de venir chercher Iphigénie. C'est ainsi qu'on produit cette suspension qui tient le spectateur en transe. Le spectateur dit comme Clytemnestre :

Voyons s'il soutiendra son indigne artifice.

Et l'effet redouble lorsque après les premiers mots Clytemnestre s'écrie, en voyant entrer sa fille :

Venez, venez, ma fille : on n'attend plus que vous.

Ce n'est pas tout d'avoir de belles situations : le sujet les donne quelquefois à l'homme médiocre; mais l'homme habile sait aussi les préparer et les graduer pour en augmenter l'effet. (L.)

1. Comme dans cette tragédie l'intérêt s'échauffe toujours de scène en scène, que tout y marche de perfections en perfections, la grande scène entre Agamemnon, Clytemnestre et Iphigénie, est encore supérieure à tout ce que nous avons vu. Rien ne fait jamais au théâtre un plus grand effet que des personnages qui renferment d'abord leur douleur dans le fond de leur âme, et qui laissent ensuite éclater tous les sentiments qui les déchirent. (VOLTAIRE.)

AGAMEMNON.

Que me voulez-vous dire? et de quel soin jaloux...

SCÈNE IV.

AGAMEMNON, CLYTEMNESTRE, IPHIGÉNIE, ÆGINE.

CLYTEMNESTRE.

Venez, venez, ma fille, on n'attend plus que vous;
Venez remercier un père qui vous aime,
Et qui veut à l'autel vous conduire lui-même.[1]

AGAMEMNON.

Que vois-je? Quel discours! Ma fille, vous pleurez
Et baissez devant moi vos yeux mal assurés :
Quel trouble! Mais tout pleure, et la fille et la mère.
Ah! malheureux Arcas, tu m'as trahi!

IPHIGÉNIE.

       Mon père,
Cessez de vous troubler, vous n'êtes point trahi :
Quand vous commanderez, vous serez obéi.
Ma vie est votre bien. Vous voulez le reprendre :
Vos ordres sans détours pouvoient se faire entendre.
D'un œil aussi content, d'un cœur aussi soumis
Que j'acceptois l'époux que vous m'aviez promis,
Je saurai, s'il le faut, victime obéissante,
Tendre au fer de Calchas une tête innocente ;
Et, respectant le coup par vous-même ordonné,

---

1. Ironie amère extrêmement théâtrale, parce qu'elle porte le trouble dans le cœur d'Agamemnon, et lui apprend que ses desseins sont découverts. (G.)

ACTE IV, SCÈNE IV.

Vous rendre tout le sang que vous m'avez donné.
Si pourtant ce respect, si cette obéissance
Paroît digne à vos yeux d'une autre récompense;
Si d'une mère en pleurs vous plaignez les ennuis,
J'ose vous dire ici qu'en l'état où je suis,
Peut-être assez d'honneurs environnoient ma vie
Pour ne pas souhaiter qu'elle me fût ravie,
Ni qu'en me l'arrachant un sévère destin
Si près de ma naissance en eût marqué la fin.
Fille d'Agamemnon, c'est moi qui, la première,
Seigneur, vous appelai de ce doux nom de père;[1]
C'est moi qui, si longtemps le plaisir de vos yeux,
Vous ai fait de ce nom remercier les dieux,
Et pour qui, tant de fois prodiguant vos caresses,
Vous n'avez point du sang dédaigné les foiblesses.
Hélas! avec plaisir je me faisois conter
Tous les noms des pays que vous allez dompter;
Et déjà, d'Ilion présageant la conquête,
D'un triomphe si beau je préparois la fête.
Je ne m'attendois pas que, pour le commencer,
Mon sang fût le premier que vous dussiez verser.
Non que la peur du coup dont je suis menacée
Me fasse rappeler votre bonté passée :
Ne craignez rien : mon cœur, de votre honneur jaloux,

---

1. Cette idée si touchante a pu être inspirée à Racine non-seulement par Euripide, mais par le passage suivant de Lucrèce :

> Muta metu, terram genibus summissa petebat;
> Nec miseræ prodesse in tali tempore quibat,
> Quod patrio princeps donarat nomine regem.
> (Luc., lib. I.)

« Soumise et muette d'effroi, de ses genoux elle presse la terre. Que lui servit dans ce moment cruel d'avoir la première donné au roi le nom de père? »

Ne fera point rougir un père tel que vous;
Et, si je n'avois eu que ma vie à défendre,
J'aurois su renfermer un souvenir si tendre;[1]
Mais à mon triste sort, vous le savez, seigneur,
Une mère, un amant, attachoient leur bonheur.
Un roi digne de vous a cru voir la journée
Qui devoit éclairer notre illustre hyménée;
Déjà, sûr de mon cœur à sa flamme promis,
Il s'estimoit heureux : vous me l'aviez permis.
Il sait votre dessein; jugez de ses alarmes.
Ma mère est devant vous, et vous voyez ses larmes.

1. Dans l'*Andromède* de Corneille représentée en 1650, Andromède, condamnée par l'oracle à devenir la proie d'un monstre marin, dit à son père :

>   Seigneur, je vous l'avoue, il est bien rigoureux
>   De tout perdre au moment qu'on se doit croire heureux;
>   Et le coup qui surprend un espoir légitime
>   Porte plus d'une mort au cœur de la victime.
>   Mais enfin il est juste, et je le dois bénir :
>   La cause des malheurs les doit faire finir.
>   Le ciel, qui se repent sitôt de ses caresses,
>   Verra plus de constance en moi qu'en ses promesses :
>   Heureuse si mes jours un peu précipités
>   Satisfont à ces dieux par moi seule irrités,
>   Si je suis la dernière à leur courroux offerte,
>   Si le salut public peut naître de ma perte!
>   Malheureuse pourtant de ce qu'un si grand bien
>   Vous a déjà coûté d'autre sang que le mien,
>   Et que je ne suis pas la première et l'unique
>   Qui rende à votre État la sûreté publique!
>   (Acte II, scène IV.)

Mais sur son rocher, elle n'est plus aussi stoïque :

>   Affreuse image du trépas (*dit-elle*),
>   Qu'un triste honneur m'avoit fardée,
>   Surprenantes horreurs, épouvantable idée,
>   Qui tantôt ne m'ébranliez pas,
>   Que l'on vous conçoit mal quand on vous envisage
>   Avec un peu d'éloignement!
>   Qu'on vous méprise alors! Qu'on vous brave aisément!
>   Mais que la grandeur du courage
>   Devient d'un difficile usage
>   Lorsqu'on touche au dernier moment !...
>   (Acte III, scène I.)

ACTE IV, SCÈNE IV.

Pardonnez aux efforts que je viens de tenter
Pour prévenir les pleurs que je leur vais coûter.

AGAMEMNON.

Ma fille, il est trop vrai : j'ignore pour quel crime
La colère des dieux demande une victime :
Mais ils vous ont nommée : un oracle cruel
Veut qu'ici votre sang coule sur un autel.
Pour défendre vos jours de leurs lois meurtrières,
Mon amour n'avoit pas attendu vos prières.
Je ne vous dirai point combien j'ai résisté :
Croyez-en cet amour par vous-même attesté.
Cette nuit même encore, on a pu vous le dire,
J'avois révoqué l'ordre où l'on me fit souscrire :
Sur l'intérêt des Grecs vous l'aviez emporté.
Je vous sacrifiois mon rang, ma sûreté.
Arcas alloit du camp vous défendre l'entrée :
Les dieux n'ont pas voulu qu'il vous ait rencontrée;
Ils ont trompé les soins d'un père infortuné
Qui protégeoit en vain ce qu'ils ont condamné.
Ne vous assurez point sur ma foible puissance :
Quel frein pourroit d'un peuple arrêter la licence,
Quand les dieux, nous livrant à son zèle indiscret,
L'affranchissent d'un joug qu'il portoit à regret?
Ma fille, il faut céder : votre heure est arrivée.
Songez bien dans quel rang vous êtes élevée :
Je vous donne un conseil qu'à peine je reçoi;
Du coup qui vous attend vous mourrez moins que moi.[1]
Montrez, en expirant, de qui vous êtes née;

---

1. Dans Rotrou aussi, Agamemnon dit à Iphigénie :

> Va, j'attends plus que toi le coup de ton trépas,
> Et ce coup sera pire à qui n'en mourra pas.

Faites rougir ces dieux qui vous ont condamnée.
Allez; et que les Grecs, qui vont vous immoler,
Reconnoissent mon sang en le voyant couler.

CLYTEMNESTRE.

Vous ne démentez point une race funeste;
Oui, vous êtes le sang d'Atrée et de Thyeste :
Bourreau de votre fille, il ne vous reste enfin
Que d'en faire à sa mère un horrible festin.
Barbare! c'est donc là cet heureux sacrifice
Que vos soins préparoient avec tant d'artifice!
Quoi! l'horreur de souscrire à cet ordre inhumain
N'a pas, en le traçant, arrêté votre main!
Pourquoi feindre à nos yeux une fausse tristesse?
Pensez-vous par des pleurs prouver votre tendresse?
Où sont-ils, ces combats que vous avez rendus?
Quels flots de sang pour elle avez-vous répandus?
Quel débris parle ici de votre résistance?
Quel champ couvert de morts me condamne au silence?
Voilà par quels témoins il falloit me prouver,
Cruel! que votre amour a voulu la sauver.
Un oracle fatal ordonne qu'elle expire!
Un oracle dit-il tout ce qu'il semble dire?
Le ciel, le juste ciel, par le meurtre honoré,
Du sang de l'innocence est-il donc altéré?
Si du crime d'Hélène on punit sa famille,
Faites chercher à Sparte Hermione, sa fille;
Laissez à Ménélas racheter d'un tel prix
Sa coupable moitié, dont il est trop épris.
Mais vous, quelles fureurs vous rendent sa victime?
Pourquoi vous imposer la peine de son crime?
Pourquoi, moi-même enfin me déchirant le flanc,

ACTE IV, SCÈNE IV.

Payer sa folle amour du plus pur de mon sang?
Que dis-je? Cet objet de tant de jalousie,
Cette Hélène, qui trouble et l'Europe et l'Asie,
Vous semble-t-elle un prix digne de vos exploits?
Combien nos fronts pour elle ont-ils rougi de fois!
Avant qu'un nœud fatal l'unît à votre frère,
Thésée avoit osé l'enlever à son père :
Vous savez, et Calchas mille fois vous l'a dit,[1]
Qu'un hymen clandestin mit ce prince en son lit;
Et qu'il en eut pour gage une jeune princesse
Que sa mère a cachée au reste de la Grèce.
Mais non; l'amour d'un frère et son honneur blessé
Sont les moindres des soins dont vous êtes pressé :
Cette soif de régner, que rien ne peut éteindre,
L'orgueil de voir vingt rois vous servir et vous craindre,
Tous les droits de l'empire en vos mains confiés,
Cruel! c'est à ces dieux que vous sacrifiez;
Et, loin de repousser le coup qu'on vous prépare,
Vous voulez vous en faire un mérite barbare :
Trop jaloux d'un pouvoir qu'on peut vous envier,
De votre propre sang vous courez le payer;

---

1. « L'épisode de l'enlèvement d'Hélène, dit La Harpe, au milieu d'une tirade si véhémente, est la seule imperfection de ce morceau, partout ailleurs si pathétique. » Malgré l'autorité d'un si grand critique, nous ne pouvons adopter cette opinion. Ce récit, qui n'a que six vers, est bien placé, puisque c'est un moyen de sauver Iphigénie, et que l'amour maternel ne peut en oublier aucun. Après avoir accablé le roi des rois des outrages les plus sanglants, Clytemnestre couvre de mépris cette Hélène pour laquelle il veut immoler sa fille. Cette idée semble la calmer un moment, parce qu'elle flatte ses espérances. C'est un repos qui était nécessaire au milieu d'une tirade si longue et si vive, et qui donne encore plus de véhémence aux transports que dans le moment même Clytemnestre va faire éclater. Remarquez que dans ce récit elle passe rapidement de la fureur au raisonnement, et du raisonnement au pathétique. Elle veut effrayer, convaincre, et toucher; et l'on sent que tout cela doit se présenter à la fois dans le cœur maternel. (A. M.)

Et voulez, par ce prix, épouvanter l'audace
De quiconque vous peut disputer votre place.
Est-ce donc être père? Ah! toute ma raison
Cède à la cruauté de cette trahison.
Un prêtre, environné d'une foule cruelle,
Portera sur ma fille une main criminelle,
Déchirera son sein, et, d'un œil curieux,
Dans son cœur palpitant consultera les dieux![1]
Et moi, qui l'amenai triomphante, adorée,
Je m'en retournerai seule et désespérée!
Je verrai les chemins encor tout parfumés
Des fleurs dont sous ses pas on les avoit semés!
Non, je ne l'aurai point amenée au supplice,
Ou vous ferez aux Grecs un double sacrifice.
Ni crainte, ni respect ne m'en peut détacher :
De mes bras tout sanglants il faudra l'arracher.
Aussi barbare époux qu'impitoyable père,
Venez, si vous l'osez, la ravir à sa mère.
Et vous, rentrez, ma fille, et du moins à mes lois
Obéissez encor pour la dernière fois.[2]

---

1. Les ennemis de Lulli l'accusaient de devoir le succès de sa musique à Quinault. Ce reproche lui fut fait un jour par ses amis mêmes, qui lui disaient en plaisantant qu'il n'avait pas de peine à mettre en chant des vers faibles, mais qu'il éprouverait bien plus de difficultés si on lui donnait des vers pleins d'énergie. Lulli, animé par cette plaisanterie, et comme saisi d'enthousiasme, court à un clavecin, et, après avoir cherché un moment ses accords, chante ces quatre vers d'Iphigénie :

Un prêtre environné d'une foule cruelle, etc.

Un des auditeurs a raconté à M. Racine fils qu'ils se crurent tous présents à cet affreux spectacle, et que les tons que Lulli ajoutait aux paroles leur faisaient dresser les cheveux sur la tête.

(*Anecdotes dramatiques*, 1775.)

2. Les comédiens se donnent la liberté de supprimer ces deux vers : l'actrice qui joue le rôle de Clytemnestre trouve qu'ils refroidissent sa sortie. Je crois qu'une pareille licence ne doit pas être permise. (G.)

SCÈNE V.

AGAMEMNON.

A de moindres fureurs je n'ai pas dû m'attendre.
Voilà, voilà les cris que je craignois d'entendre.
Heureux si, dans le trouble où flottent mes esprits,
Je n'avois toutefois à craindre que ses cris !
Hélas! en m'imposant une loi si sévère,
Grands dieux, me deviez-vous laisser un cœur de père ?[1]

SCÈNE VI.

AGAMEMNON, ACHILLE.

ACHILLE.

Un bruit assez étrange est venu jusqu'à moi,[2]
Seigneur ; je l'ai jugé trop peu digne de foi.
On dit, et sans horreur je ne puis le redire,
Qu'aujourd'hui par votre ordre Iphigénie expire ;
Que vous-même, étouffant tout sentiment humain,

---

1. Vers heureux et touchant, absolument dans la manière et dans le goût particulier à Racine. Il justifie Agamemnon, et met à la place d'un roi barbare, à qui l'ambition fait oublier la nature, un père malheureux et digne de pitié. (G.)

2. C'est là cette scène immortelle, l'une des plus imposantes et des plus vigoureuses que l'on connaisse sur aucun théâtre, et l'un des chefs-d'œuvre du genre héroïque ; et cet héroïsme est animé de l'esprit de la tragédie, parce que la terreur est ici avec l'admiration : elle y est au point que, sans le nom d'Iphigénie, qui est ici pour Achille ce qu'est pour lui Minerve dans l'*Iliade*, le glaive d'Achille serait tiré contre le diadème du roi des rois. C'est un coup de génie d'avoir su transporter sur notre théâtre cette grande scène de l'*Iliade*, et d'avoir su la placer si heureusement. (L.)

Vous l'allez à Calchas livrer de votre main.
On dit que, sous mon nom à l'autel appelée,
Je ne l'y conduisois que pour être immolée;
Et que, d'un faux hymen nous abusant tous deux,
Vous voulez me charger d'un emploi si honteux.
Qu'en dites-vous, seigneur? Que faut-il que j'en pense?[1]
Ne ferez-vous pas taire un bruit qui vous offense?

AGAMEMNON.

Seigneur, je ne rends point compte de mes desseins.
Ma fille ignore encor mes ordres souverains;
Et, quand il sera temps qu'elle en soit informée,
Vous apprendrez son sort, j'en instruirai l'armée.[2]

ACHILLE.

Ah! je sais trop le sort que vous lui réservez.

AGAMEMNON.

Pourquoi le demander, puisque vous le savez?

ACHILLE.

Pourquoi je le demande? O ciel! le puis-je croire,
Qu'on ose des fureurs avouer la plus noire?
Vous pensez qu'approuvant vos desseins odieux,*
Je vous laisse immoler votre fille à mes yeux?

---

1. Ce premier effort que se fait Achille pour ne pas éclater d'abord devant le père d'Iphigénie est supérieurement conçu, et ne fait que rendre la terreur plus grande. (L.)

2. Ce n'était pas une médiocre difficulté de soutenir la dignité d'Agamemnon devant Achille, qui, d'après la Fable et notre imagination, est pour nous d'une grandeur presque surnaturelle. Racine en est venu à bout. Agamemnon ne dit pas un mot qui soit au-dessous de son rang et de la fierté des Atrides. *J'en instruirai l'armée* est le premier trait de ce mépris froid et calme qu'il devait opposer à la violence d'Achille. Il le confond avec le reste de l'armée. Quel dédain pour Achille! et ce dédain finira par aller jusqu'au dernier outrage, quand Achille l'aura menacé. (L.)

* Var. *Vous croyez qu'approuvant vos desseins odieux.*

ACTE IV, SCÈNE VI.

Que ma foi, mon amour, mon honneur y consente?

AGAMEMNON.

Mais vous, qui me parlez d'une voix menaçante,
Oubliez-vous ici qui vous interrogez?

ACHILLE.

Oubliez-vous qui j'aime, et qui vous outragez?

AGAMEMNON.

Et qui vous a chargé du soin de ma famille?
Ne pourrai-je, sans vous, disposer de ma fille?
Ne suis-je plus son père? Êtes-vous son époux?
Et ne peut-elle...

ACHILLE.

Non, elle n'est plus à vous :
On ne m'abuse point par des promesses vaines.
Tant qu'un reste de sang coulera dans mes veines,
Vous deviez à mon sort unir tous ses moments,
Je défendrai mes droits fondés sur vos serments.
Et n'est-ce pas pour moi que vous l'avez mandée?

AGAMEMNON.

Plaignez-vous donc aux dieux qui me l'ont demandée :
Accusez et Calchas et le camp tout entier,
Ulysse, Ménélas, et vous tout le premier.

ACHILLE.

Moi!

AGAMEMNON.

Vous, qui, de l'Asie embrassant la conquête,
Querellez tous les jours le ciel, qui vous arrête ;
Vous, qui, vous offensant de mes justes terreurs,
Avez dans tout le camp répandu vos fureurs.
Mon cœur pour la sauver vous ouvroit une voie ;
Mais vous ne demandez, vous ne cherchez que Troie.

Je vous fermois le champ où vous voulez courir :
Vous le voulez, partez ; sa mort va vous l'ouvrir.

ACHILLE.

Juste ciel ! puis-je entendre et souffrir ce langage ?
Est-ce ainsi qu'au parjure on ajoute l'outrage ?
Moi, je voulois partir aux dépens de ses jours ?
Et que m'a fait à moi cette Troie où je cours ?[1]
Au pied de ses remparts quel intérêt m'appelle ?
Pour qui, sourd à la voix d'une mère immortelle,
Et d'un père éperdu négligeant les avis,
Vais-je y chercher la mort tant prédite à leur fils ?
Jamais vaisseaux partis des rives du Scamandre
Aux champs thessaliens osèrent-ils descendre ?
Et jamais dans Larisse un riche ravisseur
Me vint-il enlever ou ma femme ou ma sœur ?
Qu'ai-je à me plaindre ? Où sont les pertes que j'ai faites ?
Je n'y vais que pour vous, barbare que vous êtes ;
Pour vous, à qui des Grecs moi seul je ne dois rien ;

---

1. Ce morceau est imité d'Homère, qui fait ainsi parler Achille, au premier livre de l'*Iliade* : « Je n'ai point porté la guerre en ces lieux pour me venger des Troyens ; ils ne sont coupables envers moi d'aucune offense ; jamais ils n'ont enlevé mes génisses, mes chevaux ; jamais ils n'ont ravagé les riches moissons qui couvrent les champs fertiles de Phthie. Trop de mers nous séparent, trop de montagnes élèvent entre nous, comme autant de barrières, leurs cimes couvertes de forêts. C'est pour ton intérêt, ô le plus impudent de tous les hommes, que je t'ai suivi dans cette expédition ; c'est pour l'honneur de ton frère Ménélas et pour le tien, monarque insolent, que je suis venu ici combattre les Troyens, qui ne te craignent guère, et que tu t'embarrasses fort peu de vaincre. » On remarque dans ce passage des traits précieux de la simplicité des mœurs antiques. La guerre consistait alors à enlever des troupeaux, à faire des dégâts sur les terres de l'ennemi. Achille ne dit point que les Troyens n'ont point fait d'incursion dans ses États parce qu'ils redoutaient sa valeur : un moderne n'y aurait pas manqué. Il dit tout naturellement que, si les Troyens ne sont pas venus l'attaquer, c'est qu'il y avait trop de montagnes à franchir, trop de mers à traverser. (G.)

ACTE IV, SCÈNE VI.

Vous, que j'ai fait nommer et leur chef et le mien ;
Vous, que mon bras vengeoit dans Lesbos enflammée,
Avant que vous eussiez assemblé votre armée.[1]
Et quel fut le dessein qui nous assembla tous?
Ne courons-nous pas rendre Hélène à son époux?
Depuis quand pense-t-on qu'inutile à moi-même,
Je me laisse ravir une épouse que j'aime?[2]
Seul, d'un honteux affront votre frère blessé
A-t-il droit de venger son amour offensé?
Votre fille me plut, je prétendis lui plaire;
Elle est de mes serments seule dépositaire :
Content de son hymen, vaisseaux, armes, soldats,
Ma foi lui promit tout, et rien à Ménélas.
Qu'il poursuive, s'il veut, son épouse enlevée ;
Qu'il cherche une victoire à mon sang réservée :
Je ne connois Priam, Hélène, ni Pâris ;
Je voulois votre fille, et ne pars qu'à ce prix.

AGAMEMNON.

Fuyez donc : retournez dans votre Thessalie.[3]

---

1. Quinault Dufresne, jouant Achille dans *Iphigénie*, s'arrêtait dans le cours précipité des reproches qu'il fait à Agamemnon :

      Vous, que mon bras vengeoit dans Lesbos enflammé,

et reprenait avec dédain :

      Avant que vous eussiez assemblé votre armée.

On sent tout l'effet que devait produire cette heureuse suspension.

2. Achille dit de même, au neuvième livre de l'*Iliade* : « Et pourquoi les Grecs font-ils la guerre aux Troyens? Pourquoi le fils d'Atrée a-t-il conduit une armée en ces lieux? N'est-ce pas pour rendre Hélène à son époux? Eh bien! les Atrides sont-ils les seuls des mortels qui chérissent leurs femmes? » Virgile, au neuvième livre de l'*Énéide*, fait aussi dire à Turnus, au sujet de Lavinie, qu'Énée lui enlève :

      Nec solos tangit Atridas
Iste dolor.

« Les Atrides ne sont pas seuls sensibles à cet outrage. »

3. Nouvelle imitation d'Homère; Agamemnon dit dans l'*Iliade* : « Fuis donc, si c'est ton envie. Je ne te presse point de rester ici pour moi : assez

Moi-même je vous rends le serment qui vous lie.
Assez d'autres viendront, à mes ordres soumis.
Se couvrir des lauriers qui vous furent promis ;
Et, par d'heureux exploits forçant la destinée,
Trouveront d'Ilion la fatale journée.[1]
J'entrevois vos mépris, et juge, à vos discours,
Combien j'achèterois vos superbes secours.
De la Grèce déjà vous vous rendez l'arbitre :
Ses rois, à vous ouïr, m'ont paré d'un vain titre.
Fier de votre valeur, tout, si je vous en crois,
Doit marcher, doit fléchir, doit trembler sous vos lois.
Un bienfait reproché tint toujours lieu d'offense ;
Je veux moins de valeur et plus d'obéissance.
Fuyez. Je ne crains point votre impuissant courroux ;
Et je romps tous les nœuds qui m'attachent à vous.

ACHILLE.

Rendez grâce au seul nœud qui retient ma colère :
D'Iphigénie encor je respecte le père.[2]
Peut-être, sans ce nom, le chef de tant de rois

---

d'autres guerriers me resteront fidèles, et rendront les respects dus à ma dignité ; Jupiter, surtout, Jupiter soutiendra l'honneur du chef suprême qui le représente. De tous les rois qui combattent sous mes auspices, tu es le plus odieux à mes yeux : je te vois toujours ami de la discorde, toujours avide de querelles et de combats. Si tu l'emportes sur les autres en force et en valeur, au lieu d'abuser de ces avantages, rends grâces aux dieux à qui tu les dois. Va, pars avec tes vaisseaux et tes soldats, va régner sur tes Myrmidons, je n'ai pas besoin de tes services, et je brave ton courroux, etc. »

1. Expression homérique : αἴσιμον ou μόρσιμον ou ὀλέθριον ἦμαρ.
2. Dans les *Phéniciennes* d'Euripide, acte II, Étéocle répond à Polynice : « Rendez grâce à la foi publique ; sans elle j'aurais déjà puni de mort votre arrogante fierté. » Cette pensée paraît empruntée à Homère, qui, *Iliade*, livre I, représente Achille portant la main sur son épée, et partagé entre le sentiment d'une injure et la crainte de manquer de respect au chef de tous les Grecs. « Si la Grèce, dit-il, ne t'avait pas confié le commandement de ses armées, tu m'eusses outragé pour la dernière fois. »

M'auroit osé braver pour la dernière fois.
Je ne dis plus qu'un mot; c'est à vous de m'entendre.
J'ai votre fille ensemble et ma gloire à défendre;
Pour aller jusqu'au cœur que vous voulez percer,
Voilà par quel chemin vos coups doivent passer.[1]

SCÈNE VII.

AGAMEMNON.

Et voilà ce qui rend sa perte inévitable.
Ma fille toute seule étoit plus redoutable.
Ton insolent amour, qui croit m'épouvanter,
Vient de hâter le coup que tu veux arrêter.
Ne délibérons plus. Bravons sa violence :
Ma gloire intéressée emporte la balance.
Achille menaçant détermine mon cœur :
Ma pitié sembleroit un effet de ma peur.
Holà! Gardes, à moi!

SCÈNE VIII.

AGAMEMNON, EURYBATE, GARDES.

EURYBATE.[2]
Seigneur.

AGAMEMNON.
                 Que vais-je faire?

---

1. Le même sentiment se trouve dans un passage de Sophocle où Teucer s'adresse à Agamemnon, qui vouloit refuser les honneurs de la sépulture à Ajax. Racine a traduit ce passage en marge d'un exemplaire de cet auteur qui lui a appartenu, et que l'on conserve à la Bibliothèque nationale. Le voici : « Si vous faites jeter Ajax, faites votre compte qu'il faudra que vous nous jetiez tous trois avec lui : car j'aime bien mieux mourir pour lui que pour votre femme ou votre frère; mais prenez garde qu'en voulant nous outrager, vous ne vous repentiez de votre entreprise. »
2. Il est utile de remarquer combien Racine est fidèle aux convenances,

Puis-je leur prononcer cet ordre sanguinaire?
Cruel! à quel combat faut-il te préparer!
Quel est cet ennemi que tu leur vas livrer?
Une mère m'attend; une mère intrépide,
Qui défendra son sang contre un père homicide :
Je verrai mes soldats, moins barbares que moi,
Respecter dans ses bras la fille de leur roi.
Achille nous menace, Achille nous méprise ;
Mais ma fille en est-elle à mes lois moins soumise?
Ma fille, de l'autel cherchant à s'échapper,
Gémit-elle du coup dont je la veux frapper?
Que dis-je? Que prétend mon sacrilége zèle?
Quels vœux, en l'immolant, formerai-je sur elle?
Quelques prix glorieux qui me soient proposés,
Quels lauriers me plairont, de son sang arrosés?
Je veux fléchir des dieux la puissance suprême :
Ah! quels dieux me seroient plus cruels que moi-même?
Non, je ne puis. Cédons au sang, à l'amitié,
Et ne rougissons plus d'une juste pitié :
Qu'elle vive. Mais quoi! peu jaloux de ma gloire,
Dois-je au superbe Achille accorder la victoire?
Son téméraire orgueil, que je vais redoubler,
Croira que je lui cède et qu'il m'a fait trembler...
De quel frivole soin mon esprit s'embarrasse!
Ne puis-je pas d'Achille humilier l'audace?
Que ma fille à ses yeux soit un sujet d'ennui :[1]
Il l'aime; elle vivra pour un autre que lui.

---

jusque dans les choses les moins importantes. Ici ce n'est plus Arcas, mais un nouveau personnage, qui se présente à Agamemnon. Arcas ne paraît plus devant le roi des rois du moment où il a trahi le secret qui lui avait été confié. (A. M.)

1. Le mot *ennui* avait alors une valeur qu'il n'a plus.

Eurybate, appelez la princesse, la reine :
Qu'elles ne craignent point.

SCÈNE IX.

AGAMEMNON, GARDES.

AGAMEMNON.

Grands dieux ! si votre haine
Persévère à vouloir l'arracher de mes mains,
Que peuvent devant vous tous les foibles humains !
Loin de la secourir, mon amitié l'opprime,
Je le sais ; mais, grands dieux ! une telle victime
Vaut bien que, confirmant vos rigoureuses lois,
Vous me la demandiez une seconde fois.[1]

SCÈNE X.

AGAMEMNON, CLYTEMNESTRE, IPHIGÉNIE, ÉRIPHILE, EURYBATE, DORIS, GARDES.

AGAMEMNON.

Allez, madame, allez ; prenez soin de sa vie :
Je vous rends votre fille, et je vous la confie.
Loin de ces lieux cruels précipitez ses pas ;
Mes gardes vous suivront, commandés par Arcas :

---

1. Les scènes VII, VIII et IX ne forment qu'une scène, et même un monologue ; car qu'Eurybate entre quand Agamemnon l'appelle, ou sorte quand il le renvoie, c'est toujours à soi-même que parle Agamemnon. Ce monologue est la peinture du plus violent combat entre l'amour paternel et la fierté. (L. R.)

Je veux bien excuser son heureuse imprudence.
Tout dépend du secret et de la diligence :
Ulysse ni Calchas n'ont point encor parlé;
Gardez que ce départ ne leur soit révélé.
Cachez bien votre fille; et que tout le camp croie
Que je la retiens seule, et que je vous renvoie.
Fuyez. Puissent les dieux, de mes larmes contents,
A mes tristes regards ne l'offrir de longtemps !
Gardes, suivez la reine.

CLYTEMNESTRE.

Ah ! seigneur !

IPHIGÉNIE.

Ah ! mon père !

AGAMEMNON.

Prévenez de Calchas l'empressement sévère,
Fuyez, vous dis-je. Et moi, pour vous favoriser,
Par de feintes raisons je m'en vais l'abuser.
Je vais faire suspendre une pompe funeste,
Et de ce jour, au moins, lui demander le reste.

SCÈNE XI.

ÉRIPHILE, DORIS.

ÉRIPHILE.

Suis-moi : ce n'est pas là, Doris, notre chemin.

DORIS.

Vous ne les suivez pas?

ACTE IV, SCÈNE XI.

ÉRIPHILE.

Ah ! je succombe enfin.
Je reconnois l'effet des tendresses d'Achille.
Je n'emporterai point une rage inutile :
Plus de raisons ; il faut ou la perdre ou périr.
Viens, te dis-je. A Calchas je vais tout découvrir.[1]

1. Ce dernier vers fait trembler pour Iphigénie, et termine de la manière la plus intéressante ce quatrième acte, le meilleur de la pièce, le plus riche en grandes situations, en magnifiques scènes, et en beautés de détail. Les comédiens ont eu quelquefois la témérité de supprimer cette dernière scène, absolument nécessaire pour lier le quatrième acte au cinquième, mais dont malheureusement ils ne sentaient point assez la nécessité. (G.)

ACTE CINQUIÈME.

SCÈNE PREMIÈRE.

IPHIGÉNIE, ÆGINE.

IPHIGÉNIE.

Cesse de m'arrêter. Va, retourne à ma mère,
Ægine : il faut des dieux apaiser la colère.
Pour ce sang malheureux qu'on veut leur dérober,
Regarde quel orage est tout prêt à tomber :
Considère l'état où la reine est réduite ;
Vois comme tout le camp s'oppose à notre fuite ;
Avec quelle insolence ils ont, de toutes parts,
Fait briller à nos yeux la pointe de leurs dards ;
Nos gardes repoussés, la reine évanouie...
Ah ! c'est trop l'exposer : souffre que je la fuie,
Et, sans attendre ici ses secours impuissants,
Laisse-moi profiter du trouble de ses sens.
Mon père même, hélas ! puisqu'il faut te le dire,
Mon père, en me sauvant, ordonne que j'expire.

ÆGINE.

Lui, madame ! Quoi donc ? qu'est-ce qui s'est passé ?

IPHIGÉNIE.

Achille, trop ardent, l'a peut-être offensé :
Mais le roi, qui le hait, veut que je le haïsse ;
Il ordonne à mon cœur cet affreux sacrifice :
Il m'a fait par Arcas expliquer ses souhaits ;
Ægine, il me défend de lui parler jamais.

ÆGINE.

Ah! madame!

IPHIGÉNIE.

Ah! sentence! ah! rigueur inouïe!
Dieux plus doux, vous n'avez demandé que ma vie !
Mourons, obéissons. Mais qu'est-ce que je voi?
Dieux! Achille!

SCÈNE II.

ACHILLE, IPHIGÉNIE.

ACHILLE.

Venez, madame, suivez-moi :
Ne craignez ni les cris ni la foule impuissante
D'un peuple qui se presse autour de cette tente.
Paroissez ; et bientôt, sans attendre mes coups,
Ces flots tumultueux s'ouvriront devant vous.
Patrocle, et quelques chefs qui marchent à ma suite,
De mes Thessaliens vous amènent l'élite :
Tout le reste, assemblé près de mon étendard,
Vous offre de ses rangs l'invincible rempart.
A vos persécuteurs opposons cet asile :
Qu'ils viennent vous chercher sous les tentes d'Achille !
Quoi ! madame! est-ce ainsi que vous me secondez?

Ce n'est que par des pleurs que vous me répondez!
Vous fiez-vous encore à de si foibles armes?
Hâtons-nous : votre père a déjà vu vos larmes.

IPHIGÉNIE.

Je le sais bien, seigneur : aussi tout mon espoir
N'est plus qu'au coup mortel que je vais recevoir.

ACHILLE.

Vous, mourir? Ah! cessez de tenir ce langage.
Songez-vous quel serment vous et moi nous engage?
Songez-vous, pour trancher d'inutiles discours,
Que le bonheur d'Achille est fondé sur vos jours?

IPHIGÉNIE.

Le ciel n'a point aux jours de cet infortunée[1]
Attaché le bonheur de votre destinée.
Notre amour nous trompoit; et les arrêts du sort
Veulent que ce bonheur soit un fruit de ma mort.
Songez, seigneur, songez à ces moissons de gloire
Qu'à vos vaillantes mains présente la victoire :
Ce champ si glorieux où vous aspirez tous,
Si mon sang ne l'arrose, est stérile pour vous.
Telle est la loi des dieux à mon père dictée.
En vain, sourd à Calchas, il l'avoit rejetée :
Par la bouche des Grecs contre moi conjurés
Leurs ordres éternels se sont trop déclarés.
Partez; à vos honneurs j'apporte trop d'obstacles;
Vous-même dégagez la foi de vos oracles;

---

1. Les scènes d'Achille avec Iphigénie offrent d'un côté les transports de l'enthousiasme et d'une aveugle fureur, de l'autre la vertu héroïque d'une jeune fille de quinze ans : tout son discours est un modèle d'élégance et de sensibilité : notre langue et notre poésie n'ont rien de plus enchanteur dans le pathétique doux et tendre. (G.)

Signalez ce héros à la Grèce promis;
Tournez votre douleur contre ses ennemis.
Déjà Priam pâlit; déjà Troie en alarmes
Redoute mon bûcher et frémit de vos larmes.
Allez; et, dans ses murs vides de citoyens,
Faites pleurer ma mort aux veuves des Troyens.
Je meurs dans cet espoir, satisfaite et tranquille.
Si je n'ai pas vécu la compagne d'Achille,
J'espère que du moins un heureux avenir
A vos faits immortels joindra mon souvenir;
Et qu'un jour mon trépas, source de votre gloire,
Ouvrira le récit d'une si belle histoire.
Adieu, prince; vivez, digne race des dieux.

ACHILLE.

Non, je ne reçois point vos funestes adieux.
En vain, par ce discours, votre cruelle adresse
Veut servir votre père et tromper ma tendresse.
En vain vous prétendez, obstinée à mourir,
Intéresser ma gloire à vous laisser périr :
Ces moissons de lauriers, ces honneurs, ces conquêtes,
Ma main, en vous servant, les trouve toutes prêtes.
Et qui de ma faveur se voudroit honorer
Si mon hymen prochain ne peut vous assurer?[1]
Ma gloire, mon amour, vous ordonnent de vivre :
Venez, madame, il faut les en croire et me suivre.

IPHIGÉNIE.

Qui? moi? que, contre un père osant me révolter,
Je mérite la mort que j'irois éviter?
Où seroit le respect? Et ce devoir suprême...

1. Le mot *assurer* ne signifie *mettre en sûreté* que dans ce sens : *assurer une place, un pays, une province*. Du temps de Racine, son acception était beaucoup plus étendue.

IPHIGÉNIE.

ACHILLE.

Vous suivrez un époux avoué par lui-même.
C'est un titre qu'en vain il prétend me voler :[1]
Ne fait-il des serments que pour les violer?
Vous-même, que retient un devoir si sévère,
Quand il vous donne à moi, n'est-il point votre père?
Suivez-vous seulement ses ordres absolus
Quand il cesse de l'être et ne vous connoît plus?
Enfin c'est trop tarder, ma princesse, et ma crainte...

IPHIGÉNIE.

Quoi! seigneur! vous iriez jusques à la contrainte?
D'un coupable transport écoutant la chaleur,
Vous pourriez ajouter ce comble à mon malheur?
Ma gloire vous seroit moins chère que ma vie?
Ah! seigneur! épargnez la triste Iphigénie.
Asservie à des lois que j'ai dû respecter,
C'est déjà trop pour moi que de vous écouter :
Ne portez pas plus loin votre injuste victoire;
Ou, par mes propres mains immolée à ma gloire,
Je saurai m'affranchir, dans ces extrémités,
Du secours dangereux que vous me présentez.

ACHILLE.

Hé bien, n'en parlons plus. Obéissez, cruelle,
Et cherchez une mort qui vous semble si belle :

---

1. Racine a jugé sans doute que *voler* était un terme assez noble, puisqu'il l'a déjà employé au commencement de la pièce, acte I, scène III :

> Et, si quelque insolent lui voloit sa conquête...

Mais ce mot a ici une énergie et une insolence qui ne se seraient rencontrées dans aucun autre mot de la langue. C'est Achille qui parle, il insulte celui qui veut lui enlever sa maîtresse.

ACTE V, SCÈNE II.

Portez à votre père un cœur où j'entrevoi
Moins de respect pour lui que de haine pour moi.
Une juste fureur s'empare de mon âme :
Vous allez à l'autel; et moi, j'y cours, madame.
Si de sang et de morts le ciel est affamé,
Jamais de plus de sang ses autels n'ont fumé.
A mon aveugle amour tout sera légitime :
Le prêtre deviendra la première victime :
Le bûcher, par mes mains détruit et renversé,
Dans le sang des bourreaux nagera dispersé,
Et si, dans les horreurs de ce désordre extrême,
Votre père, frappé, tombe et périt lui-même,
Alors, de vos respects voyant les tristes fruits,
Reconnoissez les coups que vous aurez conduits.

IPHIGÉNIE.

Ah! seigneur! Ah! cruel!... Mais il fuit, il m'échappe.
O toi, qui veux ma mort, me voilà seule, frappe;
Termine, juste ciel, ma vie et mon effroi,
Et lance ici des traits qui n'accablent que moi!

SCÈNE III.

CLYTEMNESTRE, IPHIGÉNIE, EURYBATE, ÆGINE, GARDES.

CLYTEMNESTRE.

Oui, je la défendrai contre toute l'armée.[1]
Lâches, vous trahissez votre reine opprimée!

---

1. Le trouble croît à chaque minute, et cependant l'espérance n'est point encore tout à fait perdue. Le spectateur, toujours agité et toujours incertain, attend le dénoûment avec impatience. (L. R.)

EURYBATE.

Non, madame, il suffit que vous me commandiez :*
Vous nous verrez combattre et mourir à vos pieds.
Mais de nos foibles mains que pouvez-vous attendre?
Contre tant d'ennemis qui vous pourra défendre?**
Ce n'est plus un vain peuple en désordre assemblé ;
C'est d'un zèle fatal tout le camp aveuglé ;
Plus de pitié. Calchas seul règne, seul commande :
La piété sévère exige son offrande.¹
Le roi de son pouvoir se voit déposséder,
Et lui-même au torrent nous contraint de céder.
Achille, à qui tout cède, Achille à cet orage
Voudroit lui-même en vain opposer son courage :
Que fera-t-il, madame? et qui peut dissiper
Tous les flots d'ennemis prêts à l'envelopper?

CLYTEMNESTRE.

Qu'ils viennent donc sur moi prouver leur zèle impie,
Et m'arrachent ce peu qui me reste de vie !
La mort seule, la mort pourra rompre les nœuds
Dont mes bras nous vont joindre et lier toutes deux :
Mon corps sera plutôt séparé de mon âme,
Que je souffre jamais... Ah ! ma fille !²

* VAR. *Non, madame, il suffit que vous nous commandiez.*
** VAR. *Contre tant d'ennemis, qui pourra vous défendre?*

1. La religion est ici personnifiée sous le nom de *piété*. *Sévère,* cette épithète a paru trop faible à quelques critiques ; elle est, au contraire, parfaitement mesurée et convenable. Eurybate croit que les dieux eux-mêmes ont parlé par la voix de Calchas. *Son offrande,* c'est l'offrande promise à *la piété*. (G.)

2. La désolation est sur la scène jusqu'au dénoûment, qu'il n'est pas possible de prévoir, et qui, par l'oracle de Calchas et la mort d'Ériphile, est à la fois vraisemblable et satisfaisant. Cette marche, on ne sauroit trop le redire, est un modèle de perfection. (L.) — Il semble qu'Iphigénie devroit

ACTE V, SCÈNE III.

IPHIGÉNIE.

Ah ! madame !
Sous quel astre cruel avez-vous mis au jour
Le malheureux objet d'une si tendre amour !
Mais que pouvez-vous faire en l'état où nous sommes ?
Vous avez à combattre et les dieux et les hommes.
Contre un peuple en fureur vous exposerez-vous ?
N'allez point, dans un camp rebelle à votre époux,
Seule à me retenir vainement obstinée,
Par des soldats peut-être indignement traînée,
Présenter pour tout fruit d'un déplorable effort,
Un spectacle à mes yeux plus cruel que la mort.
Allez : laissez aux Grecs achever leur ouvrage,
Et quittez pour jamais un malheureux rivage ;
Du bûcher qui m'attend, trop voisin de ces lieux,
La flamme de trop près viendroit frapper vos yeux.
Surtout, si vous m'aimez, par cet amour de mère,
Ne reprochez jamais mon trépas à mon père.[1]

CLYTEMNESTRE.

Lui ! par qui votre cœur à Calchas présenté...

---

répondre : *Ah, ma mère !* Pourquoi le poëte lui fait-il dire, *madame*, et dans le dernier adieu :

> Daignez m'ouvrir vos bras pour la dernière fois,
> Madame ; et rappelant votre vertu sublime...?

— Pour que sa mère et elle s'attendrissent moins, et que, dans ce cruel moment, Clytemnestre oublie qu'elle est mère. (L. R.)

1. Les détails, les sentiments, les vers, tout répond au mérite de la situation et du plan. Rien n'est plus touchant que ces adieux d'Iphigénie ; ce dernier vers est imité du grec : « Ne haïssez point votre époux et mon père ; » il y a aussi un endroit imité de l'*Hécube :*

> Par des soldats peut-être indignement traînée, etc.

IPHIGÉNIE.

Pour me rendre à vos pleurs que n'a-t-il point tenté?

CLYTEMNESTRE.

Par quelle trahison le cruel m'a déçue!

IPHIGÉNIE.

Il me cédoit aux dieux, dont il m'avoit reçue.
Ma mort n'emporte pas tout le fruit de vos feux :
De l'amour qui vous joint vous avez d'autres nœuds;
Vos yeux me reverront dans Oreste mon frère.
Puisse-t-il être, hélas! moins funeste à sa mère!
D'un peuple impatient vous entendez la voix.
Daignez m'ouvrir vos bras pour la dernière fois,
Madame; et rappelant votre vertu sublime...
Eurybate, à l'autel conduisez la victime.

SCÈNE IV.

CLYTEMNESTRE, ÆGINE, GARDES.

CLYTEMNESTRE.

Ah! vous n'irez pas seule; et je ne prétends pas...
Mais on se jette en foule au-devant de mes pas.
Perfides! contentez votre soif sanguinaire.

ÆGINE.

Où courez-vous, madame? et que voulez-vous faire?

CLYTEMNESTRE.

Hélas! je me consume en impuissants efforts,
Et rentre au trouble affreux dont à peine je sors.

Mourrai-je tant de fois sans sortir de la vie?[1]

ÆGINE.

Ah! savez-vous le crime, et qui vous a trahie,
Madame? Savez-vous quel serpent inhumain
Iphigénie avoit retiré dans son sein?
Ériphile, en ces lieux par vous-même conduite,
A seule à tous les Grecs révélé votre fuite.

CLYTEMNESTRE.

O monstre, que Mégère en ses flancs a porté![1]
Monstre, que dans nos bras les enfers ont jeté!
Quoi! tu ne mourras point! Quoi! pour punir son crime...
Mais où va ma douleur chercher une victime?
Quoi! pour noyer les Grecs et leurs mille vaisseaux,
Mer, tu n'ouvriras pas des abîmes nouveaux?
Quoi! lorsque, les chassant du port qui les recèle,
L'Aulide aura vomi leur flotte criminelle,
Les vents, les mêmes vents, si longtemps accusés,
Ne te couvriront pas de ses vaisseaux brisés?*
Et toi, soleil, et toi, qui, dans cette contrée,
Reconnois l'héritier et le vrai fils d'Atrée,
Toi, qui n'osas du père éclairer le festin,

---

1. On peut reprocher à ce vers quelque recherche dans la pensée :

   Mourrai-je tant de fois sans sortir de la vie ?

il est plus dans le goût de Sénèque que dans celui de Racine.

1. Toutes ces imprécations de Clytemnestre contre Ériphile et les Grecs, cette apostrophe au soleil, sont d'une admirable éloquence, et donnent un grand mouvement à notre théâtre. Chez Euripide, Clytemnestre se retire lorsqu'on enlève Iphigénie : les poëtes grecs désespéraient de peindre cette douleur extrême, que les paroles semblent devoir affaiblir. (G.)

* VAR. *Ne te couvriront pas de ces vaisseaux brisés?*

Recule, ils t'ont appris ce funeste chemin.
Mais cependant, ô ciel! ô mère infortunée!
De festons odieux ma fille couronnée
Tend la gorge aux couteaux par son père apprêtés!
Calchas va dans son sang... Barbares! arrêtez :
C'est le pur sang du dieu qui lance le tonnerre...
J'entends gronder la foudre et sens trembler la terre :
Un dieu vengeur, un dieu fait retentir ces coups.[1]

SCÈNE V.

CLYTEMNESTRE, ARCAS, ÆGINE, GARDES.

ARCAS.

N'en doutez point, madame, un dieu combat pour vous.
Achille, en ce moment, exauce vos prières;
Il a brisé des Grecs les trop foibles barrières;
Achille est à l'autel. Calchas est éperdu :
Le fatal sacrifice est encor suspendu.
On se menace, on court, l'air gémit, le fer brille.
Achille fait ranger autour de votre fille
Tous ses amis, pour lui prêts à se dévouer.
Le triste Agamemnon, qui n'ose l'avouer,

---

1. Dans ce morceau de poésie, quelle variété de sentiments, quelle force d'expressions, que d'images, et que de figures! Cette répétition du mot *monstre,* ces apostrophes à Ériphile, à la mer, au soleil, au ciel, à elle-même, aux sacrificateurs; ces images d'un monstre sorti des enfers, de la mer ouvrant ses abimes, du port qui vomit la flotte des Grecs, du soleil qui recule, d'Iphigénie qui, couronnée de festons, tend la gorge aux couteaux, du tonnerre qu'elle croit entendre : toutes les beautés de la poésie la plus grande sont rassemblées dans ces vingt vers, parce qu'ils contiennent une peinture des plus violents mouvements de la nature. (L. R.)

Pour détourner ses yeux des meurtres qu'il présage,
Ou pour cacher ses pleurs, s'est voilé le visage.[1]
Venez, puisqu'il se tait, venez par vos discours
De votre défenseur appuyer le secours.
Lui-même de sa main, de sang toute fumante,
Il veut entre vos bras remettre son amante;
Lui-même il m'a chargé de conduire vos pas :
Ne craignez rien.

CLYTEMNESTRE.

Moi, craindre! Ah! courons, cher Arcas.
Le plus affreux péril n'a rien dont je pâlisse.
J'irai partout... Mais, dieux! ne vois-je pas Ulysse?
C'est lui : ma fille est morte! Arcas, il n'est plus temps!

SCÈNE VI.

ULYSSE, CLYTEMNESTRE, ARCAS, ÆGINE,
GARDES.

ULYSSE.

Non, votre fille vit, et les dieux sont contents.*

---

1. C'est Euripide qui a fourni à Racine ce beau trait d'Agamemnon qui se voile le visage. La tragédie française n'offrant pas la même situation que la tragédie grecque, on a dit que l'imitation n'était pas heureuse, et qu'Agamemnon, qui voit Achille aux prises avec l'armée, ne devait pas rester étranger à l'événement. Cependant il est certain qu'Agamemnon ne peut s'armer pour ceux qui veulent immoler sa fille, sans cesser d'être père, ni combattre pour Achille, qui veut empêcher ce sacrifice, sans cesser d'être roi. Car, si d'un côté il s'agit du sort d'Iphigénie, de l'autre il s'agit du sort de la Grèce assemblée. Agamemnon a donc fait tout ce qu'il devait comme roi, en cédant aux vœux de l'armée; à présent le père doit se résigner, et attendre ce que les dieux vont en ordonner, et c'est ce qu'Euripide et Racine ont exprimé par une image sublime. (A. M.)

* VAR. *Non, madame, elle vit, et les dieux sont contents.*

Rassurez-vous : le ciel a voulu vous la rendre.

CLYTEMNESTRE.

Elle vit! Et c'est vous qui venez me l'apprendre!

ULYSSE.

Oui, c'est moi qui longtemps, contre elle et contre vous,
Ai cru devoir, madame, affermir votre époux;
Moi qui, jaloux tantôt de l'honneur de nos armes,
Par d'austères conseils ai fait couler vos larmes;
Et qui viens, puisque enfin le ciel est apaisé,
Réparer tout l'ennui que je vous ai causé.[1]

CLYTEMNESTRE.

Ma fille! Ah! prince! O ciel! je demeure éperdue.
Quel miracle, seigneur, quel dieu me l'a rendue?

ULYSSE.

Vous m'en voyez moi-même, en cet heureux moment,
Saisi d'horreur,[2] de joie et de ravissement.
Jamais jour n'a paru si mortel à la Grèce.
Déjà de tout le camp la discorde maîtresse
Avoit sur tous les yeux mis son bandeau fatal,
Et donné du combat le funeste signal.
De ce spectacle affreux votre fille alarmée
Voyoit pour elle Achille et contre elle l'armée;
Mais, quoique seul pour elle, Achille furieux
Épouvantoit l'armée et partageoit les dieux.
Déjà de traits en l'air s'élevoit un nuage;
Déjà couloit le sang, prémices du carnage :

---

1. Nous avons déjà remarqué que le mot *ennui* a beaucoup perdu de son ancienne énergie.
2. *Horreur* a ici le sens de terreur religieuse, comme souvent *horror* en latin.

Entre les deux partis Calchas s'est avancé,
L'œil farouche, l'air sombre et le poil hérissé,
Terrible et plein du dieu qui l'agitoit sans doute :
« Vous, Achille, a-t-il dit, et vous, Grecs, qu'on m'écoute.
« Le dieu qui maintenant vous parle par ma voix
« M'explique son oracle et m'instruit de son choix.
« Un autre sang d'Hélène, une autre Iphigénie
« Sur ce bord immolée y doit laisser sa vie.
« Thésée avec Hélène uni secrètement
« Fit succéder l'hymen à son enlèvement :
« Une fille en sortit, que sa mère a celée ;
« Du nom d'Iphigénie elle fut appelée.
« Je vis moi-même alors ce fruit de leurs amours :
« D'un sinistre avenir je menaçai ses jours.
« Sous un nom emprunté sa noire destinée
« Et ses propres fureurs ici l'ont amenée.
« Elle me voit, m'entend, elle est devant vos yeux ;
« Et c'est elle, en un mot, que demandent les dieux. »
Ainsi parle Calchas. Tout le camp immobile
L'écoute avec frayeur et regarde Ériphile.
Elle étoit à l'autel ; et peut-être en son cœur
Du fatal sacrifice accusoit la lenteur.
Elle-même tantôt, d'une course subite,
Étoit venue aux Grecs annoncer votre fuite.
On admire en secret sa naissance et son sort.
Mais puisque Troie enfin est le prix de sa mort,
L'armée à haute voix se déclare contre elle,
Et prononce à Calchas sa sentence mortelle.
Déjà pour la saisir Calchas lève le bras :
« Arrête, a-t-elle dit, et ne m'approche pas.[1]

---

1. Le caractère fier, énergique d'Ériphile se soutient jusqu'à la fin. Ce

« Le sang de ces héros dont tu me fais descendre
« Sans tes profanes mains saura bien se répandre. »
Furieuse, elle vole, et, sur l'autel prochain,
Prend le sacré couteau, le plonge dans son sein.
A peine son sang coule et fait rougir la terre,
Les dieux font sur l'autel entendre le tonnerre ;
Les vents agitent l'air d'heureux frémissements,[1]
Et la mer leur répond par ses mugissements ;
La rive au loin gémit, blanchissante d'écume :
La flamme du bûcher d'elle-même s'allume ;
Le ciel brille d'éclairs, s'entr'ouvre, et parmi nous
Jette une sainte horreur qui nous rassure tous.[2]
Le soldat, étonné, dit que dans une nue
Jusque sur le bûcher Diane est descendue ;
Et croit que, s'élevant au travers de ses feux,
Elle portoit au ciel notre encens et nos vœux.
Tout s'empresse, tout part. La seule Iphigénie
Dans ce commun bonheur pleure son ennemie.[3]
Des mains d'Agamemnon venez la recevoir ;
Venez : Achille et lui, brûlant de vous revoir,

trait est imité du récit de la mort de Polixène, dans l'*Hécube* d'Euripide. La jeune princesse dit à ceux qui voulaient s'approcher pour la saisir : « O Grecs, destructeurs de ma patrie, je meurs volontairement ; que personne ne porte sur moi une main profane, je saurai tendre courageusement la tête. »

1. Racine prodigue, dans ce récit, les trésors de la poésie épique. Il faut remarquer surtout :

>Les vents agitent l'air d'heureux frémissements...
>La rive au loin gémit, blanchissante d'écume.

Vers très-harmonieux, très-pittoresques, et d'une facture antique. (G.)

2. Voyez la note 2, page 264.

3. Dernier trait du plus aimable et du plus intéressant caractère de jeune princesse qu'on ait jamais mis au théâtre. Ce récit d'Ulysse est d'autant plus beau, qu'il finit un acte plein d'art et d'intérêt, et forme le plus heureux dénoûment. (G.)

IPHIGÉNIE

ULYSSE. *Furieuse elle vole et sur l'autel prochain*
Prend le sacré couteau, le plonge dans son sein

ACTE V, SCÈNE VI. 267

Madame, et désormais tous deux d'intelligence,
Sont prêts à confirmer leur auguste alliance.

CLYTEMNESTRE.

Par quel prix, quel encens, ô ciel, puis-je jamais
Récompenser Achille, et payer tes bienfaits![1]

1. Voltaire a écrit que, s'il fallait donner le prix de la tragédie, il serait difficile de le refuser à *Iphigénie en Aulide*. Il y trouve tous les genres de beautés : l'intérêt du sujet, la force des situations, la variété et la vérité des caractères ; le pathétique violent dans Clytemnestre, le pathétique doux dans Iphigénie, les combats de la nature et du rang suprême dans Agamemnon, et enfin le plan le plus irréprochable et la contexture dramatique la plus parfaite ; l'incertitude, la crainte, l'espérance, la pitié, la terreur, étant soutenues, graduées, et variées, sans un seul moment de relâche, depuis le premier vers jusqu'à la dernière scène. Il ne dit rien du style : c'est celui de Racine dans toute sa perfection. Il ne mêle aucun reproche à ses louanges. S'il eût trouvé l'épisode d'Ériphile répréhensible, sans doute il en aurait fait mention : son silence sur cet objet important doit faire penser qu'il n'était pas de l'avis des censeurs de ce rôle, et qu'il n'a pas même cru leur opinion assez appuyée pour y faire attention. Racine s'estimait très-heureux d'avoir trouvé cette fable d'Ériphile, *d'une autre Iphigénie,* dans les traditions anciennes ; il a su la lier à son sujet si essentiellement, que l'unité n'en est jamais rompue. L'invention de ce rôle me paraît un trait de génie, puisque cet épisode nécessaire ne distrait pas un moment du danger d'Iphigénie, et fournit d'ailleurs à un chef-d'œuvre un dénoûment aussi heureux dans toutes ses parties que le reste de la pièce. (L.)

FIN D'IPHIGÉNIE.

EXAMEN CRITIQUE
D'IPHIGÉNIE

Le succès d'*Iphigénie* fut éclatant à la ville aussi bien qu'à la cour. Nous avons vu les témoignages des historiographes qui constatent l'émotion qu'excita la nouvelle tragédie à Versailles. L'impression qu'elle fit à Paris ne fut pas moins vive. Michel Le Clerc, qui essaya de rivaliser avec Racine, est obligé de le reconnaître : « L'*Iphigénie* de M. Racine, dit-il dans sa préface, a eu tout le succès qu'il pouvoit souhaiter. » Il avoue « qu'elle sembloit avoir épuisé tous les applaudissements. » L'abbé de Villiers, dans son *Entretien sur les tragédies de ce temps,* qui fut publié après la représentation de la pièce de Racine, mais avant celle de la pièce de Le Clerc et Coras qui était seulement annoncée, conseille à ces derniers de travailler sur un autre sujet. « J'ai de la peine à croire, ajoute-t-il, que leur *Iphigénie* soit jouée durant trois mois comme celle que nous avons vue. »

Enfin nous avons le témoignage de Boileau dans l'épître VII :

> Jamais Iphigénie en Aulide immolée
> N'a coûté tant de pleurs à la Grèce assemblée
> Que dans l'heureux spectacle à nos yeux étalé
> En a fait sous son nom verser la Champmeslé.

« J'ignore, dit Louis Racine dans son *Examen* de la pièce, combien de fois *Iphigénie* fut d'abord représentée ; mais, suivant une tradition qui est restée, dit-on, parmi les comédiens de Paris, jamais pièce dans sa naissance ne resta plus longtemps sur le théâtre et ne fit couler tant de pleurs. »

Les représentations constatées sur le registre de La Grange après la jonction des troupes, août 1680, jusqu'au mois de septembre 1685, sont au nombre de vingt-neuf, dont cinq à la cour ; de sept à la cour et de quatre-vingt-sept à la ville (d'après M. Despois) jusqu'en 1700.

Le succès ne découragea pas toutefois les contradicteurs. Il y eut des dissertations contre la nouvelle tragédie. On lui opposa même une rivale dont les auteurs furent Le Clerc et Coras.

La première critique de l'*Iphigénie* de Racine se trouve dans un petit ouvrage de l'abbé de Villiers, intitulé *Entretien sur les tragédies de ce temps,*[1] que nous venons de citer tout à l'heure. L'abbé Pierre de Villiers, toutefois, ne méconnaissait aucunement les mérites de la nouvelle tragédie. Les deux personnages que l'auteur fait dialoguer et qu'il nomme Cléarque et Timante s'accordent à la trouver fort belle et à dire « qu'ils y ont pleuré en plus d'un endroit. » C'est même sur le mérite et le succès de la pièce que Timante, celui des deux interlocuteurs dans lequel l'auteur s'est représenté et qui défend sa propre thèse, s'appuie pour soutenir que l'amour n'est pas indispensable dans les tragédies. « On peut dire que le grand succès d'*Iphigénie* a désabusé le public de l'erreur où il étoit qu'une tragédie ne pouvoit se soutenir sans un violent amour. En effet, tout le monde a été pour cette tragédie, et il n'y a que deux ou trois coquettes de profession qui n'en ont pas été contentes ; c'est sans doute parce que l'amour n'y

---

1. « A Paris, chez Estienne Michallet, rue Saint-Jacques... 1675. Avec permission. » Le permis d'imprimer est du 5 avril 1675, ce qui concorde très-bien avec la date assignée à la représentation d'*Iphigénie* à la ville.

règne pas comme dans le *Bajazet* ou la *Bérénice*. » Remarquez ces coquettes qui trouvaient qu'il n'y a pas assez d'amour dans *Iphigénie*. Elles personnifient une des tendances caractéristiques de l'époque.

C'est au nom de la morale que Timante voudrait bannir l'amour des tragédies. La peinture de l'amour lui semble le principal danger des représentations dramatiques. Il demande donc qu'on lui donne moins de place sur notre scène, et prouve, par de nombreux exemples des anciens et des modernes, qu'on peut s'en passer. Il ne blâme pas absolument l'amour que l'auteur d'*Iphigénie* a attribué à Achille : « Je le loue même, dit-il, d'avoir introduit ce personnage qui est si beau. Prenant la chose de la manière qu'il l'a prise, l'amour lui étoit nécessaire. On auroit trouvé fort étrange qu'Achille demandât Iphigénie en mariage, s'il ne l'avoit point aimée. » Un peu plus loin, il revient quelque peu sur ces concessions. Il se demande si le poëte n'eût pu faire son héros moins galant. « Si, au lieu de lui donner de l'amour, on se fût contenté de lui donner de la jalousie pour Agamemnon, ce sentiment pouvoit produire le même effet que l'amour ; et il auroit été plus conforme au naturel dont les maîtres de la tragédie veulent qu'on représente ce héros. Si cela ne suffisoit pas, on pouvoit conserver le personnage de Ménélas, qui est dans Euripide ;... on pouvoit même tirer Oreste du berceau, et le faire paroître en âge d'agir. » On pouvait faire tout cela, sans doute, mais la question est de savoir si l'on eût fait une bonne tragédie et c'est ce qui n'est pas démontré.

Cléarque, tiède contradicteur de Timante, réplique que la pièce ne se soutiendrait pas sans l'amour d'Achille et d'Iphigénie, sans la jalousie d'Ériphile. Il est à noter, comme témoignage du goût du temps, que l'abbé de Villiers prête à Cléarque ce reproche si contraire à celui que plus d'un critique a depuis adressé à Racine : « Les empressements que témoigne Iphigénie pour être caressée de son père ne sont pas les plus beaux endroits de la pièce, et j'ai vu bien des gens qui n'approuvoient pas qu'une fille de l'âge d'Iphigénie courût après les caresses de son père. »

L'abbé de Villiers, en résumé, soutenait une thèse qui, surtout à cette date, devait paraître singulière et paradoxale. C'est encore une opinion à part qu'il exprime à la fin de l'*Entretien,* lorsqu'il défend les tragédies sacrées et prétend que « des pièces saintes peuvent même plaire à la cour et aux gens du monde, pourvu qu'elles soient conduites par d'excellents auteurs, qui aient assez de génie pour en soutenir la majesté. » Le froid accueil que reçut plus tard *Athalie* à la cour et à la ville prouve que l'abbé Villiers, sur ce point non plus, n'était pas d'accord avec l'esprit de son siècle.

Les adversaires de Racine comptaient sur une nouvelle *Iphigénie* qui, disaient-ils, « serait incomparablement plus belle que celle que l'on avait vue. » Il fallait que le seul fait d'entrer en concurrence avec Racine fît aussitôt concevoir, même des plus médiocres poëtes, les plus hautes espérances, pour qu'on attendît un chef-d'œuvre de Michel Le Clerc et de Coras. Leur *Iphigénie* fut représentée à l'hôtel de Guénégaud, le vendredi 24 mai 1675. Elle eut cinq représentations :

24 mai, première fois.	. . . . . .	775¹, 10 ˢ
26 —	. . . . . .	792, 10
28 —	. . . . . .	344, »
7 juin,	. . . . . .	265, 10
9 —	. . . . . .	373, 10

On chercha à faire quelque bruit autour de cette production. Un anonyme publia des *Remarques sur l'Iphigénie de M. Racine,* suivies de *Remarques sur l'Iphigénie de M. Coras,* où la comparaison est toute à l'avantage de cette dernière pièce. L'auteur, en effet, tout en convenant que la tragédie de Racine est purement écrite et qu'on y trouve des vers admirables, ne fait grâce ni à la conception du sujet, ni au développement de l'action, ni aux caractères. La seconde partie, consacrée à la tragédie de M. Coras (l'auteur anonyme oublie de mentionner Le Clerc),parut deux jours après la représentation de cette tragédie, à laquelle, malgré ses prétentions à l'impartialité, elle est manifestement favorable. Selon l'auteur, si la pièce de Racine a l'avantage « des brillants et des grâces, » l'autre a l'avantage « de la conduite... Le sujet en a été digéré d'une manière plus simple ; il est chargé de moins d'incidents, et les mêmes sentiments n'y sont point rebattus ni déguisés sous des expressions différentes. »

Malgré ces suffrages, la nouvelle *Iphigénie*, comme nous venons de le dire, subit un échec au théâtre. Elle fut imprimée en 1676 sous ce titre : *Iphigénie, tragédie par M. Le Clerc* (cette fois c'était Coras qui était laissé de côté).[1]

Le Clerc, dans sa préface, se félicite de l'accueil que sa pièce a reçu (c'est ce qui s'appelle faire contre mauvaise fortune bon cœur). « Elle a été assez heureuse, dit-il, pour trouver des partisans. » Il ajoute avec une évidente satisfaction de lui-même : « J'avouerai de bonne foi que, quand j'entrepris de traiter le sujet d'*Iphigénie en Aulide*, je crus que M. Racine avoit choisi celui d'*Iphigénie dans la Tauride*, qui n'est pas moins beau que le premier. Ainsi, le hasard seul a fait que nous nous sommes rencontrés, comme il arriva à M. de Corneille et à lui dans les deux *Bérénices*. » La représentation de l'*Iphigénie* de Racine avait eu lieu à Versailles plus de neuf mois avant celle de la pièce de Le Clerc; cela ferait remonter bien loin la composition de cette pièce, et tout semble indiquer au contraire qu'elle a été entreprise dans l'espérance d'une illustre rivalité. Le Clerc est tout entier, dans sa préface, à la comparaison qu'il a voulu provoquer. « M. Racine a suivi Euripide où je l'ai quitté, et il l'a quitté où je l'ai suivi : il peut avoir eu ses raisons comme j'ai eu les miennes... Il a trouvé que le sujet étoit trop nu, s'il ne donnoit une rivale à Iphigénie, et il m'a paru que les irrésolutions d'un père combattu par les sentiments de la nature et par les devoirs d'un

---

1. A Paris, Olivier de Varennes, au Palais. Avec privilége du roi. (In-12.)

chef d'armée ; que le désespoir d'une mère qui apprend qu'elle a conduit sa fille au supplice lorsqu'elle s'attendoit à la voir l'épouse du plus fameux héros de la Grèce; que la constance de cette fille qui s'offre généreusement à être la victime des Grecs; enfin que la juste colère d'Achille, dont le nom avoit servi pour la conduire à la mort, suffisoient pour attacher et pour remplir l'esprit de l'auditeur pendant cinq actes, et pour y produire cette terreur et cette pitié, sans qu'il fût besoin d'y joindre des intrigues d'amour et des jalousies hors d'œuvre qui n'auroient fait que rompre le fil de l'action principale. »

Il n'y a point d'épisode dans la pièce de Le Clerc. Il a conservé le dénoûment d'Euripide et le personnage de Ménélas qui, comme chez le poëte grec, arrache la lettre au messager d'Agamemnon. Il suppose, d'après Dictys de Crète, qu'Ulysse va lui-même, à l'aide d'une lettre contrefaite, chercher Clytemnestre et Iphigénie à Argos et les emmène en Aulide. Lorsqu'elles arrivent au camp, Agamemnon leur demande le motif de leur voyage. Clytemnestre montre la lettre qu'elle a conservée fort à propos. Agamemnon dit simplement :

(A part.)
L'écriture en est fausse et le seing contrefait;
Dissimulons pourtant.
(Haut.)
C'est ma lettre, en effet.

M. Deltour fait ressortir avec raison la placidité singulière de ce personnage.[1]

Quelques parties du rôle de Clytemnestre sont mieux traitées. Mais le même critique a démontré par de nombreux rapprochements que ces passages sont presque littéralement empruntés à Rotrou, et que là où Le Clerc n'a pas copié le vieux poëte, le mouvement et le tour de ses périodes est évidemment calqué sur celles de Racine. Une ou deux tirades, n'appartenant ni à Rotrou ni à Racine, semblent déceler une

1. *Les Ennemis de Racine*, p. 313.

autre main que celle qui a écrit tout le reste, et l'on pourrait en faire honneur à Coras, s'il est vrai, comme Le Clerc le prétend, qu'il n'ait contribué à l'ouvrage que pour une centaine de vers.

L'Iphigénie de Le Clerc court au-devant de la mort. Elle rougirait d'exprimer un vœu timide, un regret pour la vie, d'affaiblir ainsi la résolution d'Agamemnon; elle ne veut plus même l'appeler son père :

> Grand roi, car j'aurai peine à vous nommer mon père,
> De peur de réveiller des sentiments trop doux
> Dans le cœur d'un héros de sa gloire jaloux;
> Portez le coup mortel sans crainte qu'il m'étonne.
> . . . .

Et quand Clytemnestre demande que la fille d'Hélène soit punie du crime de sa mère, Iphigénie proteste; elle ne veut pas qu'Hermione lui ravisse sa gloire. Et cependant elle aime Achille! elle a fait à sa confidente Clytie un long aveu de sa passion! Malgré un vœu qui la consacrait au service de Diane, elle n'a pas résisté « aux regards languissants, aux timides soupirs » du héros.

> Ses regards languissants, ses timides soupirs
> M'ont dans leur retenue expliqué ses désirs;
> Et voulant me parler de l'amour qui le touche,
> Son silence en a dit beaucoup plus que sa bouche.
> (Acte IV, scène I.)

Achille est le personnage le plus faible de cette faible tragédie. En apprenant l'arrivée prochaine d'Iphigénie, il avoue à Ulysse les sentiments que la fille d'Agamemnon lui inspire :

> Ah! je brûle déjà du désir de la voir!
> . . . .
> Cette jeune princesse a des charmes si doux.

Ulysse, pour refroidir cette ardeur, déclare à Achille qu'Iphigénie est consacrée au culte de Diane et

> Que l'aveugle tyran des hommes et des dieux
> Ne peut rien sur son cœur, pouvant tout par ses yeux.

Cette confidence, loin de décourager Achille, l'excite encore par l'attrait de la difficulté :

> Que sa conquête, Ulysse, honoreroit Achille !
> Elle est digne de lui, plus elle est difficile.

Tel est le ton de ce rôle. Quand il s'échauffe il tombe, à la suite de Rotrou, dans les rodomontades ; Iphigénie lui demande ce qu'il peut seul contre une armée ; il répond :

> Je puis tout contre tous,
> Contre tout l'univers, contre Diane même :
> Je n'ai plus de respect quand je perds ce que j'aime ;
> Et dans le triste état où le ciel m'a jeté
> Je ne connois que vous pour ma divinité.
> Mais calmez vos esprits, trop chère Iphigénie ;
> Je m'opposerai seul à tant de tyrannie :
> Le premier dont l'audace ira jusques à vous,
> Aux autres apprendra ce que peut mon courroux.
> Rien ne sauroit borner la fureur qui m'anime.
> J'immolerois le prêtre aux pieds de la victime ;
> Et sur l'autel sanglant, sans respecter les dieux,
> Mon cœur s'applaudiroit d'un coup si glorieux.[1]
> (Acte IV, scène VI.)

Le Clerc, avons-nous dit, s'efforce dans sa préface de réduire la part de collaboration de Coras :

« Comme je ne suis pas d'humeur à m'enrichir du bien d'autrui, je dirai au lecteur qu'il y a dans tout le cours de cette tragédie environ une centaine de vers épars çà et là que je dois à M. Coras et que j'ai choisis parmi quelques autres qu'il avoit faits en quelques scènes dont je lui avois communiqué le dessein. C'est ce qui a fait croire à celui qui nous a donné des remarques sur les deux *Iphigénies* et à quelques autres qu'il étoit l'auteur de l'ouvrage. Je lui céderois volontiers toute la gloire qu'on pourroit en espérer, si je ne croyois la devoir aux changements que j'y ai apportés par l'avis de personnes éclairées et pour qui j'ai toute sorte de déférence. »

« Ainsi, qu'on ne s'y trompe pas, dit M. Deltour, Le Clerc ne doit rien à cette collaboration ; ce n'est pas pour avoir

---

1. Conf. ci-dessus, p. 155-156.

emprunté les vers de Coras, mais pour les avoir changés qu'il a réussi. Coras n'a rien à réclamer dans une gloire qu'il a failli compromettre. Voilà l'homme dont l'abbé d'Olivet dit « qu'il « poussoit la modestie jusqu'à l'humilité ; » voilà l'aveu que l'historien de l'Académie regarde comme une preuve éclatante de cette vertu. Il admire que Le Clerc se soit cru forcé de déclarer « qu'un misérable poëte, connu seulement par la « satire, lui a fourni une centaine de vers. » Quelle sévérité de conscience! quel miracle de probité! En vérité, les frères Parfait ont bien raison de répondre à d'Olivet : « Cette décla-« ration pourroit être regardée plutôt comme une marque de la « mauvaise foi de M. Le Clerc envers M. Coras, que l'on savoit « dans le monde avoir part à l'*Iphigénie* en question, et que « M. Le Clerc cherche ici à réduire à peu de chose. » En outre, l'homme qui, en cent passages, a copié textuellement ou suivi de près les vers de Rotrou, sans en dire un mot dans sa préface, qui évidemment s'est inspiré plus d'une fois de Racine, tout en prétendant que les deux œuvres n'ont de commun que le titre et les scènes puisées dans Euripide, est fort suspect, lorsqu'il conteste un fait aussi accrédité que la collaboration de Coras. »

En fin de compte, ce que Le Clerc et Coras ont remporté de leur malheureuse tentative, c'est la piquante épigramme de Racine :

Entre Le Clerc et son ami Coras, etc.

épigramme imitée, comme l'on sait, d'un conte de La Fontaine.[1]

M. Mesnard a signalé encore, parmi les opuscules contemporains que fit naître la tragédie de Racine, un petit traité manuscrit que possède la Bibliothèque nationale, et dont l'auteur est Pierre Perrault ; il a pour titre : « Critique des deux tragédies d'*Iphigénie*, d'Euripide et de M. Racine, et la com-

---

1. *OEuvres de La Fontaine*, t. III, p, 62.

paraison de l'une avec l'autre. Dialogue par M. Perrault, receveur général des finances de Paris. » Il est inachevé. La date précise n'est pas indiquée, mais, comme il y est fait allusion à la traduction de la *Secchia rapita* de Tassoni dont Perrault est l'auteur, et que cette traduction a paru en 1678, on peut affirmer que la *Critique* a été composée après cette date, c'est-à-dire au moins quatre ou cinq ans après la représentation d'*Iphigénie*. Pierre Perrault, prédécesseur de son frère Charles Perrault dans la querelle des anciens et des modernes, s'efforce de démontrer la supériorité de Racine sur le tragique grec. On a fait observer avec raison que Pierre Perrault, en soutenant cette thèse, témoignait qu'il n'avait point de ressentiment, car c'était lui qui, dans un autre dialogue : « Critique de l'Opéra ou examen de la tragédie intitulée *Alceste, ou le Triomphe d'Alcide,* » mis au jour dans les premiers mois de 1675, avait commis les bévues que Racine releva dans la préface de sa pièce.[1]

Examinons maintenant quelques observations de critiques plus récents et plus autorisés. Prenons les divers caractères de la tragédie : Agamemnon d'abord. Voici ce que dit de ce personnage le P. Brumoy, dans le *Théâtre des Grecs :* « Chez Euripide, dit-il, on voit un roi à la grecque, c'est-à-dire un peu bourgeois, selon notre manière de penser. Dolce lui a donné un air de prince italien; Rotrou le relève encore davantage; mais Racine le rend tout à fait majestueux, à la françoise. » La remarque est juste, mais elle ne constitue point un blâme, ces tragiques n'ayant pas eu l'intention de faire un calque de leur devancier grec, besogne pour laquelle il n'y aurait eu besoin que d'un traducteur.

Achille est aussi trop français, d'après le même Brumoy, et d'après beaucoup d'autres littérateurs. Un de ceux qui ont renouvelé cette critique en dernier lieu, M. Taine, s'exprime ainsi : « Mettez en regard de l'Achille grec le charmant cava-

1. Voy. page 162.

lier de Racine, à la vérité un peu fier de sa race et bouillant comme un jeune homme, mais disert, poli, du meilleur ton, respectueux envers les captives, leur demandant permission pour se présenter devant elles, tellement qu'à la fin il ôte son chapeau à plumes, et leur offre galamment le bras pour les mettre en liberté... Une des causes de l'amour d'Iphigénie, c'est qu'Achille est de meilleure maison qu'elle; elle est glorieuse d'une telle alliance; vous diriez une princesse de Savoie ou de Bavière qui va épouser le dauphin de France.[1] » Aussi M. Taine demande-t-il qu'on restitue sur la scène aux personnages de Racine le costume qu'ils avaient du temps de Louis XIV : Agamemnon était, selon Lemazurier, enveloppé d'une espèce de baril à franges (ce qu'on appelait un tonnelet, voyez toutes les anciennes gravures); Achille était coiffé d'un petit chapeau surmonté d'une aigrette blanche; il avait des gants et des bas blancs; Iphigénie paraissait en robe de cour. Voilà donc, au sentiment de M. Taine, comment on devrait jouer les tragédies de Racine. Comme il arrive souvent, l'esprit de système l'a conduit à ces bizarres conséquences.

Oui, comme nous l'avons expliqué dans l'examen critique de *Mithridate*, Racine a transporté Achille sur les bords de la Seine; il l'a fait son contemporain. Il ne pouvait faire autrement. Quel Achille aurait-il donc ressuscité? L'Achille d'Euripide? l'Achille d'Homère? l'Achille véritable? Car l'Achille d'Euripide ne s'exprime déjà plus comme celui d'Homère, et certes l'Achille qui, douze ou treize siècles avant notre ère, combattit sous les murs de Troie, s'il a vraiment existé, n'avait ni les sentiments, ni le langage, ni le costume qu'on lui prêtait six cents ans plus tard sur le théâtre d'Athènes. C'est ici surtout, quand il s'agit du monde de la fable et de la poésie, que vous ne pouvez exiger une fidélité absolue. Fidélité absolue à quoi? à une création artistique qui s'était elle-même

---

[1]. *Nouveaux Essais de critique et d'histoire*, par H. Taine, 1865, p. 227-230.

transformée mainte fois, qu'Eschyle, que Sophocle, qu'Euripide avaient modifiée tour à tour? Non assurément, et le pédantisme des Dubos et des Schlegel, si nous le serrons de près, nous conduit à l'absurde. Il suffit que le type traditionnel soit conservé, que nous reconnaissions le personnage, qu'il ne choque pas l'idée que nous nous formons communément de son caractère. Racine sur ce point est-il inattaquable? Voilà la seule question qu'on ait à poser.

Achille, comme nous venons de le dire, a, dans l'antiquité, changé peu à peu de physionomie. Dans Homère, « Achille est grand, Achille est juste; il respecte les lois; il est brave sans ostentation, il connaît l'amitié, il connaît la tendresse, il n'a point l'âme dure, il n'est point inflexible. C'est lui qui dit aux ambassadeurs qui viennent lui ravir Briséïs, le prix de la victoire : « Approchez, envoyés des dieux, ce n'est point vous « qui m'offensez. » C'est lui qui a dit à ses serviteurs : « Jetez « un tapis sur ce cadavre, afin que la vue de ce malheureux « père n'en soit point affligée. » C'est lui qui, après la mort de Patrocle, s'en va pendant la nuit se coucher sur les sables de la mer et mêler sa voix plaintive au tumulte des flots.[1] »

Dans Euripide, Achille est encore assez calme. Quoiqu'il se fasse fort de combattre l'armée entière pour empêcher la mort d'Iphigénie, il n'en veut arriver là qu'après avoir épuisé les moyens de douceur. Il engage Clytemnestre à s'efforcer de ramener Agamemnon à de meilleurs sentiments. Quand Iphigénie a exprimé la volonté de mourir, il admire et il respecte cette volonté; il déclare qu'il n'interviendra que si elle change de sentiment.

L'idée de la colère d'Achille, placée au début de l'*Iliade*, prévalut, et le héros bouillant, emporté, sans frein, est caractérisé par les vers d'Horace :

..... Honoratum si forte reponis Achillem,
Impiger, iracundus, inexorabilis, acer,
Jura neget sibi nata, nihil non arroget armis.

1. Diderot, *OEuvres complètes*, 1875, t. II, p. 392.

« Si vous voulez nous rendre le glorieux Achille, qu'il soit infatigable, irascible, impétueux, inexorable, qu'il ne reconnaisse point de lois et n'en appelle qu'à l'épée. »

C'est ce dernier Achille qu'on retrouve dans Racine, avec le sentiment et la générosité chevaleresque en plus. Voltaire en parle ainsi : « Achille aime Iphigénie, et il le doit; il la regarde comme sa femme, mais il est beaucoup plus fier qu'il n'est tendre; il l'aime comme Achille doit aimer, et il parle comme Homère l'aurait fait parler s'il avait été Français... Jamais Achille n'a été plus Achille que dans cette tragédie. [1] » — « Il parle comme Homère l'aurait fait parler, s'il avait été Français. » Remarquez cette expression, c'est la formule même que nous avons employée pour désigner le genre d'exactitude que se proposaient nos grands poëtes tragiques; et jamais aux siècles derniers on n'a prétendu aller au delà.

La question du costume se résout par les mêmes réflexions et les mêmes principes. Qu'a voulu Racine? Il a voulu que ses personnages portassent le costume qui caractérisait aux yeux des contemporains les héros grecs ou romains. Mais bientôt ce costume ne répondit plus à ce qu'on savait de l'habillement dans l'antiquité; on eut raison alors de le réformer : c'était répondre aux intentions de l'auteur. Si maintenant on représentait ses héros dans un équipage qui ne donne plus du tout l'idée acceptée de son temps, qui paraîtrait bizarre, choquant et ridicule, on se permettrait tout simplement une irrévérencieuse caricature des chefs-d'œuvre de notre littérature dramatique. Ajoutons qu'il faut se garder aussi de tomber dans un autre excès; qu'il n'y a pas lieu, dans la mise en scène de ces chefs-d'œuvre, de se livrer à de minutieuses recherches de couleur locale, de viser à un archaïsme savant et curieux. On ferait alors dans le cadre de l'ouvrage, pour ainsi dire, ce que l'auteur n'a point songé à faire dans le tableau lui-même. Il suffit que le théâtre nous offre les vêtements et les acces-

1. *Dictionnaire philosophique, Art dramatique.*

soires qui traduisent à nos yeux les temps antiques, de même que les accessoires du xvii⁰ siècle les exprimaient aux yeux des contemporains. Ne nous faisons pas d'illusion : ces costumes et ces accessoires tels que nous les voyons aujourd'hui ne sont probablement pas plus exacts que ceux du xvii⁰ siècle ; et il est fort possible que, dans les âges futurs, on ne les trouve guère moins étranges que le tonnelet et les bas blancs des acteurs de l'hôtel de Bourgogne. C'est une convention qui a succédé à une convention. Comment étaient costumés, équipés, armés les Hellènes guerriers et pasteurs qui allèrent attaquer les Pélasges de la Phrygie trois ou quatre cents ans avant que le rapsode Homère commençât à chanter leurs exploits?...

Reprenons l'examen des caractères de la tragédie de Racine. D'éminents critiques ont comparé l'Iphigénie d'Euripide à l'Iphigénie française, et ont préféré le naïf abandon de la première, son horreur de la mort et son ardent amour pour la vie, à la dignité, à la réserve et au courage de l'autre. Mon éminent collaborateur, M. Saint Marc-Girardin, dans son *Cours de littérature dramatique*, s'est prononcé en ce sens :

« L'Iphigénie de Racine est plus résignée et plus magnanime que l'Iphigénie d'Euripide ; elle craint de dire qu'elle aime et qu'elle regrette la vie, que la lumière du jour est douce à voir et que les ténèbres de la mort sont affreuses :

> Mon père,
> Cessez de vous troubler, vous n'êtes point trahi, etc.
> (Acte IV, scène IV.)

« Je sais bien que ce respect est plein de prières muettes ; je sais bien que le regret de la vie va percer plus vivement dans les beaux vers qui suivent :

> Si pourtant ce respect, si cette obéissance, etc.

« Peut-être me trompé-je ; mais dans cette supplication modeste et réservée, je sens la vierge chrétienne qui craint de montrer trop d'attachement aux joies de la vie, et la martyre qui s'efforce de mourir sans regrets. Iphigénie immole sa douleur à l'autorité paternelle; elle se ferait scrupule de l'offenser par un murmure trop vif. Voilà ce que le christianisme a fait du cœur de l'homme; voilà comme il le contient et le modère dans ces moments mêmes où la vie qui s'échappe vaut bien un dernier et suprême regret. Cette réserve est plus vertueuse; mais elle est moins dramatique.

« Outre la différence des sentiments, je suis frappé aussi de la différence des idées entre l'Iphigénie de Racine et l'Iphigénie d'Euripide; et c'est là surtout que je retrouve la différence entre la société antique et la société moderne. L'Iphigénie moderne, fille du roi des rois, et destinée à la main d'Achille, pense aux honneurs qui l'environnent; et c'est là le genre de regrets qu'elle semble attacher à la vie. L'Iphigénie antique regrette la lumière si douce à voir; et quand elle va à la mort : « Adieu, dit-elle, brillant éclat du jour, lumière « du ciel, clarté chérie, adieu! » Il n'y a que la fille d'Agamemnon, du plus puissant roi de la Grèce, qui puisse parler comme l'Iphigénie de Racine; il n'y a pas de jeune fille mourante qui ne puisse répéter les vers de l'Iphigénie antique, car ses regrets s'adressent aux biens les plus universels et les plus doux de la vie : à la lumière, à la beauté des cieux, à la joie qui vient de la nature, à ces jouissances que tous partagent, sans que la part de personne en devienne plus petite. C'est là le trait caractéristique de l'amour de la vie chez les anciens. Ce qui leur plaît de la vie, c'est la nature; ce qui plaît aux modernes, c'est la société... La facile résignation de l'Iphigénie moderne fait tort, selon moi, à la pitié qu'elle inspire. Il y a une scène cependant où cette résignation, quoique plus grande encore qu'avec Agamemnon, devient vraiment touchante et dramatique : c'est quand, s'adressant à Achille, elle veut apaiser sa colère contre Agamemnon :

> Le ciel n'a point aux jours de cette infortunée
> Attaché le bonheur de votre destinée, etc.
>
> (Acte V, scène II.)

« Il y a ici plus que de la résignation, il y a du dévouement; et c'est là ce qui émeut le spectateur. J'ajoute que ce dévouement devient doux pour Iphigénie quand elle pense que c'est à la gloire d'Achille qu'elle va être immolée. La résignation est une vertu, le dévouement est souvent une passion, et c'est là ce qui fait la supériorité dramatique du dévouement sur la résignation. Le courage d'Iphigénie comme amante me touche plus que son courage comme fille, parce que le cœur humain n'aime pas au théâtre la vertu toute seule et qui prend sa force en elle-même. Mais quand la vertu se soutient contre une passion à l'aide d'une autre passion, quand elle combat, comme dans Iphigénie, la peur de la mort par l'ardeur du dévouement, alors le cœur humain consent à supporter la vertu, et même il s'en laisse toucher... L'amour de la vie fait le fond du personnage d'Iphigénie dans Euripide; le sentiment de la résignation et l'obéissance tiennent plus de place dans l'Iphigénie de Racine. »

Nous nous permettrons de rétablir dans ce parallèle un élément de la comparaison que l'ingénieux critique semble oublier, c'est la volte-face que fait l'Iphigénie d'Euripide quand Achille menace son père, et l'héroïsme qu'elle déploie soudain:

. . . , ... μῆτερ, εἰσακούσατε[1]
Τῶν ἐμῶν λόγων . . . .

C'est par une sorte de sentiment patriotique qu'elle se sacrifie alors. Après avoir donné plus à la faiblesse, elle fait preuve d'une magnanimité plus grande, car c'est le bonheur d'être la libératrice de la Grèce qui la touche tout à coup. A bien y regarder, les sentiments, sauf les nuances qui appartiennent à l'état de chaque société, sont les mêmes : seulement l'Iphigénie antique cède avec abandon à des impressions diverses et peut-être un peu contradictoires. L'Iphigénie moderne est plus une *et sibi constat*.

1. Voyez la traduction de ce morceau page 148.

En fin de compte, dans la manière de voir et de juger qui prévaut aujourd'hui, le chef-d'œuvre grec et le chef-d'œuvre français ne sont plus opposés l'un à l'autre, on n'éprouve plus le besoin d'abaisser l'un aux dépens de l'autre. On ne cherche plus, dans la comparaison qu'on se plaît à en faire, que les traits caractéristiques du génie de chaque temps et les beautés qui leur sont communes ou particulières.

Pourtant *Iphigénie,* que Voltaire mettait après *Athalie* au premier rang, dont il s'écriait : « O véritable tragédie ! beauté de tous les temps et de toutes les nations ! Malheur aux barbares qui ne sentiraient pas jusqu'au fond du cœur ce prodigieux mérite ! » cette tragédie n'est pas celle dont le succès s'est le mieux soutenu au théâtre, celle que nous y revoyons le plus fréquemment. D'où vient cela ? D'un contraste qui tient au fond même du sujet et qui n'est pas beaucoup moins frappant, selon nous, dans la tragédie d'Euripide que dans celle de Racine.

L'immolation d'Iphigénie est un acte barbare qui nous paraît s'accomplir dans un milieu trop cultivé. Agamemnon, Ménélas, Ulysse, Achille, tous ces personnages, aussi bien chez le tragique grec que chez le tragique français, nous semblent trop civilisés pour que nous puissions admettre qu'ils se prêtent à un sacrifice humain. Ne nous abusons pas cependant. Les sacrifices humains se sont prolongés dans l'antiquité plus tard que nous ne sommes tentés de le supposer. Ils n'étaient pas complétement abolis en Grèce à la bataille de Leuctres (370 ans av. J.-C.), un demi-siècle après Euripide, Socrate et Platon. Dans la guerre contre Agathocle (309 ans av. J.-C.) on brûla, selon Diodore, deux cents enfants pour obtenir la protection des dieux. Ces sacrifices persistèrent partout, chez les nations même policées, jusqu'à l'avénement du christianisme. Le désaccord que nous croyons apercevoir n'est donc pas aussi profond que nous nous le figurons sous l'influence de nos idées et de nos mœurs. Il faut d'ailleurs reconnaître aux faits primitifs de la tradition grecque, quels qu'ils soient, ce privilége, qu'ils tiennent de la poésie et de l'art, de fournir à l'art et à la poésie des thèmes immortels et consacrés.

Iphigénie a, comme tous les chefs-d'œuvre de Racine, compté une longue suite de reprises fameuses. Le rôle d'Iphigénie et le rôle d'Ériphile se partagèrent les plus célèbres actrices. Dans le rôle d'Iphigénie il faut citer Mlle Gaussin, en l'honneur de qui l'on fit ces vers :

> Les Grecs, Agamemnon, Calchas et les dieux même
> Ne sauroient m'effrayer pour tes jours précieux.
> Les efforts d'Achille amoureux,
> Pour se conserver ce qu'il aime,
> Ne sont point mon espoir, et je le fonde mieux
> Sur l'attendrissement des dieux.
> Osez les regarder, aimable Iphigénie,
> Vers le ciel levez vos beaux yeux ;
> Leur douceur me répond d'une si belle vie.

Il faut citer aussi Mlle Des Garcins, qui débuta dans ce rôle en 1788.

Ériphile a été représentée par des artistes plus célèbres encore, par Adrienne Lecouvreur, par Mlle Clairon, par Mlle Rachel, qui remplit ce personnage dans les commencements de sa carrière, le 16 août 1838.

Voici une anecdote rapportée par M. E. Legouvé dans une conférence (sur M. Samson et ses élèves) : « Un jour Mlle Rachel à seize ou dix-sept ans, avant ses débuts, arrive chez lui avec la grande scène d'Ériphile qu'elle avait étudiée toute seule et la lui récite avec une telle énergie d'accent que M. Samson tressaille et lui dit : « Qui vous a donné l'idée, mon « enfant, de prêter à Ériphile ce ton d'amertume et de fureur « concentrées? — C'est tout simple, monsieur : Ériphile aime « Achille, et elle s'aperçoit qu'Achille aime Iphigénie, ça la fait « bisquer. » Le maître sourit et lui dit : C'est très-bien, sauf « bisquer, qui est un peu vulgaire; les princesses tragiques ne « bisquent pas. — Oh oui, je comprends, elles ragent! — Non, « elles ne ragent pas non plus! Rager est encore un mot... » Puis s'interrompant : « Il y a là une excellente leçon à vous

« donner. Écoutez-moi bien. — Je vous écoute, monsieur. » Et appuyant son menton sur sa main, c'était son geste habituel, elle plongea ses deux yeux perçants dans les yeux de son maître. « Voyez-vous, mon enfant, pour bien jouer la tragédie,
« il faut deux choses : la vérité et la grandeur, car chez Cor-
« neille et chez Racine, tout est à la fois vrai et grand. Lors
« donc que vous avez un sentiment énergique ou tendre à expri-
« mer, il est bon de commencer par faire ce que vous avez fait
« pour Ériphile, c'est-à-dire par traduire en langage un peu
« vulgaire, en langage de petite fille ces vers de tragédie, afin
« de leur donner un accent de vérité ; puis l'accent trouvé,
« élevez-le, sans l'altérer, jusqu'à la dignité tragique en l'enve-
« loppant dans une note harmonieuse, et vous aurez ainsi la
« vérité du ton et la beauté du son. Comprenez-vous, mon en-
« fant? — Pas encore tout à fait, monsieur, mais je compren-
« drai ce soir, cette nuit, en y repensant. » Elle comprit, en effet, et ce fut le secret de son prodigieux succès.

Clytemnestre eut pour principales interprètes Mlle Duclos, Mlle Dumesnil, Mlle Sainval aînée, Mlle Raucourt et Mlle Georges. Après Baron, les plus fameux Achille furent Quinault-Dufresne, Le Kain, Larive, Lafond, Talma.

Il y a eu, dans les représentations de cette tragédie, quelques particularités de mise en scène qu'il est bon de remarquer. La Dixmérie[1] raconte que, de son temps, on avait imaginé, d'après Euripide et Rotrou,[2] ce préambule à la tragédie de Racine : « On voit maintenant la nuit régner sur le camp des Grecs. La seule tente d'Agamemnon est éclairée dans l'intérieur. On y voit ce prince occupé à fermer une lettre et marquer par ses mouvements une partie du trouble qui l'agite. Il sort de sa tente, et vient à tâtons chercher Arcas qui dort à l'entrée de la sienne. Le jour paroît insensiblement, et on voit les soldats s'éveiller d'eux-mêmes, reprendre leurs

---

1. *Lettre sur l'état présent de nos spectacles*, 1765.
2. Voyez ci-dessus, p. 141 et 150.

postes, etc. Tout cela est dans l'exacte vérité, et contribue à l'illusion théâtrale. »

On résolut, encore à l'exemple de Rotrou,[1] de mettre en action le dénoûment que Racine avait mis en récit. « On n'osoit presque rien du temps de Racine, en fait d'action tragique, avait dit le même La Dixmérie, et il est à croire que, s'il eût composé cette tragédie de nos jours, il eût osé davantage. » Il exprimait en conséquence le vœu qu'une main habile suppléât au manque d'audace de Racine. Saint-Foix, faible auteur de l'époque, se chargea de l'entreprise. Le 31 juillet 1769, *Iphigénie* fut représentée avec les nouvelles scènes arrangées par l'auteur de *l'Oracle*. Après ce vers,

> Eurybate, à l'autel conduisez la victime,
> (Acte V, scène III.)

« Eurybate et ses soldats entourent Iphigénie et ferment le passage à Clytemnestre; le fond du théâtre s'ouvre. Calchas vient se placer à l'autel. Agamemnon, qui le suit, se couvre le visage de ses mains. Près d'eux sont Ériphile et sa confidente. Achille, l'épée à la main, suivi de cinq ou six des siens, se précipite sur les soldats qui emmènent Iphigénie, les enfonce et leur arrache cette princesse; il la tient par la main, elle semble faire quelque résistance pour le suivre. Il la place, ainsi que Clytemnestre, au milieu de ses Thessaliens qui se rangent sur un côté du théâtre. Les Grecs se présentent du côté opposé. Les Thessaliens et les Grecs baissent les piques et vont s'attaquer, lorsque Calchas, s'avançant entre eux, demande la parole et désigne Ériphile pour la victime; mais au moment où il s'avance pour saisir cette princesse, elle prend le couteau sur l'autel, se frappe et tombe dans les bras de sa confidente. Alors le tonnerre gronde, le bûcher s'allume, etc. »

1. Voyez ci-dessus, p. 157-158.

Au moment où Achille tirait l'épée du fourreau, il disait ces vers que Saint-Foix avait enfantés :

> Fuyez, lâches bourreaux; tremble, prêtre barbare!
> Venez me l'arracher!
> (A Ulysse qui s'avance.)
> De ton zèle affecté ce fer va, dans l'instant,
> T'envoyer aux enfers subir le châtiment.
> Est-ce donc la valeur en toi que l'on redoute?
> Perfides!

Après qu'Ériphile s'était poignardée, Calchas, se tournant vers Achille, lui disait tranquillement :

> Elle expire; et des dieux respectant les secrets,
> Allons de votre hymen achever les apprêts.

« Elle expire, allez vous marier. » Ce sans-façon égaya le public. La tentative échoua complétement. Voltaire, du reste, l'avait prédit : « Il serait bien difficile, avait-il dit, que, sur le théâtre, cette action, qui doit durer quelques moments, ne devînt froide et ridicule. Il m'a toujours paru évident que le violent Achille, l'épée nue et ne se battant point, vingt héros dans la même attitude, comme des personnages de tapisserie, Agamemnon, roi des rois, n'imposant à personne, immobile dans le tumulte, formeraient un spectacle assez semblable au cercle de la reine en cire colorée par Benoît. » Lorsqu'il sut que l'essai avait été fait et n'avait pas réussi, il ajouta ceci à ses observations : « Il faut savoir qu'un récit écrit par Racine est supérieur à toutes les actions théâtrales. » Le 7 août 1769, il écrivait à M. de Chabanes : « Il me paraît qu'on a rendu justice à l'arlequinade substituée à la dernière scène de l'inimitable tragédie. Il y avait beaucoup de témérité de mettre le récit d'Ulysse en action. Je ne sais pas quel est le profane qui a osé toucher ainsi aux choses saintes. Comment ne s'est-on pas aperçu que le spectacle d'Ériphile se sacrifiant elle-même ne pouvait faire aucun effet par la raison qu'Ériphile, n'étant qu'un personnage épisodique et un peu odieux, ne pouvait intéresser? Il ne faut jamais tuer sur le théâtre que les gens que l'on aime passionnément. »

L'*Iphigénie* de Racine avait occupé, comme nous l'avons dit, les premiers mois de l'année 1675. A la fin de la même année, parut le premier recueil des œuvres dramatiques de Racine, avec la date de 1676 (1675 en quelques rares exemplaires), achevé d'imprimer pour la première fois le dernier décembre 1675. Il comprend les neuf pièces représentées jusqu'alors. La publication de ce recueil semble avoir été l'occasion d'une satire générale des œuvres du poëte, satire en vers par Barbier d'Aucourt.

Il y avait eu, d'après l'opinion commune, un précédent conflit entre ce Barbier d'Aucourt et Racine. Lors de la querelle de Racine avec Nicole et messieurs de Port-Royal et des *Lettres à l'auteur des Hérésies imaginaires,* en 1666, Barbier d'Aucourt passa, comme on le verra dans un des volumes suivants, pour l'auteur de la seconde réponse, et Racine, en un endroit de la préface qu'il avait préparée pour la publication de ses deux lettres, semble viser, en effet, ce médiocre écrivain.

Barbier d'Aucourt, revenant à l'attaque, publia la satire intitulée d'abord *Apollon vendeur de Mithridate,* puis *Apollon charlatan.* L'auteur joue sur le nom de Racine et raconte l'histoire de cette misérable plante pour laquelle Apollon a une si folle tendresse. Ce morceau n'a point de valeur ; c'est toutefois un monument des passions du temps, et, comme on ne le trouve pas facilement dans son entier, nous croyons qu'on nous saura gré de le reproduire ici :

APOLLON CHARLATAN.

Un jour, dans le sacré vallon
Qu'arrosent les eaux du Permesse,
Le capricieux Apollon
Conçut pour une plante une folle tendresse ;
Et pour lui donner du renom,
Ce grand pipeur en médecine
Vendit, au son du violon,
Cette misérable Racine.

D'abord, sous un vieux mur de mousse revêtu,
    On la vit s'élever de terre,
Et passer, en rampant comme le foible lierre,
    Pour une plante sans vertu.
        Mais par la bonté sans égale
        D'un Maître [1] de nom et de fait,
Qui répandit sur elle une liqueur royale,
Elle sortit enfin de son être imparfait,
        Et poussa hors du sein de l'herbe
        Certaine fleur fière et superbe,
        Qui vint, en pointe de buisson,
        Déchirer la main délicate
        A qui cette petite ingrate
        Devoit son art et sa façon. [2]
        Mais se polissant par l'étude
        De plus d'un jardinier françois,
Elle cessa bientôt d'être piquante et rude
        Comme elle l'étoit autrefois,
Puisqu'elle s'adoucit jusqu'à faire l'office
        De la Racine de réglisse,
        Quoique sa trop grande douceur,
        Faisant quelquefois mal au cœur,
        Fût prise souvent pour un vice.
        Un sage et savant médecin
        Disoit un jour : Cette Racine
        N'est pas tout ce qu'on s'imagine ;
Elle est douce, il est vrai, mais sa douceur enfin
N'est propre qu'à charmer quelque galant qui tousse
        Parmi le sexe féminin.
Phœbus la peut vanter aux médecins d'eau douce ;
Mais, pour m'en faire accroire, il n'est pas assez fin.
        Son suc est dangereux à prendre
        Autant que le jus des pavots,
Dont les plus vigilants ont peine à se défendre.
Voyez comme il endort dans un honteux repos
        Les princes, les rois, les héros,
        Sur les bords du fleuve du Tendre.
        Au lieu d'inspirer aux grands cœurs
        De tant de célèbres vainqueurs
L'amour de la vertu, le désir de la gloire,
        Il déshonore leur victoire
Par de foibles soupirs et par d'indignes pleurs.
Hélas ! que vous ont fait les filles de mémoire

1. M. Le Maître, de Port-Royal.
2. Le Port-Royal, contre qui Racine écrivit pour défendre la comédie.

Pour leur offrir ce suc et le leur faire boire?
Ne vous en déplaise, Phœbus,
Vous commettez un grand abus.
Phœbus, à cet avis ne trouvant pas son compte,
On dit qu'il en eut honte.
Mais s'étant déjà mis sur le pied doucereux,
Ce dieu, d'une adresse assez fine,
Fit avaler de sa Racine
A des cœurs languissant sous l'empire amoureux.
Ils y trouvèrent mille charmes.
Chacun par ce doux suc se sentit attendrir,
Et de leurs yeux mourants il coula tant de larmes
Qu'on crut qu'ils en alloient mourir.
L'effet s'en répandit aux champs et dans la ville,
Où les héros, changés en amoureux transis,
Au lieu d'Alexandre et d'Achille,
Furent Céladon et Tirsis.
Par le fréquent débit de la douce Racine,
Phœbus, devenu charlatan,
Comme un vendeur d'orviétan,
Eut d'habiles joueurs qui, par leur bonne mine,
Firent tant qu'on la crut une plante divine.
Par le soin de ces enchanteurs,
La Racine fit des merveilles,
Surtout lorsque son suc, plein de mille douceurs,
Étoit versé dans les oreilles.
Mais elle avoit, dit-on, des vertus sans pareilles
Depuis que, dans un champ orné de mille fleurs,
Elle empruntoit l'éclat d'une assez belle Rose,[1]
Qui, la comblant de ses faveurs,
La fit passer souvent pour une bonne chose.
Il est vrai que, voulant ensemble se frotter,
La Rose piqua la Racine,
Et lui fit expérimenter
Que Rose n'est pas sans épine.
Quoi qu'il en fût, quoi qu'on en dit,
La Racine partout reçut mille louanges;
Et dans l'usage, enfin, comme dans le débit,
Elle fit des effets étranges.
De *Deux Frères*[2] trop inhumains,
Dont Thèbes éprouva la rage,

---

1. M. Rose, président de la chambre des comptes et secrétaire du cabinet du roi.

2. *La Thébaïde, ou les Frères ennemis,* première pièce de Racine qu'il composa fort jeune.

Elle envenima le courage;
Et, répandant entre eux l'horreur et le carnage,
Leur fit l'un contre l'autre ensanglanter leurs mains.
Aussi, pour accomplir leurs tragiques desseins,
Tous deux en avoient pris une trop grande dose.
    Mais, pour dire la vérité,
Phœbus par la Racine en fut si peu la cause
Qu'Apollon par un autre[1] avoit tout inventé.
Le charlatan, ensuite, aussi vain que bizarre,
Tirant de la Racine une forte liqueur,
    Remplit d'une vertu si rare
    Un prince indien[2] et barbare,
Qu'il eut plus qu'*Alexandre*[3] et d'esprit et de cœur,
Et fit voir un vaincu plus grand que son vainqueur.
La Racine, s'ouvrant une nouvelle voie,
    Alla signaler ses vertus
Sur les pompeux débris de la fameuse Troie,
    Et fit un grand sot de *Pyrrhus;*
    D'*Andromaque,*[4] une pauvre bête
    Qui ne sait où porter son cœur,
    Ni même où donner de la tête;
D'Oreste, roi d'Argos, un simple ambassadeur,
Qui n'agit toutefois avec le roi Pylade
    Que comme avec un argoulet,
Et, loin de le traiter comme son camarade,
    Le traite de maître à valet.
Mais je reviens à vous, tant je vous trouve à plaindre,
    Malheureuse veuve d'Hector!
Un an après sa mort, vous le pleurez encor,
Et pour Astyanax vous avez tout à craindre.
    A quoi bon faire un si grand deuil
    Pour réchauffer un froid cercueil?
    Puisque vous pouvez vous résoudre
A prendre un autre époux dont la brutalité,
Qui fut sur votre fils prête à lancer la foudre,
Ne laisse pas encor sa tête en sûreté,
Pourquoi ne songez-vous qu'à sauver par vos larmes
    Ce fils, dont les fameux exploits
Doivent, en accordant les lois avec les armes,
    Fonder l'empire des François?
Apollon, rebutant cette juste apostrophe,

---

1. Rotrou, poëte français, sans parler de Stace et des auteurs anciens.
2. Porus, second personnage de la tragédie intitulée *Alexandre.*
3. Seconde pièce de Racine.
4. Troisième pièce.

Répondit, *Franciade*[1] à part;
Et, pour changer la catastrophe,
Donna des soufflets à Ronsard;
Puis, vantant sa Racine : Oh! qu'elle est excellente!
J'ai fait, dit-il, par elle, une cure éclatante.
Mais lorsque des pauvres *Plaideurs*[2]
Phœbus voulut purger les peccantes humeurs
Avec le suc de cette plante
Pour en faire application
Sur un chien mangeur de chapon,
Sa foiblesse parut à nulle autre seconde,
Et, par cette opération,
Elle dégoûta tout le monde.
Apollon, irrité de ce mauvais succès
Causé par un méchant procès,
Porta sa Racine dans Rome,
Où, se montrant cruelle, avec peu de raison,
Contre *Britannicus*,[3] qui n'étoit qu'un jeune homme,
Elle fit l'effet du poison.
Par cette cruauté plus que néronienne,
Phœbus, au sang accoutumé,
Sans crainte d'en être blâmé,
Réveilla des sultans la fureur ancienne.
Pour un nouveau complot la Racine opéra;
Dans le sérail, on soupira;
Au pauvre *Bajazet*[4] elle devint funeste;
Atalide en mourut, Roxane en expira.
Et quand la fureur turque eut joué de son reste,
Toute leur séquelle en pleura.
Mais c'étoit aussi grand dommage
De tant de gens morts à la fois,
Qui n'étoient Turcs que de visage;
Car pour leurs mœurs, pour le langage,
C'étoient de naturels François.
Le fier Bajazet, toutefois,
Osant traiter de Turc à More
Une sultane qui l'adore,
Phœbus, en le tuant, n'a pas eu trop de tort,
Puisque une si folle conduite,
Dont la Racine fut l'origine et la suite,
Ne pouvoit causer que la mort.

1. Poëme de Ronsard.
2. Quatrième pièce.
3. Cinquième pièce.
4. Sixième pièce.

La fureur d'Apollon n'étant pas satisfaite
     Par cette sanglante défaite,
Au royaume de Pont ce dieu servit un plat
     De sa Racine délicate :
     Et la vertu du Mithridat
     N'en put garantir *Mithridate*.¹
Le bon roi vit finir sa vie et ses malheurs ;
     Et, pour le purger d'un grand crime,
Apollon, plus puissant que mille opérateurs,
Déterra Xipharès, ressuscita Monime,
Dont ce prince avoit fait une double victime,
Et vint, malgré la mort et ses pâles froideurs,
De deux fantômes vains rallumer les ardeurs.
     Par cette magique souplesse,
Tous deux virent enfin couronner leur tendresse.
     C'est ce qui fit que, dans leurs cœurs,
Un plaisir imprévu dévorant leur tristesse,
Au sang du roi mourant, qui leur parloit sans cesse,
     Ils mêlèrent si peu de pleurs.
     Mais pour nous en faire répandre,
     Et nous en donner à revendre,
     J'oubliois que le beau Phœbus
Avoit, par la vertu de la Racine tendre,
     Trouvé le foible de *Titus*,
Fait pleurer ce grand homme avec sa *Bérénice*,²
Qui ne put toutefois, par un cruel malheur,
     Où Rome mêla son caprice,
     Être femme de l'empereur.
O Nocière Junon ! faut-il qu'elle périsse ?
Compatissez, de grâce, à l'amoureux supplice
     De cette pauvre Marion,
     Qui gémit, qui pleure, qui crie,
     Tant elle veut qu'on la marie.
Mon cœur seroit touché de son affliction,
     Et je plaindrois son aventure
     Si Phœbus, par un tour d'ami,
     N'en avoit fait une peinture
     Qui n'est tragique qu'à demi.
Mais, à propos de pleurs, je me suis laissé dire
Que ce maître Apollon, n'ayant plus de quoi rire
Depuis qu'il a perdu l'usage du Moly,³

1. Septième pièce.
2. Huitième pièce.
3. Allusion au nom de Molière. Le moly est une plante médicinale dont Pline croit que Mercure fut l'inventeur.

Qui fut un simple si joly,
D'un déluge de pleurs va noyer son empire.
En effet, sa Racine attendrit tant de cœurs,
Lorsque d'*Iphigénie*[1] elle anime les charmes,
Qu'elle fait chaque jour, par des torrents de larmes,
Renchérir les mouchoirs aux dépens des pleureurs.
Aussi quel triste objet qu'une reine éplorée
Qui vient livrer sa fille au couteau de Calchas,
  Parce que, dès le premier pas,
A faute d'un bon guide, elle s'est égarée !
Qu'est devenu Phœbus ? Il ne la conduit pas ;
  Ou, puisqu'elle manque sa route,
  Ce beau conducteur n'y voit goutte.
  Que si, sur cet égarement,
Il aspire à fonder les autres aventures
  De son dramatique roman,
Peut-il, pour appuyer ses vaines impostures,
  Prendre un plus chétif fondement ?
Mais quelle est, d'autre part, sa nouvelle manie ?
Et d'où vient que ce dieu, trop tendre de moitié,
  S'est alambiqué le génie
A tirer de son suc plus d'une Iphigénie ?
  C'est pour faire plus de pitié.
La fausse est distillée avec la véritable.
  Est-il rien de si pitoyable ?
Pour ne nous régaler que d'un triste entretien,
Au lieu de deux beautés, dont l'une est si coupable,
  Une seule suffisoit bien.
  Si quelque chose me console,
C'est que l'une des deux a, si je m'en souviens,
De l'innocente Agnès et l'air et la parole,
  Hors qu'en son caquet doucereux
  La belle enfant affecte un style
  Qui marque un cœur plus langoureux
  Et moins digne du grand Achille.
Diane, vous aimez la simple chasteté,
  Et vous êtes trop difficile
Pour vous accommoder d'une simple beauté ?
  Qui voulez-vous donc ? Ériphile ?
  De votre père, Jupiter,
  Cette belle est petite-fille.
Il faut sur vos autels vous en faire tâter,
Puisque votre fureur ne peut se contenter
  Que du sang de votre famille.

---

1. Neuvième pièce.

Ulysse, ce roi fin matois,
Qui cherche plutôt à vous plaire
Qu'à soutenir son caractère,
Pour célébrer ce sang dont vous avez fait choix
Se borne à signaler son éloquente voix
Par un récit patibulaire.
Mais la fille d'Agamemnon
N'est donc pas la victime? Non.
La Racine est assez hardie
Pour la garantir du trépas.
Une autre doit mourir, quoi que Calcas en die;
Le sujet de la tragédie
Est celle qui ne mourra pas.
L'oracle qui l'immole est un jeu de théâtre.
Amis, pourquoi donc la pleurer?
Vous feriez mieux de séparer
Son père et son amant, qui sont prêts à se battre.
Tout beau, répond Phœbus à ce donneur d'avis,
Ne troublez pas le cours des pleurs que j'ai fait naître;
Des petits et des grands mes secrets sont suivis;
Je suis bon charlatan, si je ne suis bon maître.

FIN DE L'EXAMEN CRITIQUE D'IPHIGÉNIE.

PHÈDRE

TRAGÉDIE

1677

NOTICE PRÉLIMINAIRE.

L'HIPPOLYTE D'EURIPIDE. — L'HIPPOLYTE DE SÉNÈQUE.

Si le thème développé dans la tragédie d'*Iphigénie* est célèbre, celui sur lequel est fondée la tragédie de *Phèdre* ne l'est pas moins. Le sens de la fable primitive nous reporte au temps de la grande rivalité entre la chasse et l'amour dans le cœur des hommes. Aux âges héroïques, la guerre aux bêtes sauvages était la distraction la plus efficace aux voluptés légitimes ou illégitimes. Nous autres, enfants de longues civilisations qui ont de plus en plus enlevé à la chasse sa grandeur et son caractère, nous ne pouvons que difficilement nous faire une idée de cette opposition entre deux ordres de sensations qui occupent dans la vie moderne une place bien inégale; cependant, nous pouvons encore nous rendre compte, par notre propre expérience, de l'antagonisme dont l'histoire d'Hippolyte et de Phèdre est l'expression symbolique. Les chasseurs intrépides sont de tous les hommes ceux qui échappent le plus facilement aux flèches amoureuses. Si pendant quelques journées de votre vie vous avez à peu près oublié la plus belle moitié du genre humain, et vous ne vous êtes senti disposé à lui faire que de médiocres sacrifices, ces journées sont celles où vous avez poursuivi vigoureusement le gibier fuyant à travers les plaines et les forêts. Qu'était-ce donc dans les temps anciens, où la chasse avait un tout autre intérêt, excitait plus vivement le courage, imposait de plus grandes fatigues, faisait courir plus de dangers? Elle absorbait parfois la vie de l'homme dans sa jeunesse et lui faisait négliger des devoirs ou des grâces qui importaient à la société plus encore que l'extermination des animaux sauvages. Il fallait lui montrer qu'il était coupable en s'abandonnant ainsi au culte d'une seule divinité et qu'il pouvait être puni par la divinité méconnue. C'est le but de la fable d'Hippolyte et de Phèdre dans la mythologie grecque.

Euripide en fit une tragédie qui garde le sens primitif; le héros en est Hippolyte, dont la jeunesse est consacrée tout entière à Diane chasseresse. Phèdre n'est que l'instrument, sacrifié par avance, de la vengeance de Vénus. Il y eut de cette tragédie d'Euripide deux versions, dont la première était désignée sous nom d'Hippolyte voilé, Ἱππόλυτος καλυπτόμενος, la seconde sous celui d'Hippolyte porte-couronne Ἱππόλυτος στεφανηφόρος. C'est cette dernière rédaction qui nous a été conservée. L'*Hippolyte porte-couronne* a été représenté, au dire de l'argument grec mis en tête du drame par quelque scoliaste, la quatrième année de la 87ᵉ olympiade, c'est-à-dire l'an 429 avant notre ère, Euripide ayant alors cinquante et un ans.

Dans la tragédie grecque, les habitants de l'Olympe interviennent au début et au dénoûment. C'est Vénus qui dit le prologue. Elle y explique les motifs de colère qu'elle a contre Hippolyte, fils de Thésée, qui la dédaigne et qui l'outrage. Elle a préparé sa vengeance. Elle a inspiré à l'épouse de Thésée un violent amour pour Hippolyte. Phèdre dépérit en silence. Mais la déesse aura soin que son amour soit révélé à Thésée, et Hippolyte périra par les imprécations de son père, car Neptune a promis à Thésée de ne laisser sans effet aucune de ses prières trois fois répétées. Phèdre doit succomber la première, « car, dit Vénus, je ne puis préférer son intérêt au plaisir de tirer vengeance de mes ennemis. »

La déesse se retire pour laisser le champ libre au fils de Thésée qui arrive suivi de ses compagnons, chantant des hymnes en l'honneur de Diane. Il offre à la fille de Jupiter et de Latone, qu'il vénère entre toutes les immortelles, une couronne tressée de ses mains. Cet acte de piété accompli, il s'entretient avec un vieux serviteur, qui lui reproche d'être trop exclusif dans ses hommages et de ne pas rendre à Vénus ceux auxquels elle a droit. « Je n'aime pas, répond Hippolyte, les divinités dont le culte a besoin des ombres de la nuit. »

Le chœur, composé de femmes de Trézène, nous apprend la maladie étrange dont Phèdre a été tout à coup frappée. Consumée de douleur, la reine se renferme dans son palais, et un voile léger couvre sa tête blonde. Voici le troisième jour qu'elle n'a pris aucune nourriture. Elle veut mettre fin à sa triste destinée. La vieille nourrice amène sa maîtresse devant les portes du palais. L'entrée de Phèdre est à peu près la même que dans Racine : « Soutenez-moi, dit-elle; relevez ma tête; mes membres brisés n'ont plus de force, ô mes amies... Ce voile sur ma tête est pesant. Écarte-le; laisse retomber ces boucles sur mes épaules... Hélas! hélas! comment pourrai-je me désaltérer dans les eaux pures d'une source fraîche? Quand me reposerai-je, couchée sous les peupliers, au milieu d'une prairie ombreuse?... Conduisez-moi sur la montagne; je veux aller dans la forêt à travers les pins, où les meutes cruelles poursuivent les bêtes sauvages et s'élancent sur les cerfs tachetés... O Diane, souveraine de Limna, où, sur les bords de la mer, on exerce les bruyants coursiers, que ne suis-je au milieu de tes plaines, domptant les chevaux vénètes!... Malheureuse, qu'ai-je fait? Où ai-je laissé égarer ma raison? Le délire s'est emparé de moi; la malédiction d'une divinité m'a perdue. Mère, cache encore mon visage; je rougis de ce que je viens de dire. Cache-moi, les larmes tombent de mes yeux, et la honte trouble mes regards. »

Le chœur, sur le devant de la scène, interroge la nourrice sur la maladie de la reine. La nourrice répond qu'elle ignore la cause de cette maladie, mais qu'elle va faire de nouveaux efforts pour la connaître. Elle revient, en effet, vers Phèdre, et la presse de lui révéler ce qui la tourmente. Dans la suite de ses paroles, elle en vient à nommer Hippolyte; et la reine se récrie sur le nom que la nourrice vient de prononcer. Celle-ci se méprend, comme Œnone, sur le sentiment qui agite Phèdre. Mais elle insiste, elle supplie; elle finit par décider la reine à parler. Celle-ci évoque les souvenirs de sa mère et de sa sœur. « O mère infortunée, de quel amour tu as brûlé! — Pour ce taureau? ô ma fille, est-ce là ce que tu veux dire? — Et toi, malheureuse sœur, épouse de Bacchus! — Ma fille, que fais-tu! tu insultes tes proches. — Et moi, qui suis la troisième misérable, dans quel abîme je suis tombée! — Que dis-tu? ô mon enfant, aimes-tu quelque homme? — Tu sais quel est ce fils de l'Amazone? — Hippolyte, veux-tu dire? — C'est de ta bouche, non de la mienne que ce nom est sorti! »

Phèdre raconte alors à la nourrice et au chœur les commencements de son funeste amour, ses irrésistibles progrès, enfin l'extrémité où elle en est réduite et qui ne lui laisse d'autre perspective que le tombeau. La nourrice réplique par des conseils pervers. « Vénus est irrésistible, lorsqu'elle se rue tout entière sur vous. L'habileté parmi les hommes consiste à cacher le mal. Il s'agit de chercher un remède; il s'agit de sauver ta vie, et pour cela rien ne doit te coûter. » Phèdre proteste contre ces discours corrupteurs; mais la nourrice ne se charge pas moins de tout diriger. Le chœur chante les flammes dévorantes de l'Amour, tyran des dieux et des hommes.

La nourrice est rentrée dans le palais, pendant que Phèdre est restée couchée au fond du théâtre, près de la porte. Tout à coup Phèdre entend, dans l'intérieur, un bruit de paroles qui la glacent d'effroi. C'est la nourrice qui a révélé à Hippolyte le secret de sa maîtresse, et Hippolyte qui l'accable de reproches. Tous deux arrivent en effet sur la scène, la nourrice cherchant à l'apaiser, Hippolyte s'emportant contre les femmes en général et se livrant à une diatribe mordante contre le beau sexe tout entier. « Les femmes perverses, dit-il en finissant, forment au dedans de la maison des projets pervers que leurs servantes vont exécuter au dehors. C'est ainsi, âme dépravée, que tu es venue à moi pour négocier l'opprobre du lit de mon père : souillure dont je me purifierai dans une eau courante en l'injectant dans mes oreilles. Comment livrerai-je mon cœur au crime, moi qui me crois moins pur pour t'avoir entendue? Sache-le bien, malheureuse, c'est ma piété qui te sauve; car si tu ne m'avais arraché par surprise un serment sacré, jamais je n'aurais pu me défendre de révéler ce crime à mon père. Mais maintenant, tant que Thésée sera absent, je m'éloigne; je reviendrai quand mon père reviendra, et je verrai de quel front vous le recevrez, toi et ta maîtresse. » Il se retire.

Phèdre s'emporte contre la nourrice qui l'a exposée à un tel affront. « Tu n'as pu te taire, et je meurs déshonorée. Il faut que j'aie recours à de nouveaux artifices. En effet, celui-ci, le

NOTICE PRÉLIMINAIRE.   305

cœur enflammé de colère, m'accusera devant son père; il dira mon aventure au vieux Pitthée et remplira la terre de Trézène du bruit de mon infamie. Va, puisses-tu périr, toi et tous ceux qui, prompts à servir un penchant coupable, entraînent leurs amis au crime... Fuis loin de moi et songe à toi-même : pour moi, je saurai pourvoir à ce qui me regarde. » Ici finit le rôle de la nourrice. On ne dit point par la suite ce qu'elle est devenue. Il n'en est plus question.

Phèdre, demeurée avec le chœur des femmes de Trézène, leur fait promettre, par l'auguste Diane, fille de Jupiter, de ne jamais rien dévoiler de ses tristes secrets. Elle leur parle aussi de son intention de sauver l'honneur de ses enfants et celui de sa famille, et de ne jamais reparaître, chargée de honte, devant les yeux de son époux. « Ses enfants pourront marcher dans l'illustre Athènes le front haut, en hommes libres, leur mère ayant tout fait pour épargner leur gloire. Car, quelque fierté qu'un homme ait dans le cœur, il se sent avili comme un esclave, quand il a conscience du déshonneur d'une mère ou d'un père. » Elle mourra, mais sa mort deviendra funeste à un autre. « Qu'il apprenne à ne pas s'enorgueillir de mes maux; en partageant à son tour ma souffrance, il s'instruira peut-être à la pitié et à la modestie. »

Le chœur laisse entendre que la reine va suspendre aux lambris de la chambre nuptiale un lacet qui finira ses jours.

En effet, les cris des servantes retentissent dans l'intérieur du palais; elles appellent au secours pour trancher le nœud qui a suffoqué leur maîtresse. Mais elle est morte, et l'on n'a plus qu'à étendre son cadavre. Arrive Thésée, qui revient de consulter l'oracle. Il demande la cause de tout ce bruit. On lui montre le corps de Phèdre, qui s'est donné volontairement la mort. Il pousse des gémissements; il veut savoir quelle est la cause qui a pu porter la reine à un attentat sur elle-même. En ce moment, il aperçoit des tablettes suspendues à la main de Phèdre. Il les prend, brise les liens du cachet que Phèdre a scellé avec son anneau d'or. Il est saisi d'horreur en y lisant que son fils Hippolyte a souillé par la violence le lit paternel, et que c'est pour cela qu'elle s'est donné la mort. Aussitôt Thésée, saisi de fureur, implore Neptune contre ce fils criminel.

Hippolyte accourt et, voyant Phèdre morte, demande à son père ce qui s'est passé. Thésée lui reproche son crime : « Cette mort même dépose contre toi : quels serments, quels discours pourraient démentir cet irrécusable témoin ? » Il lui ordonne de partir immédiatement pour l'exil. Hippolyte se défend avec une noble indignation ; il prend Jupiter à témoin de son innocence. Thésée ne se laisse pas convaincre. Hippolyte déplore le serment qui ne lui permet pas de déclarer toute la vérité. Thésée renouvelle son ordre de bannissement : « Où chercher un refuge dans mon malheur ? s'écrie Hippolyte ; quels hôtes m'ouvriront leurs maisons, lorsque j'irai en exil, chargé d'une telle accusation ? — Ceux qui aiment à protéger les adultères, répond Thésée, les corrupteurs de femmes, les lâches complices des crimes domestiques. »

Hippolyte, resté seul, se plaint amèrement à ses compagnons. Il sort, en disant un dernier adieu à la terre de Trézène où s'est passée sa jeunesse. Le chœur se lamente sur son triste destin.

Un des compagnons d'Hippolyte accourt, annonçant la mort de celui-ci, victime des imprécations paternelles. Thésée l'interroge sur la manière dont ce fils coupable a péri, et le messager entame un douloureux récit comparable à celui de Théramène. Lorsqu'il a fini, Diane apparaît. Elle ordonne à Thésée d'écouter son fils. Elle lui explique ce qui s'est passé et lui reproche sa précipitation et sa crédulité. On amène Hippolyte expirant et poussant des cris de douleur. La présence de Diane le soulage un instant : « Vois-tu, ma souveraine, dit-il, l'état déplorable où je suis ? — Je le vois, mais il n'est pas permis à mes yeux de verser des larmes. — Ton chasseur, ton serviteur fidèle n'est plus. — Hélas ! toi qui m'es cher, tu péris ! — Il n'est plus le guide de tes coursiers, le gardien de tes statues. — La perfide Vénus a ourdi cette trame. — Je reconnais la divinité qui m'a perdu. — Tes dédains l'ont blessée, et ta chasteté excitait sa haine. — Elle s'immole aujourd'hui trois victimes (Phèdre, Hippolyte et Thésée) ! » Diane dit qu'elle n'a pu lutter contre elle, car c'est la loi des dieux de ne point s'opposer aux volontés l'un de l'autre ; mais elle ajoute qu'elle se vengera en prenant les jours du plus cher favori de cette déesse (allusion à la mort d'Adonis). Elle entretiendra, de plus, la mémoire de son serviteur dans une longue suite de siècles. Elle se retire, voyant qu'il va mourir, car il n'est pas permis aux immortels d'assister aux derniers soupirs d'un mourant.

Thésée implore le pardon de son fils qui l'absout du sang qu'il a versé. Hippolyte expire dans les bras de son père.

Telle est la tragédie grecque, où le sens de la fable est, comme vous voyez, conservé fidèlement. L'intérêt se porte sur le jeune chasseur récalcitrant à Vénus. Toute la dernière partie de la pièce, ce qui formerait les deux derniers actes selon la division moderne, lui est consacrée. Ses vertus, ses mépris, le châtiment que ceux-ci lui attirent, voilà ce qui reste dans l'esprit, quand on a lu l'*Hippolyte* d'Euripide. Les scènes où Diane vient consoler son héros ont des beautés de premier ordre. L'allusion à la fable d'Adonis, qui est la contre-partie de celle d'Hippolyte, qui en est comme le correctif, achève de déterminer le caractère du tableau.

Lorsqu'au commencement de notre ère, Sénèque ou l'auteur, que qu'il soit, des tragédies qui sont mises sous ce nom, composa ces exercices de rhétorique, tout ce qui nous reste pourtant du théâtre tragique des Latins, il vivait au milieu d'une autre civilisation, à Rome, sous les Césars; le sens des anciens mythes religieux commençait à s'effacer. Sénèque, reprenant le thème d'Euripide, développa le rôle de Phèdre aux dépens de celui d'Hippolyte. La chaste figure du jeune chasseur pâlit devant celle de son amante passionnée. On a supposé que c'est au premier *Hippolyte* d'Euripide, à celui qu'on désignait sous le nom d'*Hippolyte voilé,* et qui est perdu, que Sénèque a pu emprunter les scènes remarquables qu'on s'est étonné de trouver dans sa déclamation. Mais ce sont là des conjectures sur lesquelles il n'y a rien à fonder. Ce qui est certain, c'est que le sujet s'est transformé avec le temps et avec les mœurs.

La tragédie de Sénèque commence par un monologue lyrique d'Hippolyte célébrant les plaisirs de la chasse. Puis Phèdre et sa nourrice le remplacent sur la scène. Phèdre s'abandonne avec fureur à sa passion. La nourrice la supplie d'abord d'y renoncer. Phèdre parle de mourir, se demandant si elle périra par le lacet ou si elle se précipitera sur une épée. La vieille nourrice, désolée, se résout à essayer de fléchir la fierté du farouche Hippolyte.

Le chœur chante la puissance de l'amour qui vainc non-seulement les lions et les tigres, mais même les belles-mères et les marâtres,

Vincit sœvas
Cura novercas.

Au second acte, Phèdre paraît en amazone, « pareille à la mère d'Hippolyte, » dans le dessein de suivre ce dernier à la chasse. La nourrice fait une invocation à Diane pour qu'elle rende le jeune homme sensible, comme si c'était l'office de cette déesse. Phèdre se retire. Hippolyte survient et la nourrice lui prêche une morale galante dont le jeune chasseur est très-scandalisé; il y répond par un éloge pompeux de la campagne et de la solitude. Il déclare qu'il a horreur de toutes les femmes.

Detestor omnes, horreo, fugio, execror :
Sit ratio, sit natura, sit dirus furor,
Odisse placuit.

Mais voici Phèdre qui s'impatiente, elle arrive et elle s'évanouit. Quand la nourrice l'a rappelée à elle :

PHÈDRE.

« Qui me rend à ma douleur? qui rallume dans mon sein ces flammes dévorantes? Heureuse! j'avais perdu le sentiment de mes maux. Mais pourquoi repousser le doux présent de la vie qui m'est rendue? Phèdre, rassure-toi, essaye de le fléchir, exécute ce que ton cœur a résolu, parle avec assurance; c'est la timidité de la prière qui fait naître les refus. Déjà la plus grande partie de mon crime est consommée; il est trop tard pour se repentir. J'ai brûlé d'une flamme incestueuse; mais, si mes vœux s'accomplissent, l'hymen peut effacer la honte de mon amour : il est des crimes que le succès justifie... Je le vois, ne tardons plus. Hippolyte, daignez m'accorder un entretien secret. Que votre suite s'éloigne.

HIPPOLYTE.

« Reine, vous le voyez, il n'y a plus ici de témoins importuns.

PHÈDRE.

« Ma voix expire sur mes lèvres. Une grande puissance me

force à parler, une plus grande me retient. O dieux, c'est vous que j'en atteste ! j'abhorre ce que je désire.

HIPPOLYTE.

« Comment ne pas trouver de paroles pour exprimer ce que l'on sent ?

PHÈDRE.

« Les peines légères trouvent des paroles, les grandes douleurs n'en ont point.

HIPPOLYTE.

« O ma mère ! confiez-moi le sujet de vos chagrins.

PHÈDRE.

« Moi votre mère ! ne me donnez point un titre si imposant ; le nom le plus humble convient à mes sentiments. O Hippolyte ! appelez-moi votre sœur, ou votre esclave ; oui, plutôt votre esclave ! près de vous toute servitude me sera douce. Faut-il pour vous plaire traverser les neiges du Pinde, ou gravir jusqu'à ses sommets glacés ? quand vous m'ordonneriez d'affronter le fer et le feu, de m'élancer au milieu des bataillons ennemis dont le glaive serait tourné contre mon sein, j'obéirais encore ! Recevez le sceptre qui me fut confié. Régnez sur moi : c'est à vous de commander, à moi d'obéir. Une faible femme ne saurait défendre des royaumes ; mais vous, dans la fleur de la jeunesse, jeune héros, gouvernez avec gloire l'empire de vos ancêtres. Daignez être mon appui, protégez une femme, une esclave suppliante ! ayez pitié d'une veuve désolée !

HIPPOLYTE.

« Que Jupiter détourne ce funeste présage ! Bientôt mon père, échappé à tous les dangers, reviendra parmi nous.

PHÈDRE.

« Le roi des sombres bords, l'impitoyable Pluton, interdit tout espoir de retour à la vie. Serait-il moins inflexible pour le ravisseur de son épouse, à moins que Pluton aussi ne soit indifférent à l'amour ?

HIPPOLYTE.

« Les dieux de l'Olympe, plus équitables, nous rendront ce héros, mais, tant que sa destinée restera incertaine, mes frères seront protégés par ma tendresse; je vous prodiguerai mes soins, j'adoucirai les peines du veuvage, et le fils vous tiendra lieu du père.

PHÈDRE.

« O crédule espoir des amants! ô illusions de l'amour! n'en a-t-il pas assez dit? Ayons recours aux prières. Hippolyte, j'implore votre pitié! Exaucez des vœux que je n'ose exprimer; je désire, et je crains de parler.

HIPPOLYTE.

« Quel est donc ce trouble?

PHÈDRE.

« A peine pourrez-vous croire qu'une belle-mère puisse l'éprouver.

HIPPOLYTE.

« Vous ne laissez échapper que des paroles obscures. Expliquez-vous.

PHÈDRE.

« Insensée, je suis en proie à l'amour! le cruel me dévore, il court dans toutes mes veines, il brûle mes entrailles, il pénètre jusqu'à la moelle de mes os. Ainsi la flamme rapide embrase les poutres profondes d'un palais.

HIPPOLYTE.

« Votre chaste amour pour Thésée peut-il vous égarer ainsi?

PHÈDRE.

« Oui, Hippolyte[1], j'aime Thésée : mais je l'aime tel qu'on le vit

1. Hippolyte, sic est : Thesei vultus amo
    Illos priores, quos tulit quondam puer,
    Cum prima puras barba signaret genas,
    Monstrique cæcam Gnossii vidit domum,
    Et longa curva fila collegit via.
    Quis tum ille fulsit! Presserant vittæ comam,
    Et ora flavus tenera tingebat rubor.
    Inerant lacertis mollibus fortes tori :
    Tuæve Phœbes vultus, aut Phœbi mei;
    Tuusque potius : talis, en, talis fuit,
    Cum placuit hosti. Sic tulit celsum caput.
    In te magis refulget incomptus decor,

autrefois paré de toutes les grâces de la jeunesse, lorsqu'un léger duvet couvrait à peine ses joues vermeilles, et que le fil secourable le guidait dans les vastes détours du labyrinthe de Crète. Quel était alors son éclat! des bandelettes ornaient sa chevelure, une aimable rougeur colorait son visage, et déjà la vigueur de la jeunesse se déployait sur ses membres délicats. Il avait les traits de Diane, votre protectrice, ou du Soleil, mon aïeul, ou plutôt il était tel que je vous vois, lorsqu'il toucha le cœur d'Ariane. C'était vous, oui, c'était vous-même. Voilà son port majestueux! et l'oubli de votre beauté semble encore en relever l'éclat; c'est votre père que je retrouve, il revit en vous; mais avec cet air un peu farouche que vous tenez de votre mère : vous unissez les charmes d'un Grec à la rudesse d'un Scythe. Ah! si le destin vous eût conduit avec Thésée sur les rives de la Crète, c'est à vous qu'Ariane eût confié le fil sauveur. O ma sœur! en quelque partie du ciel que ton astre brille, c'est toi que j'invoque. Notre sort est le même : une famille a triomphé de nous; tu aimas le père, j'aime le fils. Hippolyte, vois la fille des rois suppliante à tes genoux! vertueuse jusqu'à ce jour, innocente, sans tache, pour toi seul je deviens coupable, pour toi je descends jusqu'à la prière. Ah! prends pitié d'une amante, et termine aujourd'hui ma douleur ou ma vie!

HIPPOLYTE.

« Puissant maître des dieux! tu vois le crime, et tu ne punis pas? Et quand donc lanceras-tu la foudre, si de tels forfaits ne peuvent t'émouvoir? Que la tempête ébranle la terre! que le jour

Et genitor in te totus : et torvæ tamen
Pars aliqua matris miscet ex æquo decus.
In ore Graio Scythicus apparet rigor.
Si cum parente Creticum intrasses fretum,
Tibi fila potius nostra nevisset soror.
Te, te, soror, quæcumque siderei poli
In parte fulges, invoco ad causam parem.
Domus sorores una corripuit duas :
Te genitor, at me natus. En, supplex jacet
Allapsa genubus regiæ proles domus.
Respersa labe nulla, et intacta, innocens,
Tibi mutor uni, certa descendi ad preces.
Finem hic dolore faciet, aut vitæ dies.
Miserere amantis

soit obscurci! et que les astres reculent d'épouvante! O divin Apollon! toi dont la tête rayonne de lumière, peux-tu contempler cet opprobre de ta race! éteins ton flambeau! fuis dans les ténèbres! Et toi, souverain arbitre des dieux et des hommes, ta main restera-t-elle désarmée? Pourquoi tes feux vengeurs n'embrasent-ils pas l'univers? Frappe! que ta foudre m'écrase! qu'elle me dévore! je suis coupable, j'ai mérité la mort, j'ai inspiré à l'épouse de mon père un amour incestueux. Femme insensée! et vous avez pu croire que je partagerais votre délire et votre honte? Étais-je à vos yeux un objet si facile à séduire? Ma vie austère a-t-elle mérité cet affront? Ah! vous égalez à vous seule la perversité de tout votre sexe! pire que votre mère, vous avez surpassé son crime! Pasiphaé ne se souilla que d'un adultère, et l'on eût ignoré qu'elle était coupable, si la tête horrible du monstre qui sortit de son sein n'eût révélé son infamie. Voilà les flancs qui vous ont portée! Heureux! trois fois heureux, ceux qui sont tombés victimes de la perfidie ou de la haine! O mon père! j'envie votre sort! Phèdre est plus redoutable que la marâtre de Colchos.

PHÈDRE.

« Je reconnais les destins de ma famille! toujours nous désirons ce que nous devons fuir. Mais je ne suis plus à moi, je te suivrai à travers les flammes et les flots, à travers les rochers et les torrents. Partout où tes pas te porteront, tu me retrouveras brûlante des mêmes feux! Ah, barbare! pour la seconde fois je tombe à tes genoux!

HIPPOLYTE.

« Éloignez-vous! ne me souillez pas de vos mains impudiques! O crime! elle se précipite dans mes bras. Tirons mon épée! qu'elle reçoive le châtiment du coupable. Déjà ma main a saisi ses cheveux et renversé sa tête criminelle. Chaste déesse des forêts, jamais victime ne fut plus justement immolée sur vos autels!

PHÈDRE.

« C'est maintenant, ô Hippolyte! que mes vœux s'accomplissent! tu calmes ma fureur! mes espérances sont surpassées, je vais mourir de ta main sans avoir outragé la pudeur!

HIPPOLYTE.

« Éloignez-vous! vivez! n'espérez pas la mort. Et toi, glaive qu'elle a touché, ne souille plus ma main! les eaux du Tanaïs, celles des Palus-Méotides et de la mer du Pont, Neptune lui-même avec l'Océan tout entier, ne suffiraient pas pour me purifier. O forêts! ô bêtes féroces! »

Hippolyte s'enfuit. Puisque le crime est découvert, dit la nourrice, il faut le faire retomber sur lui : *Scelere velandum est scelus*. Phèdre, abattue et sans force, à peine a conscience de ce qui se passe. La nourrice appelle les esclaves, elle leur montre leur maîtresse échevelée, mourante. Elle leur dit que le jeune homme a voulu la violer, qu'il l'a menacée de son épée, et qu'il s'est sauvé lorsqu'elle a appelé au secours. Les esclaves, trouvant l'épée abandonnée par Hippolyte, ne doutent pas de ce que la nourrice leur dit et relèvent la reine. Chœur qui se termine en annonçant le retour de Thésée échappé des enfers.

Thésée demande à la nourrice d'où viennent ces gémissements. La nourrice lui répond que Phèdre a décidé de mourir. Pourquoi? C'est ce qu'elle révèlera elle-même. Phèdre, après avoir quelque temps hésité, confesse qu'elle a subi un outrage de la part de l'homme dont elle devait le moins l'attendre. — Qui est-il? — Celui qui a laissé ce fer en s'enfuyant. Thésée, reconnaissant l'épée d'Hippolyte, prononce aussitôt la malédiction que Neptune est chargé d'exécuter. Troisième chœur, après lequel un messager vient faire à Thésée le récit de la mort de son fils. « O puissante nature, s'écrie Thésée, après avoir entendu ce récit, de quels liens tu attaches nos cœurs! J'ai voulu la mort de ce criminel, et maintenant qu'il a péri, je le pleure. » Phèdre paraît, tenant en main une épée, celle d'Hippolyte, qui servi à confirmer le mensonge. Le corps du jeune homme est Elle fait éclater devant ce cadavre et devant son époux sa passion d'autant plus librement qu'elle est décidée à mourir, « à le suivre à travers les abîmes du Tartare, à travers le Styx et les fleuves de feu. » Elle proclame hautement qu'elle s'est souillée de la plus noire calomnie. Elle a rejeté sur un autre le crime qu'elle-même, insensée, avait conçu au fond du cœur. « Hippolyte, reprends ta gloire et ta renommée! que ce fer te venge! Accepte mon sang, en expiation de mon offense! Et toi, Thésée, apprends d'une marâtre ce que doit faire un père après avoir perdu son fils. (*Elle se perce de l'épée.*) Va cacher ta douleur et ta honte dans la nuit de l'Achéron. »

Thésée regrette d'être revenu des enfers pour assister à de telles horreurs. Le chœur l'invite à rendre les derniers devoirs à son fils. Thésée se fait apporter les membres d'Hippolyte et s'occupe à les remettre à leur place. Ici la main droite vaillante à la bataille ; là la main gauche habile à guider les coursiers. « Quelle est cette partie de toi-même, je l'ignore, tellement elle est défigurée, mais je sais que c'est une partie de toi-même. Plaçons-la ici, sinon à sa véritable place, du moins à la place qui se trouve vide. » Cette besogne accomplie, il ordonne de préparer les funérailles. C'est la fin de cette tragédie.

Le sens de la fable antique s'y est obscurci. Les deux divinités qui expriment les deux passions contradictoires de la jeunesse ont disparu de la scène. Le rôle de Phèdre s'est développé et déjà il est le principal. Mais l'auteur ne l'a point rendu intéressant. Malgré l'aveu qu'elle fait de son crime et la punition qu'elle s'inflige à elle-même, Phèdre est d'un bout de la pièce à l'autre sans pudeur, sans remords. Si elle meurt, c'est parce qu'elle a perdu l'espoir de satisfaire sa flamme furieuse, beaucoup plus que par repentir de ce qu'elle a fait. Racine a emprunté à Sénèque les développements de ce rôle ; il lui a emprunté notamment la fameuse scène de la déclaration. Il l'a fait revenir aussi sur le théâtre au dénoûment, s'accuser elle-même et mourir. Mais quelle différence entre cette âme de Phèdre, si combattue, si déchirée, et l'âme de bacchante que lui a donnée le poëte latin ! Quand Racine reprend ce thème tragique dans une autre civilisation, l'objet primitif de la fable grecque est tout à fait oublié. Hippolyte, toujours chasseur, ne laisse pas d'être amoureux. Peu importe. Là n'est point l'intérêt du nouveau drame. Phèdre le concentre tout entier sur elle-même. Elle est l'image à jamais touchante de la passion coupable, aveugle, irrésistible, dans une nature noble pourtant et élevée. Vous voyez le chemin parcouru : tout est changé, et l'on ne peut comparer la tragédie grecque et la tragédie française que pour en faire ressortir la singulière différence.

NOTICE PRÉLIMINAIRE.

Mais, avant d'arriver à l'œuvre de Racine, nous avons encore quelques intermédiaires à signaler.

Robert Garnier composa un *Hippolyte* qui fut imprimé en 1573. Il imite Sénèque, non pas servilement. Il le corrige ou le complète sur plusieurs points. Ainsi il supprime cette espèce de raccommodage du corps d'Hippolyte par Thésée, qui termine si abominablement la pièce latine ; le premier il fait entendre que la nourrice se punira de son entremise funeste par la mort. Mais le caractère de l'œuvre reste le même. C'est une perpétuelle déclamation lyrique où les vers, du reste, ne manquent pas de vigueur et de souffle. La nourrice dit de sa maîtresse :

> La clarté lui déplaît ; et ne demande plus,
> Morne, qu'à se cacher dans quelque lieu reclus.
> Rien ne lui sauroit plaire ; elle s'assied dolente,
> Puis elle se relève ou se couche inconstante ;
> Se pourmène ore vite et ore lentement.
> Tantôt elle pâlit, et tout soudainement
> La couleur lui rehausse. Elle tremble fiévreuse,
> Et puis brûle à l'instant d'une ardeur chaleureuse.
> Elle espère, elle craint. Son esprit agité,
> Comme la mer du vent, n'a plus rien d'arrêté.

Citons encore ces quelques vers de la déclaration de Phèdre à Hippolyte. Hippolyte lui dit :

> C'est l'amour de Thésé qui vous tourmente ainsi ?

Elle répond :

> Hélas ! voire, Hippolyte ; hélas ! c'est mon souci.
> J'ai, misérable, j'ai la poitrine embrasée
> De l'amour que je porte aux beautés de Thésée,
> Telles qu'il les avoit, lorsque, bien jeune encor,
> Son menton cotonnoit d'une frisure d'or,
> Quand il vit, étranger, la maison dédalique
> De l'homme mi-taureau, notre monstre crétique.
> Hélas ! que sembloit-il ? Ses cheveux crespelés,
> Comme soie retorce, en petits annelets,
> Lui blondissoient la tête ; et la face étoilée
> Étoit entre le blanc de vermeillon mêlée.
> Sa taille, belle et droite, avec ce teint divin,
> Ressembloit, égalée, à celle d'Apollin,

> A celle de Diane, et surtout à la vôtre,
> Qui en rare beauté surpassez l'un et l'autre.
> Si nous vous eussions vu, quand votre géniteur
> Vint en l'île de Créte, Ariane, ma sœur,
> Vous eût plutôt que lui, par son fil salutaire,
> Retiré des prisons du roi Minos mon père.
> Or quelque part du ciel que ton astre plaisant
> Soit, ô ma chère sœur, à cette heure luisant,
> Regarde par pitié, moi, ta pauvre germaine,
> Endurer comme toi cette amoureuse peine :
> Tu as aimé le père, et pour lui tu défis
> Le grand monstre de Gnide, et moi j'aime le fils!
> O tourment de mon cœur, amour qui me consommes!
> O mon bel Hippolyte, honneur des jeunes hommes,
> Je viens, la larme à l'œil, me jeter devant vous,
> Et, d'amour enivrée, embrasser vos genoux,
> Princesse misérable, avec constante envie
> De borner à vos pieds mon amour ou ma vie.
> Ayez pitié de moi!...

Phèdre ne cherche pas mille détours. Ici l'aveu ne circule pas timide, craintif, prêt à se rétracter; il va droit au but. Lorsque Phèdre vient pour se tuer sur le corps d'Hippolyte, elle dit :

> Hippolyte, je veux
> Amortir de mon sang mes impudiques feux.
> Mes propos ne sont plus d'amoureuse détresse.
> Je n'ai rien de lascif qui votre âme reblesse.
> Oyez-moi hardiment; je veux vous requérir
> Pardon de mon méfait devant que de mourir.

Ces quelques citations donneront une idée du style de la tragédie française du xvie siècle. L'intérêt qu'elle présente est surtout celui de la forme poétique propre à la Pléiade, dont Garnier faisait partie.

Hippolyte, tragédie de La Pinelière, fut imprimée en 1635 : « Ce jeune seigneur, dit l'auteur dans son épître à M. de Bautru, ce jeune seigneur, le plus vertueux de toute la Grèce, vient se présenter à vous avec un équipage à la françoise et un nouveau train que je lui ai donné... » Malgré ces promesses, cette pièce est une simple imitation de Sénèque.

Hippolyte ou le garçon insensible, de Gabriel Gilbert, est de

1647. L'auteur était alors secrétaire de la duchesse de Rohan, il fut plus tard secrétaire des commandements de la reine Christine de Suède. Sa pièce mérite plus d'attention que la précédente. Il est le premier, croyons-nous, qui ait eu l'idée, que s'appropriera Pradon, de rendre son sujet plus honnête, en supposant que Phèdre n'est pas encore l'épouse de Thésée, qu'elle est seulement engagée à lui. Il précise aussi le châtiment de la nourrice, que Robert Garnier avait déjà indiqué. Après que Thésée a prononcé la malédiction contre son fils, la nourrice fait, dans l'*Hippolyte* de Garnier, une longue exclamation où elle s'accuse elle-même des malheurs qui vont arriver, et qu'elle termine par ces vers :

> Sus, sus, descends, meurtrière, en l'Orque, avecque celles
> Qui sont pour leurs méfaits en gênes éternelles.

Dans l'*Hippolyte* de Gilbert, Pasithée répond à Thésée qui s'informe du sort d'Achrise, cette nourrice :

> Dans les flots de la mer elle a fini ses jours;
> De son crime elle-même a payé le salaire.

Hippolyte dit à Thésée qui le condamne à l'exil :

> Si je suis exilé pour un crime si noir,
> Hélas! qui des mortels me voudra recevoir?
> Je serai redoutable à toutes les familles :
> Aux frères pour leurs sœurs, aux pères pour leurs filles.
> Où sera ma retraite en sortant de ces lieux?

Thésée réplique :

> Va chez les scélérats, les ennemis des dieux;
> Chez ces monstres cruels, assassins de leurs mères.
> Ceux qui se sont souillés d'incestes, d'adultères,
> Ceux-là te recevront.

On a souvent comparé ces vers à ceux où Racine a exprimé les mêmes idées :

> Va chercher des amis dont l'estime funeste, etc.
>   (Acte IV, scène II.)

Mais ces idées sont déjà dans Euripide, comme on l'a vu dans l'analyse que nous venons de donner de la tragédie grecque.

Ce qui n'est point dans Euripide, c'est le sentiment qui force Hippolyte au silence. Hippolyte, dans Euripide, se tait pour ne point violer un serment sacré. Dans la tragédie de Gilbert, comme dans celle de Racine, il obéit à une délicatesse héroïque

> Suivons la bienséance et non pas la colère ;
> Souvenons-nous que Phèdre est femme de mon père
> Cachons sa passion ; oui, n'en découvrons rien,
> Et sauvons mon honneur sans lui ravir le sien.

Le malheur est que « ce garçon insensible » se montre trop sensible à l'amour de Phèdre ; il en est fort attendri, et il est obligé, pour se défendre, d'en appeler à toute sa vertu.

Citons encore ses adieux à sa patrie et à ses compagnons :

> Je veux jusqu'à la mort paroître obéissant :
> Les siècles à venir me croiront innocent ;
> Ma réputation ne sera point flétrie.
> Adieu, cité superbe ; adieu, chère patrie :
> De vous voir plus longtemps il ne m'est pas permis.
> Adieu, mes compagnons, mes fidèles amis,
> En qui mes jeunes ans ont trouvé tant de charmes !
> Mais ne m'accusez point en répandant des larmes :
> Quand on n'est point coupable on n'est point malheureux.
> Comme je suis constant, montrez-vous généreux.
> Que je sorte d'ici, non de votre mémoire !
> Et toi, qui fus toujours compagne de ma gloire,
> Vertu, qui vois qu'à tort les miens m'ont accusé,
> Suis-moi dans mon exil, puisque tu l'as causé.

Gilbert a le mérite d'avoir le premier senti la supériorité d'Euripide sur Sénèque, et d'être revenu sur plusieurs points au tragique grec.

Enfin en 1675, deux ans avant que la *Phèdre* de Racine parût sur le théâtre, un auteur presque inconnu, nommé Bidar, avait fait représenter un nouvel *Hippolyte*, à Lille, par les comédiens de S. A. S. Monseigneur le Prince. Dans cette pièce, Hippolyte est amoureux de Cyane, princesse de Naxe; et, comme dans Gilbert, Phèdre et Thésée ne sont pas encore mariés. C'est vers cette combinaison que, par crainte du scandale, inclinaient les modernes imitateurs, sans s'apercevoir qu'en supprimant le crime de Phèdre, ils supprimaient le sujet même. Racine le comprit, et réagit vigoureusement contre cette pusillanimité.

Quels longs acheminements à ce nouveau chef-d'œuvre!

Remarquez qu'il ne reste plus rien de la donnée antique dans ces derniers remaniements; elle est absolument ruinée. De ses débris, pour ainsi dire, un grand poëte va construire un superbe édifice qui n'aura de l'ancien que ces matériaux empruntés.

Bayle écrivait de Sedan, le 4 octobre 1676, à M. Minutoli, professeur de belles-lettres à Genève: « M. de Racine travaille à la tragédie d'*Hippolyte,* dont on attend un grand succès. » Elle fut jouée le premier jour de l'année 1677, sous le titre de *Phèdre et Hippolyte,* qu'elle conserva dans la première édition et dans les réimpressions jusqu'en 1687, où Racine ne lui laissa plus que celui de *Phèdre,* avec raison, puisque son œuvre à lui est, en effet, tout entière dans ce personnage.

C'est sur le théâtre de l'hôtel de Bourgogne que, d'après l'ensemble des témoignages contemporains, eut lieu cette représentation du 1er janvier 1677. Cependant, on lit dans un des manuscrits de Brossette: « La première représentation de *Phèdre* fut donnée à Versailles devant le roi et Mme de Montespan. La Champmeslé ne vouloit point absolument réciter ces vers:

. . . . Je ne suis point de ces femmes hardies
Qui, goûtant dans le crime une tranquille paix, etc.

Mais M. Racine ne voulut jamais consentir qu'elle les retranchât. Bien des gens les remarquèrent dans la représentation. » Si l'on ajoute foi à l'anecdote, il en faut conclure qu'une représentation aurait eu lieu à la cour avant le 1er janvier. On n'a point encore découvert d'autre témoignage de cette représentation qui, du reste, n'est nullement impossible.

Le rôle de Phèdre fut rempli par la Champmeslé, à qui, si nous en croyons l'abbé Dubos, Racine l'aurait appris vers par vers. Elle y obtint un grand succès. Mlle d'Ennebaut joua Aricie. C'est elle que désignent les vers du fameux sonnet :

Une grosse Aricie, au teint rouge, aux crins blonds, etc.

Les noms des autres interprètes ne sont établis ci-après que par conjecture, d'après ce que l'on sait de la spécialité de chacun des acteurs dont se composait alors la troupe de l'hôtel de Bourgogne.

PRÉFACE.

Voici encore une tragédie dont le sujet est pris d'Euripide. Quoique j'aie suivi une route un peu différente de celle de cet auteur pour la conduite de l'action, je n'ai pas laissé d'enrichir ma pièce de tout ce qui m'a paru plus éclatant[1] dans la sienne. Quand je ne lui devrois que la seule idée du caractère de Phèdre, je pourrois dire que je lui dois ce que j'ai peut-être mis de plus raisonnable[2] sur le théâtre. Je ne suis point étonné que ce caractère ait eu un succès si heureux du temps d'Euripide, et qu'il ait encore si bien réussi dans notre siècle, puisqu'il a toutes les qualités qu'Aristote demande dans le héros de la tragédie, et qui sont propres à exciter la compassion et la terreur. En effet, Phèdre n'est ni tout à fait coupable, ni tout à fait innocente : elle est engagée, par sa destinée et par la colère des dieux, dans une passion illégitime dont elle a horreur toute la première : elle fait tous ses efforts pour la surmonter : elle aime mieux se laisser mourir que de la déclarer à personne; et lorsqu'elle est forcée de la découvrir, elle en parle avec une confusion qui fait bien voir que son crime est plutôt une punition des dieux qu'un mouvement de sa volonté.

J'ai même pris soin de la rendre un peu moins odieuse qu'elle n'est dans les tragédies des anciens, où elle se résout d'elle-même à accuser Hippolyte. J'ai cru que la calomnie avoit quelque

---

1. Var. *Le plus éclatant.*
2. *Raisonnable* est une expression bien modeste. Le caractère de Phèdre est un chef-d'œuvre du génie tragique; mais Racine a raison de dire qu'il n'a pris dans Euripide que l'idée du caractère de Phèdre.

chose de trop bas et de trop noir pour la mettre dans la bouche d'une princesse qui a d'ailleurs des sentiments si nobles et si vertueux. Cette bassesse m'a paru plus convenable à une nourrice, qui pouvoit avoir des inclinations plus serviles, et qui néanmoins n'entreprend cette fausse accusation que pour sauver la vie et l'honneur de sa maîtresse. Phèdre n'y donne les mains que parce qu'elle est dans une agitation d'esprit qui la met hors d'elle-même; et elle vient un moment après dans le dessein de justifier l'innocence, et de déclarer la vérité.

Hippolyte est accusé, dans Euripide et dans Sénèque, d'avoir en effet violé sa belle-mère : *vim corpus tulit*.[1] Mais il n'est ici accusé que d'en avoir eu le dessein. J'ai voulu épargner à Thésée une confusion qui l'auroit pu rendre moins agréable aux spectateurs.

Pour ce qui est du personnage d'Hippolyte, j'avois remarqué dans les anciens qu'on reprochoit à Euripide de l'avoir représenté comme un philosophe exempt de toute imperfection : ce qui faisoit que la mort de ce jeune prince causoit beaucoup plus d'indignation que de pitié. J'ai cru lui devoir donner quelque foiblesse qui le rendroit un peu coupable envers son père, sans pourant lui rien ôter de cette grandeur d'âme avec laquelle il épargne l'honneur de Phèdre, et se laisse opprimer sans l'accuser. J'appelle foiblesse la passion qu'il ressent malgré lui pour Aricie, qui est la fille et la sœur des ennemis mortels de son père.

Cette Aricie n'est point un personnage de mon invention. Virgile dit qu'Hippolyte l'épousa, et en eut un fils, après qu'Esculape l'eut ressuscité.[2] Et j'ai lu encore dans quelques auteurs qu'Hippolyte avoit épousé et emmené en Italie une jeune Athénienne de grande naissance, qui s'appeloit Aricie, et qui avoit donné son nom à une petite ville d'Italie.[3]

Je rapporte ces autorités, parce que je me suis très-scrupuleusement attaché à suivre la fable. J'ai même suivi l'histoire de Thésée, telle qu'elle est dans Plutarque.

---

1. Acte III, scène II, vers 892.
2. *Æneid.*, lib. VII, vers. 761-769.
3. Une traduction des *Tableaux de Philostrate*, publiée en 1615, par Blaise de Vigenere, contient ces lignes à propos de la forêt Aricine mentionnée par Ovide :

C'est dans cet historien que j'ai trouvé que ce qui avoit donné occasion de croire que Thésée fût descendu dans les enfers pour enlever Proserpine, étoit un voyage que ce prince avoit fait en Épire vers la source de l'Achéron, chez un roi[1] dont Pirithoüs vouloit enlever la femme, et qui arrêta Thésée prisonnier, après avoir fait mourir Pirithoüs. Ainsi j'ai tâché de conserver la vraisemblance de l'histoire, sans rien perdre des ornements de la fable, qui fournit extrêmement à la poésie; et le bruit de la mort de Thésée, fondé sur ce voyage fabuleux, donne lieu à Phèdre de faire une déclaration d'amour qui devient une des principales causes de son malheur, et qu'elle n'auroit jamais osé faire tant qu'elle auroit cru que son mari étoit vivant.

Au reste, je n'ose encore assurer que cette pièce soit en effet la meilleure de mes tragédies. Je laisse et aux lecteurs et au temps à décider de son véritable prix. Ce que je puis assurer, c'est que je n'en ai point fait où la vertu soit plus mise en jour que dans celle-ci; les moindres fautes y sont sévèrement punies: la seule pensée du crime y est regardée avec autant d'horreur que le crime même; les foiblesses de l'amour y passent pour de vraies foiblesses; les passions n'y sont présentées aux yeux que pour montrer tout le désordre dont elles sont cause; et le vice y est peint partout avec des couleurs qui en font connoître et haïr la difformité. C'est là proprement le but que tout homme qui travaille pour le public doit se proposer; et c'est ce que les premiers poëtes tragiques avoient en vue sur toute chose. Leur théâtre étoit une école où la vertu n'étoit pas moins bien enseignée que dans les écoles des philosophes. Aussi Aristote a bien voulu donner des règles du poëme dramatique; et Socrate, le plus sage des philosophes, ne dédaignoit pas de mettre la main aux tragédies d'Euripide.[2] Il seroit à souhaiter que nos ou-

---

« On estime que ce lieu fut ainsi appelé d'une belle jeune demoiselle de la contrée d'Attique, nommée Aricie, de laquelle Hippolyte s'étant enamouré, l'emmena en Italie où il l'épousa. » On verra dans la préface de Pradon, que nous reproduisons plus loin, qu'il indique les *Tableaux de Philostrate* comme la source où il a puisé l'épisode d'Aricie.

1. Le roi dont Pirithoüs vouloit enlever, selon Plutarque, la fille, et selon Pausanias, la femme, s'appelait *Ædonée* (un des noms d'Hadès ou Pluton).
2. V. Diogène de Laërte, liv. II, ch. v.

vrages fussent aussi solides et aussi pleins d'utiles instructions que ceux de ces poëtes. Ce seroit peut-être un moyen de réconcilier la tragédie avec quantité de personnes célèbres par leur piété et par leur doctrine, qui l'ont condamnée dans ces derniers temps, et qui en jugeroient sans doute plus favorablement, si les auteurs songeoient autant à instruire leurs spectateurs qu'à les divertir, et s'ils suivoient en cela la véritable intention de la tragédie.

PHÈDRE

PERSONNAGES [1]

THÉSÉE, fils d'Égée, roi d'Athènes.
PHÈDRE, femme de Thésée, fille de Minos et de Pasiphaé.
HIPPOLYTE, fils de Thésée et d'Antiope, reine des Amazones.
ARICIE, princesse du sang royal d'Athènes.
THÉRAMÈNE, gouverneur d'Hippolyte.
OENONE, nourrice et confidente de Phèdre.
ISMÈNE, confidente d'Aricie.
PANOPE, femme de la suite de Phèdre.
GARDES.

La scène est à Trézène, ville du Péloponèse.

ACTEURS QUI ONT JOUÉ D'ORIGINAL DANS PHÈDRE. [2]

THÉSÉE.	CHAMPMESLÉ.
HIPPOLYTE.	BARON.
PHÈDRE.	Mlle CHAMPMESLÉ.
ARICIE.	Mlle D'ENNEBAUT.
THERAMÈNE.	HAUTEROCHE.
OENONE.	Mlle BEAUVAL.

1. Dans les éditions originales, on lit *acteurs* au lieu de *personnages*. Cette observation peut s'étendre à toutes les pièces précédentes.
2. Voyez ci-devant pages 319-320.

PHÈDRE[1]

ACTE PREMIER.

SCÈNE PREMIÈRE.

HIPPOLYTE, THÉRAMÈNE.

HIPPOLYTE.

Le dessein en est pris : je pars, cher Théramène,
Et quitte le séjour de l'aimable Trézène.
Dans le doute mortel dont je suis agité,
Je commence à rougir de mon oisiveté.
Depuis plus de six mois éloigné de mon père,
J'ignore le destin d'une tête si chère ;
J'ignore jusqu'aux lieux qui le peuvent cacher.

THÉRAMÈNE.

Et dans quels lieux, seigneur, l'allez-vous donc chercher?
Déjà, pour satisfaire à votre juste crainte,
J'ai couru les deux mers que sépare Corinthe;
J'ai demandé Thésée aux peuples de ces bords
Où l'on voit l'Achéron se perdre chez les morts;

---

1. Dans les premières éditions, la pièce a pour titre *Phèdre et Hippolyte*. Voyez la *Notice préliminaire*, page 319.

J'ai visité l'Élide, et, laissant le Ténare,
Passé jusqu'à la mer qui vit tomber Icare.
Sur quel espoir nouveau, dans quels heureux climats
Croyez-vous découvrir la trace de ses pas?
Qui sait même, qui sait si le roi votre père
Veut que de son absence on sache le mystère?
Et si, lorsqu'avec vous nous tremblons pour ses jours,
Tranquille, et nous cachant de nouvelles amours,
Ce héros n'attend point qu'une amante abusée...

HIPPOLYTE.

Cher Théramène, arrête, et respecte Thésée.
De ses jeunes erreurs désormais revenu,
Par un indigne obstacle il n'est point retenu;
Et, fixant de ses vœux l'inconstance fatale,
Phèdre depuis longtemps ne craint plus de rivale.
Enfin, en le cherchant je suivrai mon devoir,
Et je fuirai ces lieux, que je n'ose plus voir.

THÉRAMÈNE.

Hé! depuis quand, seigneur, craignez-vous la présence[1]
De ces paisibles lieux si chers à votre enfance,
Et dont je vous ai vu préférer le séjour
Au tumulte pompeux d'Athène et de la cour?*
Quel péril, ou plutôt quel chagrin vous en chasse?

HIPPOLYTE.

Cet heureux temps n'est plus. Tout a changé de face,
Depuis que sur ces bords les dieux ont envoyé
La fille de Minos et de Pasiphaé.

1. *La présence des lieux* est une figure d'une hardiesse très-heureuse, également avouée par le goût et par le sentiment : les lieux sont personnifiés, et mis à la place des objets dont ils nous rappellent le souvenir. (G.)

* Var. *Au tumulte pompeux d'Athènes, de la cour.*

ACTE I, SCÈNE I.

THÉRAMÈNE.

J'entends : de vos douleurs la cause m'est connue,
Phèdre ici vous chagrine, et blesse votre vue.
Dangereuse marâtre, à peine elle vous vit,
Que votre exil d'abord signala son crédit.[1]
Mais sa haine sur vous autrefois attachée,
Ou s'est évanouie, ou s'est bien relâchée.
Et d'ailleurs, quels périls vous peut faire courir *
Une femme mourante et qui cherche à mourir?
Phèdre, atteinte d'un mal qu'elle s'obstine à taire,
Lasse enfin d'elle-même et du jour qui l'éclaire,
Peut-elle contre vous former quelques desseins?

HIPPOLYTE.

Sa vaine inimitié n'est pas ce que je crains.
Hippolyte en partant fuit une autre ennemie :
Je fuis, je l'avouerai, cette jeune Aricie,
Reste d'un sang fatal conjuré contre nous.

THÉRAMÈNE.

Quoi! vous-même, seigneur, la persécutez-vous?
Jamais l'aimable sœur des cruels Pallantides[2]
Trempa-t-elle aux complots de ses frères perfides?
Et devez-vous haïr ses innocents appas?

HIPPOLYTE.

Si je la haïssois, je ne la fuirois pas.

---

1. Cet *exil* est une heureuse imagination de Racine; il feint que Phèdre, encore vertueuse, a fait éloigner Hippolyte, qu'elle aime, pour se soustraire au danger de le voir souvent. (L. B.)

* VAR.   *Et d'ailleurs quel péril vous peut faire courir.*

2. *Pallantides*, c'étaient les fils de Pallante, frère d'Égée, père de Thésée, qui, se voyant frustrés de l'espérance de succéder à leur oncle dans le royaume d'Athènes par l'arrivée de son fils, conjurèrent contre lui. Thésée les fit tous mourir. (PLUTARQUE, *Vie de Thésée*, chap. XIII.) Ce meurtre l'obligea à s'exiler d'Athènes. (PAUSAN., *Attiq.*, liv. I, chap. XII.)

THÉRAMÈNE.

Seigneur, m'est-il permis d'expliquer votre fuite?
Pourriez-vous n'être plus ce superbe Hippolyte,
Implacable ennemi des amoureuses lois
Et d'un joug que Thésée a subi tant de fois?
Vénus, par votre orgueil si longtemps méprisée,
Voudroit-elle à la fin justifier Thésée?
Et, vous mettant au rang du reste des mortels,
Vous a-t-elle forcé d'encenser ses autels?
Aimeriez-vous, seigneur?

HIPPOLYTE.

Ami, qu'oses-tu dire?
Toi, qui connois mon cœur depuis que je respire,
Des sentiments d'un cœur si fier, si dédaigneux,
Peux-tu me demander le désaveu honteux?
C'est peu qu'avec son lait une mère amazone[1]
M'a fait sucer encor cet orgueil qui t'étonne;
Dans un âge plus mûr moi-même parvenu,
Je me suis applaudi quand je me suis connu.
Attaché près de moi par un zèle sincère,
Tu me contois alors l'histoire de mon père.
Tu sais combien mon âme, attentive à ta voix,
S'échauffoit au récit de ses nobles exploits;
Quand tu me dépeignois ce héros intrépide
Consolant les mortels de l'absence d'Alcide,
Les monstres étouffés, et les brigands punis,[2]

---

1. Cette *mère amazone* était Antiope, reine des Amazones, selon Plutarque, *Vie de Thésée;* où Hippolyte, selon Athénée, liv. XIII; que Thésée épousa après sa première expédition contre ces femmes guerrières. (PAUSAN., *Attiq.*, *loco jam citato.*)

2. Racine a imité et embelli Ovide, qui fait ainsi l'énumération des exploits de Thésée :

Te, maxime Theseu,
Mirata est Marathon Cretæi sanguine tauri

Procuste, Cercyon, et Sciron, et Sinis,
Et les os dispersés du géant d'Épidaure,
Et la Crète fumant du sang du Minotaure.
Mais, quand tu récitois des faits moins glorieux,
Sa foi partout offerte, et reçue en cent lieux;
Hélène à ses parents dans Sparte dérobée;
Salamine témoin des pleurs de Péribée; [1]
Tant d'autres, dont les noms lui sont même échappés,
Trop crédules esprits que sa flamme a trompés;
Ariane aux rochers contant ses injustices; [2]

> Quodque suis securus arat Cromyona colonus,
> Munus opusque tuum est. Tellus Epidauria per te
> Clavigeram vidit Vulcani occumbere prolem;
> Vidit et immitem Cephesias ora Procrusten;
> Cercyonis letum vidit Cerealis Eleusis.
> Occidit ille Sinis, magnis male viribus usus.
> Qui poterat curvare trabes, et agebat ab alto
> Ad terram late sparsuras corpora pinus.
> Tutus ad Alcathoen, Lelegeia mœnia, limes
> Composito Scirone, patet : sparsique latronis
> Terra negat sedem, sedem negat ossibus unda.

« Illustre Thésée, Marathon t'admira lorsque tu lui apparus tout couvert du sang du Minotaure. Si l'humble laboureur cultive paisiblement les champs de Cromyon, c'est à toi, c'est à ta valeur qu'il le doit. Vainement le fils de Vulcain s'arma d'une massue; la terre d'Épidaure le vit tomber sous tes coups; les bords du Céphise furent témoins de ta victoire sur l'impitoyable Procuste. Éleusis, consacrée à Cérès, applaudit à la mort de Cercyon. Tu délivras le monde de ce Sinis qui n'usait de sa force prodigieuse que pour le crime. Le monstre courbait le tronc des plus grands arbres; il abaissait jusqu'à terre la cime des pins, et y attachait ses victimes; et soudain l'arbre, en se redressant, dispersait dans les airs leurs membres déchirés. Enfin la mort de Sciron laisse aux voyageurs un chemin libre pour arriver aux murs d'Alcathoé, bâtis par Lélex. La terre refuse de couvrir les restes épars de ce brigand, et l'onde, indignée, les rejette sur la rive. » (*Métam.*, liv. VII, v. 433, seqq.)

1. Cet enlèvement d'Hélène par Thésée a fourni à Racine le dénoûment de son *Iphigénie*. — *Péribée*, mère d'Ajax.

2. Ce vers est le plus beau de ceux qui composent ce résumé rapide et brillant, et qui tous sont beaux. Quel intérêt dans ce trait narratif, jeté comme en passant : *aux rochers contant ses injustices!* C'est l'imagination qui produit cet intérêt de style dans les plus petits détails. (L.)

Phèdre enlevée enfin sous de meilleurs auspices;
Tu sais comme, à regret écoutant ce discours,
Je te pressois souvent d'en abréger le cours.
Heureux, si j'avois pu ravir à la mémoire
Cette indigne moitié d'une si belle histoire!
Et moi-même, à mon tour, je me verrois lié?
Et les dieux jusque-là m'auroient humilié?
Dans mes lâches soupirs d'autant plus méprisable,
Qu'un long amas d'honneurs rend Thésée excusable,
Qu'aucuns monstres par moi domptés jusqu'aujourd'hui
Ne m'ont acquis le droit de faillir comme lui.
Quand même ma fierté pourroit s'être adoucie,
Aurois-je pour vainqueur dû choisir Aricie?
Ne souviendroit-il plus à mes sens égarés
De l'obstacle éternel qni nous a séparés?
Mon père la réprouve; et, par des lois sévères,
Il défend de donner des neveux à ses frères :
D'une tige coupable il craint un rejeton;
Il veut avec leur sœur ensevelir leur nom;
Et que, jusqu'au tombeau soumise à sa tutelle,
Jamais les feux d'hymen ne s'allument pour elle.
Dois-je épouser ses droits contre un père irrité?
Donnerai-je l'exemple à la témérité?
Et, dans un fol amour ma jeunesse embarquée...

THÉRAMÈNE.

Ah! seigneur! si votre heure est une fois marquée,
Le ciel de nos raisons ne sait point s'informer.
Thésée ouvre vos yeux en voulant les fermer;
Et sa haine, irritant une flamme rebelle,
Prête à son ennemie une grâce nouvelle.
Enfin d'un chaste amour pourquoi vous effrayer?
S'il a quelque douceur, n'osez-vous l'essayer?

En croirez-vous toujours un farouche scrupule?
Craint-on de s'égarer sur les traces d'Hercule?
Quels courages Vénus n'a-t-elle pas domptés?
Vous-même où seriez-vous, vous qui la combattez,
Si toujours Antiope à ses lois opposée
D'une pudique ardeur n'eût brûlé pour Thésée?
Mais que sert d'affecter un superbe discours?
Avouez-le, tout change : et, depuis quelques jours,
On vous voit moins souvent, orgueilleux et sauvage,
Tantôt faire voler un char sur le rivage,
Tantôt, savant dans l'art par Neptune inventé,
Rendre docile au frein un coursier indompté;
Les forêts de nos cris moins souvent retentissent;
Chargés d'un feu secret, vos yeux s'appesantissent;
Il n'en faut point douter : vous aimez, vous brûlez;
Vous périssez d'un mal que vous dissimulez.
La charmante Aricie a-t-elle su vous plaire?[1]

HIPPOLYTE.

Théramène, je pars, et vais chercher mon père.[2]

1. Nous remarquerons que la question de Théramène ne peut être placée ici que pour faire ressortir davantage le caractère d'Hippolyte. C'est un de ces traits sur lesquels il faut réfléchir, et que Racine a toujours l'art de placer à propos. Théramène ne doit point ignorer l'amour d'Hippolyte, qui vient de lui dire :

Si je la haïssois, je ne la fuirois pas.

Son interrogation n'a donc d'autre objet que d'ajouter un trait de plus au caractère d'un jeune héros qui ne veut pas avouer son amour, parce qu'il le regarde comme une faiblesse. (A. M.)

2. La manière dont cette conversation est coupée mérite d'être remarquée. L'amour d'Hippolyte est suffisamment entrevu par le spectateur pour le préparer à la déclaration qu'il entendra au second acte, et qui ne ressemblera pas à ces déclarations subites et imprévues, si fréquentes sur notre théâtre : c'est une faute grave que Racine n'a jamais commise. Il savait trop bien que, dans le drame, tout exige des préparations, et que rien surtout n'est si ridicule qu'un amour qui tombe pour ainsi dire des

THÉRAMÈNE.

Ne verrez-vous point Phèdre avant que de partir,
Seigneur ?

HIPPOLYTE.

C'est mon dessein : tu peux l'en avertir.
Voyons-la, puisque ainsi mon devoir me l'ordonne.
Mais quel nouveau malheur trouble sa chère OEnone ?

SCÈNE II.

HIPPOLYTE, THÉRAMÈNE, OENONE.

OENONE.

Hélas ! seigneur, quel trouble au mien peut être égal ?
La reine touche presque à son terme fatal.
En vain à l'observer jour et nuit je m'attache ;
Elle meurt dans mes bras d'un mal qu'elle me cache.
Un désordre éternel règne dans son esprit ;
Son chagrin inquiet l'arrache de son lit :
Elle veut voir le jour ; et sa douleur profonde
M'ordonne toutefois d'écarter tout le monde...
Elle vient.

HIPPOLYTE.

Il suffit : je la laisse en ces lieux,
Et ne lui montre point un visage odieux.

---

nues. De plus, Hippolyte laisse deviner son amour, et ne l'avoue pas : il ne l'avouera que devant Aricie, et au moment de se séparer d'elle. Il convenait que le sauvage Hippolyte regardât comme une faiblesse l'amour même le plus soumis aux lois de l'innocence, et qui d'ailleurs est une désobéissance à son père, dont il lui demandera pardon. Toutes les bienséances sont observées. (L.)

SCÈNE III.

PHÈDRE, OENONE.

PHÈDRE.

N'allons point plus avant, demeurons, chère OEnone.[1]
Je ne me soutiens plus; ma force m'abandonne :
Mes yeux sont éblouis du jour que je revoi;
Et mes genoux tremblants se dérobent sous moi.
Hélas!
(Elle s'assied.)[2]

OENONE.

Dieux tout-puissants, que nos pleurs vous apaisent!

PHÈDRE,

Que ces vains ornements, que ces voiles me pèsent!
Quelle importune main, en formant tous ces nœuds,
A pris soin sur mon front d'assembler mes cheveux?
Tout m'afflige et me nuit, et conspire à me nuire.

OENONE.

Comme on voit tous ses vœux l'un l'autre se détruire!
Vous-même, condamnant vos injustes desseins,
Tantôt à vous parer vous excitiez nos mains ;
Vous-même, rappelant votre force première,
Vous vouliez vous montrer et revoir la lumière.
Vous la voyez, madame; et, prête à vous cacher,
Vous haïssez le jour que vous veniez chercher?

---

1. On sait que tout le commencement de cette scène, tout ce tableau si vrai et si original du délire d'une passion violente et contrainte, est à Euripide. C'est sans contredit une des plus belles conceptions de ce poëte, et une des plus théâtrales que l'on connaisse. (Voy. page 303.)

2. Dans les éditions originales, il y a (*Elle s'assit*).

PHÈDRE.

Noble et brillant auteur d'une triste famille,
Toi, dont ma mère osoit se vanter d'être fille,
Qui peut-être rougis du trouble où tu me vois,
Soleil, je te viens voir pour la dernière fois.

OENONE.

Quoi! vous ne perdez point cette cruelle envie?
Vous verrai-je toujours, renonçant à la vie,
Faire de votre mort les funestes apprêts?

PHÈDRE.

Dieux! que ne suis-je assise à l'ombre des forêts!
Quand pourrai-je, au travers d'une noble poussière,
Suivre de l'œil un char fuyant dans la carrière?

OENONE.

Quoi, madame?

PHÈDRE.

Insensée! où suis-je? et qu'ai-je dit?
Où laissé-je égarer mes vœux et mon esprit?
Je l'ai perdu : les dieux m'en ont ravi l'usage.
OEnone, la rougeur me couvre le visage :
Je te laisse trop voir mes honteuses douleurs;
Et mes yeux, malgré moi, se remplissent de pleurs.

OENONE.

Ah! s'il vous faut rougir, rougissez d'un silence
Qui de vos maux encore aigrit la violence.
Rebelle à tous nos soins, sourde à tous nos discours,
Voulez-vous, sans pitié, laisser finir vos jours?
Quelle fureur les borne au milieu de leur course?
Quel charme ou quel poison en a tari la source?
Les ombres par trois fois ont obscurci les cieux

ACTE I, SCÈNE III.

Depuis que le sommeil n'est entré dans vos yeux ;
Et le jour a trois fois chassé la nuit obscure
Depuis que votre corps languit sans nourriture.
A quel affreux dessein vous laissez-vous tenter ?[1]
De quel droit sur vous-même osez-vous attenter ?
Vous offensez les dieux auteurs de votre vie ;
Vous trahissez l'époux à qui la foi vous lie ;
Vous trahissez enfin vos enfants malheureux,
Que vous précipitez sous un joug rigoureux.
Songez qu'un même jour leur ravira leur mère,
Et rendra l'espérance au fils de l'étrangère,
A ce fier ennemi de vous, de votre sang,
Ce fils qu'une Amazone a porté dans son flanc,
Cet Hippolyte...

PHÈDRE.

Ah dieux !

OENONE.

Ce reproche vous touche.

PHÈDRE.

Malheureuse ! quel nom est sorti de ta bouche !

OENONE.

Hé bien ! votre colère éclate avec raison :
J'aime à vous voir frémir à ce funeste nom.
Vivez donc : que l'amour, le devoir vous excite ;
Vivez, ne souffrez pas que le fils d'une Scythe,
Accablant vos enfants d'un empire odieux,
Commande au plus beau sang de la Grèce et des dieux.
Mais ne différez point ; chaque moment vous tue :

---

1. Corneille a dit dans *Héraclius* :

> Impatient déjà de se laisser séduire
> Au premier imposteur, etc.

Réparez promptement votre force abattue,
Tandis que de vos jours, prêts à se consumer,
Le flambeau dure encore, et peut se rallumer.

PHÈDRE.

J'en ai trop prolongé la coupable durée.

OENONE.

Quoi! de quelques remords êtes-vous déchirée?
Quel crime a pu produire un trouble si pressant?
Vos mains n'ont point trempé dans le sang innocent?

PHÈDRE.

Grâces au ciel, mes mains ne sont point criminelles.
Plût aux dieux que mon cœur fût innocent comme elles!

OENONE.

Et quel affreux projet avez-vous enfanté
Dont votre cœur encor doive être épouvanté?

PHÈDRE.

Je t'en ai dit assez : épargne-moi le reste.
Je meurs, pour ne point faire un aveu si funeste.

OENONE.

Mourez donc, et gardez un silence inhumain;
Mais pour fermer vos yeux cherchez une autre main.
Quoiqu'il vous reste à peine une foible lumière,
Mon âme chez les morts descendra la première;
Mille chemins ouverts y conduisent toujours,[1]
Et ma juste douleur choisira les plus courts.
Cruelle! quand ma foi vous a-t-elle déçue?
Songez-vous qu'en naissant mes bras vous ont reçue?

1. Noctes atque dies patet atri janua Ditis.

(Virgile, *Énéide,* IV, vers 127.)

Mon pays, mes enfants, pour vous j'ai tout quitté.
Réserviez-vous ce prix à ma fidélité?

PHÈDRE.

Quel fruit espères-tu de tant de violence?
Tu frémiras d'horreur si je romps le silence.

OENONE.

Et que me direz-vous qui ne cède, grands dieux,
A l'horreur de vous voir expirer à mes yeux?

PHÈDRE.

Quand tu sauras mon crime, et le sort qui m'accable,
Je n'en mourrai pas moins; j'en mourrai plus coupable.

OENONE.

Madame, au nom des pleurs que pour vous j'ai versés,
Par vos foibles genoux, que je tiens embrassés,
Délivrez mon esprit de ce funeste doute.

PHÈDRE.

Tu le veux : lève-toi.

OENONE.

Parlez : je vous écoute.

PHÈDRE.

Ciel! que lui vais-je dire? et par où commencer?

OENONE.

Par de vaines frayeurs cessez de m'offenser.

PHÈDRE.

O haine de Vénus! O fatale colère!
Dans quels égarements l'amour jeta ma mère!

OENONE.

Oublions-les, madame; et qu'à tout l'avenir
Un silence éternel cache ce souvenir.

PHÈDRE.

Ariane, ma sœur! de quel amour blessée
Vous mourûtes aux bords où vous fûtes laissée!

OENONE.

Que faites-vous, madame? et quel mortel ennui
Contre tout votre sang vous anime aujourd'hui?

PHÈDRE.

Puisque Vénus le veut, de ce sang déplorable
Je péris la dernière et la plus misérable.[1]

OENONE.

Aimez-vous?

PHÈDRE.

De l'amour j'ai toutes les fureurs.

OENONE.

Pour qui?

PHÈDRE.

Tu vas ouïr le comble des horreurs.
J'aime... A ce nom fatal, je tremble, je frissonne.
J'aime...

OENONE.

Qui?

PHÈDRE.

Tu connois ce fils de l'Amazone,
Ce prince si longtemps par moi-même opprimé?

OENONE.

Hippolyte? Grands dieux!

---

1. C'est une traduction littérale d'un vers de Sophocle dans la tragédie d'*Antigone*. Cette fille d'OEdipe, sur le point d'être ensevelie vivante dans une grotte profonde, s'écrie : « O tombeau, ô chambre nuptiale, ô souterrain ma demeure éternelle, tu vas me rejoindre à mes parents, qui sont descendus en foule dans l'empire de Proserpine! *Hélas! encore à la fleur de l'âge, j'y descends la dernière et la plus misérable.* » (Vers 891.)

ACTE I, SCÈNE III.

PHÈDRE.

C'est toi qui l'as nommé!

OENONE.

Juste ciel! tout mon sang dans mes veines se glace.
O désespoir! ô crime! ô déplorable race!
Voyage infortuné! Rivage malheureux,
Falloit-il approcher de tes bords dangereux?

PHÈDRE.

Mon mal vient de plus loin. A peine au fils d'Égée
Sous les lois de l'hymen je m'étois engagée,
Mon repos, mon bonheur sembloit être affermi;
Athènes me montra mon superbe ennemi :[1]
Je le vis, je rougis, je pâlis à sa vue;
Un trouble s'éleva dans mon âme éperdue;
Mes yeux ne voyoient plus, je ne pouvois parler;
Je sentis tout mon corps et transir et brûler;
Je reconnus Vénus et ses feux redoutables,
D'un sang qu'elle poursuit tourments inévitables.

---

1. Le plus beau rôle qu'on ait jamais mis sur le théâtre dans aucune langue est celui de Phèdre. Presque tout ce qu'elle dit serait une amplification fatigante, si c'était une autre qui parlât de la passion de Phèdre. Il est bien clair que, puisque Athènes lui montra son superbe ennemi Hippolyte, elle vit Hippolyte. Si elle rougit et pâlit à sa vue, elle fut sans doute troublée. Ce serait un pléonasme, une redondance oiseuse dans une étrangère qui raconterait les amours de Phèdre; mais c'est Phèdre amoureuse et honteuse de sa passion; son cœur est plein, tout lui échappe.

Ut vidi, ut perii, ut me malus abstulit error!
Je le vis, je rougis, je pâlis à sa vue.

Peut-on mieux imiter Virgile?

Je sentis tout mon corps et transir et brûler.
Mes yeux ne voyoient plus, je ne pouvois parler.

Peut-on mieux imiter Sapho? Ces vers, quoique imités, coulent de source; chaque mot trouble les âmes sensibles, et les pénètre. Ce n'est point une amplification, c'est le chef-d'œuvre de la nature et de l'art. (VOLT.)

Par des vœux assidus je crus les détourner :
Je lui bâtis un temple, et pris soin de l'orner;[1]
De victimes moi-même à toute heure entourée,
Je cherchois dans leurs flancs ma raison égarée :
D'un incurable amour remèdes impuissants![2]
En vain sur les autels ma main brûloit l'encens :
Quand ma bouche imploroit le nom de la déesse,
J'adorois Hippolyte; et, le voyant sans cesse,
Même au pied des autels que je faisois fumer,
J'offrois tout à ce dieu que je n'osois nommer.
Je l'évitois partout. O comble de misère!
Mes yeux le retrouvoient dans les traits de son père.
Contre moi-même enfin j'osai me révolter :
J'excitai mon courage à le persécuter.
Pour bannir l'ennemi dont j'étois idolâtre,
J'affectai les chagrins d'une injuste marâtre;
Je pressai son exil; et mes cris éternels
L'arrachèrent du sein et des bras paternels.
Je respirois, OEnone; et, depuis son absence,
Mes jours, moins agités, couloient dans l'innocence :
Soumise à mon époux, et cachant mes ennuis,

1. Il est parlé de ce temple dans Euripide, dans le scoliaste d'Homère, dans Diodore de Sicile, et dans Pausanias : elle le fit nommer *Hippolytion;* et il fut dans la suite nommé le temple de *Vénus la Spéculatrice,* parce que Phèdre l'avoit fait élever sur un endroit fort haut, d'où elle pouvoit voir Trézène, où demeuroit Hippolyte. (L. R.)

2. Racine imite ici ces beaux vers de Virgile :

> Instauratque diem donis, pecudumque reclusis
> Pectoribus inhians, spirantia consulit exta.
> Heu vatum ignaræ mentes! Quid vota furentem,
> Quid delubra juvant?

« Ses offrandes précèdent le jour qu'elle appelle; et, l'œil fixé sur les flancs ouverts des victimes, elle interroge leurs entrailles palpitantes. O vanité d'une science mensongère! Que peuvent les vœux, que peuvent les sacrifices pour calmer les fureurs d'une amante? » (*Æneid.,* lib. IV, v. 63 seqq.)

ACTE I, SCÈNE III.

De son fatal hymen je cultivois les fruits.
Vaines précautions! Cruelle destinée!
Par mon époux lui-même à Trézène amenée,
J'ai revu l'ennemi que j'avois éloigné :
Ma blessure, trop vive, aussitôt a saigné.
Ce n'est plus une ardeur dans mes veines cachée :
C'est Vénus tout entière à sa proie attachée.[1]
J'ai conçu pour mon crime une juste terreur :
J'ai pris la vie en haine, et ma flamme en horreur.
Je voulois en mourant prendre soin de ma gloire,
Et dérober au jour une flamme si noire :
Je n'ai pu soutenir tes larmes, tes combats ;
Je t'ai tout avoué ; je ne m'en repens pas,
Pourvu que, de ma mort respectant les approches,
Tu ne m'affliges plus par d'injustes reproches,
Et que tes vains secours cessent de rappeler
Un reste de chaleur tout prêt à s'exhaler.

SCÈNE IV.

PHÈDRE, ŒNONE, PANOPE.

PANOPE.

Je voudrois vous cacher une triste nouvelle,
Madame : mais il faut que je vous la révèle.
La mort vous a ravi votre invincible époux ;
Et ce malheur n'est plus ignoré que de vous.[2]

1.   In me tota ruens Venus.
                        (Horace, liv. I, ode XIX.)
Dans Euripide, la nourrice dit :
    Κύπρις γὰρ οὐ φορητός, ἢν πολλὴ ῥυῇ.
    Vénus est irrésistible, lorsqu'elle tire de toute sa force.
2. Cette nouvelle doit bientôt se trouver fausse ; mais elle est d'autant

OENONE.

Panope, que dis-tu?

PANOPE.

Que la reine, abusée,
En vain demande au ciel le retour de Thésée;
Et que, par des vaisseaux arrivés dans le port,
Hippolyte, son fils, vient d'apprendre sa mort.

PHÈDRE.

Ciel!

PANOPE.

Pour le choix d'un maître Athènes se partage :
Au prince votre fils l'un donne son suffrage,
Madame; et de l'État l'autre, oubliant les lois,
Au fils de l'étrangère ose donner sa voix.
On dit même qu'au trône une brigue insolente
Veut placer Aricie et le sang de Pallante.
J'ai cru de ce péril vous devoir avertir.
Déjà même Hippolyte est tout prêt à partir;
Et l'on craint, s'il paroît dans ce nouvel orage,
Qu'il n'entraîne après lui tout un peuple volage.

OENONE.

Panope, c'est assez : la reine, qui t'entend,
Ne négligera point cet avis important.

plus vraisemblable, qu'il est dit, dès les premiers vers de la pièce, qu'on ne sait depuis six mois ce que Thésée est devenu. Ce moyen est indiqué par Sénèque; mais il est bien plus adroitement employé par Racine. Il fallait un incident qui changeât l'état des choses, et rendît à la reine quelque motif de vivre et d'espérer. Celui-ci, ménagé avec art, termine parfaitement le premier acte. Il engage Phèdre à vivre, par le plus louable de tous les motifs, la tendresse maternelle. Il lui donne une raison plausible pour voir Hippolyte; il donne au spectateur, comme à Phèdre, un intervalle de soulagement et une lueur d'espérance; il amène la déclaration, et en fournit en même temps l'excuse. Enfin il prépare une révolution terrible, lorsque Phèdre apprendra le retour de Thésée. (L.)

SCÈNE V.

PHÈDRE, OENONE.

OENONE.

Madame, je cessois de vous presser de vivre ;
Déjà même au tombeau je songeois à vous suivre ;
Pour vous en détourner, je n'avois plus de voix ;
Mais ce nouveau malheur vous prescrit d'autres lois.
Votre fortune change et prend une autre face :
Le roi n'est plus, madame, il faut prendre sa place.
Sa mort vous laisse un fils à qui vous vous devez ;
Esclave s'il vous perd, et roi si vous vivez.
Sur qui, dans son malheur, voulez-vous qu'il s'appuie ?
Ses larmes n'auront plus de main qui les essuie ;
Et ses cris innocents, portés jusques aux dieux,
Iront contre sa mère irriter ses aïeux.
Vivez ; vous n'avez plus de reproche à vous faire :
Votre flamme devient une flamme ordinaire ;[1]
Thésée en expirant vient de rompre les nœuds
Qui faisoient tout le crime et l'horreur de vos feux.
Hippolyte pour vous devient moins redoutable ;
Et vous pouvez le voir sans vous rendre coupable.
Peut-être, convaincu de votre aversion,
Il va donner un chef à la sédition :

---

1. On sent qu'il n'y a que l'esclave OEnone qui puisse risquer une proposition si révoltante. Il n'y a ici, dans l'amour de Phèdre, que l'adultère de moins ; mais il n'est ni *ordinaire,* ni honnête, ni permis nulle part à une veuve d'épouser le fils de son mari : cela répugne à la nature. Aussi Phèdre ne donne pas la moindre marque d'assentiment à cette idée de sa nourrice, et ne consent à vivre que *par amour pour son fils.* (L.)

Détrompez son erreur, fléchissez son courage.
Roi de ces bords heureux, Trézène est son partage :
Mais il sait que les lois donnent à votre fils
Les superbes remparts que Minerve a bâtis.
Vous avez l'un et l'autre une juste ennemie :
Unissez-vous tous deux pour combattre Aricie.

PHÈDRE.

Hé bien! à tes conseils je me laisse entraîner.
Vivons, si vers la vie on peut me ramener,
Et si l'amour d'un fils, en ce moment funeste,
De mes foibles esprits peut ranimer le reste.

1. Que de profondeur, que de mélancolie dans ces vers ! Comme on sent que Phèdre se fait illusion à elle-même ! C'est dans l'intérêt d'un fils qu'elle *consent à être ramenée vers la vie,* et cette seule expression nous révèle *toutes ses secrètes* espérances !

ACTE DEUXIÈME.

SCÈNE PREMIÈRE.
ARICIE, ISMÈNE.

ARICIE.
Hippolyte demande à me voir en ce lieu ?
Hippolyte me cherche, et veut me dire adieu ?
Ismène, dis-tu vrai ? N'es-tu point abusée ?

ISMÈNE.
C'est le premier effet de la mort de Thésée.
Préparez-vous, madame, à voir de tous côtés
Voler vers vous les cœurs par Thésée écartés.
Aricie, à la fin, de son sort est maîtresse,
Et bientôt à ses pieds verra toute la Grèce.

ARICIE.
Ce n'est donc point, Ismène, un bruit mal affermi ?
Je cesse d'être esclave, et n'ai plus d'ennemi ?

ISMÈNE.
Non, madame, les dieux ne vous sont plus contraires ;
Et Thésée a rejoint les mânes de vos frères.

ARICIE.
Dit-on quelle aventure a terminé ses jours ?

ISMÈNE.

On sème de sa mort d'incroyables discours.
On dit que, ravisseur d'une amante nouvelle,
Les flots ont englouti cet époux infidèle.
On dit même, et ce bruit est partout répandu,
Qu'avec Pirithoüs aux enfers descendu,
Il a vu le Cocyte et les rivages sombres,
Et s'est montré vivant aux infernales ombres ;
Mais qu'il n'a pu sortir de ce triste séjour,
Et repasser les bords qu'on passe sans retour.[1]

ARICIE.

Croirai-je qu'un mortel, avant sa dernière heure,
Peut pénétrer des morts la profonde demeure ?
Quel charme l'attiroit sur ces bords redoutés?

ISMÈNE.

Thésée est mort, madame, et vous seule en doutez :
Athènes en gémit; Trézène en est instruite,
Et déjà pour son roi reconnoît Hippolyte ;
Phèdre, dans ce palais, tremblante pour son fils,
De ses amis troublés demande les avis.

ARICIE.

Et tu crois que, pour moi plus humain que son père,
Hippolyte rendra ma chaîne plus légère;
Qu'il plaindra mes malheurs ?

ISMÈNE.

    Madame, je le croi.

---

1. Il était impossible de mieux rendre l'*onde irrepassable* de Virgile *ripam irremeabilis undœ*.

(*Énéide*, VI, vers 425.)

ARICIE.

L'insensible Hippolyte est-il connu de toi ?
Sur quel frivole espoir penses-tu qu'il me plaigne,
Et respecte en moi seule un sexe qu'il dédaigne?
Tu vois depuis quel temps il évite nos pas,
Et cherche tous les lieux où nous ne sommes pas.

ISMÈNE.

Je sais de ses froideurs tout ce que l'on récite;
Mais j'ai vu près de vous ce superbe Hippolyte;
Et même, en le voyant, le bruit de sa fierté
A redoublé pour lui ma curiosité.
Sa présence à ce bruit n'a point paru répondre :
Dès vos premiers regards je l'ai vu se confondre;
Ses yeux qui vainement vouloient vous éviter,
Déjà pleins de langueur, ne pouvoient vous quitter.
Le nom d'amant peut-être offense son courage;
Mais il en a les yeux, s'il n'en a le langage.

ARICIE.

Que mon cœur, chère Ismène, écoute avidement
Un discours qui peut-être a peu de fondement!
O toi qui me connois, te sembloit-il croyable
Que le triste jouet d'un sort impitoyable,
Un cœur toujours nourri d'amertume et de pleurs,
Dût connoître l'amour et ses folles douleurs?
Reste du sang d'un roi noble fils de la terre,
Je suis seule échappée aux fureurs de la guerre :
J'ai perdu, dans la fleur de leur jeune saison,
Six frères, quel espoir d'une illustre maison![1]
Le fer moissonna tout; et la terre humectée

---

1. Plutarque en compte jusqu'à cinquante. (*Vie de Thésée,* ch. III.)

But à regret le sang des neveux d'Érechthée.[1]
Tu sais, depuis leur mort, quelle sévère loi
Défend à tous les Grecs de soupirer pour moi :
On craint que de la sœur les flammes téméraires
Ne raniment un jour la cendre de ses frères.
Mais tu sais bien aussi de quel œil dédaigneux
Je regardois ce soin d'un vainqueur soupçonneux :
Tu sais que, de tout temps à l'amour opposée,
Je rendois souvent grâce à l'injuste Thésée,
Dont l'heureuse rigueur secondoit mes mépris.
Mes yeux alors, mes yeux n'avoient pas vu son fils.
Non que, par les yeux seuls lâchement enchantée,
J'aime en lui sa beauté, sa grâce tant vantée,
Présents dont la nature a voulu l'honorer,
Qu'il méprise lui-même, et qu'il semble ignorer :
J'aime, je Prise en lui de plus nobles richesses,
Les vertus de son père, et non point les foiblesses ;
J'aime, je l'avouerai, cet orgueil généreux
Qui jamais n'a fléchi sous le joug amoureux.
Phèdre en vain s'honoroit des soupirs de Thésée :
Pour moi, je suis plus fière, et fuis la gloire aisée
D'arracher un hommage à mille autres offert,
Et d'entrer dans un cœur de toutes parts ouvert.
Mais de faire fléchir un courage inflexible,[2]

---

1. L'expression *la terre but le sang* est prise d'Eschyle, dans *les Sept chefs devant Thèbes*. Racine ajoute que la terre

But à regret le sang... d'Érechthée.

C'est que ce roi, comme Aricie vient de le dire, étoit fils de la terre. (L. B.)

2. L'auteur dit avec élégance *fléchir un courage inflexible ;* et, dans *Athalie, réparer un outrage irréparable*. La beauté de ces vers consiste dans l'apparente incompatibilité des deux hémistiches ; mais si l'on fait le verbe négatif, on n'a plus qu'une niaiserie ou un jeu de mots, comme dans ce vers de l'*Électre* de Longepierre :

Mais on n'efface point des traits ineffaçables.

De porter la douleur dans une âme insensible,
D'enchaîner un captif de ses fers étonné,
Contre un joug qui lui plaît vainement mutiné,
C'est là ce que je veux, c'est là ce qui m'irrite.
Hercule à désarmer coûtoit moins qu'Hippolyte ;
Et vaincu plus souvent, et plus tôt surmonté,
Préparoit moins de gloire aux yeux qui l'ont dompté.
Mais, chère Ismène, hélas! quelle est mon imprudence!
On ne m'opposera que trop de résistance :
Tu m'entendras peut-être, humble dans mon ennui,
Gémir du même orgueil que j'admire aujourd'hui.
Hippolyte aimeroit! par quel bonheur extrême
Aurois-je pu fléchir...

SCÈNE II.

HIPPOLYTE, ARICIE, ISMÈNE.

ISMÈNE.

Vous l'entendrez lui-même :
Il vient à vous.

HIPPOLYTE.

Madame, avant que de partir,
J'ai cru de votre sort vous devoir avertir.
Mon père ne vit plus. Ma juste défiance
Présageoit les raisons de sa trop longue absence :
La mort seule, bornant ses travaux éclatants,
Pouvoit à l'univers le cacher si longtemps.
Les dieux livrent enfin à la parque homicide
L'ami, le compagnon, le successeur d'Alcide.
Je crois que votre haine, épargnant ses vertus,

Écoute sans regret ces noms qui lui sont dus.
Un espoir adoucit ma tristesse mortelle :
Je puis vous affranchir d'une austère tutelle ;
Je révoque des lois dont j'ai plaint la rigueur.
Vous pouvez disposer de vous, de votre cœur ;
Et, dans cette Trézène, aujourd'hui mon partage,
De mon aïeul Pitthée[1] autrefois l'héritage,
Qui m'a, sans balancer, reconnu pour son roi,
Je vous laisse aussi libre, et plus libre que moi.

ARICIE.

Modérez des bontés dont l'excès m'embarrasse.
D'un soin si généreux honorer ma disgrâce,
Seigneur, c'est me ranger, plus que vous ne pensez,
Sous ces austères lois dont vous me dispensez.

HIPPOLYTE.

Du choix d'un successeur Athènes incertaine
Parle de vous, me nomme, et le fils de la reine.

ARICIE.

De moi, seigneur?

HIPPOLYTE.

Je sais, sans vouloir me flatter,
Qu'une superbe loi semble me rejeter :
La Grèce me reproche une mère étrangère.
Mais, si pour concurrent je n'avois que mon frère,
Madame, j'ai sur lui de véritables droits,
Que je saurois sauver du caprice des lois.
Un frein plus légitime arrête mon audace :
Je vous cède, ou plutôt je vous rends une place,
Un sceptre que jadis vos aïeux ont reçu

---

1. Pitthée, père d'Ethra, qui fut l'épouse d'Égée et la mère de Thésée, était roi de Trézène.

ACTE II, SCÈNE II.

De ce fameux mortel que la terre a conçu.[1]
L'adoption le mit entre les mains d'Égée.[2]
Athènes, par mon père accrue et protégée,
Reconnut avec joie un roi si généreux,
Et laissa dans l'oubli vos frères malheureux.
Athènes dans ses murs maintenant vous rappelle :
Assez elle a gémi d'une longue querelle;
Assez dans ses sillons votre sang englouti
A fait fumer le champ dont il étoit sorti.
Trézène m'obéit. Les campagnes de Crète
Offrent au fils de Phèdre une riche retraite.
L'Attique est votre bien. Je pars, et vais, pour vous,
Réunir tous les vœux partagés entre nous.

ARICIE.

De tout ce que j'entends étonnée et confuse,
Je crains presque, je crains qu'un songe ne m'abuse.
Veillé-je? Puis-je croire un semblable dessein?
Quel dieu, seigneur, quel dieu l'a mis dans votre sein?
Qu'à bon droit votre gloire en tous lieux est semée!
Et que la vérité passe la renommée!
Vous-même, en ma faveur, vous voulez vous trahir!
N'étoit-ce pas assez de ne me point haïr,
Et d'avoir si longtemps pu défendre votre âme
De cette inimitié...

HIPPOLYTE.

Moi, vous haïr, madame!
Avec quelques couleurs qu'on ait peint ma fierté,

---

1. C'est-à-dire d'Érechthée.
2. Les *Pallantides*, au rapport de Plutarque (*Vie de Thésée*, ch. XIII), prétendirent qu'Égée étoit un fils supposé de Pandion II; et Tzetzès, sur Lycophron (*vers* 494), dit que Thésée fut adopté par Pandion. Il résulte de cette adoption que Thésée avoit raison de craindre que la sœur des Pallantides n'eût un rejeton, puisque n'étant fils de Pandion que par adoption, le sceptre appartenoit aux fils de Pallante plutôt qu'à lui. (L. R.)

Croit-on que dans ses flancs un monstre m'ait porté?
Quelles sauvages mœurs, quelle haine endurcie
Pourroit, en vous voyant, n'être point adoucie?
Ai-je pu résister au charme décevant...

ARICIE.

Quoi, seigneur!

HIPPOLYTE.

Je me suis engagé trop avant.
Je vois que la raison cède à la violence :
Puisque j'ai commencé de rompre le silence,
Madame, il faut poursuivre; il faut vous informer
D'un secret que mon cœur ne peut plus renfermer.
Vous voyez devant vous un prince déplorable,
D'un téméraire orgueil exemple mémorable.
Moi qui, contre l'amour fièrement révolté,
Aux fers de ses captifs ai longtemps insulté;
Qui, des foibles mortels déplorant les naufrages,
Pensois toujours du bord contempler les orages;
Asservi maintenant sous la commune loi,
Par quel trouble me vois-je emporté loin de moi!
Un moment a vaincu mon audace imprudente :
Cette âme si superbe est enfin dépendante.
Depuis près de six mois, honteux, désespéré,
Portant partout le trait dont je suis déchiré,
Contre vous, contre moi, vainement je m'éprouve :
Présente, je vous fuis; absente, je vous trouve;
Dans le fond des forêts votre image me suit;
La lumière du jour, les ombres de la nuit,
Tout retrace à mes yeux les charmes que j'évite;
Tout vous livre à l'envi le rebelle Hippolyte.
Moi-même, pour tout fruit de mes soins superflus,
Maintenant je me cherche et ne me trouve plus;

Mon arc, mes javelots, mon char, tout m'importune ;
Je ne me souviens plus des leçons de Neptune ;
Mes seuls gémissements font retentir les bois,
Et mes coursiers oisifs ont oublié ma voix.
Peut-être le récit d'un amour si sauvage
Vous fait, en m'écoutant, rougir de votre ouvrage.
D'un cœur qui s'offre à vous quel farouche entretien !
Quel étrange captif pour un si beau lien !
Mais l'offrande à vos yeux en doit être plus chère :
Songez que je vous parle une langue étrangère ;
Et ne rejetez pas des vœux mal exprimés,
Qu'Hippolyte sans vous n'auroit jamais formés.

SCÈNE III.

HIPPOLYTE, ARICIE, THÉRAMÈNE, ISMÈNE.

THÉRAMÈNE.

Seigneur, la reine vient et je l'ai devancée :
Elle vous cherche.

HIPPOLYTE.

Moi ?

THÉRAMÈNE.

J'ignore sa pensée.
Mais on vous est venu demander de sa part.
Phèdre veut vous parler avant votre départ.

HIPPOLYTE.

Phèdre ! Que lui dirai-je ? Et que peut-elle attendre...

ARICIE.

Seigneur, vous ne pouvez refuser de l'entendre :

Quoique trop convaincu de son inimitié,
Vous devez à ses pleurs quelque ombre de pitié.

HIPPOLYTE.

Cependant vous sortez. Et je pars : et j'ignore
Si je n'offense point les charmes que j'adore !
J'ignore si ce cœur que je laisse en vos mains...

ARICIE.

Partez, prince, et suivez vos généreux desseins :
Rendez de mon pouvoir Athènes tributaire.
J'accepte tous les dons que vous me voulez faire.
Mais cet empire enfin si grand, si glorieux,
N'est pas de vos présents le plus cher à mes yeux.

SCÈNE IV.

HIPPOLYTE, THÉRAMÈNE.

HIPPOLYTE.

Ami, tout est-il prêt? Mais la reine s'avance.
Va, que pour le départ tout s'arme en diligence.
Fais donner le signal, cours, ordonne; et revien
Me délivrer bientôt d'un fâcheux entretien.

SCÈNE V.

PHÈDRE, HIPPOLYTE, ŒNONE.

PHÈDRE, à Œnone dans le fond du théâtre.

Le voici : vers mon cœur tout mon sang se retire.
J'oublie, en le voyant, ce que je viens lui dire.

OENONE.
Souvenez-vous d'un fils qui n'espère qu'en vous.
PHÈDRE.
On dit qu'un prompt départ vous éloigne de nous,
Seigneur. A vos douleurs je viens joindre mes larmes ;
Je vous viens pour un fils expliquer mes alarmes.
Mon fils n'a plus de père ; et le jour n'est pas loin
Qui de ma mort encor doit le rendre témoin.
Déjà mille ennemis attaquent son enfance :
Vous seul pouvez contre eux embrasser sa défense.
Mais un secret remords agite mes esprits :
Je crains d'avoir fermé votre oreille à ses cris.
Je tremble que sur lui votre juste colère
Ne poursuive bientôt une odieuse mère.

HIPPOLYTE.
Madame, je n'ai point des sentiments si bas.

PHÈDRE.
Quand vous me haïriez, je ne m'en plaindrois pas,[1]
Seigneur : vous m'avez vue attachée à vous nuire ;
Dans le fond de mon cœur vous ne pouviez pas lire.
A votre inimitié j'ai pris soin de m'offrir :
Aux bords que j'habitois je n'ai pu vous souffrir ;
En public, en secret, contre vous déclarée,
J'ai voulu par des mers en être séparée ;
J'ai même défendu, par une expresse loi,
Qu'on osât prononcer votre nom devant moi.
Si pourtant à l'offense on mesure la peine,
Si la haine peut seule attirer votre haine,

---

1. Vers heureux et naturel : la douceur, la soumission de Phèdre, sont parfaitement dans le ton de la passion. Tout ce commencement de scène, dont le dialogue est si vrai, si juste et si touchant, appartient à Racine. (G.)

Jamais femme ne fut plus digne de pitié,
Et moins digne, seigneur, de votre inimitié.

HIPPOLYTE.

Des droits de ses enfants une mère jalouse
Pardonne rarement au fils d'une autre épouse;
Madame, je le sais : les soupçons importuns
Sont d'un second hymen les fruits les plus communs.
Toute autre auroit pour moi pris les mêmes ombrages,[1]
Et j'en aurois peut-être essuyé plus d'outrages.

PHÈDRE.

Ah! seigneur! que le ciel, j'ose ici l'attester,
De cette loi commune a voulu m'excepter!
Qu'un soin bien différent me trouble et me dévore!

HIPPOLYTE.

Madame, il n'est pas temps de vous troubler encore :
Peut-être votre époux voit encore le jour;
Le ciel peut à nos pleurs accorder son retour.
Neptune le protége, et ce dieu tutélaire
Ne sera pas en vain imploré par mon père.[2]

PHÈDRE.

On ne voit point deux fois le rivage des morts,[3]

---

1. Il y a *toute autre* dans les éditions originales.

Le mot *ombrage*, dans le sens figuré, ne s'emploie guère qu'au singulier. Quant à la préposition *pour*, il paraît que, du temps de Racine, on disait également *prendre ombrage pour quelqu'un*, ou *prendre ombrage de quelqu'un*. Cette dernière locution est la seule en usage aujourd'hui.

2. Ces vers préparent le dénoûment. Hippolyte prédit son propre malheur. C'est une grande adresse du poëte, et l'une de ces délicatesses dont Racine seul semble avoir connu le secret. (G.)

3. . . . . Non unquam amplius
Convexa tetigit supera, qui mersus semel
Adiit silentem nocte perpetua domum, etc.

« Il ne revoit jamais la lumière du jour, celui qui est une fois descendu dans la nuit éternelle, demeure silencieuse des morts. (SÉNÈQUE, *Hippolyte*, vers 219-221).

ACTE II, SCÈNE V.

Seigneur : puisque Thésée a vu les sombres bords,
En vain vous espérez qu'un dieu vous le renvoie ;
Et l'avare Achéron ne lâche point sa proie.[1]
Que dis-je? Il n'est point mort, puisqu'il respire en vous.
Toujours devant mes yeux je crois voir mon époux :
Je le vois, je lui parle ; et mon cœur... je m'égare,
Seigneur ; ma folle ardeur malgré moi se déclare.

HIPPOLYTE.

Je vois de votre amour l'effet prodigieux :
Tout mort qu'il est, Thésée est présent à vos yeux ;
Toujours de son amour votre âme est embrasée.

PHÈDRE.

Oui, prince, je languis, je brûle pour Thésée.[2]
Je l'aime, non point tel que l'ont vu les enfers,
Volage adorateur de mille objets divers,
Qui va du dieu des morts déshonorer la couche ;
Mais fidèle, mais fier, et même un peu farouche,
Charmant, jeune, traînant tous les cœurs après soi,
Tel qu'on dépeint nos dieux, ou tel que je vous voi.
Il avoit votre port, vos yeux, votre langage ;
Cette noble pudeur coloroit son visage,
Lorsque de notre Crète il traversa les flots,
Digne sujet des vœux des filles de Minos.
Que faisiez-vous alors? Pourquoi, sans Hippolyte,

---

1. On croit que Racine a voulu exprimer, par ce mot *avare*, l'épithète de *tenacis* qui est dans Sénèque : mais pourquoi ce grand poëte aurait-il cherché à traduire Sénèque, quand il avait sous les yeux Virgile, qui dit beaucoup mieux que Sénèque, au second livre des *Géorgiques*, v. 492 :

Strepitumque Acherontis avari.

L'épithète d'*avari*, en latin, est bien plus riche et plus poétique que celle de *tenacis*. Ce n'est donc point à Sénèque que Racine doit l'*avare Achéron* : c'est à Virgile, bien plus digne d'avoir un tel imitateur. (G.)

2. Voyez ci-dessus, page 310.

Des héros de la Grèce assembla-t-il l'élite?
Pourquoi, trop jeune encor, ne pûtes-vous alors
Entrer dans le vaisseau qui le mit sur nos bords?
Par vous auroit péri le monstre de la Crète,
Malgré tous les détours de sa vaste retraite :
Pour en développer l'embarras incertain,
Ma sœur du fil fatal eût armé votre main.
Mais non : dans ce dessein je l'aurois devancée;
L'amour m'en eût d'abord inspiré la pensée :
C'est moi, prince, c'est moi, dont l'utile secours
Vous eût du labyrinthe enseigné les détours.
Que de soins m'eût coûtés cette tête charmante!
Un fil n'eût point assez rassuré votre amante :
Compagne du péril qu'il vous falloit chercher,
Moi-même devant vous j'aurois voulu marcher;
Et Phèdre, au labyrinthe avec vous descendue,
Se seroit avec vous retrouvée ou perdue.[1]

HIPPOLYTE.

Dieux! qu'est-ce que j'entends? Madame, oubliez-vous
Que Thésée est mon père, et qu'il est votre époux?

PHÈDRE.

Et sur quoi jugez-vous que j'en perds la mémoire,
Prince? aurois-je perdu tout le soin de ma gloire?

HIPPOLYTE.

Madame, pardonnez : j'avoue en rougissant
Que j'accusois à tort un discours innocent.
Ma honte ne peut plus soutenir votre vue;
Et je vais...

---

1. Phèdre ne finit pas ici, comme dans Sénèque, par un aveu formel de son amour, et par un mouvement qui en est la plus humiliante expression. L'égarement est porté à son comble, et son secret lui échappe dans le dernier degré du délire de la passion. (L.)

PHÈDRE.

Ah, cruel! tu m'as trop entendue.
Je t'en ai dit assez pour te tirer d'erreur.
Hé bien! connois donc Phèdre et toute sa fureur :
J'aime. Ne pense pas qu'au moment que je t'aime,
Innocente à mes yeux, je m'approuve moi-même;
Ni que du fol amour qui trouble ma raison
Ma lâche complaisance ait nourri le poison;
Objet infortuné des vengeances célestes,
Je m'abhorre encor plus que tu ne me détestes.
Les dieux m'en sont témoins, ces dieux qui dans mon flanc
Ont allumé le feu fatal à tout mon sang;
Ces dieux qui se sont fait une gloire cruelle
De séduire le cœur d'une foible mortelle.
Toi-même en ton esprit rappelle le passé :
C'est peu de t'avoir fui, cruel, je t'ai chassé;
J'ai voulu te paroître odieuse, inhumaine;
Pour mieux te résister, j'ai recherché ta haine.
De quoi m'ont profité mes inutiles soins?
Tu me haïssois plus, je ne t'aimois pas moins;
Tes malheurs te prêtoient encor de nouveaux charmes.
J'ai langui, j'ai séché dans les feux, dans les larmes :
Il suffit de tes yeux pour t'en persuader,
Si tes yeux un moment pouvoient me regarder.
Que dis-je? Cet aveu que je te viens de faire,
Cet aveu si honteux, le crois-tu volontaire?[1]
Tremblante pour un fils que je n'osois trahir,

---

1. Voilà peut-être ce qu'il y a de plus profond et de plus beau dans tout ce morceau. Il était impossible de mieux peindre l'irrésistible ascendant de la passion qui maîtrise Phèdre, et, par conséquent, de la rendre plus excusable; et, comme on ne pouvait la rendre intéressante qu'autant qu'elle serait à excuser et à plaindre, l'auteur a saisi le point capital. (L.)

Je te venois prier de ne le point haïr :
Foibles projets d'un cœur trop plein de ce qu'il aime !
Hélas ! je ne t'ai pu parler que de toi-même !
Venge-toi, punis-moi d'un odieux amour :
Digne fils du héros qui t'a donné le jour,
Délivre l'univers d'un monstre qui t'irrite.
La veuve de Thésée ose aimer Hippolyte !
Crois-moi, ce monstre affreux ne doit point t'échapper ;
Voilà mon cœur : c'est là que ta main doit frapper.
Impatient déjà d'expier son offense,
Au-devant de ton bras je le sens qui s'avance.
Frappe : ou si tu le crois indigne de tes coups,
Si ta haine m'envie un supplice si doux,
Ou si d'un sang trop vil ta main seroit trempée,
Au défaut de ton bras prête-moi ton épée ;
Donne.

OENONE.

Que faites-vous, madame ? Justes dieux !
Mais on vient : évitez des témoins odieux.
Venez, rentrez, fuyez une honte certaine.[1]

SCÈNE VI.

HIPPOLYTE, THÉRAMÈNE.

THÉRAMÈNE.

Est-ce Phèdre qui fuit, ou plutôt qu'on entraîne ?
Pourquoi, seigneur, pourquoi ces marques de douleur ?
Je vous vois sans épée, interdit, sans couleur.

1. Conf. dans la *Virginie* de Mairet l'aveu d'Andromire à Périandre, p. 19-23.

PHÈDRE

PHÈDRE. Croismoi, ce monstre affreux ne doit point t'échapper.
Voilà mon cœur, c'est là que ta main doit frapper.

HIPPOLYTE.

Théramène, fuyons. Ma surprise est extrême.
Je ne puis sans horreur me regarder moi-même.
Phèdre... Mais non, grands dieux! qu'en un profond oubli
Cet horrible secret demeure enseveli!

THÉRAMÈNE.

Si vous voulez partir, la voile est préparée.
Mais Athènes, seigneur, s'est déjà déclarée;
Ses chefs ont pris les voix de toutes ses tribus :
Votre frère l'emporte, et Phèdre a le dessus.

HIPPOLYTE.

Phèdre?

THÉRAMÈNE.

  Un héraut chargé des volontés d'Athènes
De l'État en ses mains vient remettre les rênes.
Son fils est roi, seigneur.

HIPPOLYTE.

    Dieux, qui la connoissez,
Est-ce donc sa vertu que vous récompensez?

THÉRAMÈNE.

Cependant un bruit sourd veut que le roi respire :
On prétend que Thésée a paru dans l'Épire.
Mais moi, qui l'y cherchai, seigneur, je sais trop bien...

HIPPOLYTE.

N'importe; écoutons tout, et ne négligeons rien.
Examinons ce bruit, remontons à sa source :
S'il ne mérite pas d'interrompre ma course,
Partons; et quelque prix qu'il en puisse coûter,
Mettons le sceptre aux mains dignes de le porter.

ACTE TROISIÈME.[1]

SCÈNE PREMIÈRE.

PHÈDRE, ŒNONE.

PHÈDRE.

Ah! que l'on porte ailleurs les honneurs qu'on m'envoie :
Importune, peux-tu souhaiter qu'on me voie?
De quoi viens-tu flatter mon esprit désolé?
Cache-moi bien plutôt : je n'ai que trop parlé.
Mes fureurs au dehors ont osé se répandre;
J'ai dit ce que jamais on ne devoit entendre.
Ciel! comme il m'écoutoit! Par combien de détours
L'insensible a longtemps éludé mes discours!
Comme il ne respiroit qu'une retraite prompte!
Et combien sa rougeur a redoublé ma honte!
Pourquoi détournois-tu mon funeste dessein?
Hélas! quand son épée alloit chercher mon sein,
A-t-il pâli pour moi? me l'a-t-il arrachée?
Il suffit que ma main l'ait une fois touchée,
Je l'ai rendue horrible à ses yeux inhumains;
Et ce fer malheureux profaneroit ses mains.

---

1. Dans cet acte, Racine change de modèle, ce n'est plus Euripide qu'il imite, c'est Sénèque, et ce qu'il lui emprunte devient sous sa plume une véritable création.

ACTE III, SCENE I.

OENONE.

Ainsi, dans vos malheurs ne songeant qu'à vous plaindre,
Vous nourrissez un feu qu'il vous faudroit éteindre.
Ne vaudroit-il pas mieux, digne sang de Minos,
Dans de plus nobles soins chercher votre repos;
Contre un ingrat qui plaît recourir à la fuite,
Régner, et de l'État embrasser la conduite?

PHÈDRE.

Moi! régner! Moi, ranger un État sous ma loi!
Quand ma foible raison ne règne plus sur moi,
Lorsque j'ai de mes sens abandonné l'empire,
Quand sous un joug honteux à peine je respire,
Quand je me meurs!

OENONE.

Fuyez.

PHÈDRE.

Je ne le puis quitter.

OENONE.

Vous l'osâtes bannir, vous n'osez l'éviter?

PHÈDRE.

Il n'est plus temps : il sait mes ardeurs insensées.
De l'austère pudeur les bornes sont passées :
J'ai déclaré ma honte aux yeux de mon vainqueur,
Et l'espoir malgré moi s'est glissé dans mon cœur.[1]

---

1. Trait de vérité frappant dans la peinture des passions. C'est ici la première fois que Phèdre parle *d'espoir* : jusque-là elle ne vouloit que mourir. Elle a fait le premier pas : elle ne peut plus s'arrêter. Voilà pour la partie morale. Pour la partie dramatique, observez que ce beau développement d'espérance qui va suivre sert à varier les effets dans une même situation, ce qui est essentiel pour sauver l'uniformité d'une plainte continue, et amener les alternatives indispensables au théâtre. Cette théorie n'est connue que des excellents artistes, et pas un n'y a manqué; c'est une des principales sources d'intérêt. (L.)

Toi-même, rappelant ma force défaillante
Et mon âme déjà sur mes lèvres errante,
Par tes conseils flatteurs tu m'as su ranimer :
Tu m'as fait entrevoir que je pouvois l'aimer.

OENONE.

Hélas! de vos malheurs innocente ou coupable,
De quoi pour vous sauver n'étois-je point capable?
Mais si jamais l'offense irrita vos esprits,
Pouvez-vous d'un superbe oublier les mépris?
Avec quels yeux cruels sa rigueur obstinée
Vous laissoit à ses pieds peu s'en faut prosternée!
Que son farouche orgueil le rendoit odieux!
Que Phèdre en ce moment n'avoit-elle mes yeux!

PHÈDRE.

OEnone, il peut quitter cet orgueil qui te blesse;
Nourri dans les forêts, il en a la rudesse.
Hippolyte, endurci par de sauvages lois,
Entend parler d'amour pour la première fois :
Peut-être sa surprise a causé son silence;
Et nos plaintes peut-être ont trop de violence.

OENONE.

Songez qu'une barbare en son sein l'a formé.

PHÈDRE.

Quoique Scythe et barbare, elle a pourtant aimé.

OENONE.

Il a pour tout le sexe une haine fatale.

PHÈDRE.

Je ne me verrai point préférer de rivale.[1]

---

1. Ce vers, qui dans Sénèque n'est qu'un trait de passion, est dans Racine le germe d'une situation. Cette femme, qui attache un si grand prix à n'avoir point de rivale, dans quel état sera-t-elle, lorsqu'un moment après elle apprendra qu'elle en a une! (L.)

Enfin tous tes conseils ne sont plus de saison :
Sers ma fureur, OEnone, et non point ma raison.
Il oppose à l'amour un cœur inaccessible ;
Cherchons pour l'attaquer quelque endroit plus sensible :
Les charmes d'un empire ont paru le toucher ;
Athènes l'attiroit, il n'a pu s'en cacher ;
Déjà de ses vaisseaux la pointe étoit tournée,
Et la voile flottoit aux vents abandonnée.
Va trouver de ma part ce jeune ambitieux,
OEnone ; fais briller la couronne à ses yeux :
Qu'il mette sur son front le sacré diadème ;
Je ne veux que l'honneur de l'attacher moi-même.
Cédons-lui ce pouvoir que je ne puis garder.
Il instruira mon fils dans l'art de commander ;
Peut-être il voudra bien lui tenir lieu de père :
Je mets sous son pouvoir et le fils et la mère.
Pour le fléchir enfin tente tous les moyens :
Tes discours trouveront plus d'accès que les miens ;
Presse, pleure, gémis ; plains-lui[1] Phèdre mourante ;
Ne rougis point de prendre une voix suppliante :
Je t'avouerai de tout ; je n'espère qu'en toi.
Va : j'attends ton retour pour disposer de moi.

SCÈNE II.

PHÈDRE.

O toi, qui vois la honte où je suis descendue,
Implacable Vénus, suis-je assez confondue !

[1]. *Plains-lui* dans l'édition de 1697 ; *peins-lui* dans les éditions précédentes.

Tu ne saurois plus loin pousser ta cruauté.
Ton triomphe est parfait ; tous tes traits ont porté.
Cruelle, si tu veux une gloire nouvelle,
Attaque un ennemi qui te soit plus rebelle.
Hippolyte te fuit ; et, bravant ton courroux,
Jamais à tes autels n'a fléchi les genoux ;
Ton nom semble offenser ses superbes oreilles :
Déesse, venge-toi ; nos causes sont pareilles.[1]
Qu'il aime... Mais déjà tu reviens sur tes pas,
OEnone? On me déteste ; on ne t'écoute pas?

SCÈNE III.

PHÈDRE, OENONE.

OENONE.

Il faut d'un vain amour étouffer la pensée,
Madame ; rappelez votre vertu passée :
Le roi, qu'on a cru mort, va paroître à vos yeux ;
Thésée est arrivé, Thésée est en ces lieux.
Le peuple pour le voir court et se précipite.
Je sortois par votre ordre, et cherchois Hippolyte
Lorsque jusques au ciel mille cris élancés...

PHÈDRE.

Mon époux est vivant, OEnone, c'est assez.
J'ai fait l'indigne aveu d'un amour qui l'outrage ;
Il vit : je ne veux pas en savoir davantage.

---

1. Corneille avait dit, dans *Médée* :

> Dieux. . . . .
> Souverains protecteurs des lois de l'hyménée...
> Voyez de quel mépris vous traite son parjure,
> Et m'aidez à venger cette commune injure.
> (Acte I, scène IV.)

ACTE III, SCÈNE III.

OENONE.

Quoi?

PHÈDRE.

Je te l'ai prédit; mais tu n'as pas voulu : [1]
Sur mes justes remords tes pleurs ont prévalu.
Je mourois ce matin digne d'être pleurée;
J'ai suivi tes conseils, je meurs déshonorée.

OENONE.

Vous mourez?

PHÈDRE.

Juste ciel! qu'ai-je fait aujourd'hui?
Mon époux va paroître, et son fils avec lui.
Je verrai le témoin de ma flamme adultère
Observer de quel front j'ose aborder son père,
Le cœur gros de soupirs qu'il n'a point écoutés,[2]
L'œil humide de pleurs par l'ingrat rebutés.
Penses-tu que, sensible à l'honneur de Thésée,
Il lui cache l'ardeur dont je suis embrasée?
Laissera-t-il trahir et son père et son roi?
Pourra-t-il contenir l'horreur qu'il a pour moi?
Il se tairoit en vain : je sais mes perfidies,
OEnone, et ne suis point de ces femmes hardies
Qui, goûtant dans le crime une tranquille paix,
Ont su se faire un front qui ne rougit jamais.
Je connois mes fureurs, je les rappelle toutes :

---

1. Il y a dans cette phrase, qui n'est point achevée, *Je te l'ai prédit; mais tu n'as pas voulu,* une espèce d'ellipse familière, qui est d'une singulière vérité. Tout le monde supplée aisément : *tu n'as pas voulu me croire, tu n'as pas voulu me laisser mourir;* mais s'en tenir à cette phrase de la conversation ordinaire, *tu n'as pas voulu,* est une manière de peindre le désordre et la vivacité du sentiment qui préoccupe l'âme. (L.)

2. Comme ce vers et le suivant sont pleins de tristesse! *Le cœur gros* est une phrase familière; mais que ne relèveraient pas *les soupirs qu'il n'a point écoutés?* C'est ainsi que l'on tire parti, en poésie, de toutes les sortes de langage. (L.)

Il me semble déjà que ces murs, que ces voûtes[1]
Vont prendre la parole, et, prêts à m'accuser,
Attendent mon époux pour le désabuser.
Mourons : de tant d'horreurs qu'un trépas me délivre.
Est-ce un malheur si grand que de cesser de vivre?[2]
La mort aux malheureux ne cause point d'effroi :
Je ne crains que le nom que je laisse après moi.
Pour mes tristes enfants quel affreux héritage![3]
Le sang de Jupiter doit enfler leur courage;
Mais, quelque juste orgueil qu'inspire un sang si beau,
Le crime d'une mère est un pesant fardeau.
Je tremble qu'un discours, hélas! trop véritable,
Un jour ne leur reproche une mère coupable.
Je tremble qu'opprimés de ce poids odieux,
L'un ni l'autre jamais n'ose lever les yeux.

OENONE.

Il n'en faut point douter, je les plains l'un et l'autre;
Jamais crainte ne fut plus juste que la vôtre.
Mais à de tels affronts pourquoi les exposer?
Pourquoi contre vous-même allez-vous déposer?
C'en est fait : on dira que Phèdre, trop coupable,
De son époux trahi fuit l'aspect redoutable.
Hippolyte est heureux qu'aux dépens de vos jours

---

1. Je tremble et je crains fort; les feuilles de ce bois
    Me semblent devenir des langues et des voix
    Pour dire les erreurs que mon amour conseille,
    Et que pour les ouïr le monde est tout oreille.
    (*Mirame* de Richelieu.)

2. Traduction de cet hémistiche de Virgile :

Usque adeone mori miserum est?

« Est-ce donc un si grand malheur de mourir? » (*Æneid.*, lib. XII, v. 646.)

3. Phèdre avait deux fils : Acamas et Démophon.

Vous-même en expirant appuyiez ses discours.¹
A votre accusateur que pourrai-je répondre?
Je serai devant lui trop facile à confondre :
De son triomphe affreux je le verrai jouir,
Et conter votre honte à qui voudra l'ouïr.
Ah! que plutôt du ciel la flamme me dévore!
Mais, ne me trompez point, vous est-il cher encore?
De quel œil voyez-vous ce prince audacieux?

PHÈDRE.

Je le vois comme un monstre effroyable à mes yeux.²

OENONE.

Pourquoi donc lui céder une victoire entière?
Vous le craignez : osez l'accuser la première
Du crime dont il peut vous charger aujourd'hui.
Qui vous démentira? Tout parle contre lui :
Son épée en vos mains heureusement laissée,
Votre trouble présent, votre douleur passée,
Son père par vos cris dès longtemps prévenu,
Et déjà son exil par vous-même obtenu.

PHÈDRE.

Moi, que j'ose opprimer et noircir l'innocence!³

---

1. Les éditions originales donnent *appuyez,* mais nous avons dit déjà que cette forme n'est due qu'aux imprimeurs du temps, et qu'il n'y a pas de raison de la respecter. (Voy. page 191.)

2. Trait naturel et vrai, qui peint bien l'illusion que, dans certains moments, la passion se fait à elle-même. *Je le vois et à mes yeux* forment une espèce de pléonasme très-excusable dans le trouble et le désordre de Phèdre. (G.)

3. Cette réponse, qui respire l'horreur du crime, sort du cœur de Phèdre, et n'est point démentie, quoi qu'on en dise, par la fin de la scène. C'est alors la vue d'Hippolyte à côté de Thésée, qui bouleverse l'âme de cette malheureuse femme, au point qu'elle laisse dire et faire à OEnone tout ce qu'elle a proposé. (L.)

ŒNONE.

Mon zèle n'a besoin que de votre silence.
Tremblante comme vous, j'en sens quelques remords.
Vous me verriez plus prompte affronter mille morts.
Mais puisque je vous perds sans ce triste remède,
Votre vie est pour moi d'un prix à qui tout cède :
Je parlerai. Thésée, aigri par mes avis,
Bornera sa vengeance à l'exil de son fils :
Un père, en punissant, madame, est toujours père ;
Un supplice léger suffit à sa colère.
Mais le sang innocent dût-il être versé,
Que ne demande point votre honneur menacé ?
C'est un trésor trop cher pour oser le commettre.
Quelque loi qu'il vous dicte, il faut vous y soumettre,
Madame ; et pour sauver notre honneur combattu,
Il faut immoler tout, et même la vertu,
On vient ; je vois Thésée.

PHÈDRE.

           Ah ! je vois Hippolyte ;
Dans ses yeux insolents je vois ma perte écrite.
Fais ce que tu voudras, je m'abandonne à toi.
Dans le trouble où je suis, je ne puis rien pour moi.

SCÈNE IV.

THÉSÉE, PHÈDRE, HIPPOLYTE, ŒNONE, THÉRAMÈNE.

THÉSÉE.

La fortune à mes vœux cesse d'être opposée,
Madame, et dans vos bras met...

PHÈDRE.

                Arrêtez, Thésée,
Et ne profanez point des transports si charmants :
Je ne mérite plus ces doux empressements ;
Vous êtes offensé. La fortune jalouse
N'a pas en votre absence épargné votre épouse.
Indigne de vous plaire et de vous approcher,
Je ne dois désormais songer qu'à me cacher.[1]

SCÈNE V.

THÉSÉE, HIPPOLYTE, THÉRAMÈNE.

THÉSÉE.

Quel est l'étrange accueil qu'on fait à votre père,
Mon fils ?

       HIPPOLYTE.

          Phèdre peut seule expliquer ce mystère.
Mais, si mes vœux ardents vous peuvent émouvoir,
Permettez-moi, seigneur, de ne la plus revoir ;
Souffrez que pour jamais le tremblant Hippolyte
Disparoisse des lieux que votre épouse habite.

       THÉSÉE.

Vous, mon fils, me quitter ?

       HIPPOLYTE.

                Je ne la cherchois pas.
C'est vous qui sur ces bords conduisîtes ses pas.
Vous daignâtes, seigneur, aux rives de Trézène

---

[1]. Elle n'a pas dit un mot qui ne soit plein d'une profonde confusion, d'une profonde douleur, pas un qui, au fond, ne l'accuse elle-même, et pas un qui puisse démentir Œnone quand elle accusera Hippolyte. (L.)

Confier en partant Aricie et la reine :
Je fus même chargé du soin de les garder.
Mais quels soins désormais peuvent me retarder?
Assez dans les forêts mon oisive jeunesse
Sur de vils ennemis a montré son adresse :
Ne pourrai-je, en fuyant un indigne repos,
D'un sang plus glorieux teindre mes javelots?
Vous n'aviez pas encore atteint l'âge où je touche,
Déjà plus d'un tyran, plus d'un monstre farouche
Avoit de votre bras senti la pesanteur ;
Déjà, de l'insolence heureux persécuteur,
Vous aviez des deux mers assuré les rivages ;
Le libre voyageur ne craignoit plus d'outrages ;
Hercule, respirant sur le bruit de vos coups,
Déjà de son travail se reposoit sur vous.
Et moi, fils inconnu d'un si glorieux père,
Je suis même encor loin des traces de ma mère!
Souffrez que mon courage ose enfin s'occuper :
Souffrez, si quelque monstre a pu vous échapper,
Que j'apporte à vos pieds sa dépouille honorable,
Ou que d'un beau trépas la mémoire durable,
Éternisant des jours si noblement finis,
Prouve à tout l'univers que j'étois votre fils.

THÉSÉE.

Que vois-je? Quelle horreur dans ces lieux répandue
Fait fuir devant mes yeux ma famille éperdue?
Si je reviens si craint et si peu désiré,
O ciel, de ma prison pourquoi m'as-tu tiré?
Je n'avois qu'un ami : son imprudente flamme
Du tyran de l'Épire alloit ravir la femme ;
Je servois à regret ses desseins amoureux ;
Mais le sort irrité nous aveugloit tous deux.

Le tyran m'a surpris sans défense et sans armes.
J'ai vu Pirithoüs, triste objet de mes larmes,
Livré par ce barbare à des monstres cruels
Qu'il nourrissoit du sang des malheureux mortels.
Moi-même il m'enferma dans des cavernes sombres,
Lieux profonds et voisins de l'empire des ombres.
Les dieux, après six mois, enfin m'ont regardé :
J'ai su tromper les yeux de qui j'étois gardé.*
D'un perfide ennemi j'ai purgé la nature ;
A ses montres lui-même a servi de pâture,
Et lorsque avec transport je pense m'approcher
De tout ce que les dieux m'ont laissé de plus cher ;
Que dis-je ? quand mon âme, à soi-même rendue,
Vient se rassasier d'une si chère vue,
Je n'ai pour tout accueil que des frémissements ;
Tout fuit, tout se refuse à mes embrassements.
Et moi-même, éprouvant la terreur que j'inspire,
Je voudrois être encor dans les prisons d'Épire.
Parlez. Phèdre se plaint que je suis outragé.
Qui m'a trahi ? Pourquoi ne suis-je pas vengé ?
La Grèce, à qui mon bras fut tant de fois utile,
A-t-elle au criminel accordé quelque asile ?
Vous ne répondez point ! Mon fils, mon propre fils,
Est-il d'intelligence avec mes ennemis ?
Entrons : c'est trop garder un doute qui m'accable.
Connoissons à la fois le crime et le coupable :
Que Phèdre explique enfin le trouble où je la voi.

Var. *J'ai su tromper les yeux par qui j'étois gardé.*

SCÈNE VI.

HIPPOLYTE, THÉRAMÈNE.[1]

HIPPOLYTE.

Où tendoit ce discours qui m'a glacé d'effroi?
Phèdre, toujours en proie à sa fureur extrême,
Veut-elle s'accuser et se perdre elle-même?
Dieux! que dira le roi? Quel funeste poison
L'amour a répandu sur toute sa maison!
Moi-même, plein d'un feu que sa haine réprouve,
Quel il m'a vu jadis, et quel il me retrouve!
De noirs pressentiments viennent m'épouvanter.
Mais l'innocence enfin n'a rien à redouter :
Allons : cherchons ailleurs par quelle heureuse adresse
Je pourrai de mon père émouvoir la tendresse,
Et lui dire un amour qu'il peut vouloir troubler,
Mais que tout son pouvoir ne sauroit ébranler.

1. Dans toutes les éditions faites pendant la vie de Racine, Théramène ne sort point avec Thésée : il reste sur la scène avec Hippolyte, dont il est le gouverneur.

ACTE QUATRIÈME.

SCÈNE PREMIÈRE.

THÉSÉE, OENONE.

THÉSÉE.

Ah! qu'est-ce que j'entends? Un traître, un téméraire
Préparoit cet outrage à l'honneur de son père?
Avec quelle rigueur, destin, tu me poursuis!
Je ne sais où je vais, je ne sais où je suis.*
O tendresse! ô bonté trop mal récompensée!
Projet audacieux! détestable pensée![1]
Pour parvenir au but de ses noires amours,
L'insolent de la force empruntoit le secours!
J'ai reconnu le fer, instrument de sa rage,
Ce fer dont je l'armai pour un plus noble usage.
Tous les liens du sang n'ont pu le retenir!
Et Phèdre différoit à le faire punir!
Le silence de Phèdre épargnoit le coupable!

---

* VAR. *Je ne sais où je vas, je ne sais où je suis.*

1. Racine observe lui-même, dans sa préface, que Thésée serait moins agréable aux spectateurs, si on lui apprenait que son outrage est aussi complet qu'il peut l'être. Quoique la disgrâce d'un mari ne le rendît point ridicule chez les Grecs, Euripide laisse cependant ignorer au public les expressions dont Phèdre se sert pour accuser Hippolyte. Sénèque, moins délicat, fait dire grossièrement à Phèdre qu'elle a été violée : *Vim corpus tulit.* (G.)

OENONE.

Phèdre épargnoit plutôt un père déplorable :
Honteuse du dessein d'un amant furieux
Et du feu criminel qu'il a pris dans ses yeux,
Phèdre mouroit, seigneur, et sa main meurtrière
Éteignoit de ses yeux l'innocente lumière.
J'ai vu lever le bras, j'ai couru la sauver.
Moi seule à votre amour j'ai su la conserver :
Et plaignant à la fois son trouble et vos alarmes,
J'ai servi, malgré moi, d'interprète à ses larmes.

THÉSÉE.

Le perfide! il n'a pu s'empêcher de pâlir :
De crainte, en m'abordant, je l'ai vu tressaillir.
Je me suis étonné de son peu d'allégresse;
Ses froids embrassements ont glacé ma tendresse :
Mais ce coupable amour dont il est dévoré
Dans Athènes déjà s'étoit-il déclaré?

OENONE.

Seigneur, souvenez-vous des plaintes de la reine :
Un amour criminel causa toute sa haine.

THÉSÉE.

Et ce feu dans Trézène a donc recommencé?

OENONE.

Je vous ai dit, seigneur, tout ce qui s'est passé.
C'est trop laisser la reine à sa douleur mortelle,
Souffrez que je vous quitte et me range auprès d'elle.[1]

---

1. Racine dit de même dans ses *Remarques sur les Olympiques de Pindare :* « Il habita la ville d'Oponte, et force étrangers se rangèrent auprès de lui. »

SCÈNE II.[1]

THÉSÉE, HIPPOLYTE.

THÉSÉE.

Ah! le voici. Grands dieux! à ce noble maintien
Quel œil ne seroit pas trompé comme le mien?
Faut-il que sur le front d'un profane adultère
Brille de la vertu le sacré caractère!
Et ne devroit-on pas à des signes certains
Reconnoître le cœur des perfides humains!

HIPPOLYTE.

Puis-je vous demander quel funeste nuage,
Seigneur, a pu troubler votre auguste visage?
N'osez-vous confier ce secret à ma foi?

THÉSÉE.

Perfide, oses-tu bien te montrer devant moi?
Monstre, qu'a trop longtemps épargné le tonnerre,
Reste impur des brigands dont j'ai purgé la terre!
Après que le transport d'un amour plein d'horreur
Jusqu'au lit de ton père a porté sa fureur,
Tu m'oses présenter une tête ennemie!
Tu parois dans des lieux pleins de ton infamie,
Et ne vas pas chercher, sous un ciel inconnu,
Des pays où mon nom ne soit point parvenu!
Fuis, traître. Ne viens point braver ici ma haine,
Et tenter un courroux que je retiens à peine :

---

1. M. P. Mesnard croit, d'après un passage de la *Dissertation* de Subligny, qu'il y eut d'abord une scène II qui était formée par un monologue de Thésée, et que Racine supprima à l'impression.

C'est bien assez pour moi de l'opprobre éternel
D'avoir pu mettre au jour un fils si criminel,
Sans que ta mort encor, honteuse à ma mémoire,
De mes nobles travaux vienne souiller la gloire.
Fuis : et, si tu ne veux qu'un châtiment soudain
T'ajoute aux scélérats qu'a punis cette main,
Prends garde que jamais l'astre qui nous éclaire
Ne te voie en ces lieux mettre un pied téméraire.
Fuis, dis-je; et, sans retour précipitant tes pas,
De ton horrible aspect purge tous mes États.
Et toi, Neptune, et toi, si jadis mon courage
D'infâmes assassins nettoya ton rivage,
Souviens-toi que, pour prix de mes efforts heureux,
Tu promis d'exaucer le premier de mes vœux.
Dans les longues rigueurs d'une prison cruelle
Je n'ai point imploré ta puissance immortelle ;
Avare du secours que j'attends de tes soins,
Mes vœux t'ont réservé pour de plus grands besoins :
Je t'implore aujourd'hui. Venge un malheureux père;
J'abandonne ce traître à toute ta colère ;
Étouffe dans son sang ses désirs effrontés :
Thésée à tes fureurs connoîtra tes bontés.

HIPPOLYTE.

D'un amour criminel Phèdre accuse Hippolyte !
Un tel excès d'horreur rend mon âme interdite;
Tant de coups imprévus m'accablent à la fois,
Qui m'ôtent la parole, et m'étouffent la voix.

THÉSÉE.

Traître, tu prétendois qu'en un lâche silence
Phèdre enseveliroit ta brutale insolence :
Il falloit, en fuyant, ne pas abandonner

Le fer qui dans ses mains aide à te condamner ;
Ou plutôt il falloit, comblant ta perfidie,
Lui ravir tout d'un coup la parole et la vie.

HIPPOLYTE.

D'un mensonge si noir justement irrité,
Je devrois faire ici parler la vérité,
Seigneur ; mais je supprime un secret qui vous touche.
Approuvez le respect qui me ferme la bouche,
Et sans vouloir vous-même augmenter vos ennuis,
Examinez ma vie, et songez qui je suis.
Quelques crimes toujours précèdent les grands crimes.
Quiconque a pu franchir les bornes légitimes,
Peut violer enfin les droits les plus sacrés :
Ainsi que la vertu le crime a ses degrés ;[1]
Et jamais on n'a vu la timide innocence
Passer subitement à l'extrême licence.
Un jour seul ne fait point d'un mortel vertueux
Un perfide assassin, un lâche incestueux.
Élevé dans le sein d'une chaste héroïne,
Je n'ai point de mon sang démenti l'origine.
Pitthée, estimé sage entre tous les humains,
Daigna m'instruire encore au sortir de ses mains.
Je ne veux point me peindre avec trop d'avantage ;
Mais si quelque vertu m'est tombée en partage,
Seigneur, je crois surtout avoir fait éclater
La haine des forfaits qu'on ose m'imputer.
C'est par là qu'Hippolyte est connu dans la Grèce.

1. On a toujours admiré cette justification d'Hippolyte, également remarquable par la mesure et par la force. Les maximes générales, extrêmement rares dans Racine, qui les tourne toujours en sentiments, sont ici d'un grand effet, parce que l'application en est si sensible, que les conséquences immédiates de ces grandes vérités sont l'apologie nécessaire et évidente du vertueux Hippolyte. (L.)

J'ai poussé la vertu jusques à la rudesse :
On sait de mes chagrins l'inflexible rigueur.[1]
Le jour n'est pas plus pur que le fond de mon cœur.
Et l'on veut qu'Hippolyte, épris d'un feu profane...

THÉSÉE.

Oui, c'est ce même orgueil, lâche! qui te condamne,
Je vois de tes froideurs le principe odieux :
Phèdre seule charmoit tes impudiques yeux :
Et pour tout autre objet ton âme indifférente
Dédaignoit de brûler d'une flamme innocente.

HIPPOLYTE.

Non, mon père, ce cœur, c'est trop vous le celer,
N'a point d'un chaste amour dédaigné de brûler.
Je confesse à vos pieds ma véritable offense :
J'aime, j'aime, il est vrai, malgré votre défense.
Aricie à ses lois tient mes vœux asservis ;
La fille de Pallante a vaincu votre fils :
Je l'adore ; et mon âme, à vos ordres rebelle,
Ne peut ni soupirer, ni brûler que pour elle.

THÉSÉE.

Tu l'aimes? ciel! Mais non, l'artifice est grossier :
Tu te feins criminel pour te justifier.

HIPPOLYTE.

Seigneur, depuis six mois je l'évite et je l'aime :
Je venois, en tremblant, vous le dire à vous-même.
Hé quoi ! de votre erreur rien ne vous peut tirer?
Par quel affreux serment faut-il vous rassurer?
Que la terre, le ciel, que toute la nature...

---

[1] *Chagrin,* dans le sens d'humeur sévère, austère.

THÉSÉE.

Toujours les scélérats ont recours au parjure.
Cesse, cesse, et m'épargne un importun discours,
Si ta fausse vertu n'a point d'autre secours.

HIPPOLYTE.

Elle vous paroît fausse et pleine d'artifice :
Phèdre au fond de son cœur me rend plus de justice.

THÉSÉE.

Ah! que ton impudence excite mon courroux !

HIPPOLYTE.

Quel temps à mon exil, quel lieu prescrivez-vous ?

THÉSÉE.

Fusses-tu par delà les colonnes d'Alcide,
Je me croirois encor trop voisin d'un perfide.

HIPPOLYTE.

Chargé du crime affreux dont vous me soupçonnez,
Quels amis me plaindront, quand vous m'abandonnez ?

THÉSÉE.

Va chercher des amis dont l'estime funeste
Honore l'adultère, applaudisse à l'inceste ;
Des traîtres, des ingrats sans honneur et sans loi,
Dignes de protéger un méchant tel que toi.

HIPPOLYTE.

Vous me parlez toujours d'inceste et d'adultère :
Je me tais. Cependant Phèdre sort d'une mère,
Phèdre est d'un sang, seigneur, vous le savez trop bien,
De toutes ces horreurs plus rempli que le mien.

THÉSÉE.

Quoi! ta rage à mes yeux perd toute retenue ?[1]

---

1. Cette scène, l'une des plus belles de la pièce, appartient tout entière à Euripide ; mais, d'après le caractère des deux nations, le poëte grec y a

Pour la dernière fois, ôte-toi de ma vue ;
Sors, traître : n'attends pas qu'un père furieux
Te fasse avec opprobre arracher de ces lieux.

SCÈNE III.

THÉSÉE.

Misérable, tu cours à ta perte infaillible !
Neptune, par le fleuve aux dieux mêmes terrible,
M'a donné sa parole, et va l'exécuter.
Un dieu vengeur te suit, tu ne peux l'éviter.
Je t'aimois : et je sens que, malgré ton offense,[1]
Mes entrailles pour toi se troublent par avance.
Mais à te condamner tu m'as trop engagé :
Jamais père, en effet, fut-il plus outragé ?
Justes dieux, qui voyez la douleur qui m'accable,
Ai-je pu mettre au jour un enfant si coupable ?

SCÈNE IV.

THÉSÉE, PHÈDRE.

PHÈDRE.

Seigneur, je viens à vous, pleine d'un juste effroi ;
Votre voix redoutable a passé jusqu'à moi :

---

mis plus de simplicité et de naturel, plus d'abandon et de chaleur ; le poëte français, plus de précision et de noblesse, un choix plus délicat et un goût plus fin. (G.)

1. Ce retour vers la tendresse paternelle est naturel et touchant : on n'en a pas aperçu la plus légère trace dans le long entretien du père avec

ACTE IV, SCÈNE IV.

Je crains qu'un prompt effet n'ait suivi la menace.
S'il en est temps encore, épargnez votre race,
Respectez votre sang, j'ose vous en prier.
Sauvez-moi de l'horreur de l'entendre crier;
Ne me préparez point la douleur éternelle
De l'avoir fait répandre à la main paternelle.

THÉSÉE.

Non, madame, en mon sang ma main n'a point trempé;
Mais l'ingrat toutefois ne m'est point échappé :
Une immortelle main de sa perte est chargée.
Neptune me la doit; et vous serez vengée.

PHÈDRE.

Neptune vous la doit! Quoi! vos vœux irrités...

THÉSÉE.

Quoi! craignez-vous déjà qu'ils ne soient écoutés?
Joignez-vous bien plutôt à mes vœux légitimes :
Dans toute leur noirceur retracez-moi ses crimes;
Échauffez mes transports trop lents, trop retenus.
Tous ses crimes encor ne vous sont pas connus :
Sa fureur contre vous se répand en injures;
Votre bouche, dit-il, est pleine d'impostures;
Il soutient qu'Aricie a son cœur, a sa foi,
Qu'il l'aime.

PHÈDRE.

Quoi, seigneur?

THÉSÉE.

Il l'a dit devant moi.

---

le fils, parce que l'aspect du coupable aigrissait la colère du juge. Thésée, chez Euripide, est encore plus dur, plus irrité, plus violent. La mort de sa femme, et la lettre qu'il regarde comme une preuve évidente, doivent aussi l'enflammer d'un plus violent courroux. (G.)

Mais je sais rejeter un frivole artifice.
Espérons de Neptune une prompte justice :
Je vais moi-même encore au pied de ses autels
Le presser d'accomplir ses serments immortels.

SCÈNE V.

PHÈDRE.

Il sort. Quelle nouvelle a frappé mon oreille?
Quel feu mal étouffé dans mon cœur se réveille?
Quel coup de foudre, ô ciel! et quel funeste avis!
Je volois tout entière au secours de son fils;[1]
Et, m'arrachant des bras d'OEnone épouvantée,
Je cédois au remords dont j'étois tourmentée.
Qui sait même où m'alloit porter ce repentir?
Peut être à m'accuser j'aurois pu consentir;
Peut-être, si la voix ne m'eût été coupée,
L'affreuse vérité me seroit échappée.
Hippolyte est sensible, et ne sent rien pour moi!
Aricie a son cœur! Aricie a sa foi!
Ah, dieux! Lorsqu'à mes vœux l'ingrat inexorable
S'armoit d'un œil si fier, d'un front si redoutable,
Je pensois qu'à l'amour son cœur toujours fermé
Fût contre tout mon sexe également armé.
Une autre cependant a fléchi son audace;

---

1. Ici tout est parfaitement conçu. Le sentiment qui amène Phèdre au secours de l'innocence est noble et intéressant; il prouve que le crime n'est pas dans son cœur, et que ce n'est pas ce cœur qui a consenti à la calomnie; et, dans le moment où elle a le plus de droits à la compassion, *le coup de foudre* tombe sur elle; car c'en est un pour une femme qui aime comme Phèdre, et qui aime malgré elle. (L.)

Devant ses yeux cruels une autre a trouvé grâce.
Peut-être a-t-il un cœur facile à s'attendrir :
Je suis le seul objet qu'il ne sauroit souffrir.
Et je me chargerois du soin de le défendre !

SCÈNE VI.

PHÈDRE, ŒNONE.

PHÈDRE.
Chère OEnone, sais-tu ce que je viens d'apprendre?

ŒNONE.
Non ; mais je viens tremblante, à ne vous point mentir :
J'ai pâli du dessein qui vous a fait sortir ;
J'ai craint une fureur à vous-même fatale.

PHÈDRE.
OEnone, qui l'eût cru? j'avois une rivale !

ŒNONE.
Comment ?

PHÈDRE.
Hippolyte aime, et je n'en puis douter.
Ce farouche ennemi qu'on ne pouvoit dompter,
Qu'offensoit le respect, qu'importunoit la plainte,
Ce tigre, que jamais je n'abordai sans crainte,
Soumis, apprivoisé, reconnoît un vainqueur :
Aricie a trouvé le chemin de son cœur.

ŒNONE.
Aricie?

PHÈDRE.
Ah ! douleur non encore éprouvée !

A quel nouveau tourment je me suis réservée !
Tout ce que j'ai souffert, mes craintes, mes transports,
La fureur de mes feux, l'horreur de mes remords,
Et d'un refus cruel l'insupportable injure,
N'étoit qu'un foible essai des tourments que j'endure.
Ils s'aiment ! Par quel charme ont-ils trompé mes yeux ?
Comment se sont-ils vus ? depuis quand ? dans quels lieux ?
Tu le savois. Pourquoi me laissois-tu séduire ?
De leur furtive ardeur ne pouvois-tu m'instruire ?
Les a-t-on vus souvent se parler, se chercher ?
Dans le fond des forêts alloient-ils se cacher ?
Hélas ! ils se voyoient avec pleine licence :
Le ciel de leurs soupirs approuvoit l'innocence ;
Ils suivoient sans remords leur penchant amoureux ;
Tous les jours se levoient clairs et sereins pour eux !
Et moi, triste rebut de la nature entière,
Je me cachois au jour, je fuyois la lumière ;
La mort est le seul dieu que j'osois implorer.
J'attendois le moment où j'allois expirer ;
Me nourrissant de fiel, de larmes abreuvée,
Encor, dans mon malheur de trop près observée,
Je n'osois dans mes pleurs me noyer à loisir ;
Je goûtois en tremblant ce funeste plaisir ;
Et, sous un front serein déguisant mes alarmes,
Il falloit bien souvent me priver de mes larmes.

OENONE.

Quel fruit recevront-ils de leurs vaines amours ?
Ils ne se verront plus.

PHÈDRE.

Ils s'aimeront toujours.
Au moment que je parle, ah, mortelle pensée !
Ils bravent la fureur d'une amante insensée.

Malgré ce même exil qui va les écarter,[1]
Ils font mille serments de ne se point quitter.
Non, je ne puis souffrir un bonheur qui m'outrage,
OEnone. Prends pitié de ma jalouse rage :
Il faut perdre Aricie ; il faut de mon époux
Contre un sang odieux réveiller le courroux :
Qu'il ne se borne pas à des peines légères ;
Le crime de la sœur passe celui des frères.
Dans mes jaloux transports je le veux implorer.
Que fais-je ? Où ma raison se va-t-elle égarer ?
Moi jalouse ! et Thésée est celui que j'implore !
Mon époux est vivant, et moi je brûle encore !
Pour qui ? Quel est le cœur où prétendent mes vœux ?
Chaque mot sur mon front fait dresser mes cheveux.
Mes crimes désormais ont comblé la mesure :
Je respire à la fois l'inceste et l'imposture ;
Mes homicides mains, promptes à me venger,
Dans le sang innocent brûlent de se plonger.
Misérable ! et je vis ! et je soutiens la vue
De ce sacré soleil dont je suis descendue !
J'ai pour aïeul le père et le maître des dieux ;
Le ciel, tout l'univers est plein de mes aïeux :
Où me cacher ? Fuyons dans la nuit infernale.
Mais que dis-je ? mon père y tient l'urne fatale ;
Le sort, dit-on, l'a mise en ses sévères mains :
Minos juge aux enfers tous les pâles humains.
Ah ! combien frémira son ombre épouvantée,
Lorsqu'il verra sa fille à ses yeux présentée,

---

1. *Écarter* pour *séparer*. Rappelez-vous dans *Andromaque* :

> Depuis le jour fatal que la fureur des eaux
> Presque aux yeux de l'Épire écarta nos vaisseaux.
> (Acte I, scène I.)

Contrainte d'avouer tant de forfaits divers,
Et des crimes peut-être inconnus aux enfers!
Que diras-tu, mon père, à ce spectacle horrible?
Je crois voir de ta main tomber l'urne terrible;[1]
Je crois te voir, cherchant un supplice nouveau,
Toi-même de ton sang devenir le bourreau.
Pardonne : un dieu cruel a perdu ta famille;
Reconnois sa vengeance aux fureurs de ta fille.
Hélas! du crime affreux dont la honte me suit,
Jamais mon triste cœur n'a recueilli le fruit :
Jusqu'au dernier soupir de malheurs poursuivie,
Je rends dans les tourments une pénible vie.

OENONE.

Hé! repoussez, madame, une injuste terreur.
Regardez d'un autre œil une excusable erreur.
Vous aimez. On ne peut vaincre sa destinée :
Par un charme fatal vous fûtes entraînée.
Est-ce donc un prodige inouï parmi nous?
L'amour n'a-t-il encor triomphé que de vous?
La foiblesse aux humains n'est que trop naturelle :
Mortelle, subissez le sort d'une mortelle.
Vous vous plaignez d'un joug imposé dès longtemps :
Les dieux même,[2] les dieux de l'Olympe habitants,

---

1. Remarquez que Racine, ayant à peindre le dernier égarement de la passion, n'y mêle aucun de ces traits qui sentent la folie physique. Les idées de Phèdre ne sont point interrompues par ce désordre factice, qui n'est qu'un charlatanisme du poëte; les phrases ne sont point coupées par des points, par une foule de réticences affectées : tous ces prestiges de l'école moderne, si favorables à la médiocrité, mais que le véritable talent dédaigne, n'étaient pas à la mode du temps de Racine. Il y a de la suite et de la liaison dans le discours de Phèdre, quoiqu'elle soit égarée par la passion, parce que toute passion a sa logique, sa manière de raisonner, qu'elle suit constamment : le poëte qui s'écarte de cette marche ignore son art et le cœur humain. (G.)

2. *Même*, sans *s*, dans les éditions originales.

ACTE IV, SCÈNE VI.

Qui d'un bruit si terrible épouvantent les crimes,
Ont brûlé quelquefois de feux illégitimes.

PHÈDRE.

Qu'entends-je? Quels conseils ose-t-on me donner?
Ainsi donc jusqu'au bout tu veux m'empoisonner,
Malheureuse? Voilà comme tu m'as perdue.*
Au jour que je fuyois c'est toi qui m'as rendue.
Tes prières m'ont fait oublier mon devoir;
J'évitois Hippolyte, et tu me l'as fait voir.
De quoi te chargeois-tu? Pourquoi ta bouche impie
A-t-elle, en l'accusant, osé noircir sa vie?
Il en mourra peut-être, et d'un père insensé
Le sacrilége vœu peut-être est exaucé.
Je ne t'écoute plus. Va-t'en, monstre exécrable;
Va, laisse-moi le soin de mon sort déplorable.
Puisse le juste ciel dignement te payer!
Et puisse ton supplice à jamais effrayer
Tous ceux qui, comme toi, par de lâches adresses,
Des princes malheureux nourrissent les foiblesses,
Les poussent au penchant où leur cœur est enclin,
Et leur osent du crime aplanir le chemin!
Détestables flatteurs, présent le plus funeste
Que puisse faire aux rois la colère céleste![1]

OENONE, seule.

Ah! dieux! pour la servir, j'ai tout fait, tout quitté;
Et j'en reçois ce prix! Je l'ai bien mérité.

---

* Var. *Malheureuse? voilà comment tu m'as perdue.*
1. Racine a déjà dit :

> Aussi de leurs flatteurs les rois sont les victimes;
> Vous avancez leur perte en approuvant leurs crimes;
> De la chute des rois vous êtes les auteurs;
> Mais les rois en tombant entraînent leurs flatteurs.
> (*Frères ennemis*, acte V, scène III.)

ACTE CINQUIÈME.

SCÈNE PREMIÈRE.

HIPPOLYTE, ARICIE.

ARICIE.

Quoi! vous pouvez vous taire en ce péril extrême?
Vous laissez dans l'erreur un père qui vous aime?
Cruel, si, de mes pleurs méprisant le pouvoir,
Vous consentez sans peine à ne me plus revoir,
Partez, séparez-vous de la triste Aricie;
Mais du moins en partant assurez votre vie.
Défendez votre honneur d'un reproche honteux,
Et forcez votre père à révoquer ses vœux :
Il en est temps encor. Pourquoi, par quel caprice,
Laissez-vous le champ libre à votre accusatrice?
Éclaircissez Thésée.

HIPPOLYTE.

Hé! que n'ai-je point dit?
Ai-je dû mettre au jour l'opprobre de son lit?
Devois-je, en lui faisant un récit trop sincère,
D'une indigne rougeur couvrir le front d'un père?
Vous seule avez percé ce mystère odieux.
Mon cœur pour s'épancher n'a que vous et les dieux.[1]

---

1. Quelle pureté dans cet amour réciproque d'Hippolyte et d'Aricie! Ne forme-t-il pas ici un contraste doux et intéressant avec la passion honteuse

Je n'ai pu vous cacher, jugez si je vous aime,
Tout ce que je voulois me cacher à moi-même.
Mais songez sous quel sceau je vous l'ai révélé :
Oubliez, s'il se peut, que je vous ai parlé,
Madame ; et que jamais une bouche si pure
Ne s'ouvre pour conter cette horrible aventure.
Sur l'équité des dieux osons nous confier ;
Ils ont trop d'intérêt à me justifier :
Et Phèdre, tôt ou tard de son crime punie,
N'en sauroit éviter la juste ignominie.
C'est l'unique respect que j'exige de vous.
Je permets tout le reste à mon libre courroux.
Sortez de l'esclavage où vous êtes réduite ;
Osez me suivre, osez accompagner ma fuite ;
Arrachez-vous d'un lieu funeste et profané,
Où la vertu respire un air empoisonné ;
Profitez, pour cacher votre prompte retraite,
De la confusion que ma disgrâce y jette.
Je vous puis de la fuite assurer les moyens :
Vous n'avez jusqu'ici de gardes que les miens ;
De puissants défenseurs prendront notre querelle ;[1]

et forcenée de Phèdre? N'en forme-t-il pas un autre qui est de situation, celui des espérances flatteuses d'Hippolyte et des apprêts de son mariage avec le danger qui le menace, et que le spectateur voit approcher? (L.)

1. Quelques commentateurs ont vu ici une révolte du fils contre le père : il n'est pourtant question que d'assurer les droits héréditaires d'Hippolyte, dans le cas où Phèdre voudrait les transporter à son fils. Ces projets sur un avenir éventuel ne sont nullement une rébellion. Louis Racine, il est vrai, voulant à toute force qu'Hippolyte soit *coupable* dans cette pièce, donne beaucoup trop d'importance et à ces mêmes projets et à la désobéissance d'Hippolyte, qui aime Aricie contre les ordres de son père. Mais Racine dit seulement dans sa préface, « qu'il a voulu que le jeune prince fût un peu coupable envers son père, afin qu'il ne fût pas exempt de toute imperfection, et que sa mort n'excitât pas plus d'indignation que de pitié. » Ces vues sont justes, parce qu'elles sont mesurées ; elles reviennent

Argos nous tend les bras, et Sparte nous appelle :
A nos amis communs portons nos justes cris ;
Ne souffrons pas que Phèdre, assemblant nos débris,
Du trône paternel nous chasse l'un et l'autre,
Et promette à son fils ma dépouille et la vôtre.
L'occasion est belle, il la faut embrasser.
Quelle peur vous retient ? Vous semblez balancer ?
Votre seul intérêt m'inspire cette audace :
Quand je suis tout de feu, d'où vous vient cette glace ?
Sur les pas d'un banni craignez-vous de marcher ?

ARICIE.

Hélas ! qu'un tel exil, seigneur, me seroit cher !
Dans quels ravissements, à votre sort liée,
Du reste des mortels je vivrois oubliée !
Mais, n'étant point unis par un lien si doux,
Me puis-je avec honneur dérober avec vous ?[1]
Je sais que, sans blesser l'honneur le plus sévère,
Je me puis affranchir des mains de votre père :
Ce n'est point m'arracher du sein de mes parents ;
Et la fuite est permise à qui fuit ses tyrans.
Mais vous m'aimez, seigneur ; et ma gloire alarmée...

HIPPOLYTE.

Non, non, j'ai trop de soin de votre renommée.
Un plus noble dessein m'amène devant vous :
Fuyez vos ennemis, et suivez votre époux.

à ce principe, qu'un personnage au-dessus de tous les intérêts et de toutes les faiblesses serait trop peu théâtral, à moins qu'il ne fût, comme Joad, l'interprète et le ministre de Dieu même. (L.)

1. Il y a une grande délicatesse dans ce mot *me dérober* : c'est une femme qui parle, elle n'ose encore prononcer le mot *fuir*, elle le prononcera plus loin, mais après l'avoir justifié en parlant de la tyrannie dont elle est la victime : en attendant, elle le prépare par ce mot *me dérober*. (A. M.)

Libres dans nos malheurs, puisque le ciel l'ordonne,
Le don de notre foi ne dépend de personne.
L'hymen n'est point toujours entouré de flambeaux.
Aux portes de Trézène, et parmi ces tombeaux,
Des princes de ma race antiques sépultures,
Est un temple sacré formidable aux parjures.
C'est là que les mortels n'osent jurer en vain ;
Le perfide y reçoit un châtiment soudain ;
Et, craignant d'y trouver la mort inévitable,
Le mensonge n'a point de frein plus redoutable.
Là, si vous m'en croyez, d'un amour éternel
Nous irons confirmer le serment solennel ;
Nous prendrons à témoin le dieu qu'on y révère :
Nous le prierons tous deux de nous servir de père.
Des dieux les plus sacrés j'attesterai le nom,
Et la chaste Diane, et l'auguste Junon,
Et tous les dieux enfin, témoins de mes tendresses,
Garantiront la foi de mes saintes promesses.

ARICIE.

Le roi vient : fuyez, prince, et partez promptement.
Pour cacher mon départ je demeure un moment.
Allez ; et laissez-moi quelque fidèle guide,
Qui conduise vers vous ma démarche timide.[1]

1. Quelques commentateurs ont blâmé cette expression ; mais on doit faire observer que le mot *démarche* est pris ici dans le sens propre, et qu'il doit s'entendre de la manière et de l'action de marcher : *Il venait à vous d'une démarche fière, lente, contrainte, embarrassée,* dit l'Académie ; Racine a donc pu dire : *conduire une démarche timide.* (A. M.)

SCÈNE II.

THÉSÉE, ARICIE, ISMÈNE.

THÉSÉE.

Dieux! éclairez mon trouble, et daignez à mes yeux
Montrer la vérité que je cherche en ces lieux?

ARICIE.

Songe à tout, chère Ismène, et sois prête à la fuite.

SCÈNE III.

THÉSÉE, ARICIE.

THÉSÉE.

Vous changez de couleur, et semblez interdite,
Madame : que faisoit Hippolyte en ce lieu?

ARICIE.

Seigneur, il me disoit un éternel adieu.

THÉSÉE.

Vos yeux ont su dompter ce rebelle courage;
Et ses premiers soupirs sont votre heureux ouvrage.

ARICIE.

Seigneur, je ne vous puis nier la vérité :
De votre injuste haine il n'a pas hérité;
Il ne me traitoit point comme une criminelle.

THÉSÉE.

J'entends : il vous juroit une amour éternelle.

Ne vous assurez point sur ce cœur inconstant;
Car à d'autres que vous il en juroit autant.

ARICIE.

Lui, seigneur?

THÉSÉE.

Vous deviez le rendre moins volage :
Comment souffriez-vous cet horrible partage?

ARICIE.

Et comment souffrez-vous que d'horribles discours
D'une si belle vie osent noircir le cours?
Avez-vous de son cœur si peu de connoissance?
Discernez-vous si mal le crime et l'innocence?
Faut-il qu'à vos yeux seuls un nuage odieux
Dérobe sa vertu, qui brille à tous les yeux?
Ah! c'est trop le livrer à des langues perfides.
Cessez : repentez-vous de vos vœux homicides;
Craignez, seigneur, craignez que le ciel rigoureux
Ne vous haïsse assez pour exaucer vos vœux.
Souvent dans sa colère il reçoit nos victimes :
Ses présents sont souvent la peine de nos crimes.

THÉSÉE.

Non, vous voulez en vain couvrir son attentat :
Votre amour vous aveugle en faveur de l'ingrat.
Mais j'en crois des témoins certains, irréprochables :
J'ai vu, j'ai vu couler des larmes véritables.

ARICIE.

Prenez garde, seigneur : vos invincibles mains
Ont de monstres sans nombre affranchi les humains;
Mais tout n'est pas détruit, et vous en laissez vivre
Un...[1] Votre fils, seigneur, me défend de poursuivre.

1. Cette réticence est très-belle : ce n'est pas ici une figure de diction,

Instruite du respect qu'il veut vous conserver,
Je l'affligerois trop si j'osois achever.
J'imite sa pudeur, et fuis votre présence
Pour n'être pas forcée à rompre le silence.

SCÈNE IV.

THÉSÉE.

Quelle est donc sa pensée, et que cache un discours
Commencé tant de fois, interrompu toujours?
Veulent-ils m'éblouir par une feinte vaine?
Sont-ils d'accord tous deux pour me mettre à la gêne?[1]
Mais moi-même, malgré ma sévère rigueur,
Quelle plaintive voix crie au fond de mon cœur?
Une pitié secrète et m'afflige et m'étonne.
Une seconde fois interrogeons OEnone :
Je veux de tout le crime être mieux éclairci.
Gardes, qu'OEnone sorte, et vienne seule ici.

SCÈNE V.

THÉSÉE, PANOPE.

PANOPE.

J'ignore le projet que la reine médite,
Seigneur; mais je crains tout du transport qui l'agite.

---

c'est une beauté de situation. Elle est assez frappante pour produire sur-le-champ son effet. Aussi Thésée commence-t-il à s'interroger lui-même sur sa sévérité, et avec la plus vive inquiétude. (L.)

1. A la torture.

ACTE V, SCÈNE V.

Un mortel désespoir sur son visage est peint;
La pâleur de la mort est déjà sur son teint.
Déjà de sa présence avec honte chassée,
Dans la profonde mer OEnone s'est lancée.
On ne sait point d'où part ce dessein furieux;
Et les flots pour jamais l'ont ravie à nos yeux.

THÉSÉE.

Qu'entends-je?

PANOPE.

Son trépas n'a point calmé la reine;
Le trouble semble croître en son âme incertaine.
Quelquefois, pour flatter ses secrètes douleurs,
Elle prend ses enfants et les baigne de pleurs;
Et soudain, renonçant à l'amour maternelle,
Sa main avec horreur les repousse loin d'elle;
Elle porte au hasard ses pas irrésolus;
Son œil tout égaré ne nous reconnoît plus;
Elle a trois fois écrit; et, changeant de pensée,
Trois fois elle a rompu sa lettre commencée.
Daignez la voir, seigneur; daignez la secourir.

THÉSÉE.

O ciel! OEnone est morte, et Phèdre veut mourir?
Qu'on rappelle mon fils, qu'il vienne se défendre;
Qu'il vienne me parler, je suis prêt de l'entendre.

(Seul.)

Ne précipite point tes funestes bienfaits,
Neptune; j'aime mieux n'être exaucé jamais.
J'ai peut-être trop cru des témoins peu fidèles,
Et j'ai trop tôt vers toi levé mes mains cruelles.
Ah! de quel désespoir mes vœux seroient suivis!

SCÈNE VI.

THÉSÉE, THÉRAMÈNE.

THÉSÉE.

Théramène, est-ce toi? Qu'as-tu fait de mon fils?
Je te l'ai confié dès l'âge le plus tendre.[1]
Mais d'où naissent les pleurs que je te vois répandre?
Que fait mon fils?

THÉRAMÈNE.

O soins tardifs et superflus!
Inutile tendresse! Hippolyte n'est plus.

THÉSÉE.

Dieux!

THÉRAMÈNE.

J'ai vu des mortels périr le plus aimable,
Et j'ose dire encor, seigneur, le moins coupable.

THÉSÉE.

Mon fils n'est plus? Hé quoi! quand je lui tends les bras,
Les dieux impatients ont hâté son trépas?
Quel coup me l'a ravi? quelle foudre soudaine?

THÉRAMÈNE.

A peine nous sortions des portes de Trézène,

---

1. Il a demandé la mort de ce fils à Neptune : croit-il que Théramène l'aura défendu contre Neptune? La douleur se prend à tout ce qu'elle trouve, et ne réfléchit point. Une mère, à qui la maladie venoit d'enlever un fils de trente ans, apercevant parmi ceux qui venoient pour la consoler celui qui avoit été, vingt ans auparavant, précepteur de ce fils, courut à lui en s'écriant : « Rendez-le-moi; c'étoit à vous que je l'avois confié. » Ce trait, dont je fus témoin, me rappela ce vers de Thésée, et me fit comprendre que la nature y étoit peinte. (L. R.)

ACTE V, SCÈNE VI.

Il étoit sur son char ; ses gardes affligés
Imitoient son silence autour de lui rangés ;
Il suivoit tout pensif le chemin de Mycènes ;
Sa main sur ses chevaux laissoit flotter les rênes ;*
Ses superbes coursiers, qu'on voyoit autrefois
Pleins d'une ardeur si noble obéir à sa voix,
L'œil morne maintenant, et la tête baissée,
Sembloient se conformer à sa triste pensée.
Un effroyable cri, sorti du fond des flots,
Des airs en ce moment a troublé le repos ;
Et, du sein de la terre, une voix formidable
Répond en gémissant à ce cri redoutable.
Jusqu'au fond de nos cœurs notre sang s'est glacé ;
Des coursiers attentifs le crin s'est hérissé.
Cependant, sur le dos de la plaine liquide,
S'élève à gros bouillons une montagne humide ;
L'onde approche, se brise, et vomit à nos yeux,
Parmi des flots d'écume, un monstre furieux.
Son front large est armé de cornes menaçantes ;
Tout son corps est couvert d'écailles jaunissantes ;
Indomptable taureau, dragon impétueux,
Sa croupe se recourbe en replis tortueux ;
Ses longs mugissements font trembler le rivage.
Le ciel avec horreur voit ce monstre sauvage ;
La terre s'en émeut, l'air en est infecté ;
Le flot qui l'apporta recule épouvanté.
Tout fuit ; et, sans s'armer d'un courage inutile,
Dans le temple voisin chacun cherche un asile.
Hippolyte lui seul, digne fils d'un héros,
Arrête ses coursiers, saisit ses javelots,

* Var. *Sa main sur les chevaux laissoit flotter les rênes.*

Pousse au monstre, et d'un dard lancé d'une main sûre,
Il lui fait dans le flanc une large blessure.
De rage et de douleur le monstre bondissant
Vient aux pieds des chevaux tomber en mugissant,
Se roule, et leur présente une gueule enflammée
Qui les couvre de feu, de sang et de fumée.
La frayeur les emporte ; et, sourds à cette fois,
Ils ne connoissent plus ni le frein ni la voix ;
En efforts impuissants leur maître se consume.
Ils rougissent le mors d'une sanglante écume.
On dit qu'on a vu même, en ce désordre affreux,
Un dieu qui d'aiguillons pressoit leur flanc poudreux.
A travers des rochers la peur les précipite ; *
L'essieu crie et se rompt : l'intrépide Hippolyte
Voit voler en éclats tout son char fracassé ;
Dans les rênes lui-même il tombe embarrassé.
Excusez ma douleur : cette image cruelle
Sera pour moi de pleurs une source éternelle.
J'ai vu, seigneur, j'ai vu votre malheureux fils
Traîné par les chevaux que sa main a nourris.
Il veut les rappeler, et sa voix les effraie :
Ils courent : tout son corps n'est bientôt qu'une plaie.
De nos cris douloureux la plaine retentit.
Leur fougue impétueuse enfin se ralentit :
Ils s'arrêtent non loin de ces tombeaux antiques
Où des rois ses aïeux sont les froides reliques.¹
J'y cours en soupirant, et sa garde me suit :

* Var.   *A travers les rochers la peur les précipite.*

1. Nous avons eu occasion de remarquer, dans *Bajazet*, que *reliques* est le *reliquiæ* des Latins, qui, chez eux, signifiait les restes de quelque chose de grand. Employé seul dans notre langue, ce mot ne se dit que des choses saintes ; mais, joint à une épithète, il conserve la signification latine.

De son généreux sang la trace nous conduit;
Les rochers en sont teints; les ronces dégouttantes
Portent de ses cheveux les dépouilles sanglantes.
J'arrive, je l'appelle; et me tendant la main,
Il ouvre un œil mourant qu'il referme soudain :
« Le ciel, dit-il, m'arrache une innocente vie.
« Prends soin après ma mort de la triste Aricie.
« Cher ami, si mon père un jour désabusé
« Plaint le malheur d'un fils faussement accusé,
« Pour apaiser mon sang et mon ombre plaintive,
« Dis-lui qu'avec douceur il traite sa captive;
« Qu'il lui rende... » A ce mot, ce héros expiré
N'a laissé dans mes bras qu'un corps défiguré :
Triste objet où des dieux triomphe la colère,
Et que méconnoîtroit l'œil même de son père.[1]

THÉSÉE.

O mon fils! cher espoir que je me suis ravi!
Inexorables dieux, qui m'avez trop servi!
A quels mortels regrets ma vie est réservée!

THÉRAMÈNE.

La timide Aricie est alors arrivée :
Elle venoit, seigneur, fuyant votre courroux,
A la face des dieux l'accepter pour époux.
Elle approche; elle voit l'herbe rouge et fumante;
Elle voit (quel objet pour les yeux d'une amante!)
Hippolyte étendu, sans forme et sans couleur.
Elle veut quelque temps douter de son malheur;
Et, ne connoissant plus ce héros qu'elle adore,
Elle voit Hippolyte et le demande encore.
Mais, trop sûre à la fin qu'il est devant ses yeux,

1. Voyez ci-après l'*Examen critique*, p. 424 seqq.

Par un triste regard elle accuse les dieux ;
Et froide, gémissante, et presque inanimée,
Aux pieds de son amant elle tombe pâmée.
Ismène est auprès d'elle ; Ismène, tout en pleurs,
La rappelle à la vie, ou plutôt aux douleurs.
Et moi, je suis venu, détestant la lumière,
Vous dire d'un héros la volonté dernière,
Et m'acquitter, seigneur, du malheureux emploi
Dont son cœur expirant s'est reposé sur moi.
Mais j'aperçois venir sa mortelle ennemie.

SCÈNE VII.

THÉSÉE, PHÈDRE, THÉRAMÈNE, PANOPE.

GARDES.

THÉSÉE.

Hé bien ! vous triomphez, et mon fils est sans vie !
Ah ! que j'ai lieu de craindre ! et qu'un cruel soupçon,
L'excusant dans mon cœur, m'alarme avec raison !
Mais, madame, il est mort, prenez votre victime ;
Jouissez de sa perte injuste ou légitime :
Je consens que mes yeux soient toujours abusés.
Je le crois criminel, puisque vous l'accusez.
Son trépas à mes pleurs offre assez de matières
Sans que j'aille chercher d'odieuses lumières,
Qui, ne pouvant le rendre à ma juste douleur,
Peut-être ne feroient qu'accroître mon malheur.
Laissez-moi, loin de vous, et loin de ce rivage,
De mon fils déchiré fuir la sanglante image.
Confus, persécuté d'un mortel souvenir,

ACTE V, SCÈNE VII.

De l'univers entier je voudrois me bannir.
Tout semble s'élever contre mon injustice ;
L'éclat de mon nom même augmente mon supplice :
Moins connu des mortels, je me cacherois mieux.
Je hais jusques au soin dont m'honorent les dieux ;
Et je m'en vais pleurer leurs faveurs meurtrières,
Sans plus les fatiguer d'inutiles prières.
Quoi qu'ils fissent pour moi, leur funeste bonté
Ne me sauroit payer de ce qu'ils m'ont ôté.

PHÈDRE.

Non, Thésée, il faut rompre un injuste silence ;
Il faut à votre fils rendre son innocence :
Il n'étoit point coupable.

THÉSÉE.

     Ah ! père infortuné !
Et c'est sur votre foi que je l'ai condamné !
Cruelle, pensez-vous être assez excusée...

PHÈDRE.

Les moments me sont chers ; écoutez-moi, Thésée.
C'est moi qui, sur ce fils chaste et respectueux,
Osai jeter un œil profane, incestueux.
Le ciel mit dans mon sein une flamme funeste :
La détestable OEnone a conduit tout le reste.
Elle a craint qu'Hippolyte, instruit de ma fureur,
Ne découvrît un feu qui lui faisoit horreur :
La perfide, abusant de ma foiblesse extrême,
S'est hâtée à vos yeux de l'accuser lui-même.
Elle s'en est punie, et, fuyant mon courroux,
A cherché dans les flots un supplice trop doux.
Le fer auroit déjà tranché ma destinée ;
Mais je laissois gémir la vertu soupçonnée :

J'ai voulu, devant vous exposant mes remords,
Par un chemin plus lent descendre chez les morts.
J'ai pris, j'ai fait couler dans mes brûlantes veines
Un poison que Médée apporta dans Athènes.
Déjà jusqu'à mon cœur le venin parvenu
Dans ce cœur expirant jette un froid inconnu ;
Déjà je ne vois plus qu'à travers un nuage
Et le ciel et l'époux que ma présence outrage ;
Et la mort, à mes yeux dérobant la clarté,
Rend au jour, qu'ils souilloient, toute sa pureté.

PANOPE.

Elle expire, seigneur !

THÉSÉE.

D'une action si noire
Que ne peut avec elle expirer la mémoire !
Allons, de mon erreur, hélas ! trop éclaircis,
Mêler nos pleurs au sang de mon malheureux fils.
Allons de ce cher fils embrasser ce qui reste,
Expier la fureur d'un vœu que je déteste.
Rendons-lui les honneurs qu'il a trop mérités ;
Et, pour mieux apaiser ses mânes irrités,
Que, malgré les complots d'une injuste famille,
Son amante aujourd'hui me tienne lieu de fille ![1]

---

1. Ce dernier vers accomplit le dernier vœu d'Hippolyte mourant, il renferme un sentiment bien naturel, le seul qui puisse adoucir le désespoir de Thésée.

FIN DE PHÈDRE.

EXAMEN CRITIQUE
DE PHÈDRE.

M. Saint-Marc Girardin a déjà raconté ce qui se passa aux premières représentations de *Phèdre*.[1] Nous nous bornerons à ajouter à son récit quelques traits empruntés aux manuscrits de Brossette. Dans un voyage que fit Brossette à Paris en 1711, il fut conduit le 4 juin chez Mlle Deshoulières par un officier du duc d'Orléans, M. de Chatigny. Il interrogea la respectable demoiselle sur les relations qu'avait eues sa mère avec Boileau, sur les causes de leur inimitié. Brossette, en rentrant chez lui, mit par écrit la conversation qu'il venait d'avoir et dont la double représentation de *Phèdre* avait fait presque tout le sujet. Mlle Deshoulières avait alors quarante-neuf ans ; elle en avait quinze lorsque les événements s'étaient passés. Elle pouvait donc en parler pertinemment et d'après ses souvenirs personnels. Nous avons ici le témoignage du parti opposé à Racine. Le récit de Mlle Deshoulières change fort peu de chose à celui des auteurs de l'*Histoire du Théâtre françois* cités par M. Saint-Marc Girardin. Remarquons toutefois ce détail :

« Ma mère, dit-elle, voulut voir la première représentation de la *Phèdre* de Racine : elle envoya retenir une loge

---

1. Tome II, p. 419, sqq.

quelques jours d'avance, à l'hôtel de Bourgogne ; mais Champmeslé (le mari de la célèbre actrice) qui avoit soin des loges, fit toujours dire aux gens qui venoient de la part de Mme Deshoulières, qu'il n'y avoit pas de places et que toutes les loges étoient retenues. Ma mère sentit l'affectation de ce refus et en fut piquée : « J'irai pourtant, en dépit d'eux, dit-elle, et « je verrai la première représentation. » Quand l'heure de la comédie fut venue, elle se mit en négligé avec une de ses amies qui prit des billets. Elle se cacha tout de son mieux sous une grande coiffe de taffetas, et, au lieu d'entrer par la porte du théâtre, comme elle avoit accoutumé de faire, elle entra par la porte des loges, et s'alla placer au fond des secondes loges, car toutes les autres étoient remplies. »

C'est en sortant de la représentation ainsi entendue que l'amie de Pradon, soupant avec Pradon et quatre ou cinq autres personnes, fit le fameux sonnet :

> Dans un fauteuil doré, Phèdre tremblante et blême, etc.

Ainsi Racine, averti qu'une cabale était formée contre sa pièce, que cette cabale devait soutenir une *Phèdre* composée par émulation « et doublant la sienne (c'est l'expression de Mlle Deshoulières) sur le récit que Pradon en avoit ouï faire, » Racine ne fit pas autrement que de grands auteurs ne l'ont fait de nos jours : il prit bonne partie de la salle pour la première représentation, faisant refuser des places aux ennemis envers qui il osait se le permettre. Mme Deshoulières, alliée de Pradon, n'entra que par contrebande et *incognito*. M. le duc de Nevers, à qui l'on n'avait pas osé opposer le même refus, assista publiquement à la représentation, et c'est ce qui le fit soupçonner d'être l'auteur du sonnet.

Ce ne serait donc qu'aux représentations suivantes que la duchesse de Bouillon aurait loué une partie de la salle tant de l'hôtel de Bourgogne que de l'hôtel de Guénégaud, tenant par ce moyen la balance un moment incertaine entre Racine et son médiocre rival.

DE PHÈDRE.

Phèdre et Hippolyte (c'était sous ce même titre qu'avait paru la tragédie de Racine), de Pradon, fut représenté le 3 janvier à la salle de Guénégaud. Voici la suite des représentations avec leurs recettes, relevées sur le registre de Lagrange.

Dimanche 3 janvier 1677, 1re fois . . .	1,375[1]	00s
Mardi 5 —	906	»
Vendredi 8 —	440	»
Dimanche 10 —	860	»
Mardi 12 —	410	»
Vendredi 15 —	656	10
Dimanche 17 —	1,012	10
Mardi 19 —	808	»
Vendredi 22 —	1,362	»
Dimanche 24. L. A. R. sont venues . . .	1,156	10
Mardi 26 janvier 1677	594	«
Vendredi 29 —	870	»
Dimanche 31 —	756	»
Vendredi 5 février 1677	745	»
Dimanche 7 —	680	»
Mardi 9 —	340	10
Vendredi 19. Parterre à 15s	992	15
Dimanche 21 février 1677	774	15
Mardi 23 —	526	»
Mardi 4 mai, *Phèdre* et le *Cocu imaginaire*.	184	»
Vendredi 7 — *Phèdre* et le *Cocu imaginaire*.	162	»
Dimanche 9 — *Phèdre* et les *Médecins*.	298	15
Mardi 18. — *Phèdre* et le *Mariage forcé*.	198	10
Vendredi 21 — *Phèdre* et *Semblable à soy mesme*	145	»
Dimanche 23 — *Phèdre* et *Semblable à soy mesme*	220	»

En tout 25 représentations ayant produit 16,673 ♯ 15 s. C'était alors un grand succès que peu de chefs-d'œuvre ont atteint dans leur nouveauté.

On voit que l'antagonisme cherché par Pradon lui avait profité. Aucune de ses autres pièces n'eut assurément un succès pareil ou approchant ; et pourtant *Régulus, la Troade,* sont incontestablement préférables à *Phèdre et Hippolyte.*

Nous avons dit que Pradon, suivant les traces de Gabriel Gilbert et de Bidar, avait placé l'action avant le mariage de Thésée et de Phèdre. Non, non, dit Phèdre,

> Non, non, les derniers nœuds des lois de l'hyménée
> Avec Thésée encor ne m'ont point enchaînée.
> Je porte sa couronne, il a reçu ma foi.
> Et ce sont mes serments qui parlent contre moi.
> Les dieux n'allument point de feux illégitimes :
> Ils seroient criminels en inspirant les crimes.

Hippolyte, effrayé par de tristes présages, veut s'éloigner de Trézène, mais il hésite. Ce qui le retient, c'est son amour pour Aricie, ainsi qu'il le déclare à cette princesse, qui elle-même soupire pour le fils de Thésée et qui accueille ses aveux avec transport. Elle insiste pour qu'il reste, et de plus elle lui reproche sa dureté et son ingratitude pour Phèdre, qui le comble de soins et de témoignages d'intérêt. Hippolyte se retire en apercevant la reine qui approche.

Phèdre avoue à Aricie la flamme qui la consume pour le fils de Thésée. Persuadée de la mort de celui-ci, elle veut faire couronner Hippolyte dans Trézène et recevoir sa foi. Aricie s'aperçoit qu'elle a eu tort de recommander si bien à Hippolyte de répondre à l'amitié de Phèdre ; elle va lui recommander au contraire de partir au plus vite. C'est la fin du premier acte.

Aricie conseille à Hippolyte de s'éloigner, mais c'est lui qui, trop épris, refuse à présent de quitter celle qu'il aime. Survient Phèdre, qui le prie de différer son départ. Elle lui reproche son insensibilité, mais Hippolyte proteste, en soupirant, que cette insensibilité n'existe plus, et qu'il n'est plus ni barbare ni Scythe. Aussi se rend-il aux ordres de la reine. Phèdre s'étonne de l'attendrissement qu'elle a remarqué dans le jeune héros. Elle ouvre son cœur à l'espérance. Tout à coup on lui annonce le retour de Thésée. Elle se dérobe à sa vue.

Thésée et Hippolyte entrent en scène. Thésée explique à son fils comment, averti de la trahison de Pallas et de ses enfants, il les a immolés. Il encourage son fils à marcher sur ses traces, puis, toujours brûlant pour Phèdre, il va presser son hymen et l'épouser en ce jour. Tel est le deuxième acte.

Phèdre reproche à Aricie de l'avoir fait revenir d'un évanouissement qui allait peut-être finir sa malheureuse vie. Elle a vu Thésée et Hippolyte, et celui-ci a seul fait battre son cœur. Elle a remarqué que le jeune prince a paru attendri, et Thésée lui-même a été étonné

De trouver de l'amour dans les yeux de son fils.

Aricie supplie Phèdre de ne point perdre Hippolyte en excitant la jalousie de Thésée. Elle trahit sa tendresse par la chaleur de ses supplications. Les soupçons de Phèdre s'éveillent et, malgré le désaveu de la princesse, elle lui fait entendre que ce serait fait d'elle si elle osait être sa rivale. Entrevue de Phèdre et de Thésée. Thésée lui annonce que leur hymen se prépare. Phèdre exprime des craintes, Thésée la rassure. Toutefois, s'il ne redoute ni Minos ni les Crétois, il a un sujet d'inquiétude, c'est un oracle de Délos ainsi conçu :

Tu seras à ton retour
Malheureux amant et père,
Puisqu'une main qui t'est chère
T'enlèvera l'objet de ton amour.

Déjà il s'est aperçu du changement qui s'est accompli dans la personne de son fils. Il a lu dans ses regards sa téméraire flamme. Il veut, pour éviter la disgrâce dont le ciel le menace, prendre un parti vigoureux, c'est de lui faire épouser Aricie. Phèdre, que ce coup ne déconcerte pas, demande à Thésée de lui remettre le soin d'instruire Hippolyte; elle craint que Thésée ne se laisse emporter à sa colère. Thésée y consent; il engage Phèdre à lui déclarer toute la flamme qu'elle a pour lui, Thésée :

> Dépeignez-lui pour moi l'excès de votre flamme.

Et il s'en remet à ses soins.

Phèdre interroge Hippolyte; elle lui propose la jeune Hélène : il déclare qu'il n'a point de goût pour le mariage. Elle prononce le nom d'Aricie. Aussitôt Hippolyte avoue que les yeux d'Aricie auraient de quoi charmer. Phèdre lui annonce qu'elle a dessein d'unir Aricie à son frère. « Je périrai plutôt avant ce coup fatal ! » s'écrie Hippolyte qui proclame son amour pour Aricie; et Phèdre lui déclare aussitôt que c'est lui qu'elle aime, et qu'elle saura perdre sa rivale. Elle éclate en menaces ; son frère, à la tête d'une armée, viendra désoler ces lieux.

> Il n'est rien de si saint que je ne sacrifie...
> Après cela, tu peux épouser Aricie.

Hippolyte, resté seul, se lamente. Que faire? Mettra-t-il un poignard dans le sein de Thésée, en lui révélant la trahison de la reine? Compromettra-t-il les jours de la princesse? Il veut dissimuler encore.

Thésée est furieux. Le refus qu'Hippolyte a fait de la main d'Aricie a justifié ses soupçons. Phèdre lui a laissé voir, par son désordre, l'offense dont il s'est rendu coupable. Elle vient elle-même lui confirmer cette offense, tout en sollicitant le pardon du perfide. Mais Thésée est inflexible.

Phèdre s'est assurée d'Aricie, qu'elle a fait enfermer dans son *cabinet*, et dont les jours sont entre ses mains. Hippolyte vient lui demander où est celle qu'il aime. Phèdre, irritée, répond qu'elle mourra.

> Mes yeux se repaîtront de son sang odieux.

Hippolyte la supplie de tourner plutôt ses coups contre lui-même et de verser tout son sang. Phèdre se tire d'embarras en invoquant les dieux :

> Impitoyables dieux, tranchez mes tristes jours !

Hippolyte se jette à ses genoux :

> Pour le père, voyez le fils à vos genoux :
> Il joint le nom d'amant avec celui d'époux.
> Recevez mon amour...

Thésée entre sur ces derniers mots et veut mettre l'épée à la main. Phèdre l'arrête. Thésée :

> Ah ! monstre, fils ingrat, tu demeures stupide ;
> Tu trembles, je le vois ; ton crime t'intimide.

Hippolyte :

> Mon silence, seigneur, et ma stupidité[1]
> Ne sont point un effet de ma timidité.
> Tout ce que vous voyez a droit de me confondre.

Il s'éloigne, et Thésée prononce alors, en même temps que la sentence d'exil, l'invocation à Neptune. Phèdre continue d'équivoquer en parlant vaguement de son amour dont Thésée se croit toujours l'objet.

Et voilà cette pièce, dont les critiques ont longtemps loué la conduite ! La jalousie de Thésée excitée par un oracle, Hippolyte refusant la main de celle qu'il aime pour ne point exposer sa vie. Phèdre séquestrant Aricie et menaçant de la faire périr. Hippolyte se laissant surprendre aux genoux de Phèdre

---

1. *Stupide, stupidité,* avaient alors le sens de *stupéfait, stupéfaction.*

en lui adressant des paroles qui doivent tromper Thésée :
quelle suite d'inventions puériles et extravagantes! Phèdre,
timide dans la férocité, indécise dans la fureur, abuse par
une phraséologie ambiguë le pauvre Thésée qui tombe à plat
dans le comique. Thésée et Phèdre n'étant pas époux, la
situation est, du reste, une situation de pure comédie. Phèdre,
promise à Thésée, s'aperçoit qu'elle aime mieux le fils que le
père. Ce changement peut bien lui inspirer des craintes,
mais non des remords. Hippolyte lui-même, en supposant
qu'il eût cédé au même entraînement, n'eût pas commis un
crime, et Thésée abuse de la faveur de Neptune en le chargeant de venger sa déception amoureuse. Mais achevons de
donner l'analyse de la pièce.

Au début du cinquième acte, Phèdre, qui a délivré Aricie,
lui demande pardon de ses emportements.

> Hippolyte aujourd'hui vous redonne la vie,

lui dit-elle, ce qui plonge Aricie dans une terrible perplexité :
elle tremble pour son amour. Thésée vient confirmer ces
alarmes : il lui dit qu'Hippolyte a refusé de l'épouser et qu'il
soupire pour Phèdre. Aricie lui raconte ses malheurs. Hippolyte lui exprimait une profonde tendresse, qui n'était qu'affectée, puisqu'il en aimait une autre. Cet aveu commence à
troubler Thésée; il craint d'avoir commis une méprise : la
vérité lui apparaît. Il dit à ses gardes de courir après Hippolyte et d'amener la reine. Une suivante de Phèdre vient dire
que, sur son char, elle a suivi les pas d'Hippolyte, ce qui fait
croire de nouveau à Thésée qu'ils sont d'intelligence, et motive une nouvelle imprécation contre ce fils audacieux qui lui
enlève sa maîtresse.

> Grâce à ces dieux cruels, grâce à leur injustice,
> De ce monstre je vais leur faire un sacrifice.
> Rien ne m'arrête plus, je cours sur leur autel
> Répandre avec plaisir un sang si criminel.
> Je servirai de prêtre, et de mes mains sanglantes

> J'irai leur présenter ses entrailles fumantes.
> Ils verront, à travers de son cœur enflammé,
> Les horreurs de ce feu qu'ils avoient allumé.
> J'en frémirai, sans doute, et, vengeant mon injure,
> Il en pourra coûter des pleurs à la nature...

Je crois bien. Mais Idas accourt et fait le récit de la catastrophe d'Hippolyte : c'est le pendant du récit de Théramène. Il commence par donner le mot de ce vers de Phèdre à Aricie :

> Hippolyte aujourd'hui vous redonne la vie,

que nous avons cité au début de l'acte. Hippolyte, avant de partir, va faire une transaction avec Phèdre. Il a obtenu qu'elle rendrait la liberté à Aricie, à condition qu'il éteindrait son amour pour cette princesse. C'est pour cela qu'il est parti sans chercher à la voir. Puis...

> Sur son char il monte avec adresse ;
> Ses superbes chevaux dont il sait la vitesse
> De leurs hennissements font retentir les airs,
> Et partant de sa main devancent les éclairs, etc.

Phèdre, qui l'a suivi, accourt et se perce le cœur sur le corps d'Hippolyte en disant :

> Que mon ombre sanglante unie à ta chère ombre
> Jusqu'au fond des enfers te suive pas à pas,
> Et te chérisse encore au delà du trépas !

Telle est l'œuvre que la coterie de l'hôtel de Bouillon opposa à la *Phèdre* de Racine, et qui dut à cette lutte incroyable une trop longue célébrité. Voltaire, qui sans doute ne l'avait pas lue, la comparant à l'autre, disait : « D'où vient cette distance si prodigieuse entre ces deux ouvrages ? La conduite en est à peu près la même... Les personnages des deux pièces, se trouvant dans les mêmes situations, disent presque les mêmes choses ; mais c'est là qu'on distingue le grand homme et le mauvais poëte. C'est lorsque Racine et Pradon pensent de même qu'ils sont le plus différents. » Non, il ne faut pas laisser supposer que la conception a la même valeur des deux parts. Il est très-certain que le mot attribué à Racine, et rapporté par La Harpe : « Toute la différence qu'il y a entre Pradon et moi, c'est que je sais écrire, » est un mot apocryphe. Entre Phèdre telle que Racine l'a peinte et la Phèdre de Pradon, il y a tout un monde de pensées, et non pas seulement l'inégalité de style. Il y a enfin la différence du génie à l'extrême médiocrité.

Nous ne pouvons négliger la préface que Pradon mit en tête de sa tragédie quand elle fut imprimée : elle témoigne de la profonde satisfaction du rôle qu'on lui a fait jouer. Ce qui l'avait fait choisir par la coterie des ennemis de Racine pour jouer ce rôle, c'était certainement la préface de sa tragédie de *Tamerlan,* où il était entré déjà en opposition sinon ouverte, du moins peu dissimulée, avec ceux qu'il appelle « nos maîtres du théâtre. » Il y disait : « Il seroit seulement à souhaiter que ces messieurs tinssent le même langage qu'ils font tenir à leurs héros, qu'en faisant admirer leurs ouvrages, ils fissent admirer en même temps leur procédé, et que les sentiments de leur cœur fussent aussi généreux et aussi grands que ceux de leur esprit. Ils ne s'abaisseroient point à crier quand on leur imite une syllabe. » Et plus loin : « Peut-être cette tragédie vivra-t-elle autant sur le papier que certains ouvrages qui ne tirent leur succès que de la déclamation dont les auteurs sont les maîtres et qui ne réussit que pour eux. Je souhaite que si celui-ci m'a attiré leurs mauvaises intentions, je me rende encore plus digne à l'avenir de leur chagrin. » Il s'agit certainement de Racine dans l'un et dans l'autre passage. Il est vrai que Boileau, étroitement associé à Racine, persiflait Pradon depuis longtemps.

La préface de *Phèdre et Hippolyte* est une attaque directe qui eut du succès dans ce moment ; Visé, dans le *Mercure galant,* dit qu'elle parut à quelques-uns brillante jusqu'à éblouir ; et Pradon, dans une publication qu'il donna plus tard sous ce titre : *Nouvelles Remarques sur tous les ouvrages du sieur D**** (Despréaux), 1685, parle avec orgueil de sa préface « qui fit assez de bruit dans le monde; qui, au goût des plus fins, parut assez pleine de sel et qui servit de réponse à la satire que D*** (Despréaux) avoit déjà faite et lue à des personnes du premier rang. » (Il veut parler de l'*Épître à Racine.*) Reproduisons cette fameuse préface : c'est une pièce essentielle au procès.

« Voici une troisième pièce de théâtre de ma composition :[1] elle a causé bien de la rumeur au Parnasse, mais je n'ai pas lieu de me plaindre de son succès; il a passé de si loin mon attente, que je me sens obligé d'en remercier le public, et mes ennemis même de tout ce qu'ils ont fait contre moi. A l'arrivée d'un second Hippolyte à Paris, toute la République des lettres fut émue. Quelques poëtes traitèrent cette entreprise de témérité inouïe et de crime de lèse-majesté poétique; surtout

> La cabale en pâlit, et vit en frémissant
> Un second Hippolyte à sa barbe naissant.

Mais les honnêtes gens applaudirent fort à ce dessein. Ils dirent hautement qu'Euripide, qui est l'original de cet ouvrage, n'auroit jamais fait le procès à Sénèque pour avoir traité son sujet, ni Sénèque à Garnier, ni Garnier à Gilbert. Ainsi j'avoue franchement que ce n'a point été un effet du hasard qui m'a fait rencontrer avec M. Racine, mais un pur effet de mon choix. J'ai trouvé le sujet de Phèdre beau dans les Anciens; j'ai tiré mon épisode d'Aricie des *Tableaux de Philostrate,* et je n'ai point vu d'arrêt de la cour qui me défendît d'en faire une pièce de théâtre. On n'a jamais trouvé mauvais, dans la peinture, que deux peintres tirassent diverses copies du même original; et je me suis imaginé que la poésie, et surtout le poëme dramatique, qui est une peinture parlante, n'étoit pas de pire condition. Il seroit même à souhaiter,

---

[1] *Pyrame et Thisbé* et *Tamerlan* étaient les deux premières.

pour le divertissement du public, que plusieurs auteurs se rencontrassent quelquefois dans les mêmes sujets pour faire naître cette noble émulation qui est la cause des plus beaux ouvrages. »

Interrompons la citation et faisons remarquer que ce qu'on a reproché à Pradon, ce n'est point d'avoir traité le sujet de *Phèdre,* mais de l'avoir traité dans les circonstances où il l'a fait, c'est-à-dire de s'être hâté de prendre le sujet que Racine mettait au théâtre en ce moment, pour faire paraître sa pièce en même temps que la sienne et fournir ainsi matière à des cabales qu'il ose imputer à ses adversaires, sans compter que par l'examen des deux tragédies il est facile de constater que Pradon avait eu quelques notions plus précises sur l'œuvre de Racine et que sur certains points on aperçoit des conformités tellement frappantes qu'on ne saurait les attribuer au hasard.[1] Reprenons la préface.

« Mais quelques auteurs intéressés n'ont pas été de ce sentiment. Ils se sont érigés en régents du Parnasse, ou plutôt en tyrans, et ils ont établi entre eux (en étouffant les ouvrages des autres ou les empêchant de paraître) cette maxime des *Femmes savantes* de Molière :

Et nul n'aura d'esprit hors nous et nos amis.

« En vérité, n'en déplaise à ces grands hommes, ils me permettront de leur dire en passant que leur procédé et leurs manières sont fort éloignés de ce sublime qu'ils tâchent d'attraper dans leurs ouvrages. Pour moi, j'ai toujours cru qu'on devoit avoir ce caractère dans ses mœurs avant que de le faire paroître dans ses écrits, et que l'on devoit être bien moins avide de la qualité de bon auteur que de celle d'honnête homme que l'on me verra toujours préférer à tout le sublime de Longin.[2] Ces anciens Grecs, dont le style est si sublime et

1. Voy. *les Ennemis de Racine,* par M. Deltour, p. 347-351.
2. La traduction du *Traité du sublime* par Boileau avait paru en 1674.

qui nous doivent servir de modèles, n'auroient point empêché dans Athènes les meilleures actrices d'une troupe de jouer un premier rôle, comme nos modernes l'ont fait à Paris au théâtre de Guénégaud. »

Racine ne fut probablement pour rien dans la difficulté que Pradon aurait rencontrée à faire accepter son premier rôle par les actrices du théâtre de Guénégaud. La crainte de ne pouvoir égaler la Champmeslé le fit, dit-on, refuser par Mlle de Brie. Mlle Molière ne voulut point prendre ce que celle-ci dédaignait, et ce fut Mlle Dupin qui consentit à jouer Phèdre. Telle est du moins la tradition rapportée par les frères Parfait. On ne voit pas quelle influence Racine aurait pu exercer dans l'ancienne troupe de Molière où depuis longtemps tous ses adversaires, Subligny, Le Clerc, sans oublier Corneille, trouvaient leur point d'appui.

« C'est ce que le public, continue Pradon, a vu avec indignation et avec mépris; mais il m'en a assez vengé et je lui ai trop d'obligation pour différer plus longtemps à l'avertir de ce qui se trame contre lui : on le menace d'une satire ou l'on l'accuse de méchant goût, peut-être parce qu'il a osé applaudir à mon ouvrage, et l'on me menace aussi de la partager avec lui pour avoir été assez heureux pour lui plaire.[1] La satire est une bête qui ne me fait point de peur, et que l'on range quelquefois à la raison; de sorte que, si le succès de *Phèdre* m'attire quelques traits du sieur D*** (Despréaux), je ne m'en vengerai qu'en faisant mon possible de lui fournir tous les ans de nouvelle matière par une bonne pièce de théâtre de ma façon, afin de mériter une satire de la sienne, à l'impression de laquelle je ne m'opposerai jamais, quoiqu'on ait voulu empêcher mon libraire d'imprimer ma pièce. C'est une trop plaisante nouvelle pour n'en pas réjouir mon lecteur. Il ne pourra pas apprendre sans rire que ces messieurs veulent ôter la liberté aux auteurs de

---

1. C'est l'épître VII de Boileau.

faire des pièces de théâtre, aux comédiens de les jouer, aux libraires de les imprimer, et même au public d'en juger. »

C'est là une accusation qui n'a pas sans doute plus de fondement que la précédente. Qui aurait pu mettre obstacle à l'impression de la pièce? Pradon, dans ses *Nouvelles Remarques* dont nous avons déjà parlé, « rend grâces à la justice et à la bonté du roi qui avoit permis qu'on jouât sa tragédie dans le temps de celle de Racine, » et il donne à entendre que celui-ci avait fait tous ses efforts pour que cette permission ne fût pas accordée, de même qu'il avait « par un procédé sans exemple empêché une autre *Iphigénie* de paroître dans le temps de la sienne. »

Il a répété cette assertion dans l'épître à Mme la Dauphine qui est en tête de la tragédie de *Régulus* :

> *Phèdre,* qu'on étouffoit même avant que de naître,
> Par l'ordre de Louis sut se faire connoître.

Ceci est plus compréhensible. Que Racine eût voulu empêcher cette espèce de production parasite qui s'attachait à chacune de ses œuvres, qu'il ne vît pas avec plaisir, aussitôt que le bruit qu'il traitait un sujet se répandait dans le public, un auteur de troisième ordre s'emparer du même sujet et faire paraître une pièce à côté de la sienne, on le conçoit sans peine; et le succès de Pradon, si Racine avait continué à travailler pour le théâtre, n'eût pu que développer le zèle de ces doublures irritantes. On ne saurait s'étonner, par conséquent, que Racine eût volontiers fait retarder l'apparition de la *Phèdre* de Pradon, jusqu'à ce que la sienne eût parcouru sa carrière. Mais pour en empêcher l'impression, quel prétexte aurait-il eu? Quel intérêt même? car la lecture devait, au contraire, dissiper toute illusion sur la pièce de Pradon, et Pradon seul pouvait se persuader du contraire. Il est donc probable que Pradon, heureux d'avoir l'air d'être craint par son rival, grossissait le plus qu'il pouvait cette ombre de persécution.

La préface se termine ainsi : « Je n'ai point parlé ici de la conduite de cet ouvrage ; elle a été généralement trop approuvée, quoique je me sois un peu éloigné de celle d'Euripide ou de Sénèque ; mais j'en ferai voir les raisons en un autre lieu par une dissertation plus ample que j'en donnerai au public. Au reste, je ne doute point que l'on ne trouve quelques fautes dans cette pièce dont les vers ne m'ont coûté que trois mois, puisqu'on en trouve bien dans celles qu'on a été deux ans à travailler et polir. »

. . . . Le temps ne fait rien à l'affaire,

aurait dit le Misanthrope. Quant à la dissertation qu'il promettait, elle parut un peu plus tard, ce sont les *Nouvelles Remarques sur tous les ouvrages du sieur D**** (Despréaux) dont il a été précédemment question.

Subligny, l'auteur de la *Folle Querelle*, entra dans la lutte par une *Dissertation sur les tragédies de Phèdre et Hippolyte* où il prend parti, sinon en faveur de Pradon, au moins contre Racine. Il dit du premier, en lui faisant la part encore trop belle : « Sa pièce n'est point remplie de ces grandes intrigues, soutenue de ces hautes pensées, ni écrite de ce sublime que demande la majesté du cothurne tragique ; elle est mieux intriguée que celle de M. Racine ; elle suspend davantage les esprits et excite un peu plus la curiosité ; mais les incidents n'en sont point d'une belle invention ni d'un heureux succès ; ils ne donnent pas les hautes espérances ni les grandes idées dont il faut que la tragédie entretienne ses auditeurs. Enfin il y a des fautes de jugement que l'on ne peut pardonner. Quant à la versification en général, j'avouerai sincèrement que je ne me suis pas attaché à retenir les méchants vers, parce qu'il auroit fallu charger ma mémoire de la pièce entière, et qu'il n'y a pas quarante vers supportables dans tout ce poëme. » Mais tout l'effort de sa critique se porte sur la *Phèdre* de l'hôtel de Bourgogne. Nous ne suivrons pas cette critique, étroite, chicanière, faite d'un ton badin intolérable, et qui a dû blesser Racine autant que les brigues de la duchesse de Bouillon.

Laissons de côté également l'appréciation de de Visé dans le *Mercure galant :* on voit bien ce que pense l'auteur. « Je ne conçois pas, dit-il, qu'on veuille juger de ces deux pièces par comparaison, puisqu'elles n'ont rien de commun que le nom des personnages qu'on y fait entrer... La situation, telle que l'a faite M. Pradon, est facile à traiter, car il est naturel de préférer un jeune prince à un roi qui en est le père. Quand il faut représenter une femme qui n'envisage son amour qu'avec horreur, oppose sans cesse le nom de belle-mère à celui d'amante, qui déteste sa passion et ne laisse pas de s'y abandonner par la force de sa destinée, qui voudroit se cacher à elle-même ce qu'elle sent, et ne souffre qu'on ne lui en arrache le secret que dans le temps où elle se voit prête d'expirer, c'est ce qui demande l'adresse d'un grand maître ; et ces choses sont tellement essentielles au sujet d'*Hippolyte* que ce n'est pas l'avoir traité que d'avoir éloigné l'image de l'amour incestueux qu'il falloit nécessairement faire paroître. » On sent bien ici que de Visé apprécie le mérite de la tragédie de Racine, mais, engagé dans la coterie hostile, il ne s'en explique pas ouvertement et se contente de faire l'éloge du style, sur lequel il n'y avait qu'un avis.

Toute la critique contemporaine est ou malveillante ou tout à fait au-dessous de l'œuvre qu'elle prétend juger. Et l'on conçoit sans peine la haute intervention de Boileau :

> Le Parnasse françois, ennobli par ta veine,
> Contre tous ces complots saura te maintenir
> Et soulever pour toi l'équitable avenir.
> Et qui, voyant un jour la douleur vertueuse
> De Phèdre, malgré soi perfide, incestueuse,
> D'un si noble travail justement étonné,
> Ne bénira d'abord le siècle fortuné
> Qui, rendu plus fameux par tes illustres veilles,
> Vit naître sous ta main ces pompeuses merveilles?

Examinons quelques objections qui se répètent encore.

Une des premières qu'on ait adressées à Racine, c'est celle exprimée, dit-on, par le grand Arnaud (conservons-lui l'épithète que lui décernèrent généreusement quelques contemporains) : « Mais pourquoi a-t-il fait Hippolyte amoureux? » M. Saint-Marc Girardin a déjà rapporté,[1] d'après Louis Racine, les circonstances dans lesquelles cette objection s'est produite. Il a cité aussi la réponse attribuée au poëte : « Qu'auraient pensé les petits maîtres d'un Hippolyte ennemi de toutes les femmes? Quelles mauvaises plaisanteries n'auraient-ils pas faites? » Un genre de raillerie à la mode parmi la jeune noblesse consistait à accuser quiconque n'était pas adonné aux femmes d'avoir des goûts plus honteux. Cette accusation est prodiguée avec une facilité déplorable dans les mémoires contemporains. Racine, en évitant de donner prétexte à ces cyniques plaisanteries, agissait prudemment sans doute. Mais la réponse ne va pas au fond des choses; elle n'est qu'une manière d'apaiser un contradicteur préoccupé surtout de la morale, étranger à l'art dramatique et s'en souciant peu. Il est évident que le grand Arnaud n'avait voulu exprimer qu'un regret, c'est qu'on lui eût dérangé une tradition classique; mais il n'avait point pris la peine de scruter les motifs que Racine, au point de vue de son œuvre et de son art, avait eus de la déranger. Le caractère d'Hippolyte dans la fable grecque, c'est d'être rebelle à Vénus, puisque cette fable est une leçon donnée aux chasseurs trop farouches. Mais du moment où cette donnée primitive est totalement abandonnée, où il ne s'agit plus que de peindre les angoisses d'une passion criminelle, quel intérêt y avait-il à conserver au fils de l'Amazone sa virginale froideur? Le caractère qu'il devait avoir dans la nouvelle création était celui qui prêtait le mieux au développement du sujet, qui rendait le personnage le plus propre à être l'objet d'une passion comme celle de Phèdre. Pour cela il était bon de lui laisser la fierté de l'éphèbe; mais qu'il com-

---

1. V. tome II, p. 453-454.

mence à sentir lui-même les premiers troubles de l'amour et qu'il ajoute ainsi aux tourments de Phèdre l'aiguillon de la jalousie, rien n'est plus facile à justifier : il suffit de rappeler les admirables effets que Racine a tirés de là, et la scène VI du quatrième acte, pour faire taire ce reproche irréfléchi.

Thésée, a-t-on dit encore, est trop crédule et trop imprudent. Thésée, il ne faut pas l'oublier, et les interprètes de ce rôle doivent surtout s'en souvenir, est violent et emporté. « Thésée n'était pas un sage, dit Geoffroy, et son expédition pour enlever Proserpine atteste assez de folie, sans compter une foule d'autres actions que l'histoire fabuleuse lui attribue et qui annoncent une très-mauvaise tête. » Le crime imputé à Hippolyte blesse à la fois son orgueil et sa tendresse pour Phèdre, et fait bouillir son sang dans ses veines. Pour ne pas accueillir la calomnie, il lui faudrait soupçonner la passion de Phèdre, deviner le motif qui oblige son fils au silence, faire preuve enfin d'un sang-froid et d'une perspicacité extraordinaires. Son aveuglement est donc explicable, pourvu qu'on fasse bien sentir les mouvements impétueux auxquels il cède.

Enfin le morceau le plus souvent censuré de la tragédie de Racine, c'est le récit que fait Théramène de la mort d'Hippolyte. On a écrit, dit La Harpe, des volumes pour et contre. Houdard de La Motte, Fénelon commencèrent l'attaque : « Rien n'est moins naturel, disait ce dernier, que la narration de la mort d'Hippolyte à la fin de la tragédie de *Phèdre,* qui a d'ailleurs de grandes beautés. Théramène, qui vient pour apprendre à Thésée la mort de son fils, devroit ne dire que ces deux mots, et manquer même de force pour les prononcer distinctement : « Hippolyte est mort. Un monstre envoyé du sein « de la mer par la colère des dieux l'a fait périr. Je l'ai vu. » Un tel homme saisi, éperdu, sans haleine, peut-il s'amuser à faire la description la plus pompeuse de la figure du dragon ? »

Les répliques ont été nombreuses : Boileau, répondant à Houdard de La Motte, dit : « Racine pouvoit-il employer la hardiesse de sa métaphore dans une circonstance plus considérable et plus sublime que dans l'effroyable arrivée de ce monstre, ni au milieu d'une passion plus vive que celle qu'il donne à cet infortuné gouverneur d'Hippolyte?... Aussi a-t-on remarqué que toutes les fois qu'on joue la tragédie de *Phèdre,* bien loin qu'on paroisse choqué de ce vers :

> Le flot qui l'apporta recule épouvanté,

on y fait une espèce d'acclamation. »

L'abbé d'Olivet fait observer aux critiques que la pièce de Racine nous transporte dans des régions absolument poétiques, et il s'étonne « qu'un « flot épouvanté » ait pu scandaliser dans une scène où il s'agit d'un monstre envoyé par Neptune et dans une tragédie dont l'héroïne est petite-fille du soleil. »

Voltaire : « Plusieurs hommes de goût, et entre autres l'auteur du *Télémaque,* ont regardé comme une amplification le récit de la mort d'Hippolyte. Les longs récits étaient à la mode alors. La vanité d'un acteur veut se faire écouter. On avait pour eux cette complaisance; elle a été fort blâmée. L'archevêque de Cambrai prétend que Théramène ne devait pas, après la catastrophe d'Hippolyte, avoir la force de parler si longtemps; qu'il se plaît trop à décrire *les cornes menaçantes* du monstre, et *ses écailles jaunissantes, et sa croupe qui se recourbe;* qu'il devait dire, d'une voix entrecoupée : *Hippolyte est mort; un monstre l'a fait périr; je l'ai vu.* Je ne prétends point défendre *les écailles jaunissantes, et la croupe qui se recourbe;* mais, en général, cette critique, souvent répétée, me paraît injuste. On veut que Théramène dise seulement : *Hippolyte est mort, je l'ai vu, c'en est fait.* C'est précisément ce qu'il dit en moins de mots encore... *Hippolyte n'est plus.* Le père s'écrie. Théramène ne reprend ses sens que pour dire :

> . . . J'ai vu des mortels périr le plus aimable;

et il ajoute ce vers si nécessaire, si touchant, si désespérant pour Thésée :

> Et j'ose dire encor, seigneur, le moins coupable.

« La gradation est pleinement observée, les nuances se font sentir l'une après l'autre. Le père, attendri, demande *quel dieu lui a ravi son fils, quelle foudre soudaine?*... Et il n'a pas le courage d'achever; il reste muet dans sa douleur; il attend ce récit fatal; le public l'attend de même. Théramène doit répondre; on lui demande des détails, il doit en donner. Quel est le spectateur qui voudrait ne le pas entendre, ne pas jouir du plaisir douloureux d'écouter les circonstances de la mort d'Hippolyte? Qui voudrait même qu'on en retranchât quatre vers? Ce n'est pas là une vaine description d'une tempête, inutile à la pièce ; ce n'est pas là une amplification mal écrite; c'est la diction la plus pure et la plus touchante : enfin c'est Racine. »

La Harpe passe condamnation sur quelques points :

« Il est indubitable qu'il y a du luxe de style dans ce récit d'ailleurs si beau; mais ce qui est de trop se réduit à sept ou huit vers à retrancher, et à la description du monstre, qui est trop détaillée. Il est d'ailleurs très-naturel que Thésée, accablé d'abord par la terrible nouvelle de la mort de son fils, veuille ensuite en apprendre les circonstances, et d'autant plus qu'elles sont autant de prodiges, effets de la colère des dieux, provoquée par ses imprécations. Il n'est pas moins naturel que Théramène, revenu de cette première épouvante qu'il a dû éprouver, raconte toutes ces circonstances avec toute la vivacité d'une imagination encore frappée des objets comme s'ils étaient présents; et de plus, le poëte a eu soin d'animer le récit des faits par les mouvements et les exclamations, et les interruptions de la douleur. Dans tout cela, rien de répréhensible, rien que de louable, rien qui d'ailleurs ne soit attendu et même exigé par la curiosité des spectateurs. C'est à quoi n'a pas assez réfléchi Fénelon, qui avait tant de goût, mais qui avait fort peu étudié, comme de raison, l'art du théâtre, que de simples lectures n'enseignent pas assez. Fénelon croit que Théramène ne doit pas avoir la force de faire ce récit, ni Thésée celle de l'entendre. C'est une double erreur : la douleur, en pareil cas, dès qu'elle peut écouter, est avide de savoir, et dès qu'elle peut parler, elle est éloquente ; et le poëte, avant son récit, a donné tout ce qu'il fallait aux premiers mouvements de la nature. Ce vers fameux,

> Le flot qui l'apporta recule épouvanté,

est une imitation de celui de Virgile :

> Dissultant ripæ refluitque exterritus amnis.

Mais j'avoue qu'en cette occasion faire *reculer* le flot qui apporta le monstre, et le faire *reculer d'épouvante,* offre un rapport trop ingénieux pour la situation de Théramène. Son imagination ne doit se porter naturellement que sur ce qui tient à l'horreur réelle des objets, et non pas sur des idées qui ne sont que de l'esprit poétique. C'est, je crois, la seule fois où le poëte ait trahi Racine, et l'ait montré derrière le personnage. Le vers est beau ; il serait admirable dans un récit épique : mais c'est le seul de ceux de l'auteur dont on puisse dire qu'il est trop beau. »

Geoffroy : « L'art dramatique a besoin de beaucoup de concessions. Puisque, contre la nature et la vérité, nous accordons que les personnages parlent en vers, ne pouvons-nous pas accorder aussi qu'ils parlent quelquefois en vers plus beaux et plus magnifiques que la nature et la vérité ne le demandent? Une excessive sévérité de goût tendrait à nous priver des plus grandes beautés. »

Tels sont les arguments, forts ou faibles, qu'ont apportés les apologistes de Théramène. Pour nous, contentons-nous de remarquer une chose, c'est que tous les poëtes qui ont traité le même sujet ont devancé Racine dans cette voie, que tous ont donné une importance extrême au récit de la catastrophe d'Hippolyte ; et cette unanimité des artistes anciens et modernes nous fait soupçonner que les censeurs pourraient bien, en effet, avoir tort, d'autant plus que, comme Boileau l'a fait observer le premier, le récit de Théramène, lorsqu'il est bien dit, ne produit pas du tout un mauvais effet à la représentation ; qu'il est attendu, écouté, applaudi ; et que, si on le supprimait, si on le remplaçait par les quelques mots proposés par Fénelon, il y aurait un vide, « un trou énorme, » à la fin de cette tragédie.

Il peut être intéressant de donner une idée de la manière dont ce récit, au fond toujours le même, a été traité successivement depuis Euripide jusqu'à Racine.

Dans l'Ἱππόλυτος, ce récit a quatre-vingt-deux vers, neuf vers de plus que celui de Théramène qui n'a que soixante-treize vers.

Le messager : « Près du rivage battu par les flots, nous étions occupés à peigner les crins de ses coursiers, et nous pleurions ; car déjà on nous avait annoncé qu'Hippolyte ne reverrait plus cette terre, et qu'il était condamné par toi aux rigueurs de l'exil. Bientôt il arrive sur le rivage, s'unissant lui-même à ce concert de larmes. A sa suite marchait une foule nombreuse d'amis de son âge. Enfin, après avoir calmé ses gémissements : « Pourquoi, dit-il, me désoler de cet exil ? « il faut obéir aux ordres d'un père. Attelez ces coursiers à « mon char ; cette ville n'existe plus pour moi. »

« Aussitôt chacun s'empresse, et, plus vite que la parole, nous amenons à notre maître ses chevaux attelés. Il saisit les rênes sur le cercle placé au devant du char, où il monte lui-même, avec des bottes aux pieds. Puis s'adressant aux dieux, les mains étendues : « O Jupiter, s'écrie-t-il, fais-moi périr si « je suis coupable ! Mais soit après ma mort, soit pendant que « je vois encore le jour, que mon père sache avec quelle « indignité il me traite ! »

« En même temps, il saisit l'aiguillon, et en presse ses coursiers. Pour nous, ses serviteurs, derrière le char, et non loin des rênes, nous suivions notre maître sur la route directe d'Argos et d'Épidaure. A peine étions-nous arrivés dans la partie déserte, hors des limites de ce pays, s'offre à nous un rivage, à l'entrée même du golfe Saronique. Là, tout à coup, un bruit comme un tonnerre souterrain de Jupiter éclate avec un fracas terrible à faire frissonner. Les chevaux dressent la tête et les oreilles. Une vive frayeur nous saisit, ignorant d'où venait ce bruit. Mais en regardant vers le rivage nous voyons s'élever jusqu'au ciel une vague immense qui dérobe à nos yeux la vue des plages de Sciron; elle cache l'isthme et le rocher d'Esculape; puis elle se gonfle et lance à l'entour des flots d'écume poussés par le souffle de la mer; elle s'abat sur le rivage où était le char d'Hippolyte et, se brisant et crevant, elle vomit un taureau, monstre sauvage dont les affreux mugissements font retentir tous les lieux d'alentour; spectacle dont les yeux ne pouvaient supporter l'horreur.

« Soudain un effroi terrible s'empare des coursiers : leur maître, si exercé à les conduire, saisit les rênes, les tire à lui comme un matelot qui meut la rame, et les enlace à son propre corps; mais les chevaux effrayés mordent leur frein, s'emportent et ne connaissent plus ni la main de leur conducteur, ni les rênes, ni le char. Si, les guides en main, il s'efforçait de diriger leur course dans des chemins unis, le monstre apparaissait au devant d'eux pour faire reculer le char, en jetant l'épouvante au milieu de l'attelage. S'élançaient-ils furieux à travers les rochers, il se glissait le long du char et suivait les chevaux en silence. Jusqu'à ce qu'enfin la roue heurte contre le roc, le char se brise, et Hippolyte est renversé. Tout est dans la confusion; les rayons des roues et les chevilles des essieux volent en éclats. Cependant l'infortuné, embarrassé dans les rênes, sans pouvoir se dégager de ces liens funestes, était traîné à travers les rochers qui lui brisaient la tête et déchiraient son corps : « Arrêtez, criait-il
« d'une voix lamentable, coursiers que j'ai nourris avec tant
« de soin, épargnez votre maître! Terribles imprécations de
« mon père! Qui viendra délivrer du supplice un inno-
« cent? »

« Nous voulions voler à son secours, mais nous restions en

arrière. Enfin les rênes se brisent, je ne sais comment; dégagé de ses liens, il tombe près de rendre le dernier soupir. A l'instant les chevaux et le monstre ont disparu derrière les montagnes. Pour moi, ô roi, je suis un esclave de ta maison; mais je ne pourrai jamais croire que ton fils est un méchant; non, quand toutes les femmes se pendraient, quand on ferait des pins du mont Ida autant de tablettes accusatrices, je resterais convaincu de son innocence. »

Ovide, dans les *Métamorphoses,* raconte la mort d'Hippolyte. Nous sortons cette fois du poëme dramatique. Mais ce morceau est important dans la série. C'est Hippolyte ressuscité qui parle lui-même, en s'adressant à la nymphe Égérie.

> Jamque Corinthiaci carpebam littora ponti,
> Cum mare surrexit, cumulusque immanis aquarum
> In montis speciem curvari, et crescere, visus,
> Et dare mugitus, summoque cacumine findi.
> Corniger hinc taurus ruptis expellitur undis,
> Pectoribusque tenus molles erectus in auras,
> Naribus et patulo partem maris evomit ore.
> Corda pavent comitum, mihi mens interrita mansit,
> Exsiliis contenta suis : cum colla feroces
> Ad freta convertunt, arrectisque auribus, horrent
> Quadrupedes ; monstrique metu turbantur, et altis
> Præcipitant currum scopulis. Ego ducere vana
> Frena manu, spumis albentibus oblita, luctor;
> Et retro lentas tendo resupinus habenas.
> Nec vires tamen has rabies superasset equorum,
> Ni rota, perpetuum qua circumvertitur axem,
> Stipitis occursu fracta ac disjecta fuisset.
> Excutior curru, lorisque tenentibus artus,
> Viscera viva trahi, nervos in stirpe teneri,
> Membra rapi partim, partim reprensa relinqui,
> Ossa gravem dare fracta sonum, fessamque videres
> Exhalari animam; nullasque in corpore partes
> Noscere quas posses : unumque erat omnia vulnus.

« Déjà je parcourais le rivage de la mer de Corinthe; tout à coup les flots s'irritent, l'onde se soulève, les vagues amoncelées présentent l'aspect d'une énorme montagne dont il sort d'horribles mugissements. Elle s'ouvre, et de ses flancs brisés s'élance un taureau armé de cornes menaçantes. Sa tête domine sur les flots; l'onde jaillit par torrents de ses naseaux et de sa large gueule. Soudain la terreur s'empare de mes compagnons, seul je suis sans crainte; puis-je sentir d'autres maux que ceux de mon exil! Cependant mes chevaux tournent la tête vers le rivage; leurs oreilles se dressent; saisis d'horreur, ils s'emportent et l'épouvante les précipite à travers les rochers. Vainement je veux les retenir, vainement je me penche en arrière et tire d'une main ferme le frein qu'ils blanchissent d'écume. Mon bras eût cependant dompté leur furie; mais le char rapide se brise contre le tronc d'un vieux chêne. Il vole en éclats. Je tombe embarrassé dans les rênes; mes nerfs sont déchirés; mes entrailles arrachées s'attachent aux buissons. Je traîne avec moi une partie de mes membres brisés, le reste m'abandonne; mes os font entendre d'horribles craquements, et mon corps défiguré n'est plus qu'une seule plaie d'où mon âme fatiguée s'exhale douloureusement.[1] »

Sénèque n'emploie pas moins de cent quarante-cinq vers à ce récit.

NUNTIUS.

Ut profugus urbem liquit infesto gradu,
Celerem citatis passibus cursum explicans,
Celsos sonipedes ocius subigit jugo
Et ora frenis domita substrictis ligat.
Tum multa secum effatus, et patrium solum
Abominatus, sæpe genitorem ciet,
Acerque habenis lora permissis quatit;
Cum subito vastum tumuit ex alto mare,
Crevitque in astra. Nullus inspirat salo
Ventus; quieti nulla pars cœli strepit,
Placidumque pelagus propria tempestas agit.
Non tantus Auster Sicula disturbat freta,
Nec tam furenti pontus exurgit sinu
Regnante Coro, saxa cum fluctu tremunt
Et cana summum spuma Leucatem ferit.

1. *Metam.*, lib. XV, v. 506 seqq.

Consurgit ingens pontus in vastum aggerem
Tumidumque monstro pelagus in terram ruit.
Nec ista ratibus tanta construitur lues,
Terris minatur, fluctus haud cursu levi
Provolvitur; nescio quid onerato sinu
Gravis unda portat, quæ novum tellus caput
Ostendit astris. Cyclas exoritur nova.
Latuere nube numen Epidauri Dei
Et scelere petræ nobiles Scironides;
Et quæ duobus terra comprimitur fretis.
Hæc dum stupentes querimur, en totum mare
Immugit, omnes undique scopuli adstrepunt.
Summum cacumen rorat expulso salo,
Spumat vomitque vicibus alternis aquas.
Qualis per alta vehitur Oceani freta
Fluctus refundens ore physeter capax.
Inhorruit concessus undarum globus
Solvitque sese, et littore invexit malum
Majus timore, pontus in terras ruit,
Suum monstrum sequitur. Os quassat tremor.

THESEUS.

Qui habitus ille corporis vasti fuit?

NUNTIUS.

Cærulea taurus colla sublimis gerens,
Erexit altam fronte viridanti jubam.
Stant hispidæ aures, cornibus varius color :
Et quem feri dominator habuisset gregis,
Et quem sub undis natus : hinc flammam vomit;
Oculi hinc relucent. Cærulea insignis nota
Opima cervix arduos tollit toros;
Naresque hiulcis haustibus patulæ fremunt.
Musco tenaci pectus ac palear viret.
Longum rubenti spargitur succo latus.
Tum pone tergus ultima in monstrum coit
Facies, et ingens bellua immensam trahit
Squammosa partem; talis extremo mari
Pristis citatas sorbet aut reddit rates.
Tremuere terræ. Fugit attonitum pecus
Passim per agros; nec suos pastor sequi
Meminit juvencos. Omnis e saltu fera
Diffugit. Omnis frigido exsanguis metu
Venator horret. Solus immunis metu
Hippolytus actis continet frenis equos,
Pavidosque notæ vocis hortatu ciet.

DE PHÈDRE.

Est alta ad Argos collibus ruptis via,
Vicina tangens spatia suppositi maris.
Heic se illa moles acuit atque iras parat.
Ut cepit animos, seque prætentans satis
Prælusit iræ, præpeti cursu evolat,
Summam citato vix gradu tangens humum,
Torvusque currus ante trepidantes stetit.
Contra feroci gnatus insurgens minax
Vultu, nec ora mutat, et magnum intonat :
« Haud frangit animum vanus hic terror meum,
Nam mihi paternus vincere est tauros labor! »
Inobsequentes protinus frenis equi
Rapuere currum; jamque deerrantes via
Quacunque pavidos rapidus evexit furor,
Hac ire pergunt, seque per scopulos agunt.
At ille, qualis turbido rector mari
Ratem retentat ne det obliquum latus,
Et arte fluctus fallit; haud aliter citos
Currus gubernat. Ora nunc pressis trahit
Constricta frænis, terga nunc torto frequens
Verbere coercet. Sequitur assiduus comes,
Nunc æqua carpens spatia, nunc contra obvius
Oberrat, omni parte terrorem movens.
Non licuit ultra fugere, nam torvo obvius
Incurrit ore corniger ponti horridus :
Tum vero pavida sonipedes mente exciti
Imperia solvunt, seque luctantur jugo
Eripere, rectique in pedes jactant onus.
Præceps in ora gnatus, implicuit cadens
Laqueo tenaci corpus; et quanto magis
Pugnat, sequaces hoc magis nodos ligat.
Sensere pecudes facinus, et curru levi,
Dominante nullo, qua timor jussit, ruunt.
Talis per auras non suum agnoscens onus
Solique falso creditam indignans diem,
Phaethonta currus devio excussit polo.
Late cruentat arva, et illisum caput
Scopulis resultat. Auferunt dumi comas;
Et ora durus pulchra populatur lapis,
Peritque multo vulnere infelix decor.
Moribunda celeres membra pervolvunt rotæ;
Tandemque raptum truncus ambusta sude
Medium per inguen stipite erecto tenet;
Paulumque domino currus affixo stetit.
Hæsere bijuges vulnere et pariter moram
Dominumque rumpunt. Inde semianimem secant

Virgulta, acutis asperi vepres rubis,
Omnisque truncus corporis partem tulit.
Errant per agros, funebris, famuli, manus,
Per illa qua distractus Hippolytus loca
Longum cruenta tramitem signat nota ;
Mœstæque domini membra vestigant canes,
Necdum dolentum sedulus potuit labor
Explere corpus. Hoccine est formæ decus ?
Qui modo paterni clarus imperii comes
Et certus hæres, siderum fulsit modo,
Passim ad supremos ille colligitur rogos,
Et funeri confertur !

Robert Garnier nous donnera la traduction libre de ce morceau :

Sitôt qu'il fut sorti de la ville, fort blesme,
Et qu'il eut attelé ses limonniers lui-mesme,
Il monte dans le char, et de la droite main
Lève le fouet sonnant, et de l'autre le frein.
Les chevaux sonne-pieds, d'une course égalée,
Vont galoppant au bord de la plaine salée.
La poussière s'élève, et le char balancé
Vole dessus l'essieu, comme un trait élancé.
Il se tourne trois fois vers la cité fuyante,
Détestant, coléré, sa luxure méchante,
Sa fraude et trahison ; jurant ciel, terre et mer
Être innocent du crime dont on le vient blâmer.
Il vous nomme souvent, priant les dieux célestes
Que les torts qu'on lui fait deviennent manifestes,
Et que la vérité vous soit connue, afin
Que vous donniez le blâme au coupable, à la fin.
Quand voici que la mer soudainement enflée,
Sans se voir d'aucun vent comme autresfois soufflée,
Mais calme, et sommeilleuse, et sans qu'un seul flot d'eau
Se pourmenant mutin lui fit rider la peau,
Se hausse jusqu'au ciel, se dresse montagneuse,
Tirant toujours plus grosse à la rive aréneuse.
Jamais le froid Borée armé contre le Nord,
Et le Nord contre lui, ne l'enflèrent si fort,
Bien qu'ils la troublent toute, et que, de la grand rage
Qu'ils la vont boursouflant, tremble tout le rivage,
Que Leucate en gémisse, et que les rocs émeus
Blanchissent, tempestés d'orages écumeux.
Cette grand charge d'eau seulement n'épouvante

DE PHÈDRE.

Les vaisseaux mariniers, mais la terre pesante ;
Elle s'en vient roulant à grands bonds vers le bord
Qui frémit de frayeur d'un si vagueux abord.
Nous restons éperdus, redoutant la venue
Et la moite fureur de cette ondeuse nue,
Quand nous voyons paroitre, ainsi qu'un grand rocher
Qui se va sourcilleux dans les astres cacher,
La tête avec le col d'un monstre si horrible
Que pour sa seule horreur il seroit incrédible.
Il nage à grand secousse, et la vague qu'il fend,
Bouillonnant dans le ciel, comme foudre descend.
L'eau se creuse au-dessous en une large fosse,
Et de flots recordés tout alentour se bosse.
Elle bout, elle écume, et suit en mugissant
Ce monstre qui se va sur le bord élançant.

THÉSÉE.

Quelle figure avoit ce monstre si énorme ?

LE MESSAGER.

Il avoit d'un taureau la redoutable forme,
De couleur azuré, son col étoit couvert
Jusques au bas du front d'une hure à poil vert.
Son oreille étoit droite, et ses deux cornes dures,
Longues, se bigarroient de diverses peintures.
Ses yeux étinceloient ; le feu de ses naseaux
Sortoit en respirant comme de deux fourneaux ;
Son estomac épais lui hérissoit de mousse ;
Il avoit aux côtés une grand tache rousse.
Depuis son large col, qu'il élevoit crineux,
Il montroit tout le dos doublement épineux.
Il avoit au derrière une monstreuse taille
Qui s'armoit jusqu'au bas d'une pierreuse écaille.
Le rivage trembla. Les rochers, qui n'ont peur
Du feu de Jupiter, en frémirent au cœur.
Les troupeaux épandus laissèrent les campagnes ;
Le berger, pâlissant, s'enfuit dans les montagnes.
Le chasseur effrayé quitta cordes et rets
Et courut se tapir dans le sein des forêts,
Sans doute des sangliers ni des ours, car la crainte
Du monstre a dans leur cœur toute autre peur éteinte.
Seul demeure Hippolyte, à qui la peur n'étreint
L'estomac de froideur, et le front ne déteint.
Il tient haute la face et grave d'assurance :
« De mon père, dit-il, c'est l'heur et la vaillance
D'affronter les taureaux ; je veux, en l'imitant,

Aller à coup de main cettui-ci combattant. »
Il empoigne un épieu, car pour lors d'aventure
Le bon héros n'étoit équipé d'autre armure,
Et le veut aborder ; mais ses chevaux craintifs
S'acculant en arrière, et retournant, rétifs,
Son char, malgré sa force et adroite conduite,
Tous pantelant d'effroi se jetèrent en fuite.
Ce taureau furieux court après, plus léger
Qu'un tourbillon de vent quand il vient saccager
L'espoir du laboureur, que les épis il vautre
Pêle-mêle couchés dans le champ l'un sur l'autre.
Il les suit, les devance, et dans un chemin creux
Fermé de grands rochers se retourne contre eux,
Fait sonner son écaille, et rouant en la tête
Ses grands yeux enflambés, annonce la tempête.
Comme, quand en été le ciel se courrouçant,
Noircit, éclaire, bruit, les hommes menaçant.
Le pauvre vigneron présage par tels signes,
S'outrageant l'estomac, le malheur de ses vignes.
Aussitôt vient la grêle, ainsi que dragons blancs,
Battre le saint Bacchus à la tête et aux flancs,
Le martelle de coups, et boutonne la terre
De ses petits raisins enviés du tonnerre.
Ainsi faisoit ce monstre, apprêtant contre nous
En son cœur enfiélé la rage et le courroux.
Il s'irrite soi-même, et de sa queue entorse
Se battant les côtés, se colère par force,
Comme un jeune taureau qui, bien loin dans un val,
Voit, jaloux, sa génisse avecque son rival
Errer parmi la plaine : incontinent il beugle,
Forcenant contre lui d'une fureur aveugle.
Mais premier que le joindre, il s'essaie au combat,
Lutte contre le vent, se fâche, se débat,
Pousse du pied l'arène, et dedans une souche
Les cornes enfonçant, lui-même s'escarmouche.
Lors le preux Hippolyte qui, avecques le fouet,
Avecques la parole et les rênes avoit
Retenu ses chevaux, comme un savant pilote
Retient contre le vent son navire qui flotte,
Ne sauroit plus qu'y faire ; il n'y a si bon frein,
Bride, rêne, ni voix qui modère leur train.
La frayeur les maîtrise, et, quoiqu'il s'évertue,
Il ne leur peut ôter cette crainte têtue.
Ils se dressent amont, et de trop grand effort
L'écume avec le sang de la bouche leur sort.
Ils soufflent des naseaux et n'ont aucune veine,

Nerf ni muscle sur eux qui ne tende de peine.
Comme à les arrêter il se travaille ainsi,
Et qu'eux à reculer se travaillent aussi,
Voici venir le monstre, et à l'heure et à l'heure,
Les chevaux éperdus rompent toute demeure,
S'élancent de travers, grimpent au roc pierreux,
Pensant toujours l'avoir ensuite derrière eux.
Hippolyte, au contraire, essaie à toute force
D'arrêter leur carrière, et en vain s'y efforce.
Il se penche la tête, et à force de reins
Tire vers lui la bride'avecques les deux mains ;
La face lui dégoutte; eux que la crainte presse,
Au lieu de s'arrêter redoublent de vitesse.
Il est contraint de choir, et de malheur advient
Qu'une longue lanière en tombant le retient.
Il demeure empêtré, le nœud toujours se serre,
Et les chevaux ardents le traînent contre terre
A travers les halliers et les buissons touffus
Qui le vont déchirant avec leurs doigts griffus.
La tête lui bondit et ressaute sanglante;
De ses membres saigneux la terre est rougissante,
Comme on voit un limas qui rampe, aventureux,
Le long d'un cep tortu laisser un trac glaireux.
Son estomac, ouvert d'un tronc pointu, se vide
De ses boyaux traînés sous le char homicide.
Sa belle âme le laisse et va conter là-bas,
Passant le fleuve noir, son angoisseux trépas.
De ses yeux éthérés la luisante prunelle,
Morte, se va couvrant d'une nuit éternelle.
Nous que la peur avoit dès le commencement
Séparés loin de lui, accourons vitement
Où le sang nous guidoit d'une vermeille trace,
Et là nous arrivons à l'heure qu'il trépasse,
Car les liens de cuir, qui le serroient si fort,
Rompirent d'aventure, usés de trop d'effort,
Et le laissèrent prêt de terminer sa peine,
Qu'il retenoit encore avec un peu d'haleine.
Ses chiens autour de lui piteusement hurlants
Se montroient du malheur de leur maître dolents.
Nous qui l'avions servi nous jetons contre terre,
Nous déchirons la face, et chacun d'une pierre
Nous plombons la poitrine, et de cris éclatants,
Pâles et déformés, l'allons tous lamentants.
Les uns lui vont baisant les jambes déjà roides,
Les autres l'estomac, les autres ses mains froides.
Nous lui disons adieu, maudissant le destin,

> Le char, les limonniers et le monstre marin,
> Causes de son malheur ; puis, dessus nos épaules,
> L'apportons veuf de vie étendu sur des gaules.
> Or, je me suis hâté pour vous venir conter
> Ce piteux accident qu'il vous convient dompter.

Voilà qui est bien autre chose que le récit de Théramène. Ainsi, la mort d'Hippolyte était un thème traditionnel qui s'imposait aux poëtes ; et Racine, lorsqu'on le compare à ses devanciers, reste dans une mesure que le goût peut approuver, surtout si l'on se rappelle l'observation que nous avons faite sur le style des deux dernières tragédies[1] empruntées aux traditions héroïques de la Grèce, où le drame se tient, pour ainsi dire, à un degré immédiat au-dessous de l'épopée.

Phèdre a grandi dans l'œuvre de Racine ; elle demeure aussi vivante qu'au premier jour ; elle a conservé toute son action sur les spectateurs. Racine avait le sentiment de la valeur de cette pièce. On lit dans Brossette : « Je demandai à M. Racine, dit M. Despréaux, quelle étoit celle de ses tragédies qu'il estimoit le plus. » Il répondit : « Je suis pour *Phèdre,* et M. le prince de Conti est pour *Athalie.* M. Despréaux nommoit aussi *Phèdre* la première, et *Andromaque* la seconde. »

La critique actuelle met à part *Athalie,* mais elle donne la préférence à *Phèdre* sur tout le théâtre profane de Racine. Si vous voulez avoir l'image à la fois grande et vraie de la passion irrésistible et combattue, c'est dans *Phèdre* que vous la trouverez. Aucune littérature, malgré des essais innombrables, n'a laissé de cet état de l'âme un tableau plus saisissant et plus magnifique. Phèdre est ce type suprême, à jamais digne de contemplation et de méditation. Cherchez, et vous n'en trouverez point d'égal. Et il appartient tout entier à Racine. Dans Euripide, Phèdre, victime de Vénus, est sous l'influence d'un délire provoqué par une puissance supérieure. C'est Théophile Gautier qui le fait remarquer : « Dans la pièce d'Euripide, Phèdre, dès les premières atteintes du mal, se

---

1. V. page 137.

couche, se voile la tête ; elle reste trois jours sans prendre de nourriture, et semble n'avoir d'espérance que dans le suicide. Aussi le chœur, qui se demande ce que Phèdre peut avoir, s'écrie-t-il : « Quoi donc? malheureuse reine! Êtes-vous donc agitée par « les fureurs de Pan ou d'Hécate, des Corybantes ou de Cy- « bèle? » L'idée d'amour ne se présente à personne.[1] » Dans Sénèque, la passion de Phèdre est effrénée, mais non combattue.

Le sévère Arnaud, placé à un point de vue spécial, sentit la beauté de cette conception de Racine : « Il y a déjà, dit Sainte-Beuve, un commencement de vérité religieuse dans une vérité humaine si profondément révélée, si vivement arrachée de ses ténèbres mythologiques. »

L'exemple est effrayant, presque imposant, nullement contagieux ni dangereux, comme l'a prétendu Geoffroy. A quoi servirait de cacher les mystérieux entraînements auxquels les âmes les meilleures peuvent céder? Ils n'en existent pas moins. Cette prudence ressemblerait à celle des navigateurs qui, rencontrant sur leur route un écueil ou un gouffre redoutable, se diraient : « N'en parlons point : cela pourrait inquiéter ceux qui viendront après nous. » C'est le droit et le devoir de la poésie de signaler les abîmes du cœur, pourvu qu'elle ne remplisse pas le rôle de la sirène antique, et qu'elle n'y attire point. Racine n'a dissimulé aucun péril. Sa Phèdre est vraiment misérable. Elle ne fera naître chez personne la tentation de l'imiter, et personne ne songera jamais à l'invoquer pour sa justification. Elle excite la pitié, une juste pitié que les hommes doivent toujours avoir pour les coupables mêmes qui souffrent, mais aucune sympathie. Elle nous force à réfléchir sur notre fragilité, elle peut nous inspirer une sage défiance de nos forces, mais elle ne nous trouble l'esprit d'aucun sophisme et ne nous provoque à aucune rébellion.

La haute valeur de la tragédie de *Phèdre* ne fut pas, du reste, méconnue des contemporains.

1. *L'Art dramatique en France*, t. III, p. 228.

Si l'opinion et le goût public furent un moment égarés ou troublés, ils ne tardèrent pas à revenir de leur erreur et, si l'on nous passe l'expression, à reprendre la bonne piste. Une fois la première vogue épuisée, *Phèdre et Hippolyte,* de Pradon, disparaît pour toujours de la scène. La *Phèdre* de Racine reste, au contraire, à la tête du répertoire. Au mois d'octobre 1677, dans les fêtes données à Fontainebleau, *Phèdre* est jouée devant la cour avec *Iphigénie, Bajazet* et *Mithridate*.[1] Nul ne songeait déjà plus à l'œuvre de Pradon.

Mlle de Champmeslé, entrant, à la clôture de 1679, dans la troupe de l'hôtel de Guénégaud, apporta *Phèdre* à ce théâtre. Nous relevons sur le registre de Lagrange les représentations suivantes :

Vendredi 16 juin 1679, *Phèdre* et *le Sicilien* . . 568# 0s
Mardi 20 — Même spectacle . . . . 391# 5s
Jeudi 7 septembre. La compagnie a été en visite chez M. l'ambassadeur d'Espagne à l'hôtel de Nevers ou Mazarin. On joua *Phèdre* et *le Sicilien*. Reçu. 660
(Vous voyez que la tragédie de Racine avait dès lors conquis même l'hôtel de Nevers.)
Mardi 15 novembre 1679. *Phèdre* . . . . . 239#
Samedi 25 mai 1680. *Phèdre, la comtesse d'Escarbagnas* . . . . . 490# 5s
Vendredi 23 août 1680. *Phèdre* et *les Carrosses d'Orléans* . . . . . 680# 5s

Lorsque les deux troupes de l'hôtel de Bourgogne et de l'hôtel de Guénégaud furent réunies, elles inaugurèrent leur jonction, le 25 août, par ce même spectacle :

Dimanche 25 août 1680. *Phèdre* et *les Carrosses*. 1,424# 5s
Lundi 26 — Même spectacle . . . 774#

1. *Mercure galant,* octobre 1677.

On joue encore *Phèdre* deux fois à la ville et une fois à Versailles jusqu'à la fin de l'année 1680.

En 1681, on la joue quatre fois à la ville, une fois à Saint-Cloud et une fois à Fontainebleau.

En 1682, trois fois à la ville, une fois à la cour.

En 1683, cinq fois à la ville.

En 1684, quatre fois à la ville, deux fois à la cour.

En 1685 (jusqu'à la fin d'août) quatre fois à la ville, une fois à la cour.

Enfin M. Despois en a compté, de 1680 à 1700, 114 représentations à la ville et 18 à la cour. C'est la pièce qui a eu, dans cet espace, le plus de représentations à la ville (en laissant de côté *les Plaideurs* qui en eurent 128). A la cour, elle est primée par *Bajazet* (20) et *Britannicus* (19) et égalée par *Mithridate* (18).

Phèdre fut le plus souvent choisie pour les solennités qui font époque dans l'histoire du Théâtre-Français. Ainsi, lorsqu'on ouvrit, le lundi 18 avril 1689, la nouvelle scène de la rue des Fossés-Saint-Germain-des-Prés (aujourd'hui rue de l'Ancienne-Comédie), on joua *Phèdre*. Il en fut de même lorsque la troupe royale émigra de la rue des Fossés aux Tuileries le 23 avril 1770.

L'interprétation de *Phèdre* est presque tout entière dans le rôle principal. Cependant, on cite des Hippolyte et des Thésée qui ont laissé des souvenirs à la scène : Saint-Fal parmi les premiers, Brizart et Saint-Prix parmi les seconds. Mlle Gaussin fut la plus touchante Aricie (1731). Le personnage de Théramène fut, à la jonction des troupes (1680), confié à ce Guérin d'Estriché, qui avait, en 1677, épousé la veuve de Molière. Il s'y distingua tellement qu'on allait au théâtre tout exprès pour l'entendre. Brumoy, dans son *Théâtre des Grecs,* parle des larmes que le fameux récit, débité par cet acteur, faisait couler. « Les spectateurs, dit-il, souvent peu attentifs au reste de la pièce tant de fois répétée, se disoient : « Voyons pleurer le « bonhomme Guérin. » Lemazurier note un détail de son jeu qui de nos jours aurait sans doute un effet tout différent de celui qu'il produisait alors. « Les acteurs tragiques, dit-il, portaient à cette époque une perruque à trois marteaux. Or, toutes les fois que Guérin arrivait à ce vers :

J'ai vu, seigneur, j'ai vu votre malheureux fils,

il ne manquait pas de rejeter régulièrement derrière lui un de ses marteaux. »

Dans le personnage de Phèdre, il existe une double tradition. Quelques artistes s'y sont montrées surtout pathétiques ; d'autres ont donné plus de force à ses emportements. Dans quel sens Mlle de Champmeslé, qui créa ce rôle d'original, appuyait-elle ? Était-elle plus pathétique ou plus emportée ? On ne saurait être très-affirmatif sur ce point. On sait seulement qu'elle le joua avec une rare perfection. « Racine, dit-on, lui avait appris son rôle vers par vers. » Tout porte à croire cependant qu'elle donnait à son personnage la physionomie la plus touchante. C'est ce qu'on peut conclure, il me semble, des vers de La Fontaine :

> Qui ne connoît l'inimitable actrice
> Représentant ou Phèdre ou Bérénice,
> Chimène en pleurs ou Camille en fureur?

Il est remarquable assurément que le poëte ait associé ainsi ces deux rôles de Phèdre et de Bérénice ; l'on sait d'ailleurs que c'est principalement à la douceur d'une voix enchanteresse que cette fameuse tragédienne dut ses grands succès. Pradon, dans ses *Nouvelles Remarques,* insiste sur ce point : « Les tragédies de M. Racine, dit-il, perdent de leur prix à la lecture, quand elles ne sont plus soutenues par l'action touchante d'une personne qui nous intéresse pour elle par un son de voix admirable, qui va nous réveiller dans le cœur les passions les plus endormies. »

Après la Champmeslé, ce fut Adrienne Lecouvreur, qui s'y montra admirable. D'après tous les témoignages des contemporains, elle y portait une passion intense. L'anecdote relative à la duchesse de Bouillon, qui probablement est un conte fait après coup, peut du moins être considérée comme une preuve de l'effet tragique qu'elle y produisait. Mlle Dumesnil vint ensuite et y déploya de grands élans de passion. La fougue de son talent s'y donnait carrière. Elle peignit Phèdre « et toutes ses fureurs. » Mlle Clairon rivalisa avec elle, grâce à un art consommé. Elle n'eut jamais la véhémence entraînante, les inspirations sublimes ni la flamme de la Dumesnil. Elle y suppléa par la sagacité et l'intelligence. Elle a laissé dans ses *Mémoires* des observations étendues qui font connaître le caractère de son interprétation :

« Racine a marqué d'acte en acte les gradations que la passion de Phèdre doit avoir. Suivez l'auteur exactement dans sa marche; tâchez de l'atteindre; gardez-vous de prétendre le surpasser... Je m'étois prescrit, dans tout ce qui tient aux remords, une diction simple, des accents nobles et doux, des larmes abondantes, une physionomie profondément douloureuse; et, dans tout ce qui tient à l'amour, l'espèce d'ivresse, de délire que peut offrir une somnambule conservant dans les bras du sommeil le souvenir du feu qui la consume en veillant. Dans la scène du second acte avec Hippolyte, je disois le premier couplet d'une voix basse, tremblante, et sans oser lever les yeux. Au second couplet, j'exprimois une émotion différente : mes mots étoient entrecoupés par le battement de mon cœur, et non par la crainte.

« Au troisième couplet, un coup d'œil enflammé, et réprimé au même instant, marquoit le combat qui s'élevoit dans mon âme. Au quatrième, ce combat étoit encore plus sensible, mais l'amour l'emportoit. Au cinquième, il régnoit seul, et, dans mon égarement, je n'avois conservé que l'habitude de la noblesse et de la décence. Le délire du second acte est causé par la révolte des sens; celui du quatrième acte par le désespoir et par la terreur. Mettez dans le premier tout ce que le regard, le son de voix, les mouvements peuvent avoir de séduisant, de doux, de caressant; gardez les grands éclats pour l'autre. »

Mlle Raucourt, qui leur succéda, marque surtout parmi les Phèdre violentes. Elle laissait à désirer sous le rapport de la sensibilité, et ne rendait bien que le délire de la passion. La critique lui reprochait de n'avoir point de larmes et de paraître, dans toute la pièce, ne se rappeler que ce vers :

C'est Vénus tout entière à sa proie attachée.

Mlle Duchesnois, qui débuta dans ce rôle en 1802, eut les qualités contraires : la chaleur, la sensibilité.

« Son organe est doux, sonore et touchant, dit Geoffroy. Elle émeut par un secret bien simple, quoique rare : elle est émue elle-même : elle fait pleurer parce qu'elle pleure. Dans la scène de la déclaration, sa physionomie, d'abord triste et abattue, s'anime tout à coup et semble se colorer des rayons du désir et de l'espérance; une sorte de joie y brille à travers l'inquiétude et la crainte : tour à tour hardie et timide, tendre et furieuse, naïve et passionnée, elle offre l'image la plus vraie et la plus touchante d'un amour malheureux et criminel. Elle n'a pas produit moins d'effet dans la scène de la jalousie. Je me suis surpris avec plaisir dans un attendrissement tout à fait nouveau pour moi. Mon avis sur Mlle Duchesnois est donc le même que celui de Louis XV sur Lekain : elle m'a fait pleurer, moi qui ne pleure guère. »

On lui reprochait de manquer un peu d'énergie et de jouer Phèdre comme elle aurait joué Ariane. Mlle Georges, qui entra en lutte avec elle, appartenait à l'autre tradition, à l'autre lignée. Elle demandait ses effets à la véhémence, et même à l'exagération.

Mlle Rachel conciliait les deux écoles; elle faisait ressortir la double physionomie du rôle; elle rendait avec une égale perfection les langueurs, les accablements, les remords et les emportements. Elle joua *Phèdre,* pour la première fois, le

21 janvier 1843. On dit que ce jour-là elle avait perdu toute confiance en elle-même, que son jeu parut trop calculé, trop étudié. En tout cas, elle fut bientôt en possession complète de ce grand rôle et elle atteignit à l'expression idéale qui a laissé de si profonds souvenirs chez tous ceux qui l'ont vue.

M. Laugier, dans un opuscule contemporain,[1] ne paraît pas avoir été frappé de ces premières hésitations et ne met qu'une seule réserve à ses louanges :

« Il faut avoir vu jouer Phèdre par Rachel, écrivait-il en 1844, pour se faire une idée de la haute intelligence, de la profondeur de composition, de l'art admirable de la célèbre tragédienne. Sans doute il y a encore des parties faibles, la sensibilité est toujours absente ; mais dans toutes les parties du rôle qui touchent aux cordes de Mlle Rachel, l'actrice arrive à la perfection et se montre sublime de pantomime et d'expression. L'ensemble de l'interprétation était du reste assez triste, à l'exception de Fonta, chargé de dire le fameux récit de Théramène et qui s'en est acquitté avec une supériorité incontestable. »

Donnons une autre appréciation faite plus tard et de souvenir par M. Paul de Saint-Victor :

« Il nous semble la voir, entrant au premier acte, la tête ployée, la démarche lasse, aspirant « à l'ombre des forêts, » sous les brûlantes rougeurs de sa honte :

> Que ces vains ornements, que ces voiles me pèsent !

Quel accent elle donnait à ces vers, qui ont l'ardeur et la lenteur des soupirs ! Lorsqu'elle tombait dans son fauteuil, dans ses tissus ondoyants, c'était la Vénus dont parle Gœthe, la « Vénus adorablement épuisée, qui se laisse couler entre « les bras de son trône. » Et cette scène merveilleuse où la reine avoue sa passion à Hippolyte, en feignant de s'adresser à un Thésée idéal ! Je ne sais pas de déclaration plus passionnée, et je n'en sais pas de plus spirituelle. C'est comme un filet

1. *De la Comédie-Française*, de 1830 à 1844.

de paroles subtiles dans lequel Phèdre cherche à enlacer cet adolescent aussi ombrageux que les daims qu'il poursuit à travers les bois. Les dédales du labyrinthe, où elle s'égare et se retrouve, en imagination, avec lui, sont moins sinueux que ces vers aux mille replis, aux mille détours. L'aveu y circule craintif, agile, aux aguets, aux écoutes, prêt à se rétracter s'il n'est pas reçu, jusqu'à ce qu'enfin, se heurtant contre le dédain, il éclate et se mette à nu. Je vois encore Rachel jouant cette grande scène ; je la vois lançant d'une lèvre et d'un œil obliques des paroles et des regards enflammés. Elle épuisait dans cette tentation toutes les souplesses de l'attitude, toutes les caresses de la voix. Elle entraînait Hippolyte dans un voluptueux clair-obscur, où ses traits se confondaient avec ceux de son père évoqué de loin ; puis, lorsqu'il fallait se déclarer et tout dire, c'était le cri de la pudeur blessée qui dominait dans sa plainte, le désespoir d'une reine prise en flagrant délit de lèse-majesté. — Que de grandeur elle donnait, à l'acte suivant, au délire de Phèdre ! Avec un geste, un air de tête, un frémissement imprimé à la draperie qui sculptait d'un jet son corps élancé, elle jetait l'effroi dans la salle. Et toujours ce débit serré et rapide qui courait sur les vers avec la légèreté du souffle et l'énergie de la flamme ; toujours la beauté de l'attitude dominant la violence de la situation, la dignité du marbre imposée aux convulsions de la chair. — Prête à mourir, et se retrouvant vis-à-vis d'Œnone, comme elle foudroyait la perfide esclave ! De quelle hauteur royale elle lui jetait le mépris et le dégoût à la face ! Avant de descendre aux Enfers, elle écrasait sur leur seuil le reptile qui l'avait souillée. — Rappelons-nous encore la grande façon dont elle faisait mourir la reine adultère. Le poison circulait dans ses veines, comme le serpent autour des membres du Laocoon, sans altérer sa beauté, sans défigurer son visage. Elle mourait fièrement, simplement, à la façon de ces victimes vouées aux dieux infernaux, qui ramenaient sur leurs yeux le pan de leur robe avant d'expirer. »

Depuis lors, plusieurs actrices distinguées se sont essayées dans le même rôle, sans égaler celle en qui la tragédie s'était comme incarnée. Mlle Sarah Bernhardt y a paru en dernier lieu (janvier et juillet 1875). Elle y a déployé un incontestable talent.

Elle ne donne pas au personnage toute sa grandeur poétique. Elle ne répand pas de longs frémissements dans la salle. Elle se rattache à la tradition élégiaque, celle des Champmeslé, des Duchesnois; elle rend surtout avec succès les parties touchantes et douloureuses du rôle; les morceaux de force lui échappent encore, mais on peut espérer qu'elle parviendra à s'en rendre maîtresse. La distribution actuelle des autres personnages est celle-ci : M. Mounet-Sully est un Hippolyte remarquable, accusant sans l'exagérer ce que Racine a conservé du caractère un peu farouche du fils de l'Amazone. M. Maubant joue Thésée, Mlle Tholer, Aricie, Mme Guyon, Œnone; tous s'efforcent de contribuer à l'effet de l'ensemble, en donnant à chaque partie du chef-d'œuvre la valeur qui lui appartient. Les soirées où l'on représente *Phèdre* au Théâtre-Français sont toujours très-belles et prouvent que le sentiment des hautes beautés littéraires reste vivace parmi nous.

FIN DE L'EXAMEN CRITIQUE DE PHÈDRE.

PLAN

DU PREMIER ACTE

D'IPHIGÉNIE EN TAURIDE

NOTICE PRÉLIMINAIRE.

C'est ici qu'il convient de placer un fragment écrit tout entier de la main de Racine et qui trace le plan du premier acte d'une tragédie d'*Iphigénie en Tauride*.[1] Quelle date peut-on assigner à cette esquisse? Une note, placée en tête du manuscrit, tranche ainsi la question : « Après 1677, — après la représentation de *Phèdre,* qui parut en 1677, Racine forma encore le projet de quelques tragédies dont il n'est resté dans ses papiers aucun vestige, si ce n'est le plan du premier acte d'une *Iphigénie en Tauride.* Ce plan n'a rien de curieux, si ce n'est qu'il fait connoître de quelle manière Racine, quand il entreprenoit une tragédie, disposoit chaque acte en prose. Quand il avoit lié toutes les scènes entre elles, il disoit : « Ma tragédie est faite, » comptant le reste pour rien. Il avoit encore eu le dessein de traiter le sujet d'*Alceste.* M. de Longepierre assure qu'il en avoit entendu réciter quelques morceaux; mais c'est tout ce qu'on en sait.[2] »

Cette note ne fait que répéter ce que Louis Racine dit dans ses *Mémoires;* les assertions du fils de Racine n'ont point été acceptées sans conteste par les commentateurs. On se rappelle ce que M. Saint-Marc Girardin a rapporté des entretiens que La Grange-Chancel eut avec Racine. Il a cité notamment[3] les lignes où cet écrivain, dans la préface de sa tragédie d'*Oreste*

---

1. Ce manuscrit est parmi les papiers de Racine à la Bibliothèque nationale, f. français, 12,387, f. 94-97.
2. Voy. tome II, p. 470.
3. Tome II, p. 471.

et Pylade (qui n'est autre qu'*Iphigénie en Tauride*), a raconté comment Racine aurait hésité d'abord entre *Iphigénie sacrifiée* et *Iphigénie sacrifiante,* et ne se serait décidé en faveur de la première qu'après avoir connu que la seconde n'avait pas de matière pour un cinquième acte. Il n'y a pas de raison de ne point tenir compte de ce témoignage de La Grange-Chancel. On serait donc mieux fondé à croire que le plan dont nous nous occupons est précisément un monument de l'hésitation du poëte entre les deux sujets. Il aurait été conçu et abandonné vers 1673, lorsque Racine eut définitivement adopté le sujet d'*Iphigénie en Aulide.*

L'hésitation de Racine n'est pas difficile à comprendre. Le sujet d'*Iphigénie en Tauride,* offre aussi de grandes beautés. La tragédie d'Euripide, Ἰφιγένεια ἡ ἐν Ταύροις, si elle n'égale pas Ἰφιγένεια ἡ ἐν Αὐλίδι, est une des meilleures du poëte grec. Iphigénie ouvre la pièce en racontant comment elle a failli être immolée en Aulide : Diane la déroba aux Grecs, en substituant une biche à sa place, et l'enlevant dans les airs, elle la transporta en Tauride. La déesse l'établit prêtresse de son temple : il règne en ce pays une coutume inhumaine, qui ordonne que tout Grec qui y aborde soit sacrifié sur l'autel de la déesse. Iphigénie est chargée d'initier les victimes. A d'autres est remis le soin abominable de les égorger dans le sanctuaire. Iphigénie a été tourmentée par des visions ou des songes; elle tremble pour son frère Oreste qu'elle a laissé, jeune encore, à Argos. Elle se retire dans le temple.

Oreste et Pylade surviennent; l'oracle d'Apollon a ordonné à Oreste de se rendre en Tauride pour y enlever la statue de Diane et la rapporter dans Athènes, seul moyen qu'il ait de se délivrer des poursuites des Furies auxquelles il est en proie. Ils s'entretiennent des difficultés de leur projet; ils se décident à se réfugier dans les cavernes du rivage et à attendre la nuit qui leur offrira plus de ressources.

Iphigénie et le chœur, composé des femmes grecques qui l'aident dans l'accomplissement de ses fonctions, échangent leurs plaintes. Un berger accourt et raconte comment lui et ses compagnons ont découvert deux Grecs cachés dans les rochers du rivage; ils sont parvenus à s'en emparer, grâce surtout à une crise mystérieuse éprouvée par l'un d'eux, et les ont amenés au roi Thoas, qui a ordonné de les conduire au temple de Diane et de préparer le sacrifice. Iphigénie se livre à des réflexions qui font honneur au bon sens d'Euripide : « J'ai lieu de me plaindre, dit-elle, des lois imposées par la déesse : les mortels souillés d'un meurtre, ou d'un enfantement récent, ou par l'attouchement d'un cadavre, elle les écarte de ses autels comme impurs, et elle prend plaisir à se faire immoler des victimes humaines! Non, il n'est pas possible que l'épouse de Jupiter, Latone, ait enfanté une divinité si cruellement stupide. Le festin servi aux dieux par Tantale me paraît incroyable. Ils n'ont pu se repaître du corps d'un enfant. Les habitants de ce pays, habitués à verser le sang des hommes, ont rejeté sur les dieux leurs mœurs inhumaines, car je ne saurais croire qu'une divinité puisse faire le mal. »

Après les chants du chœur, on amène les prisonniers chargés de chaînes. Iphigénie fait délier les mains des victimes. Elle les interroge; Oreste lui apprend ce qui s'est passé depuis la ruine de Troie, la mort d'Agamemnon, tué par Clytemnestre; la mort de Clytemnestre, tuée par son fils. Il refuse toutefois de dire son nom. Iphigénie lui propose de le laisser évader et retourner à Argos pour porter un message à quelqu'un qui lui est cher. Elle s'éloigne pour écrire ce message.

Alors commence entre Oreste et Pylade un généreux combat. L'un doit être sauvé, l'autre doit périr. Chacun veut persuader à son ami que c'est à lui de rester, à l'autre de profiter de la voie de salut qui lui est ouverte. Pylade se résigne enfin à être le messager d'Iphigénie. La prêtresse revient avec les tablettes, qu'elle lui remet. Ils échangent des serments réciproques. Pour plus de sûreté en cas de naufrage, Iphigénie leur récite le contenu de la lettre adressée à Oreste, fils d'Agamemnon. Reconnaissance d'Iphigénie par Oreste. A la suite de questions qu'elle lui adresse, Iphigénie se convainc également que c'est son frère qu'elle a devant les yeux. Elle tremble à la pensée qu'elle a été sur le point de verser son sang.

Comment sauver les jours de son frère et de l'époux d'Électre, Pylade? Oreste raconte à sa sœur comment il comparut devant l'Aréopage, comment Apollon plaida sa cause contre l'Euménide accusatrice, et comment les suffrages du vénérable tribunal se trouvèrent égaux, de sorte qu'il s'en alla absous. Mais les Furies continuèrent à le persécuter. Il eut alors de nouveau recours à Apollon, dont l'oracle lui donna le conseil qui l'a conduit dans cette île. Il demande à sa sœur de l'aider dans l'entreprise. Iphigénie imagine ceci. Elle dira au roi Thoas que les deux étrangers, coupables de parricide, ont souillé la statue en la touchant. Elle lui expliquera qu'il est nécessaire de purifier la statue et les victimes dans les eaux de la mer. Elle se rendra ainsi avec la statue, et avec eux, sur le rivage, à l'endroit où est attaché leur vaisseau, et ce sera à eux de faire le reste. Iphigénie recommande au chœur de garder le silence sur leur projet.

Le roi Thoas vient voir si le sacrifice est commencé. Iphigénie se présente à lui la statue dans ses bras. Elle persuade sans peine au barbare tout ce qu'elle veut. C'est ainsi qu'elle s'éloigne processionnellement avec les deux étrangers. Thoas reste pour garder le temple. Le chœur célèbre Apollon. Un messager vient annoncer qu'Iphigénie s'est enfuie avec les deux Grecs, emportant la statue de la déesse. Il fait le récit de l'événement, de la lutte qui s'est engagée, du départ du vaisseau qui, toutefois, contrarié par la violence des vagues, ne peut gagner la pleine mer. Thoas ordonne aussitôt de courir au rivage, de mettre les barques à la mer, et de s'emparer des impies ravisseurs. Mais Minerve apparaît. Elle arrête Thoas en lui disant qu'Oreste accomplit la volonté des dieux ; et elle prend sous sa protection les fugitifs et la statue de sa sœur, qui déjà vogue joyeusement vers Athènes.

Ce thème antique a été plusieurs fois renouvelé dans notre poésie. Le Clerc et Boyer s'en étaient emparés dans leur *Oreste,* en 1681. Nous avons mentionné déjà *Oreste et Pylade,* de La Grange-Chancel, joué en 1697, où Mlle de Champmeslé, à la fin de sa carrière, remplit encore le rôle d'Iphigénie ; tragédie médiocre, du reste, et maladroitement compliquée. Guimond de La Touche eut le mérite d'être plus simple. Sa tragédie (1757) obtint un grand succès. La reconnaissance n'y a pas lieu au moyen de la lettre écrite par Iphigénie, comme dans Euripide, mais dans un entretien du frère et de la sœur ; Iphigénie dit au prisonnier :

> Que sait-on, dans Argos, du sort d'Iphigénie
> Qui vit contre ses jours la Grèce entière unie ?

ORESTE.

De quel ressouvenir déchirez-vous mon cœur!
Que me demandez-vous? Ah! mortelle rigueur!

IPHIGÉNIE.

Eh! d'où naît, à son nom, le trouble qui vous presse?
Brillant encor des fleurs d'une tendre jeunesse,
Vous n'avez pu la voir, vous n'avez pu tremper
Dans le complot des Grecs tous prêts à la frapper;
Vous n'avez pu parer l'autel pour son supplice.

ORESTE.

Mais quel soin...

IPHIGÉNIE.

Répondez, n'étant point leur complice.

ORESTE.

Que voulez-vous? je vais subir le même sort,
Par le même chemin descendre au même bord.
Heureux si je pouvais, victime obéissante,
Offrir aux dieux comme elle une tête innocente!

IPHIGÉNIE.

Quoi donc! vous ignorez encore qu'elle vit,
Qu'aux cruautés des Grecs Diane la ravit,
Et que, la transportant sur un rivage horrible...

ORESTE.

Qu'entends-je? Iphigénie... ô dieux, est-il possible?
Elle vit!... achevez, je meurs moins malheureux.
Dites, le savez-vous? sur quels bords rigoureux
Respire une victime et si chère et si tendre?

IPHIGÉNIE.

En ces lieux.

ORESTE.

Juste ciel! Et pouvez-vous m'apprendre
Quel est son sort?

Une fois lancés sur cette pente, ils arrivent vite au but.

Eh bien, à ses malheurs reconnaissez Oreste!
— Mon frère! — Iphigénie!

Aux trois tragédies que nous avons citées, il convient d'ajouter deux opéras : l'un représenté en 1704, paroles de Duché et Danchet, musique de Desmaret et Campra; l'autre, paroles de Gaillard, musique de Gluck, représenté en 1778. Dans ce dernier, la reconnaissance est encore amenée différemment. Aristote rapporte, dans sa *Poétique,* que Polyidès, poëte grec qui avait traité le même sujet qu'Euripide, avait différé la reconnaissance du frère et de la sœur jusqu'à l'instant du sacrifice. Oreste, au moment de recevoir le coup mortel, s'écriait : « Ce n'est donc pas assez que ma sœur ait été sacrifiée en Aulide, il faut que je le sois à mon tour! » Ces mots produisaient la reconnaissance d'Oreste et Iphigénie. M. Gaillard a emprunté cette situation au poëte Polyidès.

Dans les littératures étrangères, rappelons la tragédie de Gœthe. Le poëte allemand s'est tiré par une subtilité de la difficulté qui, dit-on, avait fait reculer Racine. Au dénoûment, lorsque Oreste a reconnu sa sœur dans la prêtresse de Diane, il s'explique le sens de l'oracle d'Apollon : « Si tu ramènes en Grèce, avait dit l'oracle, la *sœur* qui demeure contre son gré dans le sanctuaire au rivage de Tauride, alors la malédiction cessera! » Il avait entendu ces paroles de Diane, sœur d'Apollon, mais il comprend que c'est d'Iphigénie qu'il était question; et dès lors il n'a plus besoin d'enlever la statue de la déesse, ce qui rend entre Thoas et Oreste l'accommodement plus facile. Le roi scythe, quoiqu'il aime Iphigénie, consent à ce qu'elle parte avec son frère et Pylade. Il se contente de garder la statue. Tout est bien qui finit bien. Mais il n'eût point été mal à propos de faire intervenir la déesse Minerve pour inspirer tant de sagesse à un barbare.

Les deux grandes tragédies d'Euripide, dirigées toutes deux plus ou moins ouvertement contre la coutume, non encore abolie en son temps, des sacrifices humains, ont laissé dans l'histoire littéraire un double sillon fertile. Nous les retrouvons toutes deux dans l'œuvre de Racine, l'une achevée et admirable, l'autre à l'état d'esquisse à peine commencée. On ne peut regretter qu'une chose, c'est que Racine ait abandonné son projet, et que nous ne trouvions pas à son *Iphigénie en Aulide* le magnifique pendant que le poëte grec a donné à la sienne.

PLAN

DU PREMIER ACTE

D'IPHIGÉNIE EN TAURIDE

SCÈNE PREMIÈRE.

Iphigénie vient avec une captive grecque, qui s'étonne de sa tristesse, et lui demande si c'est qu'elle est affligée de ce que la fête de Diane se passera sans qu'on lui immole aucun étranger.

« Tu peux croire, dit Iphigénie, si c'est là un sentiment digne de la fille d'Agamemnon. Tu sais avec quelle répugnance j'ai préparé les misérables que l'on a sacrifiés depuis que je préside à ces cruelles cérémonies. Je me faisois une joie de ce que la fortune n'avoit amené aucun Grec pour cette journée, et je triomphois seule de la douleur commune qui est répandue dans cette île, où l'on compte pour un présage funeste de ce que nous manquons de victimes pour cette fête. Mais je ne puis résister à la secrète tristesse dont je suis occupée depuis le songe que j'ai fait cette nuit. J'ai cru que j'étois à Mycène, dans la maison de mon père : il m'a semblé que mon père et ma mère nageoient dans le sang, et que moi-même je tenois un poignard à la main pour en égorger mon frère Oreste. Hélas! mon cher Oreste!

[LA CAPTIVE.][1]

« Mais, madame, vous êtes trop éloignés l'un de l'autre pour craindre l'accomplissement de votre songe.

[IPHIGÉNIE.]

« Et ce n'est pas aussi ce que je crains; mais je crains avec raison qu'il n'y ait de grands malheurs dans ma famille : les rois sont sujets à de grands changements. Ah! si je t'avois perdu, mon cher frère Oreste, sur qui seul j'ai fondé mes espérances! car enfin j'ai plus sujet de t'aimer que tout le reste de ma famille : tu ne fus point coupable de ce sacrifice où mon père m'avoit condamnée dans l'Aulide; tu étois un enfant de dix ans. Tu as été élevé avec moi, et tu es le seul de toute la Grèce que je regrette tous les jours.

[LA CAPTIVE.]

« Mais, madame, quelle apparence qu'il sache l'état où vous êtes! Vous êtes dans une île détestée de tout le monde : si le hasard y amène quelque Grec, on le sacrifie. Que ne renoncez-vous à la Grèce? que ne répondez-vous à l'amour du prince?

[IPHIGÉNIE.]

« Eh! que me serviroit de m'y attacher? Son père Thoas lui défend de m'aimer; il ne me parle qu'en tremblant : car ils ignorent tous deux ma naissance, et je n'ai garde de leur découvrir une chose qu'ils ne croiroient pas; car quelle apparence qu'une fille que les pirates ont

1. Nous mettons entre crochets les noms des interlocuteurs qui ne sont pas dans le manuscrit et que nous suppléons.

enlevée dans le moment qu'on l'alloit sacrifier pour le salut de la Grèce fût la fille du général de la Grèce? Mais voici le prince. »

SCÈNE II.

[IPHIGÉNIE.]

« Qu'avez-vous, prince? D'où vient ce désordre et cette émotion qui vous reste?

LE FILS DE THOAS.

« Madame, je suis cause du plus grand malheur du monde. Vous savez combien j'ai détesté avec vous les sacrifices de cette île : je me réjouissois de ce que vous seriez aujourd'hui dispensée de cette funeste occupation; et cependant je suis cause que vous aurez deux Grecs à sacrifier.

IPHIGÉNIE.

« Comment, seigneur?

LE FILS DE THOAS.

« On m'est venu avertir que deux jeunes hommes étoient environnés d'une grande foule de peuple contre lequel ils se défendoient. J'ai couru sur le bord de la mer; je les ai trouvés à la porte du temple, qui vendoient chèrement leur vie, et qui ne songeoient chacun qu'à la défense l'un de l'autre. Leur courage m'a piqué de générosité. Je les ai défendus moi-même; j'ai désarmé le peuple : et ils se sont rendus à moi. Leurs habits les ont fait passer pour Grecs : ils l'ont avoué. J'ai frémi à cette parole; on les a amenés malgré moi à mon père : et vous pouvez juger quelle sera leur destinée. La joie est universelle, et on remercie les dieux d'une prise qui me met au désespoir. Mais enfin, madame, ou je ne pourrai, ou je vous affranchirai bientôt de la malheureuse dignité qui vous engage à ces sacrifices. Mais voici le roi mon père. »

SCÈNE III.

LE ROI.

« Quoi! madame, vous êtes encore ici! Ne devriez-vous pas être dans le temple pour remercier la déesse de ces deux victimes qu'elle nous a envoyées? Allez préparer tout pour le sacrifice, et vous reviendrez ensuite, afin qu'on vous remette entre les mains ces deux étrangers. »

SCÈNE IV.

Iphigénie sort, et le prince fait quelque effort pour obtenir de son père la vie des deux Grecs, afin qu'il ne les ait pas sauvés inutilement. Le roi le maltraite, et lui dit que ce sont là les sentiments qui lui ont été inspirés par la jeune Grecque; il lui reproche la passion qu'il a pour une esclave.

LE PRINCE.

« Et qui vous dit, seigneur, que c'est une esclave?

LE ROI.

« Et quelle autre qu'une esclave auroit été choisie par les Grecs pour être sacrifiée?

[LE PRINCE.]

« Quoi! ne vous souvient-il plus des habillements qu'elle avoit lorsqu'on l'amenaici? Avez-vous oublié que les pirates l'enlevèrent dans le moment qu'elle alloit recevoir le coup mortel? Nos peuples eurent plus de compassion pour elle que les Grecs n'en avoient eu;[1] et au lieu de la sacrifier à Diane, ils la choisirent pour présider elle-même à ses sacrifices. »

Le prince sort déplorant sa malheureuse générosité, qui a sauvé la vie à deux Grecs, pour la leur faire perdre plus cruellement.

SCÈNE V.

THOAS.

Le roi témoigne à son confident qu'il se fait violence de maltraiter son fils.

« Mais quelle apparence de donner les mains à une passion qui le déshonore? Allons, et demandons tantôt à la déesse, parmi nos prières, qu'elle donne à mon fils des sentiments plus dignes de lui.[2] »

1. Dans le manuscrit : *n'en avoient eue.*
2. Ce plan découvre le nœud et l'intérêt de toute la pièce. Il paroît par ce premier acte que la tragédie sera aussi simple que celle d'Euripide; à la réserve qu'on y verra le fils de Thoas : mais quand ce fils saura que le Grec qu'il a sauvé est le frère d'Iphigénie, on prévoit de quelle manière le trouble augmentera. (L. R.)

FIN DU PLAN DU PREMIER ACTE
D'IPHIGÉNIE EN TAURIDE.

ADDITIONS ET CORRECTIONS

AUX TROIS PREMIERS VOLUMES

TOME PREMIER.

Page 83, note 2 : « La *Sophonisbe* de Corneille est de 1653 ; » lisez : « la *Sophonisbe* de Corneille est de 1663. » Rectifier ou plutôt effacer par conséquent la note 1 de la page 84.

Page 122 : La traduction de l'ode d'Horace *Donec gratus eram,* citée comme étant de Quinault, est de Molière; elle se trouve sous ce titre : *Dépit amoureux,* dans la première entrée de ballet du troisième intermède des *Amants magnifiques*.[1] L'opéra *les Fêtes de l'Amour et de Bacchus* fut composé par Quinault avec des fragments empruntés aux intermèdes des pièces de Molière.[2]

Page 232, note 2 : « Le théâtre du Palais-Royal, dont Molière était le directeur, n'avait encore joué que des comédies, et la *Thébaïde* est la première tragédie qui y ait été donnée. » C'est une erreur que l'étude du registre de La Grange a permis de rectifier.

Page 243 : *La Thébaïde ou les Frères ennemis,* la première tragédie de Racine, fut représentée sur le théâtre du Palais-Royal par la troupe de Molière le 20 juin 1664. Le succès fut assez brillant. Voici la première série des représentations relevées sur le registre de La Grange :

---

1 *OEuvres complètes de Molière,* même collection, t. VI, p. 62.
2. *Ibid.,* t. VI, p. 561.

Vendredi 20 juin, première représentation de la *Thébaïde*, pièce nouvelle de M. Racine.

Reçu	370[1]	10[s]
Retiré deux parts pour l'auteur	18	5
Dimanche 22. *La Thébaïde*	281	»
Mardi 24. —	290	»
Vendredi 27. —	130	»
Dimanche 29. *Idem* et *Médecin volant*	310	»
Vendredi 4 juillet. *Idem* et *Médecin volant* . .	430	»
Dimanche 6 — — . . .	222	»
Mardi 8 — — . . .	263	»
Vendredi 11 — *Thébaïde* et une danse . .	341	»
Dimanche 13 — *Item* et *Gorgibus dans le sac*.	323	»
Mardi 15 — *Idem* et *Idem*.	150	»
Vendredi 18 — *Thébaïde* et une danse . .	158	»

La troupe est partie le lundi 21 juillet pour Fontainebleau. On a joué quatre fois *la Princesse d'Élide* devant monsieur le Légat et une fois *la Thébaïde*. Reçu par ordre du roi . . 3,000 l.

Partagé et fait deux parts d'auteurs, en seize et en quatorze parts, ci. . . . . 193 l.

La troupe est revenue le mercredi 13 août.

Dimanche 24 août. *Thébaïde* et *le Cocu* . . . . 373 l.
Lundi 25 août. Une visite chez M. Moran, maître des requêtes, pour le mariage de M. de Guiry. *Thébaïde* et *le Cocu*. Reçu 25 louis d'or, ci . . . . 275 l.
Mardi 26 août. *Thébaïde* et *le Cocu*. . . . . 170 l.

La troupe est partie pour Villers-Cotterets le samedi 20 septembre et est revenue le 27 dudit mois, — a été pendant huit jours au voyage. Par ordre de Monsieur. On y a joué *Sertorius* et *le Cocu imaginaire*, *l'École des Maris* et *l'Impromptu*, la *Thébaïde*, *les Fâcheux* et les trois premiers actes de *Tartuffe*. La troupe a été nourrie. Reçu . . . . 2,000 l.

La Thébaïde fut encore représentée à Versailles au mois d'octobre; elle fut jouée à la ville le 6 février et le 17 avril 1665.

Ainsi la première tragédie de Racine compta, dans sa nou-

ADDITIONS ET CORRECTIONS.

veauté, seize représentations à la ville, plus quatre représentations tant à la cour qu'en visite. Tous ceux qui savent par quels chiffres se mesuraient alors les succès au théâtre reconnaîtront que Racine pouvait se trouver satisfait de celui que sa pièce avait obtenu.

Après la jonction des troupes, en 1680, nous la trouvons mentionnée de nouveau sur le registre de La Grange.

Vendredi 4 juillet. *Thébaïde* et *Précieuses*	299^l	10^s
Jeudi 9 — *Thébaïde* et *Mariage de Rien* . .	379	5
Mardi 11 — *La Thébaïde* et *la Comtesse d'Escarbagnas*.	247	15

De 1680 à 1700, M. Despois compte sept représentations à la ville et une à la cour.

D'après le *Mercure galant* de 1721 (témoignage tardif, mais on n'en a pas de plus ancien), les acteurs qui jouèrent d'original dans *la Thébaïde* furent :

ÉTÉOCLE.	HUBERT.
POLYNICE.	LA GRANGE.
JOCASTE.	Mlle BÉJART.
ANTIGONE.	Mlle DE BRIE.
CRÉON.	LA THORILLIÈRE.
HÉMON.	BÉJART.

La plus remarquable reprise de *la Thébaïde* est celle du 17 octobre 1721, où les rôles furent distribués ainsi :

ÉTÉOCLE.	DUFRESNE.
POLYNICE.	QUINAULT.
JOCASTE.	Mlle AUBERT.
ANTIGONE.	Mlle LECOUVREUR.
CRÉON.	BARON.
HÉMON.	DUCLOS.

Récemment, le 21 décembre 1864, pour célébrer le jour anniversaire de la naissance de Racine, on a joué les deux derniers actes de *la Thébaïde*. Ils ont émerveillé le public d'élite qui se pressait pour les entendre, et qui n'est pas assez persuadé des étonnantes facultés dont Racine était doué pour le théâtre.

Un trait de naïveté qu'on ne peut omettre en parlant de cette tragédie, est celui de l'auteur du *Supplément du Nécrologe de Port-Royal* qui dit à l'article *Racine* : « Bientôt il fit paroître qu'il avoit apporté en naissant de grandes dispositions pour les sciences, qu'il eut occasion de cultiver et de perfectionner avec les savants solitaires qui habitoient ce désert. La solitude qu'il y trouva lui fit produire sa *Thébaïde* qui lui acquit une très-grande réputation dans un âge peu avancé. » La méprise du singe de La Fontaine qui prenoit le Pirée pour un homme est ici égalée.

Page 258, vers 13 : « Il vous faut satisfaire, » *lisez* : il faut vous satisfaire. »

Page 259.

Var. « *Dans cette occasion rien ne peut l'émouvoir.* »

Lisez :

Var. « *Dans cette occasion rien ne peut m'émouvoir.* »

Page 294.

Var. « *De voir que ce grand cœur à la paix se déclare.* »

Lisez :

Var. « *De voir que ce grand cœur pour la paix se déclare.* »

Page 300, ligne 11. « Pleurer sur les victoires de son père, » *lisez* : « pleurer pour les victoires de son père. »

Page 394, ligne 2 : Après ces mots : « le public de me donner, » le passage suivant se trouve dans le texte de 1666 : « Ce n'est pas, comme j'ai déjà dit, que je croie ma pièce sans défauts. On sait avec quelle déférence j'ai écouté les avis sincères de mes véritables amis, et l'on verra même que j'ai profité en quelques endroits des conseils que j'en ai reçus. Mais je n'aurois jamais fait si je m'arrêtois aux subtilités de quelques critiques, qui prétendent assujettir le goût du public aux dégoûts d'un esprit malade, qui vont au théâtre avec le ferme dessein de n'y point prendre de plaisir, et qui croient prouver à tous les spectateurs, par un branlement de tête et par des grimaces affectées, qu'ils ont étudié à fond la *Poétique* d'Aristote.

« En effet, que répondrois-je à ces critiques qui condamnent jusques au titre de ma tragédie, et qui ne veulent pas que je l'appelle *Alexandre,* quoique Alexandre en fasse la principale action, et que le véritable sujet de la pièce ne soit autre chose que la générosité de ce conquérant? Ils disent que je fais Porus plus grand qu'Alexandre. Et en quoi paroît-il plus grand? Alexandre n'est-il pas toujours le vainqueur? Il ne se contente pas de vaincre Porus par la force de ses armes, il triomphe de sa fierté même par la générosité qu'il fait paroître en lui rendant ses États. Ils trouvent étrange qu'Alexandre, après avoir gagné la bataille, ne retourne pas à la tête de son armée, et qu'il s'entretienne avec sa maîtresse, au lieu d'aller combattre un petit nombre de désespérés qui ne cherchent qu'à périr. Cependant, si l'on en croit un des plus grands capitaines de ce temps, Ephestion n'a pas dû s'y trouver lui-même. Ils ne peuvent souffrir qu'Ephestion fasse le récit de la mort de Taxile en présence de Porus, parce que ce récit est trop à l'avantage de ce prince. Mais ils ne considèrent pas que l'on ne blâme les louanges que l'on donne à une personne en sa présence, que quand elles peuvent être suspectes de flatterie, et qu'elles font un effet tout contraire quand elles partent de la bouche d'un ennemi et que celui qu'on loue est dans le malheur. Cela s'appelle rendre justice à la vertu et la respecter, même dans les fers. Il me semble que cette conduite répond assez bien à l'idée que les historiens nous donnent du favori d'Alexandre. Mais, au moins, disent-ils, il devroit épargner la patience de son maître et ne pas tant vanter devant lui la valeur de son ennemi. Ceux qui tiennent ce langage ont sans doute oublié que Porus vient d'être défait par Alexandre, et que les louanges qu'on donne au vaincu retournent à la gloire du vainqueur. Je ne réponds rien à ceux qui blâment Alexandre de rétablir Porus en présence de Cléophile. C'est assez pour moi que ce qui passe pour une faute auprès de ces esprits qui n'ont lu l'histoire que dans les romans, et qui croient qu'un héros ne doit jamais faire un pas sans la permission de sa maîtresse, a reçu les louanges de ceux qui, étant eux-mêmes de grands héros, ont droit de juger de la vertu de leurs pareils. Enfin la plus importante objection que l'on me fasse, c'est que mon sujet est trop simple et trop stérile. »

PAGE 395, ligne 1 : « Seconde préface. » Ajoutez en note que cette préface a paru pour la première fois dans l'édition collective de 1676.

PAGE 396, ligne 22 : Après la citation de Justin, le passage suivant se trouve dans l'édition de 1681 : « Il paroît par la suite de ce passage que les Indiens regardoient cette Cléophile comme les Romains depuis regardèrent Cléopâtre. Aussi y a-t-il quelque conformité entre les aventures de ces deux reines; et Cléophile en usa envers Alexandre à peu près comme Cléopâtre en a usé depuis envers César. L'une eut un fils qu'elle appeloit Alexandre, et l'autre eut un fils qu'elle appeloit Césarion. On pouvoit ajouter cette ressemblance au parallèle que l'on a fait de ces deux conquérants, d'autant plus qu'ils se ressemblent beaucoup dans la manière dont ils ont été amoureux. Cette passion ne les a jamais tourmentés plus que de raison. Et quand Cléophile auroit été sœur de Taxile, comme elle l'est dans ma tragédie, je suis persuadé que l'amour qu'Alexandre avoit pour elle ne l'auroit pas empêché de rétablir Porus en présence de cette princesse. »

PAGE 398, ligne 12 : « Cette pièce fut jouée le même jour, 15 décembre 1665, au Palais-Royal et à l'hôtel de Bourgogne. » C'est une erreur qui a sa source dans l'*Histoire du Théâtre françois* des frères Parfait. La deuxième tragédie de Racine fut représentée par la troupe de Molière le 4 décembre 1665. Pendant deux semaines elle fut jouée par cette troupe seule; elle parut sur le théâtre de l'hôtel de Bourgogne le 18 décembre.

Relevons sur le registre de La Grange la suite des représentations au Palais-Royal et la note de ce comédien qui constate l'apparition de la tragédie sur une nouvelle scène :

Vendredi 4 décembre. Première représentation du grand Alexandre et de Porus, pièce nouvelle de M. Racine . . . . 1,294[1] 00[s]
Dimanche 6 décembre . . . . 1,262 »
Vendredi 11 — . . . . 943 »
Dimanche 13 — 1,165 10
Mardi 15 — 460 10
Vendredi 18 — 378 5

ADDITIONS ET CORRECTIONS.   469

« Ce mesme jour, la trouppe fust surprise que la mesme pièce d'*Alexandre* fust jouée sur le théastre de l'hostel de Bourgogne. Comme la chose s'estoit faicte de complot avec M. Racine, la trouppe ne crust pas devoir les parts d'autheur audit M. Racine, qui en usoit si mal que d'avoir donné et faict apprendre la pièce aux autres comédiens. Lesdites parts d'autheur furent repartagées et chacun des douze acteurs eust pour sa part 47 livres. »

Dimanche 20 décembre..........	597[1]	00[s]
Mardi 22 —	116	»
Dimanche 27 —	277	5

Ainsi la troupe de Molière ne joua plus que trois fois *Alexandre* après que cette tragédie eût été adoptée par la troupe rivale. Il est à remarquer qu'une représentation d'*Alexandre* avait eu lieu le 14 décembre, dix jours après la première représentation du Palais-Royal, chez la comtesse d'Armagnac, devant le roi et la cour. Il fallait donc que la tragédie de Racine eût été apprise par les comédiens de l'Hôtel avant même d'avoir été jouée, car il est peu probable que ces comédiens aient pu se trouver prêts à jouer une pièce si considérable en si peu de temps. Si l'on jette les yeux sur la distribution des rôles au Palais-Royal, telle que nous la donnons (page 398), il ne semble pas que l'interprétation de la tragédie d'*Alexandre* par ces acteurs dut être aussi mauvaise qu'on l'a dit. Les quatre principaux rôles au moins, les deux premiers rôles d'hommes et les deux rôles de femmes, durent être remplis convenablement. En examinant la liste des interprètes qu'*Alexandre* eut à l'hôtel de Bourgogne, la supériorité de ces acteurs sur les précédents n'a rien de signalé. Il est de tradition cependant que la pièce, faiblement jouée au Palais-Royal, le fut mieux à l'hôtel de Bourgogne, plus renommé pour la tragédie, tandis que la comédie était, grâce à Molière, plus florissante au Palais-Royal. Mais le préjugé de la spécialité, toujours si marqué chez nous, dut exercer ici son influence.

Alexandre eut une vogue plus soutenue que *la Thébaïde* : à la jonction des troupes, nous le trouvons mentionné sur le registre de La Grange :

En 1682, sept fois, dont une à Saint-Germain (5 février), et une à Versailles (1ᵉʳ août).

En 1683, deux fois.

En 1684, trois fois.

En 1685, trois fois, dont une fois à Versailles (21 février).

De 1680 à 1700, M. Despois a compté vingt-deux représentations à la ville et six à la cour.

PAGE 398, ligne 17 : « Imbert, » *lisez* Hubert.

PAGE 465, ligne 5 : « Quoi! vous craignez, » *lisez :* « Quoi! vous craigniez, » et mettez la première leçon en variante.

PAGE 474, ligne 21 :

« Quand sur ce champ fatal Taxile est descendu. »

Lisez :

« Quand sur ce champ fatal Taxile descendu. »

TOME DEUXIÈME.

PAGE 1. *Andromaque* fut représentée à la cour, dans l'appartement de la reine, le 17 novembre 1667. Quelques historiographes ont dit qu'une représentation à la ville avait précédé cette représentation à la cour, et l'ont fixée au 11 novembre; c'est une hypothèse que rien ne fonde. Nous verrons plus tard *Iphigénie* représentée de même à la cour avant de l'être à la ville.

La date la plus vraisemblable pour la représentation à la ville, c'est le vendredi 18 novembre. Le gazetier rimeur Robinet l'y vit du 20 au 25, et elle était alors dans sa nouveauté.

Il est à remarquer qu'*Andromaque* fut jouée à l'hôtel de Guénégaud avant même l'entrée de M. et Mˡˡᵉ de Champmeslé, avant la clôture de 1679. Nous voyons *Andromaque* inscrite sur le registre de La Grange à la date du vendredi 7 octobre 1678, du dimanche 9 et du mardi 11. Après la clôture de 1679, elle n'est pas apportée à l'hôtel de Guénégaud, puisqu'elle y était déjà, mais elle y est comme

ADDITIONS ET CORRECTIONS.

naturalisée. C'est par cette pièce que le théâtre rouvre le mardi 11 avril 1679; elle y est jouée quatre fois encore jusqu'à la fin de l'année. En 1680, trois fois, tant avant qu'après la réunion. En 1681, onze fois, dont deux fois à la cour et une fois en visite chez l'ambassadeur de Venise. En 1682, six fois, dont deux fois à la cour. En 1683, cinq fois. En 1684, dix fois, dont deux à la cour. En 1685, jusqu'à la fin d'août, cinq fois, dont une fois à Versailles. De 1680 à 1700, M. Despois compte cent onze représentations à la ville et six représentations à la cour (ce dernier chiffre étant déjà dépassé en 1685 doit être considéré comme insuffisant).

PAGE 53. Cette première préface dans les éditions originales (1668 et 1673) commence comme la seconde : « Virgile au troisième livre de l'*Énéide*. C'est Énée qui parle. » Suivent les dix-huit vers latins extraits de ce troisième livre et le premier paragraphe : « Voilà en peu de vers, etc. » Elle continue ainsi : « Mais véritablement mes personnages sont si fameux, etc. » Cette suppression évite au lecteur une répétition inutile; mais il nous semble nécessaire de l'en prévenir.

PAGE 105, ligne 2 :
« Tout dépend de Pyrrhus et surtout d'Hermione. »

Lisez :
« Tout dépend de Pyrrhus, et surtout Hermione. »

PAGE 120 : c'est le texte de la variante qui est bon et qui doit être adopté.

PAGE 136, ligne 15 :
« Nous fûmes sans amour attachés l'un à l'autre. »

Lisez comme dans la variante :
« Nous fûmes sans amour engagés l'un à l'autre. »

PAGE 142, ligne 10 :
« L'ai-je vu s'attendrir, se troubler un moment? »
C'est le texte de la variante,
« L'ai-je vu se troubler et me plaindre un moment? »
qui doit prévaloir, et l'autre passer dans les variantes.

PAGE 153, ligne 4 : c'est également la variante qui doit être préférée.

PAGE 155, lignes 12 et 13, première variante. C'est la variante qui contient la bonne leçon, celle de l'édition de 1697.

PAGE 211. La comédie de Subligny, *la Folle Querelle ou la critique d'Andromaque,* fut représentée le 18 mai 1668 sur le théâtre du Palais-Royal, occupé comme on sait par la troupe de Molière, en rivalité avec celle de l'hôtel de Bourgogne où l'on jouait *Andromaque*. La mésintelligence régnait alors entre Racine et Molière, parce que Racine, ayant fait jouer sa dernière pièce, *Alexandre,* sur le théâtre du Palais-Royal, l'avait fait apprendre en même temps aux comédiens de l'hôtel de Bourgogne, où elle avait paru quatorze jours après la première représentation; il avait, de plus, enlevé à la troupe du roi (ainsi qu'on nommait la troupe de Molière) sa meilleure actrice dans le tragique, Mlle Duparc, pour lui confier le rôle d'*Andromaque*.

Aussi commit-on l'injustice d'attribuer *la Folle Querelle* à Molière, et Racine lui-même eut, dit-on, ce tort qu'on a peine à s'expliquer. Subligny, en publiant sa pièce la même année 1668, revendique son œuvre, tout en tirant vanité des bruits qui avaient couru.

« Cette comédie, dit-il dans sa préface, a diverti assez de monde dans le grand nombre de ses représentations[1], et elle a même assez plu à ses ennemis pour borner la vengeance qu'ils en ont prise à publier que le plus habile homme que la France ait encore eu en ce genre d'écrire en étoit l'auteur, je veux dire M. de Molière, et qu'il n'y avoit rien de moi que mon nom. Je sais combien cette erreur m'a été avantageuse; mais je n'ai pas le front d'en profiter plus longtemps, et dut-on ne trouver plus ma comédie si belle, je fais conscience d'exposer davantage cet homme illustre aux reproches que méritent, à ce qu'on dit, les faiseurs de critiques. C'est donc moi qui ai fait le crime. J'ai tâché seulement à le commettre de l'air dont M. de Molière

---

1. Depuis le 25 mai 1668 jusqu'à la fin de l'année, nous relevons vingt-sept représentations sur le registre de La Grange. Une interruption dans ce registre nous cache les deux ou trois premières représentations, du 18 au 25. Le total va donc à une trentaine, ce qui est, en effet, un succès considérable.

s'y seroit pris, parce que sa manière d'écrire me plaît fort; parce que je voudrois toujours l'imiter si j'avois à travailler pour la scène, et que même, si l'envie m'en prend quelque jour, je le prierai hardiment de me donner de ses leçons. »

Elles ne lui eussent pas été inutiles. *La Folle Querelle* n'est pas un chef-d'œuvre, il s'en faut même de beaucoup. Elle se distingue toutefois des pièces du même genre, et elle est si peu connue qu'il n'est pas inutile d'en dire quelques mots.

Elle a trois actes, ce qui est long pour une critique; mais elle n'est pas seulement, comme *la Critique de l'École des Femmes* et tant d'autres qu'on vit depuis, une conversation plus ou moins piquante. Les situations de la tragédie sont plus ou moins reproduites par Subligny, qui les a transportées dans la vie vulgaire.

Éraste, qui allait épouser Hortense, se prend de querelle avec sa future à propos d'*Andromaque*. Il lui a dit : « Vous ne savez ce que vous dites, madame, vous ne savez ce que vous dites, l'*Andromaque* est la plus belle chose du monde. » Hortense, qui épouse Éraste plus par la volonté maternelle que par penchant, se déclare vivement contre la pièce. Tout le monde renchérit sur elle. « Tout le monde blâma jusqu'au dernier personnage. On demanda quel métier Pylade faisoit à la cour de Pyrrhus. On dit qu'Oreste étoit un plaisant roi, Pyrrhus un sot, Andromaque une grande bête, et Hermione une guenippe. »

La querelle engagée sur ce ton n'est pas près de s'arrêter. Hortense retarde son mariage de trois jours pour se résoudre à épouser un obstiné comme Éraste. Hortense, au fond, aime un certain Lysandre et ne cherche qu'à rompre le projet formé par sa mère. Elle se prête même à un enlèvement dont Éraste est averti par une soubrette. Éraste, qui devance Lysandre au rendez-vous, enlève au lieu d'Hortense une vicomtesse qui se promenait par hasard la nuit dans le jardin. Il y a un trait assez joli du caractère de cette vicomtesse dont les romans troublent la tête : « Elle va chez ses avocats et ses procureurs, souhaite qu'ils ne soient pas chez eux de peur de parler d'affaires, et croit avoir gagné un empire quand elle ne les a pas trouvés, sans songer que c'est sa ruine... On la vint exécuter ces jours passés pour ses dettes, et pendant qu'on détendoit sa tapisserie, Madame étoit

encore dans son lit qui disoit aux sergents : « Faites tout douce-
« ment, et ne m'éveillez pas! »

Hortense déclare à Éraste qu'elle ne veut pas l'épouser, et qu'elle épousera Lysandre, et cela en se servant des termes mêmes de Pyrrhus à Hermione. Éraste lui déclare de même qu'il compte sur la volonté de la mère d'Hortense, et qu'il l'épousera malgré elle. Mais la mère d'Hortense, ayant appris qu'Éraste doit deux fois plus que son bien ne vaut, lui retire sa protection et donne sa fille à Lysandre. Éraste se récrie; mais Hortense lui objecte qu'il n'a pas à se plaindre, lui qui trouve que Pyrrhus est si honnête homme, quoiqu'il manque de parole à Hermione après avoir promis de l'épouser une heure auparavant.

Les grandes critiques portaient sur le caractère de Pyrrhus. On discutait si Pyrrhus était un honnête homme. Le tutoiement, non réciproque, d'Oreste envers Pylade, paraît avoir été une des choses qui choquèrent le plus les contemporains. Mais surtout beaucoup de chicanes de mots :

.... Je pensai que la guerre et la gloire
De soins plus importants rempliroient ma mémoire.

Il faudrait : mon esprit.

Ma fortune va prendre une face nouvelle,
Et déjà son courroux semble s'être adouci.

On ne doit pas dire : le courroux de ma fortune.

Mais dis-moi de quels *yeux* Hermione peut voir
Ses attraits offensés et ses *yeux* sans pouvoir?

Répétition choquante.

Et d'un œil qui déjà dévoroit son espoir
S'enivrer en marchant du plaisir de la voir.

Un œil qui dévore son espoir est une expression trop hardie.

Que feriez-vous d'un cœur infortuné
Qu'à des pleurs éternels vous avez condamné?

Les pleurs sont l'office des yeux et non du cœur, etc.

On voit que les critiques étaient alors pointilleux. Quelle besogne ils auraient à faire s'ils examinaient aussi minutieusement le style et les métaphores de nos poëtes d'à présent! Il est à remarquer que Racine a tenu compte de quelques-unes des observations de Subligny.

Subligny est, d'ailleurs, plein d'excellentes intentions en faisant sa critique : « C'est, dit-il, une petite guerre d'esprit qui, bien loin d'ôter la réputation à quelqu'un, peut servir un jour à la lui rendre plus solide, et il seroit à souhaiter que la mode en vînt, pour défendre les auteurs de la fureur des applaudissements qui souvent, à force de leur persuader malgré eux qu'ils ont atteint la perfection dans un ouvrage, les empêchent d'y parvenir par un autre qu'ils s'efforceroient de faire avec plus de soin. Le temps amène toutes choses, et comme l'auteur d'*Andromaque* est jeune aussi bien que moi, j'espère qu'un jour je n'admirerai pas moins la conduite de ses ouvrages que j'admire aujourd'hui la noble impétuosité de son génie. » Boileau est d'accord avec l'auteur de *la Folle Querelle* quant au profit que l'on peut retirer de la critique; il dit à Racine dans son épitre VII :

> Et peut-être ta plume aux censeurs de Pyrrhus
> Doit les plus nobles traits dont tu peignis Burrhus.

PAGE 221. La date de la première représentation des *Plaideurs* est fixée par conjecture vers la fin d'octobre ou le commencement de novembre 1668. Le privilége pour l'impression de la pièce est du 5 décembre suivant.

Après la réunion des comédiens français de l'une et l'autre troupe, au mois d'août 1680, on trouve *les Plaideurs* inscrits sur le registre de La Grange quatre fois à la ville, une fois à Versailles pour la fin de cette année. En 1681, cinq fois. En 1682, trois fois. En 1683, trois fois. En 1684, deux fois. En 1685 jusqu'à la fin d'août, trois fois. M. Despois compte de 1680 à 1700 cent vingt-huit représentations à la ville (aucune des tragédies de Racine n'en a autant) et quatorze à la cour.

La raillerie qui éclate dans *les Plaideurs*, nous la retrouvons bien haut dans notre vieille littérature. Le type de Perrin Dandin nous apparaît très-vivement accusé dans les sermons du célèbre prédicateur Jacques de Vitry, cardinal-évêque de Tusculum. Ce prédicateur, qui florissait dans la première moitié du XIIIe siècle nous peint un de ces plaideurs endurcis et maniaques, au lit de mort. On vient pour lui administrer le viatique. Fidèle aux habitudes de toute sa vie, le moribond demande qu'un arrêt décide s'il doit ou non le recevoir. Les assistants, pour complaire à sa manie, font semblant de se former en tribunal et décident qu'il est tenu de recevoir l'extrême-onction. Le plaideur incorrigible murmure : « Je ferai casser la sentence, attendu que vous n'êtes pas compétents! » Au milieu de ces contestations, il expire sans viatique. Ne dirait-on pas une dernière scène des *Plaideurs*, plus grave par les circonstances, tracée quatre siècles avant la pièce de Racine? L'anecdote de Jacques de Vitry se retrouve dans la *Mensa philosophica*, de Thibaud d'Anguibert. (Voyez page 253, note 1.)

La verve ironique de nos ancêtres s'exerçait très-librement aux dépens des gens de justice. De nos jours, on ne permettrait plus les mêmes sarcasmes et l'on aurait sans doute raison. Autrefois, par cela seul que la société était moins attaquée, cette liberté de paroles n'avait point d'inconvénient. Un grand nombre de traits, dans nos anciens conteurs, sont dirigés contre la vénalité des juges : il y a notamment l'anecdote d'une bonne femme de village qui avait un procès devant un juge qui passait pour très-corruptible. Les gens avisés disaient tout bas à la vieille : « Graissez-lui la main. » Elle ne comprenait pas, mais à force d'entendre répéter ces mots, elle finit par suivre à la lettre le conseil qu'on lui donnait : dans une suspension d'audience, pendant que le magistrat causait tranquillement les mains derrière le dos, la pauvre femme s'approche et les lui frotte avec un peu de graisse. Le juge s'emporte contre celle qui le salit. La vieille s'excuse en disant qu'elle n'a fait que ce que tout le monde lui a dit de faire, et l'explication tourne à la confusion du juge. Cette anecdote, un peu naïve, est une de celles qui se rencontrent le plus fréquemment dans les anciennes facéties.

Page 242. « Noms des acteurs qui ont joué d'original dans *les Plaideurs*. » Cette liste est dressée selon la vraisemblance, à défaut de documents contemporains.

Page 282. Ajouter en note :
Les sergents, les huissiers étaient, plus encore que de nos jours, les héros de prédilection des bons contes de nos aïeux. Les coups

de bâton qu'ils étaient sujets à recevoir faisaient surtout le sujet d'intarissables plaisanteries : « Ce sont les chicaneux, disait-on, qui gagnent leur vie à être battus. » L'Intimé disant :

> Quelques coups de bâton, et je suis à mon aise !
> Frappez, j'ai quatre enfants à nourrir...

est tout à fait dans la tradition. Toutefois, n'en déplaise aux railleurs, ils avaient tort, lorsqu'ils se mettaient ainsi contre ces pauvres diables et du côté de leurs oppresseurs. Cela pouvait encore passer du temps de Racine, quoiqu'on vît aux Grands jours d'Auvergne que le métier de sergent avait ses dangers. Mais au moyen âge surtout, l'humble huissier, qui seul s'en allait assigner devant les cours de justice les plus indomptables et les plus orgueilleux barons, représentait bel et bien la puissance de la loi succédant au règne de la force.

PAGE 311. Ajouter en note :

La satire des avocats, dans les plaidoyers de Petit-Jean et de l'Intimé, était fort peu exagérée. L'éloquence du barreau était à cette époque singulièrement ampoulée. On y abusait des citations inutiles. Le célèbre M. Arnauld, ce Démosthène de la France, comme on l'appelait, plaidant contre un Génois huguenot sur qui l'on avait exercé une confiscation, énuméra si au long les mauvais offices des Génois contre la France, et s'étendit si à plaisir sur le chapitre d'André Doria, que le Génois impatienté s'écria en baragouinant : « Messiours, ch'a da far la ré*pou*blique de Gênes et André Doria avec mon argent ? » Ce qui coupa court à la harangue.

La Martellière commençait son plaidoyer pour l'Université contre les jésuites par l'histoire d'Annibal et de la bataille de Cannes. Comme il était fort longtemps à faire franchir les Alpes au héros carthaginois, le président lui dit : « Hé ! avocat, faites avancer vos troupes ! »

Un autre, plaidant contre un homme qui avait coupé quelques chênes, alla rechercher tout ce qu'il y a dans l'antiquité à l'avantage des chênes. Les druides ni les chênes de Dodone ne furent oubliés. Après l'avoir laissé bien jaser, son adversaire dit simplement : « Messieurs, il s'agit de quatre chesneaux (petits chênes) que ma partie a coupés et qu'elle offre de payer, suivant l'estimation de gens à ce connaissant. »

Un jeune avocat commençant son plaidoyer par l'histoire du roi Pyrrhus, un président fort rébarbatif l'interrompit et lui dit : « Au fait! au fait! » Les anciens qui se trouvaient là jugèrent le procédé inusité et brutal. Ils représentèrent au président que c'était une première cause. « Hé bien, dit le président, parlez donc, l'avocat du roi Pyrrhus. »

Les monuments de l'éloquence du barreau à cette époque sont là pour nous faire comprendre la satire de Racine.

Autre trait emprunté à un autre genre d'éloquence : chargé de haranguer Henri IV, le maire d'une ville commença ainsi : « Quand Scipion partit de Carthage, sire... » Le roi l'interrompit : « Après, après; on sait bien qu'il était à cheval. » C'est l'équivalent spirituel du fameux : « Passons au déluge. »

TOME TROISIÈME.

Page 55 : « J'avoue que le succès ne répondit pas d'abord à mes espérances. » Léris, dans son *Dictionnaire portatif des théâtres,* dit que *Britannicus* n'eut que huit représentations. Il n'en aurait eu que cinq, d'après la Préface des éditeurs dans l'édition de Luneau de Boisjermain. Ces témoignages sont trop tardifs pour être accueillis avec confiance.

« C'est maintenant celle.... que la Cour et le public revoient le plus volontiers. » Racine s'exprimait ainsi au commencement de 1676. L'examen du registre de La Grange confirme son assertion.

A partir de la réouverture de 1679 (11 avril) jusqu'à la jonction des troupes (25 août 1680), *Britannicus* y est inscrit cinq fois. Deux fois encore jusqu'à la fin de l'année. En 1681, cinq fois, dont deux à la cour. En 1682, quatre fois, dont deux à la cour. En 1683, une fois. En 1684, sept fois, dont deux à la cour. En 1685 jusqu'à la fin d'août, deux fois.

De 1680 à 1700, M. Despois compte quatre-vingt-une représentations à la ville et dix-neuf à la cour (*Bajazet* seul en eut vingt, une de plus).[1]

Il est à remarquer que, même de nos jours où l'on n'a plus à juger, mais à admirer la tragédie de Racine, la fin en est toujours froide. C'est ce que nous avons pu constater dans des reprises d'ailleurs très-brillantes, et ce qui explique peut-être les hésitations du succès à l'origine. Pour nous, si le dernier acte ne répond pas tout à fait à notre attente, les quatre premiers actes nous ont procuré une satisfaction assez haute et assez complète pour que nous nous contentions du dénoûment. Mais, dans le principe, le défaut se fait plus gravement sentir, et nous avons toujours vu le cinquième acte avoir une influence décisive sur le sort d'une pièce nouvelle.

Page 60, ligne 3 : « Britannicus, fils de l'empereur Claudius et de Messaline. » Messaline n'est pas nommée dans les éditions originales.

Page 60, ligne 12 : La distribution des rôles telle qu'elle est donnée ici nous a été conservée par Boursault dans sa nouvelle d'*Artémise et Poliante*. Voici le passage : « La Des OEillets qui ouvre la scène en qualité de mère de Néron, et qui a coutume de charmer tous ceux devant qui elle paroît, fait mieux qu'elle n'a jamais fait jusqu'à présent; et quand Lafleur, qui vient ensuite sous le titre de Burrhus, en seroit aussi bien l'original qu'il n'en est que la copie, à peine le représenteroit-il plus naturellement. Brécourt, de qui l'on admire l'intelligence, fait mieux Britannicus que s'il étoit le fils de Claude; et Hauteroche joue si finement ce qu'il y représente qu'il attraperoit un plus habile homme que Britannicus. La d'Ennebaut qui, dès la première fois qu'elle parut sur le théâtre, attira les applaudissements de tous ceux qui la virent, s'acquitte si agréablement du personnage de Junie qu'il n'y a point d'auditeurs qu'elle n'intéresse en sa douleur; et pour ce qui est de Floridor, qui n'a pas besoin que je fasse son éloge, et qui est si accoutumé à bien faire que dans sa bouche une méchante chose ne le paroît plus, on peut dire que si Néron, qui

---

1. Voyez les mêmes chiffres relevés pour *Bérénice*, t. III, p. 384; pour *Bajazet*, ibid., p. 513; pour *Mithridate*, t. IV, p. 129-131; pour *Iphigénie*, ibid., p. 270; pour *Phèdre*, ibid., p. 440-441.

avoit tant de plaisir à réciter des vers, n'étoit pas mort il y a quinze cents je ne sais combien d'années, il prendroit un soin particulier de sa fortune ou le feroit mourir par jalousie. »

Page 63, ligne 6 :

« Rome, depuis trois ans, par ses soins gouvernée. »

Lisez :

« Rome, depuis deux ans, par ses soins gouvernée. »

Et mettez la première leçon en variante. Racine a, en effet, substitué « deux ans » à « trois ans » dans les éditions de 1687 et 1697.

Page 112, note 1 : « ... Cette scène est rapportée à la fin de la pièce. » On en trouve un fragment dans l'examen critique de *Britannicus,* p. 198 ; mais nous la réimprimerons tout entière dans les Mémoires de Louis Racine sur la vie de son père.

Page 137, ligne 15 :

« Qu'un jour Claude à son fils pût préférer son gendre? »

Lisez :

« Qu'un jour Claude à son fils dût préférer son gendre? »

Page 173, ligne 6 :

« Poursuis, Néron : avec de tels ministres, »

Lisez :

« Poursuis, Néron, avec de tels ministres. »

C'est la ponctuation des éditions originales.

Page 373, ligne 15 : « Le 12 juillet, » lisez « le 12 janvier. »

Page 393 : A la fin du récit de Silerite, Uralie, une autre des dames de la princesse, prend la parole et dit : « En vérité, madame, on ne peut pas rien raconter avec plus d'agrément que vous nous avez récité cette aventure. J'étois chez la reine un jour que le même auteur que vous avez cité lui en fit le récit, et je croyois avec toute la France que personne ne pouvoit lui contester le don de la narration ; mais je vous proteste que j'ai trouvé des inventions et des charmes dans votre récit, qui n'étoient point dans le sien, quoiqu'il semblât qu'on n'en pouvoit souhaiter qui n'y fussent au suprême degré. »

Ainsi l'ancien ambassadeur s'était fait un succès avec son histoire de Bajazet et de Floridon.

FIN DU TOME IV.

TABLE
DU TOME QUATRIÈME.

	Pages.
Avertissement du continuateur de l'édition.	1
Notice préliminaire sur *Mithridate*	3
Préface.	19
MITHRIDATE.	23
Examen critique de *Mithridate*. De la fidélité historique dans la tragédie et dans les pièces de théâtre en général.	117
Notice préliminaire sur *Iphigénie*. L'*Iphigénie* d'Euripide. L'*Iphigénie* de Rotrou	136
Préface.	159
IPHIGÉNIE.	165
Examen critique d'*Iphigénie*. Apollon charlatan	209
Notice préliminaire sur *Phèdre*. L'*Hippolyte* d'Euripide. L'*Hippolyte* de Sénèque	301
Préface.	321
PHÈDRE	325
Examen critique de *Phèdre*.	407
Notice préliminaire sur le Plan du premier acte d'*Iphigénie en Tauride*.	451
Plan du premier acte d'*Iphigénie en Tauride*.	457
Additions et corrections aux trois premiers volumes	463

www.ingramcontent.com/pod-product-compliance
Lightning Source LLC
Chambersburg PA
CBHW071722230426
43670CB00008B/1094